हरियाणा की कला एवं संस्कृति

हरियाणा की कला एवं संस्कृति

गोपाल भार्गव

KALPAZ

हरियाणा की कला एवं संस्कृति

ISBN: 978-81-7835-889-5

प्रकाशन वर्ष 2011
कल्पज़ पब्लिकेशन्स
सी–30, सत्यवती नगर, दिल्ली–110052
ई-मेल: kalpaz@hotmail.com
अक्षर मुद्रांकन: क्विक मीडिया, दिल्ली
चावला ऑफसेट प्रैस, दिल्ली

विषय सूची

प्रस्तावना

उत्पत्ति, इतिहास, भूगोल और अर्थव्यवस्था

आज से लगभग 800 से 500 ई. पू. उत्तर वैदिक युग में मध्यमा क्षेत्र या मध्य क्षेत्र के रूप में जाना जाने वाला क्षेत्र अब वर्तमान समय में 'हरियाणा' के नाम से जाना जाता है। यह हरियाणा हिन्दू धर्म का जन्म स्थल माना जाता है, क्यों कि यही वह जगह है जहाँ आर्यों का प्रथम स्रोत गाया गया था तथा सबसे प्राचीन पांडुलिपियाँ लिखी गई थीं। हरियाणा का इतिहास, विशेषकर प्राचीन इतिहास अत्यन्त गौरवपूर्ण है जो वैदिक काल से प्रारम्भ होता है। हरियाणा की कला एवं संस्कृति के बारे में जानने से पहले हरियाणा की उत्पत्ति इतिहास, भूगोल व अर्थव्यवस्था को समझना आवश्यक है।

हरियाणा भारत के उत्तर-पश्चिम भाग में अक्षांस 27° 39′ तथा 30° 55.5 उत्तर., देशांतर 74° 27.8 तथा 77° 36.5′ पूर्व पर स्थित है। इसका कुल क्षेत्रफल 44,212 वर्ग कि. मी. तथा जनगणना 2001 के अनुसार जनसंख्या 2,10,82,989 है जो 94 उपनगरों तथा 7,064 ग्रामों में निवास करती है। हरियाणा उत्तर भारत का ऐसा प्रान्त है जिसे पंजाब से 1966 में अलग किया गया था। इसकी सीमाऐं उत्तर में पंजाब एवं हिमाचल प्रदेश, पश्चिम तथा दक्षिण में राजस्थान से, तथा पूर्व में उत्तराखंड, उत्तर प्रदेश तथा यमुना नदी से जुड़ी हैं। भारत की राजधानी दिल्ली के तीन तरफ भी हरियाणा की ही सीमाऐं ही लगी हैं, इसी कारण राष्ट्रीय राजधानी दिल्ली का एक बड़ा हिस्सा हरियाणा में शामिल हैं। हरियाणा प्रदेश की राजधानी चंडीगढ़ है।

हरियाणा को पूरे भारतवर्ष के विकास का अग्रदूत समझा जा सकता हैं प्रति व्यक्ति आय के अनुसार हरियाणा में प्रति व्यक्ति औसत आय 29,887 रुपये प्रतिवर्ष (वर्ष 2006) है, जो कि पूरे भारत में सिर्फ गोआ व दिल्ली के पीछे हैं। कृषि के क्षेत्र में हरियाणा को "धान का कटोरा" होने का दर्जा दिया जाता है क्योंकि फसलों की समृद्धता ही इसे पूरे भारत में महत्त्वपूर्ण बनाती है। औद्योगिक उत्पादन की दृष्टि से भी ये देश के अग्रणी राज्यों में से एक है।

हरियाणा के नाम का ही अर्थ है हरि अर्थात (विष्णु भगवान) और आयन यानि (घर) अर्थात् परमात्मा का निवास। सिन्धु घाटी जितनी ही पुरानी बहुत सी

सभ्यताओं के अवशेष सरस्वती नदी के किनारे पर पाये गये हैं। जिनमें नौरंगाबाद और मिट्टाथल भिवानी में, कुणाल फतेहाबाद में, अग्रोहा और राखीगढ़ी हिसार में, बनवाली सिरसा जिले में प्रमुख हैं। प्राचीन वैदिक सभ्यता भी सरस्वती नदी के तट के आस-पास फली फूली और पनपी। ऋग्वेद के मंत्रों की रचना भी यहीं हुई। तैत्रिय अरण्यक के अनुसार "कुरुक्षेत्र; तुर्धना (श्रुघना सुघ सरहिन्द पंजाब में) के दक्षिण में, खांडव (दिल्ली व मेवात क्षेत्र) के उत्तर में, मारू (रेगिस्तान) के पूर्व तथा पारिन के पश्चिम में है। "कुरुक्षेत्र, जो कि कौरवों तथा पांडवों की युद्धभूमि थी, हरियाणा में स्थित है। अतः हरियाणा का जिक्र भारतीय महाकाव्य "महाभारत" में भी हुआ है। महाभारत में इस प्रदेश को बहुधान्यक और बहुधन के नाम से पुकारा गया है। महाभारत में वर्णित हरियाणा के कुछ आधुनिक शहरों के रूप में विकसित हो गये है जैसे तिलप्रस्थ (वर्तमान तिल्पुट), पानप्रस्थ (पानीपत), सोनप्रस्थ (सोनीपत) तथा प्रिथुदक यानि वर्तमान पैहोवा और इन सबके अतिरिक्त गुरु द्रोणाचार्य का गाँव गुरुग्राम यानि वर्तमान गुड़गाँव। श्री कृष्ण ने अुर्जन को गीता का उपदेश भी कुरुक्षेत्र में ही दिया था। 1960 में हरियाणा ने भारत में हुई "हरित क्रांति" में महत्त्वपूर्ण योगदान देकर खाद्यान्न के क्षेत्र में आत्म पर्याप्ता की स्थिति पर देश को खड़ा किया। हरियाणा ही देश के सर्वाधिक दुग्ध व खाद्यान्न उत्पादन में अग्रणी प्रदेशों में से एक है। यही वह प्रदेश है, जिसमें सबसे अधिक ग्रामीण करोड़पति रहते हैं।

उत्पत्ति

यद्यपि हरियाणा राज्य का सृजन 1 नवम्बर, 1966 में हुआ था, लेकिन एक विशिष्ट सामाजिक-सांस्कृतिक हस्ती के रूप में हरियाणा अति प्राचीन काल से विद्यमान रहा है। इसके नाम तथा सीमाएँ अवश्य परिवर्तित होती रही हैं, जैसा कि पंजाब, पश्चिम बंगाल तथा उत्तर प्रदेश आदि राज्यों के साथ भी हुआ है। हरियाणा को इसका वर्तमान नाम मध्यकाल के प्रारंभ में दिया गया था। हरियाणा शब्द के अर्थ का जहाँ तक संबंध है, अलग-अलग लोग इसकी अलग-अलग व्याख्या प्रस्तुत करते हैं। एक विद्वान ने इस नाम का श्रेय राजा हरिशचन्द्र को दिया है, जो कथित रूप से अवध से आए थे तथा हरियाणा को बसाया था। उनके आने का कोई समय नहीं बताया गया है। अतः हरियाणा नाम की उत्पत्ति हरिश्चन्द्र से मानी जाती है। एक अन्य विद्वान के अनुसार हरियाणा शब्द की उत्पत्ति 'हरि' शब्द हुई है। 'हरि' अर्थात् परशुराम जो इक्कीस बार पृथ्वी को क्षत्रियविहीन करने हेतु प्रसिद्ध हैं। एक अन्य मत के अनुसार इस नाम की उत्पत्ति 'हरिबन' से हुई है जो एक जंगली पौधा था तथा प्राचीन काल में हरियाणा में अत्यधिक मात्रा में भूमि

को आच्छादित कर रखा था। एक अन्य दृष्टिकोण, जो लोगों में अधिक मान्य है, के अनुसार हरियाणा शब्द की उत्पत्ति भगवान श्रीकृष्ण (हरि) के नाम से हुई है जो बृज से द्वारका जाने के लिए अपने यान में इस क्षेत्र से गुजरते थे। दो शब्दों हरि+यान के संयोजन से हरियाणा शब्द की उत्पत्ति हुई बताई जाती है। एक स्थानीय विद्वान महाराज कृष्ण के अनुसार पूर्व काल में इस क्षेत्र में डाकू और लुटेरे आबाद थे तथा 'हरियाणा' शब्द की वास्तविक उत्पत्ति इन लोगों द्वारा किए जाने वाले 'हरण' कृत्य के आधार पर हुई है।

यहाँ वर्षा की पहली बौछार के पश्चात् हर ओर एक आश्चर्यजनक वनस्पति दिखाई देती है जिससे समस्त भू-भाग एक हरा मखमली वन प्रतीत होता है और संभवतः इसीलिए इस क्षेत्र को प्रारंभिक मध्य काल में हरित्-अरण्यक कहा जाता था। इस स्थिति की पुष्टि अजमेर के एक चौहान राजा अरनोराज के शिलालेख से भी होती है। शिलालेख पर इसका नाम 'हरित अंक' वर्णित है।

इतिहास

हरियाणा का गौरवशाली इतिहास 20 से 30 हजार वर्ष पुराना है जब यहाँ तथा कथित पाषाण युग के लोग आए थे। पुरातत्ववेत्ताओं को अरावली पहाड़ियों में गुड़गाँव के कुछ हिस्सों तथा पंचकूला (शिवालिक पहाड़ियों) में पाषाणयुग के कुछ पत्थरों के औजार मिले हैं। ये लोग अत्यंत सादे थे, कृषि करना नहीं जानते थे, प्राकृतिक कन्दमूल फल और छोटे जानवरों का मांस आदि खाकर अपना पेट भरते थे। वे वस्त्रादि से अनभिज्ञ थे तथा प्रतिकूल मौसम में वृक्षों की छाल तथा जानवरों की खाल से अपना तन ढकते थे।

इस अवधि में राज्य की जनसंख्या बहुत कम थी, संभवतः जनसंख्या घनत्व एक व्यक्ति प्रति वर्ग किलोमीटर था। उनके द्वारा सामाजिक संस्थाओं के गठन से भी इनकार नहीं किया जा सकता है। हरियाणा की स्थिति कई हजार वर्षों तक ऐसी ही बनी रही। तथापि, ईसा पूर्व तृतीय सहस्त्राब्दि में कृषि की खोज से स्थिति में परिवर्तन आया था। एक पुरातात्त्विक प्रमाण के अनुसार राजस्थान में बसे कुछ गोरे लोग ईसा पूर्व 2500 के आसपास दृशदवती की घाटी से होकर इस क्षेत्र में आए थे। उन लोगों ने यहाँ पर खेती करना प्रारंभ किया। स्थानीय लोगों द्वारा नवागन्तुओं का कोई विरोध किया गया प्रतीत नहीं होता है। वास्तव में विरोध की कोई आवश्यकता भी नहीं थी क्योंकि जनसंख्या पहले ही बहुत कम थी तथा भूमि अत्यधिक मात्रा में उपलब्ध थी। ऐसा प्रतीत होता है कि स्थानीय लोगों ने अपने से श्रेष्ठ नवागन्तुओ के साथ मित्रता स्थापित कर उनसे अपने जीवन सुधारने हेतु अनेक नई बातें सीख ली थीं।

कृषि के प्रारंभन से समूह बनाकर रहने का चलन शुरू हुआ तथा ग्रामों का उदय हुआ। लोगें का जीवन उन्नत हो गया। वस्तुतः कृषि कार्य तथा पशु पालन से इतना उत्पादन प्राप्त होने लगा जो वर्ष भर की जरूरत से कहीं अधिक था। इसकी पुष्टि इस क्षेत्र से प्राप्त पुरातत्त्व प्रमाणों से होती है।

लेकिन ईसापूर्व द्वितीय सहस्त्राब्दि के उत्तरार्द्ध में इस क्षेत्र में आर्य लोगों का आगमन हुआ जिससे इस क्षेत्र की स्थिति में हलचल उत्पन्न हुई नवागंतुक लोग उत्तर-पश्चिम क्षेत्र से आए थे। सीसवाल-हड़प्पा संस्कृति के लोग संख्या में बहुत कम थे जो पहाड़ों के आसपास खुले क्षेत्र अथवा घने जंगलों में रहते थे कृषि योग्य भूमि का विस्तृत भू-भाग उपलब्ध था, अतः दोनों जातियों के बीच कोई संघर्ष नहीं हुआ।

ईसा पूर्व तीसरी सदी में मौर्य साम्राज्य के पतन के पश्चात् अनेक नए लोग हरियाणा पहुँच गए थे। इनमें यूनानी, शक, हूण, कुषाण आदि सम्मिलित थे। वे लोग काफी बड़ी संख्या में आए थे तथा अधिकांश मामलों में वे स्थायी रूप से यही बस गए। कुछ समय के पश्चात् ये लोग हिन्दू संस्कृति से अन्यंत प्रभावित हो गए तथा उन्होंने हिन्दुओं में मिल जाने की अपनी इच्छा अभिव्यक्त कर दी।

हर्षवर्द्धन काल (सन् 606–647 ई.)

छठी ईस्वी सदी के मध्य में मौर्य साम्राज्य के पतन के पश्चात् उत्तर भारत एक बार पुनः छोटे-छोटे राज्यों में विभक्त हो गया था। भारत के उत्तरी तथा पश्चिमी क्षेत्र एक दर्जन अथवा इससे अधिक सामंतों के हाथों में चले गए। इनमें से एक प्रभाकर वर्धन, जो थानेसर का राजा था, ने धीरे-धीरे अन्य सामंतों पर अपना नियंत्रण स्थापित कर लिया। प्रभाकर वर्धन वंश का पहला राजा था, जिसकी राजधानी थानेसर थी।

सन् 606 ईस्वी में उसकी मृत्यु के पश्चात् उसका ज्येष्ठ पुत्र राज्य वर्धन सिंहासन पर असीन हुआ। वह देवगुप्त के विरूद्ध उस युद्ध में वीरगति को प्राप्त हुआ जिसमें उसकी सेना विजयी हुई। हर्ष ने सोलह वर्ष की अवस्था में राज्य संभाला यद्यपि वह किशोरावस्था में था, लेकिन उसने स्वयं को एक योग्य विजेता तथा प्रशासक सिद्ध कर दिया। उसने राज्य सँभालते ही अपनी बहन को सती होने से बचाया। उसने अपनी बहन के अनुरोध पर थानेसर (कुरुक्षेत्र) तथा कन्नौज के दो राज्यों को संयुक्त कर अपनी राजधानी थानेसर से कन्नौज स्थानांतरित कर दी।

हर्ष ने अनके युद्ध किए। उसके साम्राज्य में दूरवर्ती सामंती राजाओं के भू क्षेत्र भी सम्मिलित थे। हर्ष ने अपने साम्राज्य का शासन गुप्त शासन व्यवस्था के अनुसार चलाया था।

उसके शासन काल के अभिलेख उपलब्ध हैं, जिसके लिए उसके दरबारी कवि बाण और ह्वेनसांग धन्यवाद के पात्र है। बाण ने अपनी रचना 'हर्षचरित' में हर्ष के साम्रांज्य का विवरण प्रस्तुत किया है।

हर्ष की मृत्यु के पश्चात्, उसका कोई उत्तराधिकारी नहीं होने के कारण, उसके साम्राज्य का अंत हो गया। सम्पूर्ण राज्य छोटे-छोटे राज्यों में बँट गया। इसके बाद का काल अस्पष्ट है तथा उसके संबंध में कोई अभिलेख उपलब्ध नहीं हैं।

मुस्लिम आक्रंता

मध्य काल में मुस्लिमों के आगमन से एक बड़ा परिवर्तन देखने में आया यद्यपि मुस्लिम दसवीं सदी में पहली बार हरियाणा आए थे, लेकिन उनका सामाजिक–धार्मिक प्रभाव सन् 1206 में यहाँ कुतबुद्दीन ऐबक द्वारा तुर्की शासन की स्थापना के बाद महसूस किया गया। नए धर्म इस्लाम ने उस समय विद्यमान सामाजिक व्यवस्था में हलचल पैदा कर दी थी। इसके अनुयाइयों ने पूर्व अप्रवासियों की भाँति, हिन्दुओं के साथ मिलना पसंद नहीं किया तथा एक सामाजिक–धार्मिक ताकत के रूप में अपनी अलग पहचान बनाए रखी। परिणामतः जैसा कि अन्य स्थानों पर भी हुआ था, हरियाणा समाज दो ऊर्ध्व सामाजिक–धार्मिक भागों–हिन्दु तथा मुस्लिम–में विभाजित हो गया। परन्तु यह अन्त नहीं था, समय के साथ भारी संख्या में हिन्दुओं ने नया धर्म अपना लिया जिससे मुस्लिम आबादी दो भागों में बँट गई क्योंकि इन नव-धर्म-परिवर्तनकारियों ने अपना धर्म बदलने के बावजूद अपनी जातियों का त्याग नहीं किया था। दूसरे शब्दों में मुस्लिमों में भी जाट, राजपूत, मेव तथा अन्य जातियाँ पैदा हो गई थीं।

अंग्रेजों का आगमन

सन् 1805 में अंग्रेजों ने प्रशासनिक तथा राजनीतिक कारणों से इस क्षेत्र को दो भागों में बाट दिया। एक छोटा भाग जिसे 'निर्दिष्ट क्षेत्र' कहा जाता था सीधे कम्पनी के नियंत्रण में रखा गया था। एक बड़ा भाग अंग्रेजों के विश्वासपात्र तथा निष्ठावान स्थानीय शासकों के बीच बाँट दिया गया। लेकिन यह व्यवस्था हरियाणा के लोगों को पंसद नहीं आई क्योंकि वे स्वभवतः स्वतंत्रता के पक्षधर होने के साथ अपने मामलों में बाहरी हस्तक्षेप पसंद नहीं करते हैं। इसीलिए वे विशेषतः रोहतक के जाट और गुड़गाँव के अहीर तथा मेव बार-बार शासकों के विरूद्ध विद्रोह करते रहे। सन् 1809 तक अंग्रेजों ने संपूर्ण हरियाणा पर अपना पूर्ण नियंत्रण स्थापित कर लिया था।

सन् 1857 में भारतीय से भारतीय सेना में एनफील्ड राइफल के आने से विद्रोह की चिंगारी भड़क गई। जून 1857 तक लगभग सम्पूर्ण हरियाणा अंग्रेजों के शासन से मुक्त हो चुका था। अंग्रेजों को हरियाणा पर पुनः नियंत्रण पाने में

लगभग छह माह का समय लगा था। इसके लिए उन्हें अपने बेहतर हथियारों तोपखानों तथा रियासतों के स्थानीय शासकों की सहायता लेनी पड़ी थी। अंग्रेजों ने विद्रोहियों का निर्ममतापूर्वक कुचल दिया तथा सैकड़ों गाँवों को आग हवाले कर अन्धाधुंध हत्याएँ की थी।

सन् 1885 में कांग्रेस के गठन के पश्चात् हरियाणा में राजनीतिक गतिविधियों में तेजी आई। सन् 1905 में अंग्रेजों ने बंगाल का विभाजन कर दिया। यह कांग्रेस के कार्यक्रम को सीधी चुनौती थी। कांग्रेस ने इसका जवाब स्वदेशी आंदोलन के रूप में दिया। अम्बाला से मुरली मनोहर तथा हिसार से लाला लाजपतराय ने इस आंदोलन में सक्रिय भाग लिया। अक्टूबर, 1907 में अम्बाला में कांग्रेस द्वारा एक राज्य स्तर का सम्मेलन आयोजित किया गया। पंजाब और हरियाणा के प्रत्येक भाग प्रत्येक कोने से लोगों ने इस सम्मेलन में भाग लिया। लाला लाजपतराय के नेतृत्व में, सम्मेलन में प्रत्येक जनपद में शाखाएँ खोलने का निर्णय किया गया। नौ मई 1907 को अंग्रेजी सरकारने लाला लाजपतराय को बर्मा निर्वासित कर दिया। इससे कांग्रेस की गतिविधियों को गहरा आघात लगा। बढ़ती आलोचना से मजबूर होकर अंग्रेजी सरकार को लालाजी को 14 नवम्बर 1907 को वापस बुलाना पड़ा।

पृथक राज्य की माँग

वर्तमान आज के हरियाणा का क्षेत्र सन् 1858 में अंग्रेजों द्वारा पंजाब का भाग बनाया गया था। ऐसा सन् 1857 के विद्रोह में हरियाणा के लोगों की सक्रिय भूमिका के कारण किया गया था। उन्हें दण्डित किया गया था तथा इस क्षेत्र के समस्त विकास कार्य रोक दिए गए थे। हरियाणावासियों को दूसरे दर्ज़े का नागरिक माना जाता था। इसके अतिरिक्त इन दो क्षेत्रों के लोगों के बीच भाषा, संस्कृति, वेशभूषा तथा अन्य कई अन्तर विद्यमान थे। सन् 1948 में मास्टर तारा सिंह द्वारा पृथक पंजाबी सूबे की माँग से इस क्षेत्र के वासियों की पृथक राज्य की माँग को बल मिला। इसके अतिरिक्त हिन्दी तथा पंजाबी बोलने वाले लोगों के बीच अन्य समस्याएँ भी मौजूद थीं।

बाद में, अंग्रेजी शासन द्वारा इस क्षेत्र में स्थिर जीवन उपलब्ध कराया गया तथा सर्वत्र कानून एवं व्यवस्था कायम थी।

नए राज्यों की स्थापना की माँग का सामना करने के लिए पंजाब के तत्कालीन मुख्य मंत्री, भीमसेन सच्चर द्वारा 1 अक्टूबर 1949 को "सच्चर फार्मूला" प्रस्तुत किया गया।

केन्द्रीय सरकार ने हुकम सिंह समिति की संस्तुति पर कारवाई करते हुए 23

अप्रैल 1966 को, पंजाब और हरियाणा के विभाजन तथा सीमाएँ निर्धारित करने हेतु, न्यायाधीश जे.सी. शाह की अध्यक्षताओं में शाह आयोग का गठन कर दिया। आयोग द्वारा अपनी रिपोर्ट 31 मई 1966 को प्रस्तुत कर दी गई। इस रिपोर्ट के अनुसार हिसार, महेन्द्रगढ़, गुड़गांव, रोहतक तथा करनाल जनपदों को नए राज्य हरियाणा का भाग बनाया गया था। इसके अतिरिक्त तहसील जींद (जिला संगरुर नरवाना जिला संगरुर) नारायणगढ़, अम्बाला और जगाधरी को भी सम्मिलित किया गया था। आयोग द्वारा तहसील खरड़ (चंडीगढ़ सहित) को भी हरियाणा का हिस्सा बनाने की सिफारिश की गई थी। शाह आयोग की रिपोर्ट प्राप्त करने के पश्चात् भारत सरकार द्वारा 18 सितम्बर 1966 को पंजाब पुनर्गठन विधेयक पारित कर दिया। इस विधेयक के अनुसार नए राज्य हरियाणा में निम्नलिखित क्षेत्र सम्मिलित किए जाने थे :

- हिसार, रोहतक, गुड़गांव, करनाल और महेन्द्रगढ़ जनपद।
- संतरुर जनपद की जींद और नरवाना तहसील।
- अम्बाला जनपद की अम्बाला, जगाधरी तथा नारायणगढ़ तहसील।
- खरड़ तहसील (अम्बाला जनपद) का पिंजौर सर्किल।
- खरड़ तहसील के मनी माजरा सर्किल का भाग।

दोनों राज्यों पंजाब और हरियाणा का साझा उच्च न्यायालय "पंजाब और हरियाणा उच्च न्यायालय" रखने का निर्णय भी किया गया था। विधेयक के अन्य भागों में लोक सभा तथा राज्य सभा में सांसद सीटों के विभाजन जैसे मुद्‌दों पर व्यवस्था दी गई थी।

भूगोल

हरियाणा के दो व्यापक भौगोलिक भागों में बाँटा जा सकता है :

1. उप-हिमालयी भू-भाग तथा

2. सिंध-गंगा का मैदान, जो दक्षिण-पूर्वी दिशा में एक दूसरे के लगभग समानान्तर हैं। उप-हिमालयी प्रदेश, जो पंचकूला जनपद के उत्तर-पूर्वी भागों में एक प्रकार का घेरा बनाता है, में ऊँची तथा नीची दो प्रकार की पहाड़ियाँ है। पहली प्रकार की पहाड़ियाँ दो प्रकार की पहाड़ियों से निर्मित है तथा पूरे जनपद में उत्तर-पश्चिम से दक्षिण-पूर्व तक फैली हैं, जिनकी अनेक शाखाएँ सभी दिशाओं में फैली हैं तथा मोरनी और टिपड़ा पहाड़ियों के नाम से जानी जाती हैं। इस भू-भाग में अनेक सुन्दर घाटियाँ हैं, लेकिन कालका और पिंजौर को छोड़कर अन्य कोई घाटी पर्याप्त आबाद नहीं है। सिंध-गंगा का मैदान वस्तुतः राज्य का सही अर्थो में मेरूदण्ड है। यह सिंधु नदी तथा गंगा के बीच विशाल समतल मैदानी क्षेत्र है। यह

व्यापक मैदानी क्षेत्र पाँच उप-प्रभागों में विभाजित है। प्रथम उप-प्रभाग को बब्बर कहा जाता है बाहय शिवालिक के समांतर एक ढलवाँ सीमांत क्षेत्र है। यहाँ पर्वतों से नदियों द्वारा लाई गई कछार के विशाल भण्डार हैं।

द्वितीय उप-प्रभाग, खादर, बब्बर के बाद का क्षेत्र है जो नदी धाराओं के निकट है। लेकिन यहाँ अक्सर बाढ़ आती है, यहाँ प्रमुखतः बालू, गाद, गारा तथा हाल के समय की मिट्टी है। तृतीय उप-प्रभाग बांगर कहलाता है जहाँ दस से बीस लाख वर्ष पुरानी कछारी मिट्टी जमा है। यह स्थान अपेक्षाकृत अधिक ऊँचाई पर होने के कारण यहाँ नदियों की बाढ़ आदि की कोई संभावना नहीं है। अनेक स्थानों पर पथरीली, देह तथा कल्लर होने के कारण यहाँ की मिट्टी बहुत अच्छी नहीं है।

चतुर्थ उप-प्रभाग, बलुआ भू-भाग में हिसार, सिरसा, भिवानी तथा महेन्द्रगढ़ जनपद शामिल हैं, जहाँ अनेक स्थानों पर हवा में उड़कर आई बालू के टीले हैं। इस बलुआ प्रदेश का नहीं क्षेत्र कृषियोग्य है जहाँ बालू एकत्रित नहीं होती है इन्हें ताल कहा जाता है। पंचम उप-प्रभाग में दक्षिण क्षेत्र शामिल है जहाँ बीच-बीच में खड़ी आराबली पहाड़ियाँ मैदानी भाग की निरंतरता भंग करती हैं।

राज्य में यमुना के अतिरिक्त अन्य कोई भी नदी साल भर नहीं बहती है। यमुनपा उत्तराखण्ड में टिहरी से चलकर पहाड़ी मार्ग से गुजरकर अम्बाला जनपद में हरियाणा में प्रवेश करती है। इसके पश्चात् यह कुरूक्षेत्र, करनाल, सोनीपत, फरीदाबाद से गुजरते हुए हरियाणा, उत्तर प्रदेश की सीमा का निर्धारण करती हुई फरीदाबाद जनपद में हसनपुर के तुरन्त बाद पुनः उत्तर प्रदेश में प्रवेश करती है। ताजेवाला में यमुना नदी से निकलने वाली पश्चिमी यमुना नहर यमुनानगर, करनाल, हिसार तथा जींद और आगरानहर फरीदाबाद की प्यासी धरती की प्यास बुझाती है।

हरियाणा में अनेक मौसमी नदियाँ है। इनमें सरस्वती सबसे महत्वपूर्ण है सरस्वती के अधिकांश जलमार्ग में कोई निश्चित तल नहीं है तथा भैनी में चुटंग नदी के मिलने के पश्चात् ही यह निरंतर धारा का रूप लेती है। कुरुक्षेत्र से गुजरते हुए यह पटियाला जनपद में थग्गर से मिलती है तथा राजस्थान में भाटऩेर के निकट सूख कर समाप्त हो जाती है।

घग्गर एक अन्य महत्वपूर्ण नदिया है। यह बाहरी हिमालयी पहाड़ियों में यमुना तथा सतलुज के बीच से निकलती है। मैदानी भाग में एक तीव्र वेगवती नदी के रूप में प्रवेश करने वाली यह नदी अम्बाला के पास से गुजरती है तथा दक्षिण पश्चिमी दिशा में लगभग 110 किलो मीटर बहने के पश्चात् हिसार जनपद में पश्चिम की ओर मुड़ जाती है तथा राजस्थान के बीकानेर प्रभाग में पहुँचती है, जहाँ अन्ततः यह 450 कि. मी. लम्बा सफर तय करने के पश्चात् समाप्त हो

जाती है। प्राचीन काल में इस नदी में आज की अपेक्षा जल की मात्रा बहुत अधिक होती थी।

हरियाणा के उत्तरी क्षेत्र में बहने वाल अनेक छोटी नदियां भी हैं जो वर्षा ऋतु के दौरान बहती हैं। इनमें चिटंग (अपाया), राक्षी (राका), सिनीवाली (सोम, सोम्भ), ब्रहद्दीवा (बिलासपुर नदिका), कौशिका (हिरण्यावती) तथा अम्बुमती (अंशुमती) शामिल हैं। दक्षिणी क्षेत्र में चार प्रमुख धाराएँ हैं :

1. साहिबी
2. दोहन
3. कसावती तथा
4. इंदौरी।

ये नदियाँ अपने साथ उपजाऊ मिट्टी बहाकर लाती हैं तथा अपने जलमार्ग में छोड़ती जाती हैं। इसके परिणामस्वरूप किसानों को गेहूँ, चना, ईख की भरपूर फसल पैदा करने में मदद मिलती है। इसके अतिरिक्त इन नदियों के जलमार्ग के क्षेत्र में भूमिगत जल का स्तर भी बढ़ जाता हैं जो सिंचाई के लिए अत्यंत उपयोगी होता है।

जलवायु

हरियाणा राज्य की जलवायु भारत के अन्य उत्तरी राज्यों से भिन्न नहीं है। यहाँ वर्ष में तीन ऋतुएँ होती हैं :

1. शीत ऋतु—नवम्बर से फरवरी तक
2. ग्रीष्म ऋतु—मार्च से जून प्रारंभ तक तथा
3. वर्षा ऋतु—जून से अक्टूबर तक। शीत ऋतु में राज्य में सर्दी पड़ती है। सौभाग्य से हिमालय की दीवार इस दौरान मध्य एशिया से चलने वाले हिम-चक्रवातो से राज्य की रक्षा करती है। अतः यहाँ निम्न तापमान (हिसार में जनवरी का औसत तापक्रम 56^0 एफ) रहता है। सर्दियों के महीनों के सामान्य प्रति-चक्रवाती हालात में कभी-कभी कमजोर चक्रवातों के दखल से क्षेत्र में थोड़ी वर्षा हो जाती है। ग्रीष्म ऋतु में गर्मी के साथ लू चलती है और धूल भरी आँधियाँ भी चलती हैं। जुलाई के मध्य में मानसूनी बादल नजर आने लगते हैं तथा इनकी गरज वर्षा ऋतु के आगमन की सूचना देती है। राज्य में होने वाल कुल वर्षा का 80 प्रतिशत भाग वर्षा ऋतु में प्राप्त होता है।

खनिज

राज्य में भू वैज्ञानिक अन्वेषण का कार्य पूरी तरह नहीं किया गया है। अब तक संचालित सर्वेक्षणों से पता चला है कि राज्य के पांच दशमलव छः प्रतिशत

भू-भाग में खनिज सम्पदा विद्यमान है, जिनमें से कुछ भाग का वाणिज्यिक दोहन किया जा सकता है। उदाहरण के लिए धनौता-धानचोला, अंतरी-छपरा-कामनिया और शोला क्षेत्रों में लगभग अस्सी लाख टन निम्न से मध्यम कोटि का लौह अयस्क विद्यमान है। महेन्द्रगढ़ जनपद में ही मोठुका तथा घंटाशर ग्रामों के निकट ताम्र अयस्क की मौजूदगी का भी पता चला है। तांबे की ये चट्टानों की शृंखला का हिस्सा बताई जा रही हैं। नारनौल के निकट गोलवा, दुर्गा-का-नांगल में चूना पत्थर, माइका इत्यादि खनिजों का भंडार बताया गया है। कई स्थानों पर अभ्रक का पता चला हैं जिनमें घटाकर, सिरिली, पंचनौता तथा मसनौता (नारनौल तहसील) प्रमुख है। बेल और मसनौता के निकट बैराइट भंडार और सिरिली पहाड़ी, मुकौदपुर, इस्लामपुर इत्यादि में तामड़ा भंडारों का पता चला है। अंतरी बिहादीपुर क्षेत्र में बढ़िया गुणवता का संगमरमर तथा कुंड के निकट स्लेट पत्थर की खोज की गई है। मध्यम कोटि का बलुआ पत्थर केथल, गुड़गांव तथा पंचकूला जनपदों में पाया गया है। रोहतक तथा हिसार में शोरा, कुरूक्षेत्र में पोटेशियम नाइट्रेट जबकि कंकड़ तथा चूना पत्थर राज्य में लगभग सर्वत्र पाया गया है।

वनस्पति

वनस्पति के मामले में यह राज्य अति प्राचीन काल से अन्यंत समृद्ध रहा है। वर्तमान समय में केवल 3.4 प्रतिशत क्षेत्र वनाच्छादित है। वनों में तथा अन्यत्र वनस्पति की अनेक प्रजातियाँ पाई जाती हैं जिन्हें दो वर्गों में बाँटा जा सकता है :

1. शिवालिक पहाड़ी शृंखला की वनस्पति तथा
2. मैदानी भाग की वनस्पति। पहली प्रकार की वनस्पति यें विविध झाड़ियाँ तथा चील, चाल, संदन, सिरिस, कचनार, खैर, आम, बिऊल, जामुन इत्यादि शामिल हैं।

मैदानी भाग के वनों साधारणतः नही, पीपल, बड़, सिरिस, शीशम, आम आदि पाए जाते हैं जहाँ पानी की बहुतायत है। जहाँ पानी की कमी है वहाँ खेजड़ी, फरांस, कीकर इत्यादि पाए जाते हैं। हरियाणा राज्य में वह सब वनस्पति पाई जाती हैं जो उत्तर भारत में अन्यत्र पाई जाती हैं। तथापि, हरियाणा घास के मामले में विशेष समृद्ध है। यहाँ दूब, दीला, बाधू इत्यादि घास पाई जाती है जो पशुओं के लिए श्रेष्ठ आहार तथा औषधीय गुणों से युक्त वनस्पति बताई जाती है।

अर्थव्यवस्था

1966 में अपने गठन के समय से हरियाणा भारत का तीव्रतम विकासशील राज्य बन चुका है। यहाँ के नागरिकों की प्रति व्यक्ति आय भारतवर्ष के राज्यों में तीसरी सर्वोच्च दर है।

हरियाणा में कृषि का विकास आश्चर्यजनक रहा है। खाद्यान्न, ईख, तिलहन तथा कपास की पैदावार नई ऊँचाइयाँ हासिल की हैं। हरियाणा को भारत की दूध की बाल्टी कहा जाता है। यहँ प्रति व्यक्ति दूध की उपलब्धता भारतीय औसत 180 ग्राम प्रतिदिन के मुकाबले 579 ग्राम प्रतिदिन है।

सीमेंट, चीनी, कागज, कपास, कपड़ा, ग्लासवेयर, पीतल की वस्तुएँ, साइकिल, ट्रैक्टर (भारत में सर्वाधिक उत्पादन), मोटरसाइकिल, टाइमपीस, ऑटोमोबाइल टायर तथा ट्यूब, सैनीटरी सामान, टेलीविजन सेट, स्टील ट्यूब, हैण्ड टूल्स, सूती धागा, फ्रिज, वनस्पति घी तथा कपड़े के जूते यहाँ के प्रमुख उद्योग है। हिन्दुस्तान मशीन टूल्स का ट्रैक्टर निर्माण का कारखाना पिंजौर में अवस्थित है। गुड़गाँव एक औद्योगिक केन्द्र के रूप में तेजी से विकसित हो रहा है। गुड़गाँव स्थित मारूति उद्योग विशेष प्रसिद्ध है। राज्य में कुल 1,20,000 लघु स्तर की औद्योगिक इकाइयाँ हैं। हरियाणा देश का पहला ऐसा राज्य है जिसके प्रत्येक गाँव का विद्युतीकरण किया जा चुका है। भारतीय सेना में 11.2 प्रतिशत रणबाँकुरे हरियाणा राज्य से हैं। हरियाणा में जुलाई 1996 में पूर्ण नशाबंदी लागू की गई थी। कुल इक्कीस माह के बाद यह अप्रैल 1998 में हटा दी गई है। राज्य में साक्षरता की दर 1981 में 36.14 प्रतिशत थी जो 1991 में 55.33 प्रतिशत हो चुकी है।

हरियाणा में 75 प्रतिशत से अधिक जनसंख्या कृषि पर आश्रित है। सन् 1966 में राज्य के गठन के समय खाद्यान्न उत्पादन 25.92 लाख टन था जो 2001-02 में 134.27 लाख टन हो चुका है। चावल, गेहूँ, ज्वार, बाजरा, मक्का, जौ, दलहन, ईख, कपास, तिलहन तथा आलू हरियाणा की प्रमुख फसले हैं। फसलों के विविधीकरण के अंतर्गत अधिक से अधिक क्षेत्र में नगदी फसलों तथा ईख, कपास, तिलहन की खेती की जा रही है। सूरजमुखी, सोयाबीन, फलों तथा सब्जियों की खेती को भी बढ़ावा दिया जा रहा है। राज्य में गहन एवं व्यापक कृषि को प्रोत्साहित करने हेतु प्रयास किए जा रहे हैं।

शीत ऋतु में, विशेषकर जनवरी माह में लगभग सम्पूर्ण राज्य में चक्रवाती प्रभाव से वर्षा होती है, जो रबी की फसल के लिए अत्यंत उपयोगी होती है। हरियाणा को शीतकालीन वर्षा से बहुत लाभ होता है।

उद्योग

अगस्त, 1991 में भारत सरकार की आर्थिक उदारीकरण तथा लाइसेंस समाप्ति नीति लागू किए जाने के समय से उद्यमियो द्वारा रु. 29,372 करोड़ के निवेश के साथ बृहद तथा मध्यम औद्योगिक इकाइयाँ स्थापित करने हेतु 2286 औद्योगिक उद्यमी स्मारपत्र (आईईएम) प्रस्तुत किए जा चुके है। मार्च 2002 तक 1,462 आई

ई एम क्रियान्वित किए जा चुके हैं। राज्य सरकार द्वारा नवंबर 1999 में नई औद्योगिक नीति तैयार की गई तथा अघोसंरचना के सृजन और नियमों एवं विनियमों के सरलीकरण पर विशेष बल दिया गया था। मानेसर में निर्याताके को सभी सुविधाओं से युक्त विशेष आर्थिक क्षेत्र (एस ई जेड) स्थापित किया गया है। साहा (अम्बाला) में अन्य विकास केन्द्र के लिए भूमि अधिगृहीत की जा चुकी है तथा विकास कार्य प्रगति पर है।

हरियाणा, सन् 2000 से भारत के प्रमुख निवेश हासिल करने वाला राज्य है। विभिन्न प्रकार के दुपहिया वाहन तथा ट्रैक्टर आदि का निर्माण यहाँ बहुतायत में होता है। भारत की प्रमुख कार निर्माता मारुति उद्योग लिमिटेड तथा हीरो होण्डा की फैक्ट्रियाँ भी यहीं स्थापित है। दक्षिण एशिया का सर्वाधिक गति से विकास करने वाला क्षेत्र भी हरियाणा ही है।

हाल ही में सिरसा, बाहरी (सोनीपत), मनकपुर (यमुनानगर) में औद्योगिक एस्टेट विकसित की गई है तथा बहादुरगढ़, राई एवं बादली में नए औद्योगिक एस्टेट स्थापित की जा रही है।

सूचना प्रौद्योगिकी

राज्य सरकार द्वारा वर्ष 2000 में अपनी सूचना प्रौद्योगिकी नीति की घोषणा के पश्चात् राज्य में सूचना प्रौद्योगिकी के क्षेत्र में एक क्रान्ति आ गई है। इस नीति के प्रमुख उद्देश हैं : श्रेष्ठतर एवं नितव्ययी प्रबंधन– ई. गवर्नेंस; आई टी शिक्षा और साक्षरता (एच आर डी); आई टी उद्योग में निजी निवेश; अद्योसंरचना तथा सेवाएँ; और रोजगार सृजन। श्रेष्ठतर एवं मितव्ययी प्रबंधक के लिए विभिन्न लोक अन्तरापृष्ठ अनुप्रयोग राज्य में लागू किए गए हैं ताकि सेवा प्रदायगी की गुणवत्ता सुधारी जा सके तथा जनता को प्रासंगिक सूचना उपलब्ध कराई जा सके।

विभाग के द्वारा 'ई-गवर्नेंस' के लिए एक केन्द्र स्थापित है। जिसमें सर्वर रूम नालेज सेंटर, डेवलपमेंट सेंटर, वेब स्टूडियो, प्रशिक्षण प्रयोगशाला, डिजिटल लाइब्रेरी, टेक्नोलॉजी सेंटर तथा वीडियो कान्फ्रेस रूम इत्यादि की सुविधाएँ उपलब्ध हैं। यह केन्द्र सरकारी विभागों, बोर्डों तथा कार्पोरेशनों के अधिकारियों को प्रशिक्षण प्रदान कर रहा है। राज्य सरकार ने ब्लॉक स्तर तक कम्प्यूटर फ्रेंचाइजी के स्थापना द्वारा आई टी शिक्षा के प्रसार हेतु आगे आकर पहल की है। राज्य की आई टी नीति आई टी उद्योग को ढेर सारे प्रोत्साहन उपलब्ध करती है जिसके परिणामस्वरूप राज्य में अनेक आई टी इकाइयों, विशेषकर गुड़गाँव में, स्थापना हुई है। वर्तमान में लगभग सभी प्रमुख आई टी तथा सम्बद्ध कम्पनियाँ जिनमें बहुराष्ट्रीय कम्पनियाँ तथा भारतीय आई टी कार्पोरेट सम्मिलित हैं, गुड़गाँव क्षेत्र में अपनी इकाइयाँ स्थापित कर चुकी हैं।

1

विभिन्न कालावधियों में सांस्कृतिक परिवर्तन

हरियाणा सदैव सांस्कृतिक, राजनैतिक तथा आर्थिक अभ्याघातों का शिकार रहा है। अनेक बाहरी आक्रमणों तथा सैन्य अभियानों का सामना करने के अतिरिक्त इस क्षेत्र के सीधे-सादे लोग तथा देहाती किसान वर्ग मुगलों, अंग्रेजों और स्वतंत्रता प्राप्ति के पश्चात् के शासन में क्षेत्र की पृथक पहचान और प्रशासनिक व्यवस्था से वंचित रहे हैं। स्वतंत्रता प्राप्ति के पश्चात् काफी संघर्ष के बाद 1966 में यह लक्ष्य हासिल किया जा सका है जिसके कारण इस क्षेत्र की अपनी अलग पहचान बनी। इस क्षेत्र के लोगों के विद्रोही स्वभाव तथा अदम्य जीवटता के कारण सन् 1803 में इसको दिल्ली के साथ सन् 1839 में उत्तर-पश्चिमी प्रान्त और सन् 1858 में पंजाब के साथ जोड़ दिया गया। सन् 1857 के स्वतंत्रता संग्राम के भड़कने तथा अनुवर्ती समय में बहावियों की क्रान्तिकारी गतिविधियों के रूप में हरियाणा की भूमिका के दंडस्वरूप अंग्रेजी सरकार ने 1858 में इस क्षेत्र को पंजाब के साथ जोड़ दिया था। सन् 1947 में स्वतंत्रता प्राप्ति के पश्चात् भी यह क्षेत्र उपेक्षित ही रहा। संयुक्त पंजाब में इस क्षेत्र को, विकास संबंधी कार्यों हेतु हमेशा दूसरा दर्ज़ा दिया गया था।

बी.सी.लॉ तथा आर.सी. अग्रवाल हरियाणा के इतिहास एवं संस्कृति के पक्षों पर लिखने वाले सर्वप्रथम भारतीय विद्वान थे। इनकी रचनाएं, वास्तव में, क्षेत्र का क्रमबद्ध ऐतिहासिक पुनर्निर्माण का विवरण उपलब्ध कराने के बजाय मूल स्त्रोत–सामग्री के संग्रहण पर केंद्रित एक अग्रणी एवं सराहनीय प्रयास है। सर्वप्रथम संगठित प्रयास डॉ. के. सी. यादव द्वारा 'जर्नल आफ हरियाणा स्टडीज़' के माध्यम से किया गया प्रतीत होता है, जो प्रमुख रूप से इस क्षेत्र के इतिहास और संस्कृति को समर्पित है। प्रो. बुद्ध प्रकाश द्वारा लिखित 'हरियाणा थ्रू दि एजेज़' हरियाणा के ऐतिहासिक विकास की रूपरेखा प्रस्तुत करती है। 'दि हिस्ट्री ऑफ कुरूक्षेत्र' पुरातत्त्वीय और साहित्यिक स्रोतों के आधार पर कुरूक्षेत्र के अतीत

एवं वर्तमान का अनुभूतिक्षम अध्ययन उपलब्ध कराने का एक गंभीर प्रयास है। प्रो. जे. एन. अग्रवाल तथा डॉ. सिलक राम ने हरियाणा के शिलालेखों पर कार्य किया, जबकि 'मार्ग की 'हरियाणा हेरिटेज' जिसका संपादन डॉ. मुल्क राज आनंद द्वारा किया गया था, इस क्षेत्र की कला परम्पराओं का सराहनीय सचित्र सर्वेक्षण प्रस्तुत करती है।

भारतीय इतिहास की मुख्यधारा में हरियाणा का योगदान उल्लेखनीय रहा है। हरियाणा में विभिन्न नस्लों के लोग आए, यहाँ के मूल निवासियों के साथ मिश्रित हुए तथा भारतीय संस्कृति के निर्माण में योगदान दिया। हरियाणा के कुरूक्षेत्र, तरावड़ी, करनाल और पानीपत के युद्ध के मैदानों पर भारतीय इतिहास के निर्णायक युद्ध लड़े गए थे। यह विभिन्न धार्मिक विचारधाराओं—हिन्दू, बौद्ध, जैन, सूफी तथा सिख विचारधाराओं की मिलन स्थली रहा है।

हड़प्पाइयों तथा आर्यों के बीच कुरुक्षेत्र जनपद के भगवानपुर में खुदाई के दौरान पहली बार हडप्पा संस्कृति के लोगों तथा सिंधु घाटी सभ्यता के लोगों के बीच मिलनसारिता प्रकाश में आई है।

सभ्यता का उदय तथा धर्म का प्रारंभ इतिहास में एक ही समय पर साथ-साथ की घटनाएँ हैं। भरत (जिनके नाम पर देश का नाम भारत पड़ा) कुरु वंश के सर्वाधिक विख्यात व्यक्ति, के अधीन आर्य संस्कृति के मिलन और विस्तार की प्रक्रिया में यह क्षेत्र और इसके अनेक भाग, ब्राह्मणवादी तथा पौराणिक साहित्य में, उत्तरवेदी, ब्रह्मवेदी, ब्रह्मवर्त, ब्रह्मर्षिदेश, कुरुदेश, कुरुक्षेत्र तथा कुरुजंगल के नाम से उल्लेखित हैं।

इस क्षेत्र को संस्कृति का गृह बनाने के लिए कुरुवंशियों ने विशिष्ट सैन्य दक्षता, साहित्यिक तथा आध्यात्मिक संचय अर्जित किया। कुरुक्षेत्र में लड़ा गया महाभारत युद्ध एक युगान्तरकारी घटना थी। इसी प्रकार भगवद्गीता के उच्च परिष्कृत तथा अतिसूक्ष्म दार्शनिक विचार प्रेरणादायी हैं। यह युद्ध कैथल, पेहोवा, थानेसर तथा अमीन क्षेत्र में संभवतः ईसा पूर्व 1200—1000 में हुआ था।

बाद में पांडवों के उत्तराधिकारी राजा परीक्षित के काल में गंगा नदी की बाढ़ से हस्तिनापुर के विनाश के कारण कुरु साम्राज्य का पतन हुआ तथा टिड्डियों द्वारा फसल नाश के कारण कुरुवंशी भारत के पूर्वी भागों में जाकर बस गए। अपने आध्यात्मिक ज्ञान तथा नैतिक मूल्यों के लिए विख्यात कुरुवंशी स्वाभाविक रूप से बौद्ध धर्म की ओर आकृष्ट हुए, जिसने मानव पीड़ा को समझने हेतु तार्किक समझ को अपनाया था।

इससे विदित होता है कि भगवान बुद्ध ने जागरुकता, उद्भव के सिद्धान्त तथा स्थायित्व संबंधी अपने गंभीरतम उपदेश कुरुवंशियों को दिए थे, ताकि वे अपने अस्तित्व के वास्तविक प्रयोजन और अर्थ समझ सकें। कुरुवंशियों द्वारा अपने प्रगति काल में बौद्ध धर्म के प्रचार एवं प्रसार हेतु अनेक भवनों का निर्माण किया गया था।

हर्ष की आत्मकथा के लेखक बाण तथा समकालीन चीनी तीर्थयात्री ह्वेनसांग द्वारा लोगों के सामाजिक-आर्थिक तथा सांस्कृतिक जीवन के संबंध में महत्वपूर्ण जानकारी उपलब्ध कराई गई है, आठवीं शताब्दी से यह क्षेत्र विभिन्न राजपूतों के अधिकार में रहा, जिनमें प्रतिहार, तोमर और चौहान शामिल थे, जिनके द्वारा गौरी तथा गजनवी जैसे विदेशियों के विरुद्ध भूमि की पवित्रता, एकता एवं अखण्डता के रक्षार्थ युद्ध किए गए थे।

पंजाब और दिल्ली के बीच फँसे हरियाणा को सल्तनत काल में अनेक युद्ध-त्रासदियों को झेलना पड़ा तथा क्षेत्र के लोगों का जीवन अत्यंत कठिन हो गया था।

नया शासन, सैद्धान्तिक रूप में मुस्लिम धर्मतंत्र पर आधारित था, लेकिन प्रत्यक्ष रूप में सैन्य तानाशाही जनता का शोषण करने में व्यस्त थी। यद्यपि जनता ने कायरतापूर्वक आत्मसमर्पण न करके बहुधा विद्रोह किया, तथा अनेक बार विदेशी आतताइयों का शासन उखाड़ फेंका था। दमन एवं अत्याचार को चुनौती देने का विशिष्ट गुण आने वाले समय में भी हरियाणा के इतिहास का अंग बना रहा। यद्यपि हरियाणा क्षेत्र को उपेक्षा की दृष्टि से देखा जाता था। यहाँ तीर्थस्थलों पर आने वाले तीर्थयात्रियों से कर वसूल किया जाता था। इस दौरान महामारी, सूखा और अकाल जैसी विनाशकारी प्राकृतिक आपदाओं ने भी लोगों के जीवन के साथ विध्वंस का तांडव किया था।

इस अवधि में नारनौल में सतनामियों का उदय एक चमत्कारिक घटना थी, जो औरंगजेब के राजस्व अधिकारियों के उत्पीड़न के विरुद्ध सीना तान कर खड़े हो गए। अन्त में सतनामी अपने अंतिम योद्धा तक लड़ते हुए परास्त हो गए, लेकिन अपने पश्चात संघर्ष जारी रखने की प्रेरणा छोड़ गए। बाद में, नादिरशाह तथा अहमद शाह अब्दाली के आक्रमणों तथा सिक्खों और मराठों की लूटमार से इस क्षेत्र की शान्ति और समृद्धि पूरी तरह विदा हो गई। यद्यपि मुस्लिम शासक

हिन्दुओं के प्रति असहिष्णु थे तथा बहुधा पवित्र स्थलों को नष्ट कर देते थे, लेकिन सूफी आंदोलन ने संस्कृतियों का ताना–बाना बुनकर दो धर्मो के बीच अविश्वास को दूर करने में सहायता की थी। सूफी आंदोलन के प्रमुख केन्द्र हांसी, थानेसर कैथल, झज्जर, हिसार, पानीपत तथा नारनौल थे।

अनेक सिक्ख गुरु–गुरु नानक देव, गुरु अमरदास, गुरु तेग बहादुर तथा गुरु गोविंद सिंह–इस क्षेत्र के पावन स्थलों पर पधारे थे तथा उनकी स्मृति स्वरूप अनेक गुरूद्वारे विद्यमान हैं। धार्मिक विचारों की विभिन्न धाराओं का संगम स्थल यह क्षेत्र स्वाभाविक रूप से प्राकृत, संस्कृत, फारसी, अरबी, हिन्दी तथा उर्दू साहित्य के विकास का साक्षी बन गया।

यह क्षेत्र वास्तुकला की गतिविधियों का साक्षी भी रहा है। पूरे क्षेत्र में भव्य इमारतें देखी जा सकती हैं। पिंजौर गार्डन्स का मुग्धकारी दृश्य, पानीपत का शाह कलन्दर का मकबरा सुलेख अलंकरण शैली का उदाहरण है, जबकि इब्राहीम सूर खान का मकबरा और कौसल योगित छत्ता राम मुकुन्द दास (नारनौल), हांसी का बरसी गेट–वास्तुकला के सुन्दर प्रतिमान हैं। थानेसर में शेख चेहाली का लाल पत्थर तथा मार्बल निर्मित मकबरा, जिसकी भव्यता और शैली इसको उत्तर भारत के सर्वाधिक चित्ताकर्षक एवं चित्र सरीखे स्मारकों में स्थान दिलाती है। तथापि, हरियाणा भारतीय इतिहास की निर्णायक कार्यवाहियों के लिए प्रसिद्ध है। पानीपत में हुए तीन युद्धों से निश्चित रूप से भारत के इतिहास में निर्णायक मोड़ आया था। पहले दो युद्धों में भारत में अफगान साम्राज्य के भाग्य का निर्णय हुआ, जबकि तीसरे युद्ध में अफगानों के विरुद्ध मुगलों के रक्षक बने मराठों को अपमानजनक हार का सामना करना पड़ा।

वास्तुकला

इतिहास, धर्म तथा अर्थव्यवस्था के अतिरिक्त हरियाणा की संस्कृति का संकेत इसकी वास्तुकता की विस्मपकारी सम्पदा से मिलता है जो संस्कृति के उतार-चढ़ाव का बखूबी बयान करती है। मध्यकाल में मकबरों, मस्जिदों तथा अन्य धार्मिक प्रतिष्ठानों के निर्माण में भारी रुचि दर्शाइ गई थी। ये निर्माण सोहना, झज्जर, हिसार, नारनौल, हांसी, पानीपत, थानेसर, कैथल, साधौरा तथा पिंजौर में देखे जा सकते हैं। दिल्ली–जयपुर मार्ग पर अरावली की पहाड़ियों की गोद में बसे ग्राम सोहना में मध्यकाल में निर्मित अनेक मकबरे, मस्जिद, सराय तथा अन्य निर्माण विद्यमान हैं।

एक लम्बवत् चट्टान के नीचे की ओर स्थित सीता कुंड थोड़े से गिने-चुने धर्मनिरपेक्ष निर्माणों में से एक है। यह भवन मूलतः एक सूफी मकबरा था, जिसका निर्माण 16वीं सदी के प्रारंभ में लोदी वास्तुशिल्प की शैली में हुआ था। ईस्वी सन् 1570 से कुछ समय पूर्व निर्मित काला गुंबद तथा लाल गुंबद और 18वीं सदी में पहाड़ी के शिखर पर बना किला यहाँ का उल्लेखनीय निर्माण हैं। झज्जर स्थित स्मारक, जो पठान शैली में प्रमुखतः कंकर पत्थरों से निर्मित मकबरों का समूह है, 16वीं सदी का निर्माण प्रतीत होता है।

फिरोजशाह के शासन काल में हिसार में बने मुस्लिम स्मारकों में लटकी मस्जिद, कोटला और हौज खास शामिल हैं।

फतेहाबाद में एक छोटी तथा निरभिमानी, लेकिन उत्कृष्ट समानुपाती एवं मीनाकारी से अलंकृत एक मस्जिद है, जो स्थानीय मान्यता के अनुसार हुमायूँ द्वारा अमरकोट की यात्रा के दौरान बनवाई गई थी। नारनौल में विशालतम वस्तु स्मारक लोदियों के एक स्थानीय अधिकारी इब्राहीम खान का मकबरा है। इब्राहीम खान के पोते शेरशाह सूरी (1538–46) द्वारा इसका निर्माण शेख अहमद निजी के निरीक्षण में करवाया गया था। पठान शैली के इस चतुर्भुजाकार मकबरे की प्रभावशाली रूपरेखा, उत्कृष्ट तफसीली तथा रंगों का मनोहारी पारस्परिक प्रभाव देखते ही बनता है।

अकबर का विश्वासपात्र लाहौर का गवर्नर शाह कुली खान नारनौल में शानदार इमारतों, तालाबों और बगीचों का निर्माता बताया जाता है। उसके वगीचे का नाम आराम–ए–कौसर था, जिसकी बाहरी दीवारें तथा प्रवेश द्वार संकुल ही शेष बचा है। सबसे सुंदर स्मारक संभवतः उसका स्वयं का मकबरा निर्मित है। यह मकबरा पठान शैली में बनाया गया है। जल महल अथवा खान सरोवर (159 ईस्वी सन्) तथा जामी मस्जिद खान के अन्य निर्माण हैं।

चोर गुम्बद, शाह विलायत का मकबरा और छत्ता मुकंद दास नारनौल के अन्य उल्लेखनीय निर्माण हैं। शाह विलायत का मकबरा और इससे सटा कॉम्पलेक्स फिरोज तुगलक के शासन काल में बनवाया गया था। इसका निर्माण जमाल खान द्वारा अपने मकबरे के रूप में करवाया गया था। यह चोरों तथा राजमार्ग के लुटेरों का आश्रय स्थल रह चुका था जिस कारण इसका नाम चोर गुम्बद पड़ गया था।

इस दरगाह पर वार्षिक मेले का आयोजन किया जाता है। सुल्तान हमीद–उद्–दीन के मुख्य सर्वेक्षक मीर तिजारह का मकबरा सबसे अधिक सुन्दर

है। ग्यारह मीटर का वर्गाकार तथा पंद्रह मीटर ऊँचा यह सुन्दर मकबरा खूबसूरत दग्ध टाइल अलंकरण का सुन्दर नमूना है। इसके उत्तरी भाग में फिरोज शाह तुगलक द्वारा बनवाया गया शानदार महल और विशाल मस्जिद है।

यहाँ एक छोटा स्मारक भी है, जिसको छतरी कहा जाता है तथा जो वर्गाकार छतरीनुमा मकबरा है। तामचीनी युक्त छतरी चार उत्कीर्ण बलुआ पत्थर के स्तम्भों पर टिकी है तथा तहखाने में दो कब्रें हैं। यह हाँसी का प्राचीनतम निर्माण बताया जाता है। किला परिसर में कुछ अन्य स्मारक भी हैं जिनमें किले की बाहरी रक्षा दीवार की दक्षिणी दीवार में बरसी गेट शामिल है। इसके प्रवेश द्वार पर मौजूद पुरालेख के अनुसार इसका निर्माण सन 1304–05 ईस्वी में किया गया था। इसके निर्माण का श्रेय अला–उद्–दीन खिलजी को जाता है, जो मंगोल आक्रमणों के दृष्टिगत रणनीतिक दुर्गों के निर्माण में रुचि रखता था। यह दुर्ग वास्तुशिल्प का बेहतरीन उदाहरण है। हिन्दू प्रासादों तथा लूटे गए, नष्ट किए गए मंदिरों की निर्माण सामग्री का खुला उपयोग इस निर्माण हेतु किया गया था। उस समय हिन्दु मंदिरों को नष्ट करना और लूटना इन शासकों के लिए आम बात थी।

इस दुर्ग के आगे हिन्दू स्मारकों की निर्माण सामग्री द्वारा प्रारंभिक मुस्लिम काल में निर्मित बारादरी है। इसके उत्तरी छोर पर बली हजरत सईद निसमत उल्लाह के प्रसिद्ध मकबरे के नाम पर खानगाह निर्माण हैं। यह हिन्दू तथा मुस्लिम दोनों के लिए पवित्र स्थल है। इस मकबरे के बगल में एक अहाते में दो मस्जिदें हैं जिनको सामूहिक नाम रोजा दिया गया है।

पानीपत में अबू अली शाह का महत्वपूर्ण स्मारक है। कहा जाता है कि इसका निर्माण अलाउद्दीन खिलजी के पुत्र खिज्र खान तथा शादी खान द्वारा करवाया गया था। ऐसा विदित है कि खिज्र खान ने भी अपना मकबरा सोनीपत में बनवाया। कसौली पत्थर के स्तंभों वाला बरामदा औरंगजेब के जमाने में 1660 में मुकर्रब खान के पुत्र रिजकुल्लाह खान द्वारा बनवाया गया था, जिसकी दीवारों पर सुन्दर चित्रकारी तथा बेहतरीन मीनाकारी की गई थी। मुख्य अहाते में पश्चिम की तरफ अगू अली की मस्जिद है, जो लालबलुआ पत्थर से बनी है तथा अच्छी हालत में है। कुल मिलाकर यह कला का सम्मोहक नमूना है। अहाते में मकबरा–पालों तथा यात्रियों हेतु कमरे भी हैं तथा पश्चिम कोने में एक जलाशय तथा कुआँ है।

जनरल कनिंघम ने यह निर्माण फिरोज तुगलक के समय का अथवा 14वीं सदी के अन्त का निर्धारित किया है, जबकि रोजर्स के अनुसार इसका निर्माण

सिकंदर लोदी के काल में हुआ था। थानेसर दुर्ग के पूर्व की ओर शेख जलालुद्दीन (अकबर का समकालीन) मकबरा है जो लाल बलुआ पत्थर से निर्मित वर्गाकार भवन है।

शेख सलाहुद्दीन बल्खीम, अब्दुर रशीद शाह बलायत तथा शाह जमाल के मकबरे, जामा मस्जिद तथा तैयब मस्जिद कैथल की उल्लेखनीय इमारतें हैं। शहर के उत्तरी द्वार पर स्थित इमारत सबसे पुरानी है। यह किसी पुराने हिन्दू मंदिर की पुरानी सामग्री, स्तम्भों, गुम्बदों से निर्मित है। यहाँ मिले शिलालेख से पता चलता है कि शेख ए. एच. 643 में शहीद (संभवतः मंगोलों के आक्रमण में) हो गया था तथा उसको शेख–अल–कबीर की उपाधि दी गई थी। वह संभवतः अलाउद्दीन मसूद शाह का समकालीन था। शहर के बीच अब्दुर रशीद शाह बलायत का मकबरा और मस्जिद है, जो अलाउद्दीन मुहम्मद शाह का समकालीन था, जिसका नाम इस स्थान से सम्बद्ध पुरालेख में मौजूद है। शहर के पूरब में शाह जमाल का मकबरा है जो 25′ वर्गाकार है।

शाह बलायत की मस्जिद के पूरब में जामा मस्जिद है जिसका आकार 92′ × 32′ है। शिलालेखों के आधार पर इसका निर्माण काल 834 अथवा 844 एच. होने का अनुमान लगाया गया है।

एक मान्यता के अनुसार तैयब एक हिंदू था जो धर्मांतरण कर मुसलमान बन गया था तथा अकबर का समकालीन था। लेकिन हिसार स्थित मस्जिद के साथ इसी समानता के कारण रोजर्स ने इसको हुमायूँ काल का निर्माण निर्धारित किया है। मुस्लिम स्मारक सधौरा में भी पाए गए हैं। शहर के पश्चिम में स्थित पुराने पत्थर की मस्जिद (732 एच.) (1331–32 ईस्वी सन) सबसे प्राचीन है जो मुहम्मद तुगलक के काल से संबंधित है। थानेसर की पथरिया मस्जिद की भाँति इसमें भी मीनारें (पश्चिमी दीवार पर) हैं। कनिंघम तथा रोजर्स द्वारा इस स्थान का दौरा किया गया था तथा उनकी सर्वेक्षण रिपोर्ट में स्मारक का बुनियाद खाका प्रस्तुत किया गया था। अब्दुल बहाब का मकबरा तथा मस्जिद उल्लेखनीय निर्माण है। मकबरे के मूल भवन का प्रवेश द्वार तथा नीचे का हिस्सा ही बाकी बचा है। इसका निर्माण सिंकदर लोदी के जमाने में किया गया था।

पिंजौर में भी मुगल वास्तुशिल्प गतिविधि का प्रभाव दिखाई देता है। इसका प्राकृतिक स्थापन उर्वर घाटी, पहाड़ी वलय तथा रोमानी प्रतिवेश में चढ़ गया था। पिंजौर गार्डन, एकमात्र शेष स्मारक जो लगभग अपने मूल रूप में विद्यमान है,

औरंगजेब के शासनकाल में उत्तर मुगल शैली के विशिष्ट सीढ़ीनुमा उद्यान पद्धति के अनुरूप तैयार किया गया था।

वास्तुकला गतिविधियों के उपरोक्त वर्णन से प्रतीत होता है कि हिन्दू सिक्ख, सूफ़ीमत की विविध धार्मिक विचारधाराओं का संगम स्थल हरियाणा प्रथमतः भाषा—प्राकृत, संस्कृत, हिन्दी, फारसी, अरबी तथा उर्दू और द्वितीयतः, भव्य भवनों—मस्जिद, मकबरा, आमोद उद्यान, प्रासाद, दुर्ग तथा सरायों के माध्यम से शक्तिशाली साहित्यिक और वास्तुशिल्पीय धाराओं एवं प्रति-धाराओं की मंजूषा थी। कुछ शासकों के दमनकारी होने के बावजूद हरियाणा मध्यकाल के दौरान धर्म और संस्कृति का गढ़ बना रहा, तथा अपना अस्तित्व बनाए रखा।

साहित्य

कालावधि में हरियाणा की संस्कृति परिवर्तन का एक अन्य सूचक इसका साहित्य है। इसके वर्षान्त विवरणों से राज्य में जीवन पद्धति के मार्ग का पता चलता है। हरियाणा प्रारंभिक हिन्दी साहित्य के विकास का साक्षी बना, जिसका मूल प्रारंभिक मध्य काल के जैन लेखकों की प्राकृत कृतियों तथा सिद्ध और नाथ पंथ की रचनाओं में विद्यमान था। प्रद्युदका इस क्षेत्र में नाथ पंथ का मुख्य केन्द्र था। इस क्रम में सर्वप्रथम हिन्दी लेखक चौरंगनाथ था, जो रोहतक जनपद में अस्तल बोहर का निवासी था। यद्यपि उनको हिन्दी खड़ी बोली में अनेक कृतियों का रचयिता माना जाता है, लेकिन केवल दो रचनाएँ वायुतत्व भवनोपदेश तथा प्राणसंगली ही उपलब्ध हैं। ये रचनाएँ निर्गुण दर्शन का प्रतिपादन करती हैं। नाथ पद्धति के एक अन्य लेखक मस्तनाथ थे, जिनकी महत्वपूर्ण रचना बनियाँ थीं। चौदहवीं शताब्दीं के दौरान फरीदाबाद के ईसरदास ने हिन्दी में अनेक पुस्तकें लिखीं, जिनमें अंगद पैजा, भरत विलाप तथा सत्यवती कथा प्रमुख रचनााएँ हैं। उनकी भाषा पर अवधी का प्रभाव है।

आने वाली पीढ़ियों के विद्वानों के योगदान से हरियाणा में हिन्दी साहित्य के विकास को और अधिक प्रेरणा प्राप्त हुई। इनमें नारनौल के वीरभान, जो सतनामी पंथ के संस्थापक थे, सिरसा के मालदेव, जो 16वीं सदी में प्राकृत, संस्कृत तथा हिंदी में तीस पुस्तकों के लेखक थे, घरोंदा के हृदय राम उपनाम राम कवि जो बाद में थानेसर में बस गए थे तथा जिनके द्वारा अनेक धार्मिक पुस्तकें लिखी गई थी, ग्राम सलेमपुर के रूपचंद पांडे, ग्राम बुरिया (अम्बाला जनपद) के भगवती दास, सिरसा के आनंदधन, जिनके, द्वारा जैन धर्म तथा नीति विषयों पर अनेक रचनाएँ

की गई', करनाल के सुंदर दास, विहोली (रोहतक के निकट एक ग्राम) के बनारसी दास तथा नारनौल के खडगसेन (17वीं सदी) के नाम विशेष उल्लेख के योग्य हैं।

18वीं सदी में गरीबदास (1717–1791) तथा निश्चलदास (17191–1863) महानतम संत कवि हुए थे। गरीबदास को हरियाणा का सर्वप्रथम निर्गुणधारा का संत कवि माना जाता है। उनका जन्म 1717 ईस्वी में छुदानी में एक जाट परिवार में हुआ था। उनके द्वारा 17,000 से 18,500 के बीच पदों की रचना की गई जिनमें निर्गुण दर्शन का सुन्दर प्रतिपादन किया गया है। मध्यकाल के किसी अन्य संत कवि द्वारा ऐसी वाग्मिता के साथ और आध्यात्मिक जीवन के इतने पहलुओं पर नहीं लिखा गया है।

कबीर की भाँति उनके द्वारा हिन्दू तथा मुसलमानों के प्रगतिवादी तत्वों के बीच स्वस्थ संश्लेषण का प्रयास किया गया जिसके फलस्वरूप उनके अनुयायियों में हिन्दू तथा मुसलमान दोनों शामिल थे। गरीबदास की मान्यता थी कि ईश्वर की अनुभूति जीवन के रूप में की जा सकती है तथा इसके लिए सांसारिकता का त्याग कतई आवश्यकता नहीं है। उनके गीतों एवं कविताओं में सांसारिक तथा अध्यात्मिक जीवन का सुन्दर सम्मिलन है।

हरियाणा के एक अन्य संत कवि निश्चल दास (1791–1863) का जन्म कुंगाड (हांसी तहसील) में जाट परिवार में हुआ था। स्वयं उनके द्वारा दी गई जानकारी के अनुसार उन्होंने सांख्य, न्याय, व्याकरण तथा वेदान्त की शिक्षा वाराणसी में प्राप्त की थी। वह संस्कृत तथा हिन्दी के बहुमुखी लेखक थे। उनके द्वारा उचित दर्शनशास्त्र की पुस्तकें हिन्दी साहित्य को उनका विशिष्ट योगदान है। उनकी प्रमुख कृतियाँ विचारसागर, वृत्तिप्रभाकर तथा मुक्ति प्रकाश हैं। विचारसागर का अनुवाद मराठी, बंगाली तथा अंग्रेजी भाषा में किया जा चुका है।

स्वामी विवेकानंद निश्चल दास की रचनाओं से बहुत प्रभावित थे तथा वे विचारसागर को विगत तीन सदियों में किसी भी भाषा की सर्वश्रेष्ठ रचना मानते थे। निर्गुण साहित्य में योगदान देने वाले उल्लेखनीय समकालीन संत कवियों में नारनौल के नित्यानंद, जो सत्य सिद्धान्त प्रकाश तथा बाराखड़ी के रचयिता थे; जैत राम जो गरीब दास के पुत्र थे तथा जिनके द्वारा अनेक धार्मिक पुस्तकें लिखी गई थीं, जिनमें जन्मकथा (संत गरीबदास की जीवनी) सबसे महत्वपूर्ण थी, दयाल दास, जो गरीब दास के शिष्य थे तथा जिनके द्वारा विचार प्रकाश की रचना की गई थी, जिसमें अद्वैत दर्शन का प्रतिपादन किया गया था, के नाम सम्मिलित

किए जा सकते हैं। इस अवधि में उर्दू तथा हरियाणवी भी विकसित हुई।

उर्दू साहित्य में उल्लेखनीय योगदान दाता पानीपत के मुहम्मइ अफजल (1539–1626) (बिकट कहानी के लेखक) थे। शेख जीवन (फिकबा–ए–हिंदी, महशरनामा, दर्दनामा, ख्वाबनामा तथा दबीरनामा–ए–बीबी फातिमा के लेखक); हांसी के अब्दुल वैस, जो प्रथम उर्दू–हिन्दी शब्दकोश के संपादक थे, हास्य कवि मीर जाफर 'जाटल' (1659–1713) उनके भ्राता अब्दुल जाबिल 'जाटल' (नारनौल) उनके समकालीन थे।

इस अवधि की हरियाणवी बोलियों की रचनाएँ भी प्रकाश में आई हैं। अहीरवती में घरसू (नारनौल के निकट) के संत देशराज, बांगरु में बाबा हरिदास तथा मेवाती में गुलाम रंगीला के पद (अथवा भक्ति गीत) इस वर्ग में आते हैं। हरियाणा की ये साहित्य परम्पराएँ अनेक विद्वानों तथा कवियों के माध्यम से आगे भी जारी रहीं थीं अगरोहा के रामदास, थानेसर के उमादास, जो महाराजा पटियाला द्वारा महाभारत के पाँच पर्वों का हिन्दी अनुवाद करने हेतु नियुक्त किए गए थे, इन विद्वानों में सम्मिलित थे। एक विख्यात उर्दू-हिन्दी समाचार पत्र के सम्पादक, जिनका साप्ताहिक पत्र हिन्दी बंगवासी कोलकाता से प्रकाशित होता था आर.सी. मजूमदार द्वारा उन्नीसवीं सदी के अंतिम दो दशकों के दौरान सर्वाधिक प्रभावशाली हिंदी समाचार-पत्र माना गया है जिससे हिंदी गद्य शैली ने भारी प्रगति की है। अपने समय के मूर्धन्य हिंदी पत्रकार माधव प्रसाद द्वारा समकालीन राजनैतिक, सामाजिक, आर्थिक मुद्दों पर सारगर्भित विद्वतापूर्ण लेख लिखे गए थे।

उर्दू लेखकों में रेवाड़ी के राव तुला राम के बक्सी राव मान सिंह, जिनके द्वारा 'अहीरकुलदीपिका' जो अहीरों के इतिहास तथा 1555 ईस्वी से उन्नीसवीं सदी के अंत तक रेवाड़ी राज्य के इतिहास के संबंध में थी तथा जिसमें उस समय के हरियाणा के राजनैतिक, सामाजिक तथा सांस्कृतिक जीवन पर प्रकाश डाला गया था, की रचना की गई थी। गुलाम नबी द्वारा भी सन् 1803 से 1858 तक राज्य का व्यापक इतिहास 'तारीख–ए–झज्जर' लिखा गया था। थानेसर के जफर खान, जो वहाबी आंदोलन के नेता थे तथा जिनको आजीवन कारावास के अधीन अंडमान भेज दिया गया था, ने दो पुस्तकें 'तारीख–ए–अजब' तथा 'तारीख–ए–अजीब' (काला पानी) (1884) लिखी थीं जिनमें उन्होंने अपनी पीड़ाओं का आलेखीच विवरण प्रस्तुत किया था। जफर की रचनाओं की शैली सादा और ठेठ है, जो अलंकारों तथा शब्दाडम्बरों से रहित है। इसके अतिरिक्त पानीपत के

अल्ताफ हुसैन हाली उर्दू में आधुनिक भावना के प्रवर्तक थे। अनेक भाषाओं उर्दू–फारसी–अरबी के विद्वान हाली द्वारा गद्य एवं पद्य दोनों में उच्च कोटि की रचनाएँ की गई, जिनमें 'मुकदिमा–ए–शेर ओ–शायरी' को युगांतरकारी रचना माना जाता है।

अम्बाला के भदंत आनंद कौशल्यापन, जो 'बुद्ध वचन', 'भिक्षु के पत्र' 'बुद्ध और उसके अनुचर' 'आतक' (दो भाग) के रचयिता थे, द्वारा हिन्दी साहित्य में महत्वपूर्ण योगदान दिया गया है। लेकिन, वर्तमान काल की भाँति, स्वतंत्रता प्राप्ति से पूर्व हरियाणा में हिन्दी इतनी लोकप्रिय नहीं थी। इस क्षेत्र की अधिकारिक भाषा एक प्रकार से उर्दू ही थी। हिंदी लोगों के कुछ ही वर्गों तक सीमित थी, जिनके द्वारा हिंदी को राष्ट्रीय आंदोलनों के अधीन अथवा संयोगवश अपनाया गया था। हिन्दी साहित्य में अपर्याप्त लेखन का यह एक विशेष कारण है। लेकिन, स्वतंत्रता प्राप्ति के पश्चात् महत्वपूर्ण परिवर्तन हुआ है। वर्तमान लेखकों द्वारा हिन्दी साहित्य की भिन्न शैलियों में भारी योगदान दिया जा रहा है।

1. अपने पारंपरिक वेश-भूषा में लोकगीत प्रस्तुत करता एक संगीत-समूह

3. फाग महोत्सव के अवसर पर नृत्य करते पुरुष व महिलाएँ

3. एक अन्य लोकशैली : बड़े नगाड़े व अन्य संगीत वाद्य-यंत्र बजाते पारंपरिक वेश-भूषा में लोग

4. सावन मेले में नृत्य करतीं नृत्यांगनाएं

5. वार्षिक कला व हस्तशिल्प मेला, सूरजकुण्ड

6. अम्बा देवी मंदिर

7. कपिल मुनि मंदिर-समूह

8. सेंट पॉल का गिरजाघर, अम्बाला

9. मनजी साहब गुरुद्वारा, अम्बाला

10. दाऊ पीर, भिवानी

11. लाट की मस्जिद, हिसार

12. कन्टोनमेंट चर्च, करनाल

13. पारंपरिक वेश–भूषा में लोक–नर्तक

14. समूह–नृत्य में लोक–नृत्यांगनाएं

15. स्थानीय हस्तशिल्प

16. स्थानीय हस्तशिल्प

2
धर्म

प्राचीन काल में हरियाणा समाज एक धर्मी था, जहाँ लोग केवल एक धर्म, हिन्दू धर्म का पालन करते थे। बाद में, ईसा पूर्व छठी से तीसरी सदी के बीच पुराने धर्म के दो परिष्कृत रूप-जैन धर्म तथा बौद्ध धर्म का उदय हुआ। लेकिन मध्यकाल में पहले इस्लाम और तदुपरांत अठारहवीं सदी में सिक्ख धर्म और उन्नीसवीं सदी में ईसाई धर्म का भारत आगमन हुआ। वर्तमान काल में भारत में इन सभी धर्मों के लोग रहते हैं।

हरियाणा में हिंदू धर्म का पालन करने वालों की संख्या वर्ष 2001 की जनगणना के अनुसार सर्वाधिक (89.21 प्रतिशत) है। राज्य में 11,327,658 पुरुष तथा 9,755,331 महिलाएँ हैं। इनमें हिंदुओं का प्रतिशत 89.21 मुस्लिम 4.64, ईसाई 0.10, सिक्ख 5.81, बौद्ध 0.01, जैन 0.21 प्रतिशत है तथा 0.02 प्रतिशत ने अपने धर्म का विवरण नहीं दिया है।

इस विशाल क्षेत्र में भारतीय धर्मों का पालन करने वाले लोग 90 प्रतिशत से अधिक हैं। उत्तर पश्चिमी राज्य पंजाब, हरियाणा तथा हिमाचल प्रदेश जो 1960 में पुनर्संगठन से पूर्व संयुक्त पंजाब तथा हिमाचल प्रदेश संघ क्षेत्र में भारतीय संघ में भारतीय धर्मों का पालन करने वालों का प्रतिशत उच्चतम है। इन तीनों राज्यों में 1991 में भारतीय धर्मों का पालन करने वालों की संख्या 95 प्रतिशत से अधिक है। सन 1941 में पूर्वी पंजाब में भारतीय धर्मों का पालन करने वालों का प्रतिशत 66.18 था जो 1951 में 97.58 हो गया। विभाजन से पूर्व पश्चिमी पंजाब, जो पाकिस्तान के हिस्से में चला गया, उससे में भारतीय धर्मियों का प्रतिशत बढ़ रहा था तथा भारतीय संघ का अंग बने पूर्वी पंजाब में गिर रहा था। विभाजन के पश्चात् भारतीय धर्मियों का अनुपात थोड़ा कम हुआ है यद्यपि यह 95 प्रतिशत से ऊपर है। भारतीय धर्मियों के अतिरिक्त अन्य धर्मों के लोग इन राज्यों में कुछ विशिष्ट जनपदों जिला में केंद्रित हैं।

1991 में हरियाणा में मुस्लिमों की जनसंख्या 4.64 प्रतिशत थी, जो पंजाब और हिमाचल प्रदेश की तुलना में अधिक है। मुस्लिम जनसंख्या 1961 के बाद तेजी से बढ़ी है जब ने 3.83 प्रतिशत थे। राज्य में ईसाइयों की जनसंख्या नगण्य है जो 1961 से अब तक 0.1 प्रतिशत है।

मुस्लिम जनसंख्या संयुक्त गुड़गाँव जनपद में केंद्रित है। गुड़गाँव जनपद अब गुड़गाँव तथा फरीदाबाद दो पृथक जनपदों में विभक्त हो चुका है। सन् 1991 में हरियाणा में मुस्लिमों की कुल जनसंख्या 764 हजार में से 545 हजार संयुक्त गुड़गाँव जनपद के वासी थे। गुड़गाँव और राजस्थान के अलवर जनपद में मुस्लिम बहुल क्षेत्र हैं जो इस क्षेत्र के हिन्दू गुर्जर समुदाय के धर्मांतरित मुसलमान हैं। संयुक्त गुड़गाँव जनपद में 1941 में मुस्लिमों का अनुपात 33.18 था, जा 1951 में 16.91 रह गया तथा अब 20.76 प्रतिशत हो गया है। वर्तमान गुड़गाँव जनपद में मुस्लिम अनुपात 34.41 प्रतिशत है। जबकि फरीदाबाद में इनका अनुपात अपेक्षाकृत कम 10.18 प्रतिशत है।

यमुनानगर में मुस्लिम जनसंख्या का प्रतिशत राज्य में दूसरे स्थान पर है, जहाँ कुल जनसंख्या का 8.45 प्रतिशत हैं। यमुनानगर पहले अम्बाला जनपद का भाग था तथा उत्तर प्रदेश के सहारनपुर जनपद से सटा है, जहाँ मुस्लिम जनसंख्या लगभग 33 प्रतिशत है। सोनीपत तथा पानीपत में मुस्लिमों की जनसंख्या का प्रतिशत, दिल्ली से निकटता के कारण कुछ ऊँचा है, जो क्रमानुसार 2.37 तथा 3.84 प्रतिशत है। अम्बाला, करनाल, कुरुक्षेत्र तथा जींद में मुस्लिम जनंसख्या 1 तथा 2 प्रतिशत के बीच है। राज्य के अन्य जनपदों में उनका प्रतिशत एक से कम है। राज्य के पश्चिमी जनपदों–महेन्द्रगढ़, रेवाड़ी, रोहतक, भिवानी, हिसार में मुस्लिम जनसंख्या बहुत कम है। कैथल जनपद में भी मुस्लिम जनसंख्या नहीं के बराबर है।

विगत तीन दशकों से हरियाणा के जनपद बार-बार विभाजित किए जाते रहे हैं, अतः इस अवधि में मुस्लिम जनसंख्या के प्रतिशत में परिवर्तन का अनुमान लगाना एक कठिन कार्य है। गुड़गाँव में मुस्लिम जनंसख्या में भारी वृद्धि हो रही है। सन 1951 से अब तक संयुक्त गुड़गाँव जनपद में 4 प्रतिशत से अधिक की वृद्धि दर्ज़ की गई है तथा वर्तमान गुड़गाँव जनपद में केवल एक दशक (1981–91) में मुस्लिम जनसंख्या 4 प्रतिशत की बढ़ोतरी हुई है। लगभग यही स्थिति अम्बाला जनपद को विभाजित कर बनाए गए जनपद में है।

तथापि, हरियाणा में ईसाई लोगों की जनसंख्या बहुत कम है। सन् 1991 में

उनकी कुल जनसंख्या 15,700 थी। इनमें से दो तिहाई लोग अम्बाला यमुनानगर, कुरुक्षेत्र, गुड़गाँव तथा फरीदाबाद जनपदों में बसे हुए हैं। हरियाणा में मुसलमान अधिकतर ग्रामीण क्षेत्रों में बसे हैं। सन् 1991 में केवल 10 प्रतिशत मुसलमान शहरो में रहते थे। दूसरी ओर दो तिहाई ईसाई जनसंख्या शहरों में रहती है। पानीपत और फरीदाबाद में मुसलमानों का प्रतिशत लगभग 5 है, यमुना नगर शहरी क्षेत्र तथा सोनीपत में इनका प्रतिशत 2 से 3 के बीच और गुड़गाँव शहर में प्रतिशत है। ईसाई केवल अम्बाला शहरी क्षेत्र में बसे हैं जहाँ इनका प्रतिशत 0.8 है।

हिन्दू

प्राचीन हिन्दू धर्म प्राचीन काल की भाँति अनेक सुचिन्हित मतों यथा शैव, वैष्णव तथा शक्ति इत्यादि में विभाजित है। तथापि, आश्चर्यजनक रूप से यहाँ लोग किसी एक मत विशेष के अनुयायी नहीं हैं, जैसा कि उनके पूर्वज थे। वे सभी मतों में आस्था व्यक्त करते हैं। वे ब्रह्मा, विष्णु, महेश के त्रित्व में आस्था रखते हैं। राम और कृष्ण की भी पूजा करते हैं। इनके अतिरिक्त गणेश, हनुमान, भैरों, दुर्गा, काली इत्यादि की भी पूजा की जाती है। हिन्दू उच्च धार्मिकता वाले होते हैं। हिन्दुओं के दैनिक जीवन में धर्म इस प्रकार जुड़ा हुआ है कि इनको अलग कर पाना संभव नहीं है। हिंदुओं के साहित्य, संगीत, लोकसाहित्य, मनोरंजन तथा गलियों के गीत भी धार्मिक पुट लिए होते हैं। हिंदुओं के बच्चे अपनी बाल अवस्था से ही अपने देवों के नाम उनकी अद्भुत लीलाओं से परिचित हो जाते हैं।

हरियाणा की अधिकांश जनता हिंदू धर्म की अनुयायी है। हिंदू धर्म एक ऐसा धर्म है, जो इस संसार के विभिन्न धर्मों में सन्निहित लगभग समस्त महत्वपूर्ण विचारों तथा दर्शन को स्वयमेव आत्मसात् कर लेता है। यह एक विशाल वट वृक्ष के समान है जिसकी सैकड़ों पंथों, मतों तथा वर्गों में शाखाएँ फैली हुई हैं तथा अपनी असंख्य पत्तियों के रूप में सभी प्रकार की पूजा पद्धतियों यथा द्वैतवाद, सीमित अद्वैतवाद एक परमात्मा के एकेश्वरवादी पूजा पद्धति, भगवान के अवतारों की पूजा, नायक पूजा, संत पूजा, प्रतीक पूजा, पूर्वज पूजा तथा संसार से विदा हो चुकी आत्माओं की पूजा को भी समाहित करता है। यह सर्व ग्राह्यता के महान विचारधारा पर आधारित धर्म है।

राज्य के अधिकांश हिन्दू अपनी पारम्परिक मान्यताओं का अनुसरण करते हैं। तथा सनातन धर्म का पालन करते हैं। यहाँ हरियाणा में सनातन धर्म तथा इसके

धर्म मतों को सुरक्षित रखने तथा प्रोत्साहन देने के लिए विभिन्न स्थानों पर सनातन धर्म सभाओं का गठन किया गया है। प्रथम सनातन धर्म सभा की स्थापना झज्जर के पं. दीनदयाल शर्मा द्वारा 1886 में की गई थी। बाद में ये सभाएँ सारे हरियाणा में फैल गई। हिन्दू लोगों की पूरे हरियाणा में लगभग एक जैसी धार्मिक पद्धतियाँ हैं। यद्यपि इन धर्मविधियों में मामूली अंतर है, जो जाति अथवा परिवार की विशिष्ट प्रथाओं के कारण हैं।

पेहोवा व कुरुक्षेत्र के मंदिरों में भगवान शिव की विशेष पूजा तथा पेहोवा में शिव की पंचमुखी मूर्ति की पूजा (सम्पूर्ण भारत में भगवान शिव की एकमात्र पंचमुखी मूर्ति) अत्यंत लोकप्रिय है। भगवान विष्णु को हरियाणा में राम और नारायण नामों से पुकारा जाता है। हिन्दू बहुदेववाद के अन्य भी बहुत से देवता हैं; जैसे–

1. हितकारी देवता यथा सूर्य, यमुना, भूमि भोमिया या भूमिया, ख्वाजा खिज्र इत्यादि
2. अपकारी देवता यथा माता शीतला बहनें, परियाँ इत्यादि
3. संत देवता यथा गुग्गा (गोगा पीर) तथा
4. मृतकों की अनिष्टकारी आत्माएँ यथा सैय्यद (शाहिद), इसके अतिरिक्त धर्मभीरू हिन्दुओं द्वारा कुछ वृक्षों, पौधों तथा नदियों की भी पूजा की जाती है।

भक्तिभाव से पूजे जाने वाले मंगलकारी देवताओं में सूर्य देवता का प्रमुख स्थान है। रविवार के दिन भक्तगण धार्मिक अनुष्ठानादि करते हैं तथा नमक ग्रहण नहीं करते हैं। धरती माता की भी पूजा की जाती है। अधिकांश लोग प्रभातकाल में शय्या त्याग करते हुए सर्वप्रथम धरती माता को आदर एवं श्रद्धा के साथ नमन करते हैं। किसान, मजदूर, दुकानदार लगभग हर व्यक्ति धरती माता को नमन् करने के उपरांत ही अपना कार्य प्रारंभ करता है। शनि, वृहस्पति तथा मंगल ग्रह की भी पूजा की जाती है। भवन निर्माण के समय नवग्रहों का आह्वान किया जाता है। ग्रहण के समय लोग पावन नदियों में स्नान करते हैं तथा मन्त्रों का जाप करते हुए राहु एवं केतु से सूर्य अथवा चन्द्रमा को मुक्त करने की प्रार्थना करते हैं।

त्योहारों व पर्वों पर, नदी देवियों, गंगा तथा यमुना की भी पूजा की जाती है! लोग गंगा तथा यमुना में स्नान का पुण्य प्राप्त करने के लिए हरिद्वार तथा दिल्ली जाते हैं। देवी माता की पूजा अनेक रूपों में की जाती है, यथा ज्ञान की देवी सरस्वती,

संहार की देवी काली, प्रजनन की देवी योनि, सौन्दर्य की देवी उमा, दान की देवी दुर्गा, सती, अम्बिका, गौरी, भवानी, तारा और पार्वती जो पावन पर्वत कैलाशवासी भगवान शिव की देवीय अर्द्धांगिनी हैं। यहाँ पशुओं तथा पक्षियों की भी पूजा की जाती है। उदाहरणार्थ कार्तिक मास के शुक्ल पक्ष में गोपाष्टमी के अवसर पर गाय की पूजा की जाती है।

सुधारवादी उद्देश्य के साथ पुनर्जागरणवादी संगठन आर्य-समाज भी हरियाणा के हिंदुओं पर विशेष प्रभाव रखता है। हरियाणा में आर्यसमाज की पहली शाखा रेवाड़ी में 1880 में स्थापित की गई थी तथा अल्पावधि में राज्य के कई नगरों में फैल चुकी थी। बीसवीं सदी के प्रारंभ में आर्यसमाज ने हरियाणा के लोगों पर विशेष प्रभाव डाला था। आर्यसमाज ने रोहतक, हिसार, गुड़गाँव, अम्बाला इत्यादि में विशेष प्रगति की थी। धार्मिक गतिविधियों के अतिरिक्त सामाजिक जागरुकता के क्षेत्र में आर्यसमाज का कार्य प्रशंसनीय रहा है। आर्य समाज द्वारा जातिवाद की कट्टरता को अस्वीकार करते हुए, कर्म तथा स्वभाव के आधार पर एक जाति से दूसरी जाति में जाने की स्वतंत्रता का समर्थन किया गया था। सबसे बढ़कर, आर्य समाज ने हरियाणा के लोगों के दिलोदिमाग में राष्ट्रीयता की भावना जागृत की थी।

सिक्ख धर्म

सिक्ख धर्म की स्थापना गुरु नानक देव जी द्वारा की गई थी तथा इसका विकास उनके उत्तराधिकारियों विशेषकर गुरु गोविन्द सिंह द्वारा किया गया था, जो सिक्ख धर्म अथवा खालसा पंथ के संस्थापक माने जाते हैं। वस्तुतः सिक्ख धर्म मूलतः एक धार्मिक सुधार हेतु आंदोलन था, जो कबीरदास की शिक्षाओं को आधार मानकर प्रारंभ किया गया था और बाद में 15वीं शताब्दी के दौरान महान समाज सुधारक गुरु नानक साहिब के नेतृत्व में सिक्ख धर्म के रूप में अपनी जड़ें जमा ली थीं।

सिक्ख एक निराकार परमेश्वर में विश्वास करते हैं। उनका पावन धर्म ग्रंथ 'गुरु ग्रंथ साहिब' में परम उत्कर्ष तथा आध्यात्मिक आदर्श संन्निहित है जो वेदों के उपदेशों के सुसंगति में है। सिक्ख मूर्तिपूजा में विश्वास नहीं करते हैं। वे जातिवाद तथा ब्राह्मणवाद को अस्वीकार करते हैं। हरियाणा में सिरसा, अम्बाला, करनाल तथा कुरुक्षेत्र जनपदों में सिक्खों की भारी जनसंख्या है। सिक्ख धर्म सभी जातियों के लिए खुला होने के कारण इसमें अनेक जातियों के लोग शामिल हैं। इनमें सर्वाधिक संख्या जाटों की है। सिक्खधर्म अपनाने वाले जाटों को जाट सिक्ख कहा जाता है। पंजाब

में भक्ति आंदोलन का नेतृत्व गुरुनानक द्वारा किया गया था तथा उनके नौ उत्तराधिकारी उनके विचारों एवं उपदेशों को पालन तथा प्रचार करते रहे हैं।

हरियाणा में जाट सिक्ख प्रमुखतः हरियाणा–पंजाब सीमा पर हिसार, सिरसा, कुरुक्षेत्र तथा अम्बाला में बसे हैं। ये करनाल, पानीपत, सोनीपत, नारनौल, तथा जींद में भी काफी तादाद में मौजूद हैं। इनमें से अधिकांश लोग पाकिस्तान स्थित लाहौर, मुल्तान, लायलपुर, शेखूपुर तथा अमीरपुर से आए (विस्थापित) हैं। विभाजन के पश्चात् उनको इन क्षेत्रों में भूमि आंवटित की गई थी तथा वे यही बस गए थे। कुरुक्षेत्र तथा करनाल जनपदों में बसे कुछ सिक्ख अमृतसर जनपद से आए हैं। ये प्रमुखतः विर्क, बरार, धालीवाल, सिद्धू तथा संधू उप–जातियों के हैं। पाकिस्तान के विशिष्ट क्षेत्रों से आए लोग यहाँ समूहों में बस गए थे तथा उनमें परस्पर सामाजिक अन्योन्यक्रियाऐं अपेक्षाकृत अधिक हैं। इनमें से अधिकांश जमींदार हैं। अम्बाला क्षेत्र में अधिकांश जाट सिक्ख स्थानीय हैं। उनकों 17वीं सदी में धर्मांतरण के पश्चात् अन्य जातियों के साथ सिक्ख धर्म में प्रवेश दिया गया था। इस कारण इन ग्रामों में हमें एक ही गोत्र के हिन्दू तथा सिख जाट मिल सकते हैं। तथा उनकी बोली भी दोनों समुदायों की मिश्र बोली है। वे पवित्र ग्रंथ 'गुरु ग्रंथ साहिब' की पूजा करते हैं। उनके मुख्य धार्मिक त्योहार हैं : प्रथम गुरु, गुरु नानक देव तथा दशम गुरु, गुरु गोविन्द सिंह जी की जयंती, पंचम गुरु, गुरु अर्जुन देव तथा दशम गुरु, गुरु तेग बहादुर के शहीदी दिवस, माघी और बैसाखी।

जैन और बौद्ध

वास्तव में जैन तथा बौद्ध पंथ कोई पृथक धर्म नहीं हैं, अपितु हिन्दू धर्म की प्रशाखाएँ हैं। चूँकि जैन पंथ व्यक्ति के व्यवहार में कठोरता, तप और संयम की घोषणा करता है अतः यह विभिन्न रूपों में आत्म नियंत्रण की माँग करता है तथा अनेक व्यक्तिगत प्रतिबंध लागू करता है। जैन लोग बलि देना सही नहीं मानते हैं, वे कठोर नैतिकता का पालन करते हैं तथा धीरे–धीरे अनशन द्वारा शरीर के त्याग को पूर्ण समर्थन प्रदान करते हैं। वे 24 तीर्थंकरों में आस्था रखते हैं–जो संसार की सांसारिकता से परे हैं वे उनकी शिक्षा पर अमल करते हैं। वर्धमान अथवा महावीर जैनपंथ के 24वें तीर्थंकर थे। वास्तव में जैन धर्म प्रेम और अहिंसा की आस्था है। हरियाणा में जैन लोग अधिक संख्या में नहीं है। वे लोग अम्बाला तथा हिसार जनपदों में अधिकतम संख्या में विद्यमान हैं।

बौद्धधर्म-दर्शन की पद्यति एवं नैतिकता की संहिता के अनुयायी हरियाणा में जैनियों से भी कम हैं। दरअसल, बौद्ध धर्म कोई मौलिक धर्म नहीं था चूँकि यह हिन्दू धर्म का संशोधन अथवा पुनर्निर्माण मात्र था अतः यह हिन्दू धर्म के सिद्धान्तों के अत्यंत निकट था। बुद्ध का एकमात्र लक्ष्य जातिवाद को मिटाना, निरंकुश ब्राह्मणवाद का विरोध करना, विश्व प्रेम का उपदेश देना और आत्म-नियंत्रण तथा आत्म–निग्रह का संदेश देना था। गौतम जीवनका एक लक्ष्य मानते थे-कर्म, एक ऐसा शब्द जो सदियों से सम्पूर्ण भारत के लिए इसके दर्शन और इसके जीवन की सत्य की अभिव्यक्ति रही है। समय के साथ ब्राह्मणों द्वारा बुद्ध को मान्यता दी गई कि वे विष्णु के अवतार हैं।

जैन लोगों को अपना नाम अपने धर्म के नाम 'जैन धर्म' से मिला है। हरियाणा, पंजाब और राजस्थान में इस समुदाय को सर्वगी नाम से भी जाना जाता है। यह समुदाय दो प्रमुख पंथों में विभाजित है: 1. दिगम्बर 2. श्वेताम्बर 1 दिगम्बर, आगे तीन प्रमुख उप–पथों में विभक्त हैं 1. बीसपंथी 2. तेरापंथी 3. तरनपंथी अथवा समयपंथी। इसके अतिरिक्त दो गौण उप-पंथ हैं 1. गजमनपंथी 2. तोतापंथी। इसी प्रकार श्वेताम्बरों के तीन उप–पंथ हैं: 1. पुजेरा अथवा मूर्तिपूजक अथवा डेरावासी अथवा मंदिरमार्गी 2. ढूंढिया अथवा बिस्तोला अथवा स्थानकवासी अथवा साधुमार्गी 3. तेरापंथी। दिगंबर पंथ में एक नया उप–पंथ गठित हुआ है जो कांजी पंथ के नाम से जाना जाता है। इसमें कांजी स्वामी के अनुयायी शामिल हैं। इसी प्रकार श्वेताम्बरों के उप–पंथ तेरापंथी में एक नया उप–पंथ नवतेरापंथ जुड़ गया है।

चौबीस तीर्थंकरों में अंतिम तीर्थंकर महाबीर और तेईसवें तीर्थंकर पार्श्वनाथ को ऐतिहासिक व्यक्तित्व माना जाता है। प्रत्यक्षतः, जैन लोग हिन्दू बाहुल्य क्षेत्रों में निवास करते हैं, जो संभवतः अन्य धर्मों की अपेक्षा हिन्दुओं से उनकी घनिष्ठता के कारण है। जैन जनसंख्या के मामले में हरियाणा का स्थान भारत के राज्यों में दसवाँ है। यहाँ कुल जैन जनसंख्या 41,000 लगभग है। जैन लोगों में 84 जातियाँ एवं उप–जातियाँ होती हैं। उनमें से अनेक हिंदुओं के समान हैं। अनेक जातियों में प्रभाग है पथा दसा, बीसा, पंचा और ढैया, इन प्रभागों में सहभोज तथा सामाजिक मेलमिलाप की स्वीकृति है, किन्तु आपस में विवाह पर प्रतिबंध है।

ग्राम, जनपद, राज्य तथा राष्ट्रीय स्तर पर जैन समुदायिक संघ मौजूद हैं। समुदाय के प्रमुख व्यक्तियों को संघ का सदस्य बनाया जाता है। सदस्यों को निर्वाचन उनकी प्रतिष्ठा, गुणों, योग्यता तथा जैन समुदाय के प्रति उनके योगदान

के आधार पर किया जाता है। दिगम्बर तथा श्वेताम्बर दोनों जैन समुदायों के पृथक संघ हैं यथा अखिल भारतीय दिगंबर जैन महासभा तथा अखिल भारतीय श्वेताम्बर जैन महासभा (राष्ट्रीय स्तर पर), हरियाणा जैन श्वेताम्बर सभा तथा हरियाणा जैन दिगम्बर सभा (राज्य स्तर पर), जैन श्वेताम्बर सभा हिसार तथा जैन दिगम्बर सभा हिसार (जनपद स्तर पर)। इसी प्रकार उपनगरों तथा ग्रामों में उनके अपने संघ होते हैं। इनके अतिरिक्त महिलाओं (महिला मंडल) नवयुवकों (युवक मंडल) तथा लड़कियों (कन्या मंडल) के लिए विभिन्न स्तरों पर संघ विद्यमान हैं। इन सभाओं तथा मंडलों का प्रमुख कार्य सामाजिक–धार्मिक प्रकृति का कार्य हैं। इन कार्यो में मंदिरों का अनुरक्षण, संन्यासियों के लिए व्यवस्था और उत्सव, समारोह आदि का आयोजन है। इनके द्वारा शिक्षा, कल्याण तथा विकास संबंधी कार्यों का उत्तरदायित्व भी पूर्ण किया जाता है तथा विश्रामगृह, धर्मशाला, स्कूल, कॉलेज, शोध संस्थान, पुस्कालय तथा अस्पताल का निर्माण इत्यादि। ये जरूरतमंद बच्चों को उनकी शिक्षा जारी रखने के लिए वित्तीय सहायता भी प्रदान करते हैं।

जैन धार्मिक सभाएँ तथा उनके महंत अपने समाज पर कड़ा नियंत्रण रखते हैं। यही कारण है कि जैन समुदाय में अपराधिक प्रवृति के लोग नगण्य हैं। हत्या, जालसाजी, व्यभिचार तथा बलात्कार इस समुदाय में दुर्लभ बात है। यदि ऐसी घटना होती है तो उसको समाज के भीतर अथवा कानून के माध्यम से सुलझा लिया जाता है तथा दोषी व्यक्ति को समाज में हेय दृष्टि से देखा जाता है। भूमि विवाद, परिवारिक झगड़े तथा संघर्षों का समाधान परिवार अथवा समुदाय के स्तर पर कर लिया जाता है।

जैन धर्म के प्रमुख पर्व, दसलक्षण पर्व, संवत्सरी सिद्धचक्र पूजा, अष्टान्निका, महावीर जयंती, वीरासान जयंती, श्रुत पंचमी, गोमतेश्वर स्नान, दीपावली, रक्षाबंधन और अक्षयतृतीया है जिन्हें वे धार्मिक श्रद्धा के साथ मनाते हैं। जैन लोग हिन्दुओं के मेले, उत्सव आदि में भी भाग लेते हैं। जैन लोग अपने उत्सव के दिन सामान्यतः उपवास रखते हैं। तथापि, नई पीढ़ी इन नियमों का पालन उतनी दृढ़ता के साथ नहीं कर रही है।

मुस्लिम

हिन्दू, सिक्ख, जैन, बौद्ध जन की आबादी के उपरान्त मुस्लिम आते हैं। देश के विभाजन से पूर्व हरियाणा में मुसलमानों की संख्या बहुत अधिक थी। लेकिन

1947 में विभाजन के समय अधिकांश मुसलमान पाकिस्तान चले गए। अब हरियाणा की कुल जनसंख्या का 4.64 प्रतिशत भाग मुसलमान हैं। इनमें से अधिकांश हिन्दू धर्म को छोड़कर मुसलमान बने हैं, अतः उनकी अधिकांश धार्मिक आस्थाएँ एवं मान्यताएँ अभी भी हिन्दुओं के समान हैं।

हिन्दुओं की भाँति उन्होंने पैगम्बर मुहम्मद को सरवर–ए–साइनात प्रतिष्ठापित किया है। उनके अनुसार इस्लाम ईश्वर को शांतिपूर्वक स्वीकार करना तथा स्वयं को उसके अधीन मानना है। इसमें नस्ल, रंग अथवा राष्ट्रीयता का कोई भेद नहीं है। इसके अनुयायी विश्वव्यापी वैश्विक भाई चारा रखते हैं जिसमें सर्वशक्तिमान के समक्ष प्रत्येक व्यक्ति एक समान है तथा जिसमें सभी विभेदों को अस्वीकार किया जाता है। इस धर्म का मूल सिद्धान्त 'एक अल्लाह है और मुहम्मद उसका धर्म प्रचारक है' है।

तथापि, देवत्वारोपण की पद्धति मुस्लिम संतों तक विस्तारित है तथा हरियाणा में संतों को प्रमुख अथवा गौण देवों का दर्ज़ा दिया गया है। शेख अब्दुल कादिर, शेख मोइनुद्दीन चिश्ती तथा सय्यद सालार मसूद इसके उदाहरण हैं। इन सबकी पूजा विशिष्ट बहुदेववादी ढंग से की जाती है– पूजा स्थल की परिक्रमा, दरगाह में धागे बाँधना (किसी मनोकामना की पूर्ति हेतु), उर्स आदि के लिए दान देना, फूल और इत्र चढ़ाना, कब्र पर दीपक जलाना ये सब उक्त तथ्य के प्रमाण है। हिन्दू मान्यताओं एवं आस्थाओं का अवचेतन पर प्रभाव का स्तर गहरा व्याप्त है तथा अत्यंत कट्टर लोग भी इससे अछूते नहीं हैं। बड़ी संख्या में मुस्लिम लक्षणों में विश्वास करते हैं तथा अनेक कार्यों के लिए भविष्यवक्ताओं आदि से भी परामर्श करते हैं। उनमें से अनेक लोग कुछ भिन्नता के साथ जल, वायु, वृक्ष, नदी तथा पर्वतों की पूजा भी करते हैं। नाग-पूजा की प्राचीन पद्धति गोगा 'गोगाजी' सम्मानीय रूप ले चुकी है जिन्हें राजपूतों द्वारा चौहान मुखिया बताया जाता है तथा मुसलमानों द्वारा पीर बताया जाता है। ख्वाजा खिज्र की पूजा जल देवता के रूप में की जाती है। 'सियार–उल–मुताखिरीन' के लेखक के अनुसार यह हिन्दू मूल की पद्धति है।

इसके अतिरिक्त, ग्रामों में मुस्लिमों तथा हिंदुओं द्वारा साझा ग्राम देवताओं की पूजा की जाती है। इस संबंध में महिलाओं की विशेष भूमिका होती है। एक मुस्लिम महिला यदि चेचक की देवी माता शीतला की पूजा नहीं करती है तो उसके मन में यह भावना विद्यमान रहती है कि उसने जान बूझकर अपने बच्चे को चेचक के खतरे में डाला है। विशेष अवसरों पर वे ब्राह्मणों को भोजन कराती हैं। इसी प्रकार हिंदू

स्त्रियाँ नियमित रूप से वृहस्पतिवार को मुस्लिम संत की दरगाह पर जाती हैं तथा परिवार में विवाह आदि के अवसर पर दरगाह जाना नहीं भूलती हैं। इन पद्धतियों के मूल में जाने के लिए हमें मध्यकाल में जाना होगा जब सूफ़ीवाद तथा हनाफी सम्प्रदाय ने हिन्दू तथा मुस्लिम मिश्र संस्कृति में विशेष येागदान दिया था।

आज का हरियाणा उस समय पंजाब और दिल्ली के बीच युद्धों में पिस रहा था, जिससे इस क्षेत्र के लोगों का जीवन अत्यंत कठिनाईपूर्ण हो गया था। यद्यपि मुस्लिम शासक आमतौर पर हिंदुओं के प्रति असहिष्णुता की भावना रखते थे तथा उनके मंदिरों आदि को नष्ट करते रहते थे, लेकिन सूफी आंदोलन ने भारत की जटिल संस्कृति पद्धति के साथ स्वयं को जोड़कर दो धर्मों के बीच भ्रान्तियों को दूर करने में सहायता की थी। सल्तनत अवधि के दौरान हरियाणा में सूफ़ीवाद का प्रसार हुआ था। चिश्तियों के सूफी सम्प्रदाय का नाम उनके संस्थापक ख्वाजा मोइनुद्दीन चिश्ती के नाम पर था, जिसका सर्वप्रथम केन्द्र हांसी में स्थापित किया गया था।

तेरहवीं सदी के दौरान इस क्षेत्र के साथ सम्बद्ध चिश्ती सिलसिला का सबसे विलक्षण व्यक्तित्व शेख फरीदुद्दीन मसूद गंज–ए–शंकर (1175–1265) था। उनके द्वारा सिलसिला को एक संगठित आध्यात्मिक आंदोलन के रूप में परिवर्तित कर दिया गया। शेख कुतबुद्दीन बख्तियार काकी के चरणों में रहस्यवाद विधा की शिक्षा दीक्षा प्राप्त कर वह हांसी आकर बस गए थे। शकीह जमालुद्दीन जो कुफाह के अबू हनीफाह के उत्तराधिकारी तथा हांसी के तत्कालीन खातिब थे, को प्रवचन देने तथा न्यायिक निर्णय घोषित करने का उत्तरादायित्व मिला था। मीर खुर्द तथा अबुल फजल से सूचना मिलने पर उन्होंने अपने पद का त्याग कर दिया तथा शेख फरीद के शिष्य बन गए।

ईसाई

हरियाणा के अधिकांश ईसाई यहाँ के मूल निवासी नहीं हैं। वे लोग बंगाल, पंजाब, केरल, कर्नाटक और आंध्र प्रदेश से स्थानांतरण कर हरियाणा पहुँचे हैं। हरियाणा आने वाले अधिकांश शिक्षित ईसाई दक्षिण भारत से आए हैं। स्थानीय ईसाई, अधिकतर धर्मांतरित हैं, जो हिन्दू जाति वर्ग के निम्न तबकों से सम्बद्ध हैं। उनके अप्रवासी चरित्र के कारण, हरियाणा में उनकी वास्तविक संख्या पता लगाना एक कठिन कार्य है। इस क्षेत्र में, ईसाई ज्यादातर शहरी क्षेत्र तथा कस्बों में बसे हैं। वे अधिकांशतः सरकारी तथा निजी क्षेत्र में नौकरी करते हैं। इस समुदाय की महिलाएँ अधिकतर नर्स तथा शिक्षिकाओं के रूप में कार्य कर रही हैं।

चूँकि, इनके पास जमीन नहीं है तथा ये कृषि कार्यों से सम्बद्ध नहीं हैं अतः हरियाणा के अन्य लोगों से इनका मेलजोल सीमित है। इसलिए उनके खान-पान, भाषा, त्योहार तथा धार्मिक आस्था इत्यादि में उनके मूल स्थान का स्पष्ट प्रभाव दिखाई पड़ता है। उदाहरकण के लिए केरल ईसाई मलयालम बोलते हैं, कर्नाटक के ईसाई कन्नड़, पश्चिम बंगाल के ईसाई बंगाली, तमिलनाडु के ईसाई तमिल और पंजाब के ईसाई पंजाबी बोलते हैं। इसके बावजूद, उनके द्वारा अपने दो या तीन दशक पुराने निवास के स्थान के विलयात्मक दबावों पर अनुकूल प्रतिक्रिया दर्शाई गई है। इसका प्रभाव उनकी दिनचर्या तथा स्थानीय लोगों से मेल मिलाप में स्पष्ट देखा जा सकता है।

हरियाणा में ईसाइयों की संख्या बहुत कम है तथा अधिकांश धर्मांतरित ईसाई हैं, जो पहले अनुसूचित जातियों अथवा अन्य पिछड़े वर्गों से सम्बद्ध थे। ऐसे लोग ईसाइयत की सांस्कृतिक आदतों को सीखने तथा चर्च सेवा में उपस्थित होने का प्रयास करते हैं। हरियाणा में रहने वाल ईसाई समुदाय का इतिहास इनके मूल समुदाय तथा देशांतरण तथा विस्तृत विवरण प्रस्तुत नहीं करता है, लेकिन रोहतक, करनाल, अम्बाला, भिवानी तथा गुड़गाँव का जनपद गजेटियर हरियाणा में स्थापित प्राचीनतम मिशनरी गतिविधियों की कामचलाऊ जानकारी मुहैया कराता है। उदाहरणार्थ करनाल जनपद का गजेटियर (1966) बताता हैः इस जनपद में ईसाई लोग बादशाह अकबर के जमाने से मौजूद हैं, उस समय अकबर ने रोमन केथोलिक मिशनरियों को अपने साम्राज्य में ईसाई धर्म के उपदेश देने की अनुमति प्रदान की थी। लेकिन जो भी है, ब्रिटिश काल में करनाल तथा केथल में चर्च निर्माण के महत्वपूर्ण प्रयास किए गए थे।

जबकि अकबर के समय में मिशनरी गतिविधियाँ प्रारंभ होने के प्रमाण उपलब्ध है, अन्य जनपदों के गजेटियर भी इस तथ्य की पुष्टि करते हैं कि चर्च स्थापित करने तथा मिशनरी गतिविधियाँ प्रारंभ करने की व्यवस्थित शुरुआत स्वयं ब्रिटिश काल में ही हुई थी। बीसवीं सदी के आने तक हरियाणा में अनेक स्थानों पर चर्च स्थापित किए जा चुके थे। रोहतक का जनपद गजेटियर (1970) बयान करता हैः इस जनपद में ईसाइयत का प्रारंभ लगभग एक सौ वर्ष पूर्व अंग्रेज शासकों के संरक्षण में हुआ था। बीसवीं सदी के प्रारंभ तक सोनीपत, खरखौदा, बहादुरगढ़, रोहट तथा रोहतक में चर्चों का निर्माण किया जा चुका था। भिवानी के जनपद गजेटियर (1982) में अभिलेखबद्ध है कि जनपद में, हालांकि थोड़ी-सी संख्या में, भिवानी में 1887 में मिशनरी कार्य प्रारंभ किया गया था। सन् 1903 में एक चर्च बनाया गया

था।... एक चर्च का निर्माण नया बाजार, भिवानी में 1935 में किया गया था। इसी प्रकार गुड़गाँव के जनपद राजपत्र (1983) में दर्ज़ किया गया है कि, "प्रभु प्रकाश का चर्च (जनपद न्यायालय के पास), गुड़गाँव का निर्माण 1863 में किया गया था, जो हरियाणा का प्राचीनतम चर्च है।

1971 की जनगणना के अनुसार राज्य में ईसाइयों की जनसंख्या 9,802 थी। अम्बाला में सबसे ज्यादा ईसाई आबादी थी। इस अकेले जनपद में 3,051 ईसाई थे जो जनपद की कुल आबादी का 0.28 प्रतिशत था। वर्ष 1981 की जनगणना के अनुसार इनकी जनसंख्या 12,215 हो गई, जो अन्य वर्गों की वृद्धि प्रतिशत की तुलना में कम थी। हिंदुओं की जनसंख्या में 28.75 प्रतिशत वृद्धि के मुकाबले इनकी वृद्धि का प्रतिशत 24.62 प्रतिशत था।

हरियाणा में रहने वाले अधिकांश ईसाई शिक्षित हैं तथा हिन्दी और अंग्रेजी दोनों भाषाएँ जानते हैं। चूँकि उनमें से अधिकांश लोग दक्षिण भारत और पंजाब से देशांतरण कर आए हैं, वे आपस में वार्ता हेतु अपनी मातृभाषाओं यथा मलयालम, तमिल, कन्नड़, बंगाली और पंजाबी का उपयोग करते हैं, लेकिन स्थानीय लोगों से बातचीत के लिए हिन्दी अथवा अंग्रेजी का प्रयोग करते हैं। कुछ स्थानों पर चर्च की प्रार्थना भी हिन्दी भाषा में की जाती है। आम तौर पर ईसाईयों क्रॉस गले में पहना जाता है जो एक चेन के साथ लटका रहता है। चर्च के बाहर क्रॉस का विशिष्ट निशान बना होता है जो बाहर से सभी लोगों को आसानी से दिखाई पड़ता है।

कुछ लोगों ने सरकार की संरक्षात्मक नीति का लाभ उठाने के लिए कुछ अनु सूचित जाति के लोगों ने ईसाई धर्म अपना लिया है। हरियाणा में ईसाइयों के दो पंथ हैं :–

1. प्रोटेस्टेंट
2. केथोलिक

प्रोटेस्टेंट उत्तरी भारत के चर्च (सी एन आई) से सम्बद्ध हैं। सी एन आई में भी प्रभाग हैं। एग्लीकन, मेथोडिस्ट, प्रेस्बाइटीरियन्स, केल्वीनिस्ट, ल्युथेरन्स तथा प्रोटेस्टेंट प्रमुख प्रभाग हैं जिनके द्वारा आपस में मिलकर चर्च आफ नार्थ इंडिया (सी एन आई) का गठन किया गया है। हरियाणा में प्रोटेस्टेंट बहुमत में है।

ईसाई धर्म का अन्य प्रमुख वर्ग कैथोलिक है। उनके चर्च हरियाणा में विभिन्न स्थानों पर अवस्थित हैं। पुजारी तथा साधारण जन के बीच क्रम परम्परा विद्यमान

है। धर्मप्रदेश का अध्यक्ष विशप इस क्रम परम्परा में सर्वोपरि होता है, उसके बाद याजक (प्रीस्ट) और सबसे नीचे साधरणजन होते हैं। कैथोलिक ईसाइयों में केवल पुरुष ही याजक हो सकता है तथा उनकों विवाह करने की अनुमति नहीं होती है, लेकिन प्रोटेस्टेंट ईसाइयों में बिशप विवाह कर सकता है यजमानी के आधार पर हरियाणा के चर्च दो धर्म प्रदेशों के अधीन हैं।

1. शिमला चंडीगढ़ धर्म प्रदेश तथा
2. दिल्ली धर्मप्रदेश। शिमला चंडीगढ़ धर्मप्रदेश के अधीन हरियाणाा के आठ चर्च हैं जबकि शेष सात चर्च दिल्ली धर्मप्रदेश के अधीन है।

ध्यान देने योग्य बात है कि ईसाइयों के रूप में अपनी विशिष्ट पहचान रखने के लिए वे अपनी हिन्दू जातियों का त्याग कर देते हैं। उनका पहला नाम उनका मूल नाम होता है जिसके बाद नया नाम जैसे–कि थॉमस, जॉर्ज, पाल, हेनरी तथा मैथ्यू इत्यादि जोड़ा जाता है। ये नाम ईसाई संतों अथवा ब्रिटिश राजाओं के नाम पर होते हैं। आजकल इन अंग्रेजी नामों को रखने का कोई कठिन नियम नहीं है। वर्तमान समय में, भारतीय ईसाइयों में अपना मूल भारतीय नाम और उपनाम रखने की प्रवृत्ति के समर्थन में एक आंदोलन चल रहा है और इसलिए वे अपने नाम गौरव, सौरभ तथा भट्टी इत्यादि बनाए रख रहे हैं। समुदाय के आत्मबोध का मार्गदर्शन मानवीय दृष्टिकोण से किया जाता है जहाँ अपने धार्मिक वर्ग के अन्य सदस्यों के प्रति भाईचारे का रूप प्रदर्शित होता है। वे सोचते हैं कि उनका धर्म दूसरों की सेवा है। वे समानतावादी सिद्धान्तों द्वारा शासित होते हैं जिसमें भेदभाव के लिए कोई स्थान नहीं होता है।

भारत के सभी चर्च 24 धर्मदेशों के अधीन हैं। हरियाणा के चर्च दो धर्मप्रदेशों के अधीन हैं तथा चर्च का नियंत्रण प्रीस्ट और बिशप द्वारा किया जाता है। एक बिशप तीस से चालीस चर्चों की देखभाल कर सकता है। चर्चों का अपना विधान होता है तथा विभिन्न मुद्दों पर वे उसी के अनुसार निर्णय करते हैं।

चर्च के अतिरिक्त सीनेटों तथा काउन्सिलों की समितियाँ होती हैं जो विवाह, कानून, अस्पताल तथा सम्पत्ति जैसे महत्वपूर्ण मुद्दों पर निर्णय करती हैं। विवाद का निपटारा प्रीस्ट अथवा बिशप द्वारा किया जाता है। आजकल उत्तर भारत तथा दक्षिण भारत के चर्चों के विलय की चर्चा चल रही है। प्रोटेस्टेंट वर्ग का भारत में कोई श्रद्धास्थल नहीं है, जबकि कैथोलिक वर्ग का एक श्रद्धा स्थल मौजूद हैं। उदाहरण के लिए हरियाणा के कैथोलिक वर्ग का एक श्रद्धा स्थल मेरठ जनपद में

सरधना नामक स्थान पर अवस्थित है। प्रीस्ट के प्रार्थना करने के ढंग अलग–अलग हैं। रविवार की प्रार्थना गाकर तथा थोड़ा जोर से बोलकर की जाती है, तथा पवित्रकाल – (प्रार्थना सेवा का एक रूप) – जिसमें मौन रखा जाता है।

हरियाणा में प्रत्येक त्यौहार सम्पूर्ण आस्था साहित मनाए जाते हैं, जो विभिन्न मतों तथा सम्प्रदायों के अलग-अलग रिवाज़ों तथा रीतियों को परिलक्षित करते हैं। हालाँकि हरियाणा में हिन्दू तथा मुस्लिम धर्मावलंबियों का बाहुल्य है, परन्तु अन्य मतावलम्बियों की धार्मिक आस्थाओं को भी समान रूप से आदर प्राप्त है। कुल मिला कर हरियाणा हिन्दू, मुस्लिम सिक्ख, ईसाई, जैन आदि समस्त धर्मों की गंगा-जमुनी संस्कृति की धरोहर अपने में समेटे हुए हैं।

3

शिक्षा और ज्ञानार्जन

जिस प्रकार हरियाणा को प्राचीनकाल में शूरवीरों तथा क्षात्रधर्मियों की जन्मस्थली माना जाता रहा है उसी प्रकार हरियाणा कला और शिक्षा का भी केन्द्र रहा है। इस क्षेत्र में विकसित शिक्षा पद्धति सम्पूर्ण राष्ट्र के लिए एक आदर्श रही है। इसी क्षेत्र में सरस्वती नदी के तट पर संस्कृत की पहली रचना हुई थी तथा महाभारत कैम अमर योद्धा कौरवों एवं पांडवों ने अपने गुरु 'गुरु द्रोणाचार्य' से युद्ध शिक्षा प्राप्त की थी। इसी क्षेत्र में गुरु और शिष्य का वह आदर्श संबंध स्थापित हुआ था जो आने वाली पीढ़ियों के लिए प्रेरणा का स्त्रोत रहा है। इस क्षेत्र में स्थापित शिक्षा केन्द्रों में न केवल अपने देश बल्कि विदेशों के अध्येता भी आते रहे हैं। वास्तव में, एक राष्ट्र के जीवन और उसके इतिहास में शिक्षा की महत्वपूर्ण भूमिका होती है।

हरियाणा में शिक्षा की पद्धति वैदिक काल से भी पहले से विद्यमान थी, लेकिन स्पष्ट प्रमाण के अभाव में यह कहना बहुत कठिन है कि उस काल में शिक्षा की पद्धति क्या थी। वैदिक काल के साहित्य में हरियाणा क्षेत्र में शिक्षा की सार्वत्रिक विद्यमानता के संबंध में पर्याप्त जानकारी उपलब्ध है। उस काल में लोग शिक्षा के प्रति अत्यंत जागरूक एवं उत्साहित थे तथा प्रत्येक पिता अपने बच्चों की शिक्षा को अपना परम कर्तव्य मानता था।

शिक्षा का सर्वप्रथम उद्देश्य आत्मन् की उच्चतम जानकारी प्राप्त करना अथवा स्वयं की परम अनुभूति प्राप्त करना था। चूँकि प्रारंभिक वैदिक काल में आर्य संयुक्त रूप से संगठित थे, इसलिए लोगों के शैक्षिक स्तर में कोई विशेष अंतर नहीं था तथा शिक्षा का लाभ केवल योग्य व्यक्तियों के लिए खुला था। विशेषज्ञ आचार्य अपने आश्रम अथवा गुरुकुल में शिक्षा प्रदान करते थे। विद्यार्थी जीवन का प्रारंभ उपनयन संस्कार के साथ किया जाता था जो उसका दूसरा जन्म कहा जाता था। ब्रह्मचारी के नए जीवन में विद्यार्थी 'सादा जीवन उच्च विचार' के सिद्धान्त का पालन करता

था। उसका जीवन अत्यंत नियमित एवं संयमित होता था। विद्यार्थी साधारणतः बारह वर्ष तक अपने गुरु के पास रहता था। वह गुरु के घर में वास करता था तथा उसको अपने नैतिक एवं आध्यात्मिक अनुशासन के साधनों के रूप में अनेक दायित्वों का निर्वाह करना होता था।

शिक्षक का दायित्व अपने शिष्य को अपना सम्पूर्ण ज्ञान प्रदान करना था। विद्यार्थियों के लिए कोई निर्धारित पाठ्यक्रम नहीं था। गुरु द्वारा ही यह निर्णय किया जाता था कि शिष्य को क्या पढ़ाया जाएगा। गुरु अपने शिष्य की रुचि और क्षमता को दृष्टिगत रखकर ही कोई निर्णय करता था। महिलाओं को भी शिक्षा प्राप्त करने की अनुमति थी।

उत्तरकालीन वैदिक काल शिक्षा के प्रसार तथा उसमें परिवर्तन का साक्षी बना था। इस काल में शिक्षा वर्ण और जाति के आधार पर दी जाने लगी थी। ब्राह्मण विद्यार्थियों के शिक्षण, अन्य जन के लिए वलियज्ञादि करने तथा उपहार प्राप्त करने तथा क्षत्रियों को वेदाध्ययन के साथ धनुर्विद्या, मल्लयुद्ध, समूह युद्ध, तलवारबाजी, हाथी की सवारी, रथ की सवारी, मर्यादा के नियम, विज्ञान, संगीत, ललित कथाओं, पुराणों तथा कथाओं इत्यादि का विशेष प्रशिक्षण दिया जाता था। वैदिक ज्ञान केवल कुछ चुनिंदा सुयोग्य व्यक्तियों के लिए था। अधिकांश अध्येताओं को भाषा, व्याकरण, साहित्य, गणित और इतिहास की शिक्षा प्रदान की जाती थी।

यदा-कदा शिल्पकार विद्यार्थियों को प्रशिक्षु रूप में बाहर ले जाया करते थे। प्रशिक्षक अभ्यास के माध्यम से शिक्षा प्रदान करते थे। राजाओं द्वारा विद्वतजनों के सम्मेलनों का आयोजन भी किया जाता था। हरियाणा में गुरुकुल का प्राचीन इतिहास है। ये गुरुकुल अनुभवी एवं विद्वान गुरुओं द्वारा संचालित किए जाते थे। इन गुरुकुलों में कुछ महत्वपूर्ण गुरुकुल इस प्रकार हैं: हिसार में राखीगढ़ी, जींद में कलायत, कुरुक्षेत्र में व्यासस्थली, कुरुक्षेत्र में पेहोवा, महेन्द्रगढ़ में समाना, बाघोट, ढोसी तथा रोहतक में दुबालधान इत्यादि। वैदिक काल के समय से ही शिक्षा पद्धति में अनेक परिवर्तन किए गए थे तथा पाठ्यक्रम अधिक व्यापक बना दिया गया था। विद्यार्थियों को सामान्यतः तीन प्रकार की शिक्षा प्रदान की जाती थी :

1. काव्य, साहित्यशास्त्र इत्यादि संबंधित सांसारिक ज्ञान
2. वेद एवं वेदांग संबधी पवित्र ज्ञान तथा
3. परमात्मा का ज्ञान।

मौर्य काल में शिक्षा की लोकप्रियता में वृद्धि हुई थी। इस काल में गणित, अर्थशास्त्र तथा नीतिशास्त्र जैसे विषयों पर विशेष ध्यान दिया जाता था। ब्राह्मणवादी गुरुकुल, जो पहले से ज्ञान प्रदान कर रहे थे, के अतिरिक्त बौद्ध धर्मगुरुओं तथा जैन आचार्यों द्वारा संचालित शिक्षा संस्थाएँ भी विद्यमान थीं। मौर्य–कुषाण काल से शिक्षा के क्षेत्र में जो प्रगति प्रारंभ हुई थी, वह गुप्त काल में अपनी पराकाष्ठा पर थी। गुप्त काल का साहित्य हरियाणा के लोगों की शैक्षिक उपलब्धियों का प्रमाण है। हर्षवर्धन के शासनकाल में 7वीं शताब्दी में शिक्षा और साहित्य का अति सुन्दर समन्वय दृश्यमान था, जो इससे पूर्व कभी नहीं था। निःसंदेह, राजा हर्ष स्वयं एक बड़ा विद्वान था, यद्यपि वह युद्ध एवं प्रशासन में बहुत व्यस्त रहता था, उसने समय निकालकर नागनन्दा, रत्नावली तथा प्रियदर्शिका जैसे नाटकों की रचना की थी। अतः उसके काल में शिक्षा को पूर्ण प्रोत्साहन दिया जा रहा था।

प्रसिद्ध चीनी यात्री ह्वेनसांग के अनुसार थानेसर तथा सुध उस समय शिक्षा के बड़े केन्द्र थे। कहा जाता है कि उसने थानेसर और सुध में क्रमशः 700 तथा 1000 मठों का भ्रमण किया था। ये मठ एक प्रकार के महाविद्यालय थे जिनमें विद्यार्थियों को अपनी प्राथमिक शिक्षा के उपरान्त प्रवेश मिलता था। ये मठ धर्म सिद्धान्तों के अतिरिक्त सांसारिक ज्ञान की शिक्षा देते थे। ज्ञानार्जन केन्द्र के रूप में थानेसर की ख्याति देश की सीमाओं को लाँघ चुकी थी। यहाँ विदेशों से लोग ज्ञानार्जन हेतु आते थे। परन्तु हर्षवर्धन की मृत्यु के पश्चात् राजनैतिक अनिश्चितता और उथल–पुथल से शिक्षा की बहुत हानि हुई तथा इसकी अवनति प्रारंभ हो गई। राजपूत काल में शिक्षा का विकास अवश्य हुआ, लेकिन इसका प्रसार नहीं हो सका था।

मुस्लिम शिक्षा

पूर्व काल में, शिक्षा का माध्यम संस्कृत थी, जो साधारण विद्यार्थी को सरलता के साथ समझ में नहीं आती थी। सामान्य भाषा की ओर कोई ध्यान नहीं दिया गया, जिससे कि समाज का बौद्धिक स्तर ऊँचा किया जा सकता था। भारत में मुस्लिम शासन के प्रारंभ होने पर मुस्लिम शासकों द्वारा एक नई शिक्षा–पद्धति प्रारंभ कर दी गई। इस प्रकार ब्राह्मणवादी तथा बौद्ध शैक्षिक संस्थाओं को उनके द्वारा भारी क्षति पहुँची। इस्लामी शिक्षा प्रमुखतः दो चरणों में विभक्त थी;

1. मकतब अथवा प्राथमिक शिक्षा
2. मदरसा अथवा उच्चतर शिक्षा।

मुस्लिम शिक्षा के प्रमुख उद्देश्य ज्ञान का प्रसार, इस्लाम का प्रचार, इस्लामी सिद्धान्तों पर आधारित नैतिकता की विशेष पद्धति का विकास और भौतिक आदर्शों की उपलब्धि थे। इस्लामी शिक्षा पद्धति ने पूरे देश में संस्थाओं का एक पूरा जाल बिछा दिया। हिन्दू तथा मुसलमान दोनों ही एक दूसरे की शिक्षा पद्धति से प्रभावित थे। इस्लामी शिक्षा लोगों को मुस्लिम शासकों के दरबार में ऊँचे एवं सम्माननीय पदों पर नियुक्ति तथा अन्य पदकों एवं अनुदानों के माध्यम से प्रलोभित कर रही थी। इस्लामी शिक्षा उस काल के जीवन में भौतिक सफलता का पारपत्र मानी जाती थी।

अतः अनेक हिन्दुओं ने इन लाभों के प्रलोभन में इस्लामी शिक्षा ग्रहण करना प्रारंभ कर दिया। इस्लामी शिक्षा स्वयं दर्शन, चिकित्सा विज्ञान तथा व्यावसायिक शिक्षा के क्षेत्र में हिन्दू शिक्षा पद्धति से अत्यंत प्रभावित थी। लिपि के अक्षर फारसी थे लेकिन अध्ययन का प्रमुख विषय उर्दू था। तथापि, ध्यान देने की बात यह है कि मकतब तथा मदरसा सामान्यतः मस्जिदों से सम्बद्ध थे। समकालीन लेखों से कुछ मदरसों के अस्तित्व का पता चलता है जिनमें फिरोजशाह द्वारा हिसार व फतेहाबाद में, शेरशाह सूरी द्वारा नारनौल में और शेख जलालुद्दीन द्वारा थानेसर में स्थापित मदरसे के अतिरिक्त शेख फरीदाबादी द्वारा फरीदाबाद में स्थापित मदरसा तथा शेख फरीदाबादी द्वारा फरीदाबाद में स्थापित मदरसा शामिल थे। इनके अलावा पानीपत, हांसी, सफीदों, गोहाना, झज्जर, रोहतक, कैथल तथा शाहबाद में भी मदरसे मौजूद थे। मुस्लिम शासन की मध्यकालीन अवधि में थानेसर तथा भिवानी में ज्ञानार्जन के प्रमुख स्वदेशी केन्द्र थे। उच्चतर ज्ञान की शिक्षा रोहतक के निकट अस्तल बोहर, झज्जर के निकट घुडानी तथा जैन मुनियों द्वारा हांसी में प्रदान की जाती थी।

यद्यपि इस अवधि में हिंदू शिक्षा को राज्य का संरक्षण प्राप्त नहीं था, फिर भी साहित्य सृजन में हिन्दू अग्रणी थे। इस काल में हिंदी शिक्षा की मुख्य विशेषता क्षेत्रीय भाषाओं की सराहनीय प्रगति थी। प्राकृत भाषा के मूल से निकली हिंदी उत्तर भारत में सर्वसाधारण की भाषा थी। जहाँ तक महिला शिक्षा का संबंध है पूरे मध्यकाल में यह उपेक्षित रही थी। कन्याओं के लिए कोई विद्यालय नहीं थे। समपन्न परिवार अपनी कन्या की शिक्षा के लिए घर पर शिक्षक नियुक्त करते थे, उस समय महिलाओं को जो भी शिक्षा प्राप्त हो रही थी, वह केवल शहरी क्षेत्रों तक सीमित थी। जन साधारण की कन्याओं की शिक्षा हेतु कोई प्रबंध नहीं था। कन्या शिक्षा की व्यवस्था 1803 में ब्रिटिश ईस्ट इंडिया कम्पनी के काल में प्रारंभ हुई थी।

लेकिन चूँकि ब्रिटिश ईस्ट इंडिया कम्पनी भारतीय विषयो की शिक्षा जनता को

देने का उत्तरदायित्व लेने को तैयार नहीं थी, अतः हरियाणा में शिक्षा की गति अत्यंत धीमी रही। तथापि, 813 के चार्टर अधिनियम में भारतीय शिक्षा में संबंधित कुछ विशेष प्रावधान जोड़े गए थे। यह निर्धारित किया गया था कि अधिशेष राजस्व में से प्रत्येक वर्ष कम से कम एक लाख रुपया अलग रखा जाएगा तथा भारतीय विद्वानों को प्रोत्साहन तथा साहित्य को पुनर्जीवित करने तथा सुधारने और भारत में ब्रिटिश क्षेत्रों के निवासियों को विज्ञान के ज्ञान के प्रारंभन एवं प्रवर्तन में लगाया जाएगा। लेकिन सरकार द्वारा उक्त अधिनियम के उपवाक्य को लागू करने हेतु काफी समय तक कोई प्रयास नहीं किया गया तथा इस प्रयोजनार्थ आवंटित राशि अनावंटित अवस्था में पड़ी रही। इससे अधिक निराशाजनक प्रलेख की कल्पना नहीं की जा सकती तथा यह ब्रिटिश शासन के इतिहास का एक दुखद तथ्य है कि 1813 के चार्टर अधिनियम की धारा 43 पर सन् 1823 तक अमल प्रारंभ नहीं किया गया।

इसमें कोई संदेह नहीं है कि ब्रिटिश राज के तहत शिक्षा एवं साक्षरता के क्षेत्र में हरियाणा के साथ हमेशा सौतेला व्यवहार किया गया था। ब्रिटिश अधिकारियों तथा निजी एजेंसियों ने शैक्षिक प्रगति पर कोई ध्यान नहीं दिया अतः यह भारत का सबसे पिछड़ा क्षेत्र बना रहा। सन 1882 में हरियाणा में कुल 13,109 विद्यालय थे जिनमें 1,33,588 छात्र–छात्राएँ थे।

तथापि, महाजनी विद्यालयों ने गणित, लेखा, व्यापार एवं वाणिज्य में शिक्षा उपलब्ध कराने हेतु व्यापारी बनिया समुदाय की जरूरतें पूरी कर दी थी। इसके अतिरिक्त कुछ ब्राह्मणवादी संस्थाएँ ज्ञानार्जन तथा साहित्य के क्षेत्र में उच्चतर शिक्षा प्रदान कर रही थीं। थानेसर (कुरुक्षेत्र) तथा जुलाना स्थित संस्कृत विद्यालय तथा भिवानी स्थित ब्रह्मचर्य आश्रम द्वारा संस्कृत साहित्य, व्याकरण, ज्योतिष तथा भारतीय दर्शन इत्यादि की उच्चतर शिक्षा प्रदान की जा रही थी। झज्जर और पानीपत स्थित मुस्लिम संस्थाएँ अरबी, फारसी, पवित्र कुरआन, मुस्लिम कानून तथा इतिहास आदि की शिक्षा प्रदान कर रही थीं। जहाँ तक आधुनिक शिक्षा का संबंध है, इसकी प्रगति बहुत धीमी थी।

आधुनिक शिक्षा

तथापि, कुछ व्यक्तियों द्वारा अपने स्तर पर इस दिशा में कुछ प्रयास किए जा रहे थे। एक अंग्रेज जिसका नाम फ्रेजरथा, संभवतः पहला ब्रिटिश अधिकारी था, जिसने बिना किसी सरकारी सहायता के अथवा निजी एजेंसी की मदद के बिना 1816 से 1823 तक सोनीपत परगना में चार विद्यालय प्रारंभ किए थे। वह 1816

में दो विद्यालय खोलने में सफल हुआ, जिसमें प्रत्येक विद्यालय में बीस विद्यार्थी थे। तदुपरांत 1820 में तीसरा तथा 1823 में चौथा विद्यालय खोला गया। लेकिन धनाभाव के चलते ये विद्यालय कुछ समय के बाद बंद करने पड़े। सन् 1840 तक शिक्षा के क्षेत्र में कोई महत्वपूर्ण कार्य नहीं किया गया। सन 1854 में वुड के संवाद द्वारा सहायता अनुदान के प्रस्ताव के साथ 1856 में दिल्ली, गुड़गाँव तथा रोहतक में कुछ तहसीलदारी विद्यालय खोले गए तथा शेष जनपदों में कुद समय पश्चात् ऐसे विद्यालय प्रारंभ किए गए। इन विद्यालयों में पढ़ना, लिखना, व्याकरण, निबंध, गणित, क्षेत्रफल गणना, बीजगणित (चतुर्पदी तक), भारत का इतिहास एवं भूगोल, सामान्य भूगोल, प्राचीन इतिहास, राजनीतिक अर्थव्यवस्था के तत्व और सादा—तालिका सर्वेक्षण आदि सिखाया जाता था। इन विद्यालयों में कक्षा आठ तक की पढ़ाई होती थी तथा शिक्षा का माध्यम हिंदी अथवा उर्दू अथवा दोनों होते थे।

शाहाबाद, लाउबा, थानेसर, सधौरा, कैथल और रोपड़ (अम्बाला जनपद), सोनीपत तथा दिल्ली में नजफगढ़, गुड़गाँव में गुड़गाँव तथा पलवल; रोहतक में झज्जर एवं बहादुरगढ़, हिसार में हांसी तथा करनाल में पानीपत में ऐसे कुछ मिडिल तथा हाई स्कूल प्रारंभ किए गए थे। सन 1855 से 1857 की अवधि में करनाल, रोहतक, भिवानी, रेवाड़ी, दिल्ली तथा जगाधरी में ऐसे हाई-स्कूल खोले गए। तहसीलदारी स्कूलों के अतिरिक्त सुदूर तथा ग्रामीण क्षेत्रों में स्वदेशी शिक्षा के सुधार हेतु एक अन्य योजना तैयार की गई थी।

तदनुसार हलकाबंदी अथवा सर्किल स्कूल अर्थात् 10 से 20 ग्रामों के प्रत्येक हलके (सर्किल) में एक स्कूल स्थापित किया गया। इन स्कूलों का प्रबंधन सरकार तथा जनता द्वारा संयुक्त रूप से किया जाता था। लेकिन इस व्यवस्था के अच्छे परिणाम नहीं मिल रहे थे। सन् 1857 के विद्रोह की घटना के पश्चात् हरियाणा क्षेत्र को एन डब्ल्यू पी से अलग कर पंजाब के साथ संलग्न कर दिया गया। उस, समय, पंजाब के लोक अनुदेश निदेशक ने मार्च 1858 में इस क्षेत्र में शिक्षा पद्धति का उत्तरदायित्व लेकर स्वदेशी स्कूलों के सुधार और प्रत्येक छह ग्रामों के समूह केन्द्र में एक स्कूल खोलने की योजना प्रारंभ की थी।

प्रारंभ में प्रगति की रफ्तार धीमी थी, लेकिन सन 1870 के पश्चात् इसमें भारी प्रगति हुई, फिर भी हरियाणा में शिक्षा की प्रगति मद्रास, बम्बई तथा बंगाल जैसे प्रान्तों के समान नहीं थी। सन 1920 तक इस क्षेत्र में केवल 31 हाई स्कूल थे। कृषकों की व्यापक गरीबी, शिक्षा के मूल्य के संबंध में जागरूकता का अभाव, महँगी

शिक्षा, सरकार की उदासीनता और अन्य ऐजेंसियों एवं व्यक्तियों द्वारा रुचि नहीं लेने के कारण इस क्षेत्र में साक्षरता की दर बहुत कम थी। साक्षरता की दर दिल्ली में 4. 6 प्रतिशत, अम्बाला में 4.3 प्रतिशत, करनाल में 2.4 प्रतिशत और हिसार में 2. 7 प्रतिशत थी। जहाँ तक उच्चतर शिक्षा का संबंध है सन 1877 तक एकमात्र कॉलेज था। दिल्ली कॉलेज की स्थापना 1792 में लोगों के स्वैच्छिक योगदान द्वारा की गई थी तथा बाद में सरकारी सहायता मिलने लगी थी। लेकिन बाद में यह कॉलेज लाहौर स्थानांतरित कर इसका विलय लाहौर गवर्नमेंट कालेज के साथ कर दिया गया। कलकत्ता विश्वविद्यालय से सम्बद्ध सेंट स्टीफन मिशन कॉलेज जो मूलतः 1864 में कैम्ब्रिज मिशन द्वारा प्रारंभ किया गया था, और बाद में दिल्ली कॉलेज में विलय कर दिया गया था, फिर से चालू कर दिया गया।

सन् 1890 में, सनातन धर्म सभा के प्रयासों के फलस्वरूप दिल्ली में हिन्दू कॉलेज प्रारंभ किया गया। यहाँ मैट्रीकुलेशन के पश्चात् चार वर्षीय डिग्री का पाठ्यक्रम उपलब्ध था। लेकिन उच्चतर शिक्षा के मामले में छात्रों की संख्या बहुत कम थी। सन् 1864 से तक केवल 1885 छात्र अपना ग्रेजुएशन पूर्ण कर सके थे। इसके अतिरिक्त शिक्षकों के प्रशिक्षण हेतु केवल दो स्कूल एक अम्बाला और दूसरा दिल्ली में था, जहाँ हरियाणा के स्कूलों में सेवारत शिक्षकों को अध्यापन की व्यावसायिक शिक्षा प्रदान की जाती थी। बाद मे अम्बाला स्कूल का विलय दिल्ली स्कूल में (1864) कर दिया गया। इस प्रकार 20वीं सदी के प्रारंभ तक विभिन्न स्थानों पर कुछ हाई स्कूलों के अतिरिक्त हरियाणा में शिक्षकों के प्रशिक्षण हेतु एक भी कॉलेज मौजूद नहीं था। यहाँ जे बी टी स्कूल थे जिनमें कनिष्ठ शिक्षकों को प्राथमिक तथा मिडिल स्कूलों में अध्यापन कार्य का प्रशिक्षण दिया जाता था। लोगों की उच्चतर शिक्षा की जरूरत को ध्यान में रखकर सरकार द्वारा 1927 में रोहतक में इंटर कॉलेज प्रारंभ किया गया जो 1941 में डिग्री कॉलेज बना दिया गया था।

कुछ शहरों तथा कस्बों में सम्पन्न परिवारों द्वारा अपनी कन्याओं को पारम्परिक शिक्षा दिलाई जाती थी, लेकिन कुल मिलाकर क्षेत्र में महिला शिक्षा की स्थिति असंतोषजनक थी। सरकारी प्रयासों के बावजूद इसमें विशेष सुधार नहीं लाया जा सका। सन 1900–01 में महिला साक्षरता का उच्चतम प्रतिशत दिल्ली में था जो 0.6 प्रतिशत था। अम्बाला में यह दर 0.4 तथा करनाल, हिसार और रोहतक में 0.1 प्रतिशत थी। इसके अतिरिक्त हरियाणा में कन्याओं के लिए केवल प्राइमरी स्कूल थे कोई मिडिल या हाई स्कूल नही था। बीसवीं सदी के प्रथमार्द्ध में कुछ सुधार हुआ था।

आर्य समाज तथा सनातन धर्म जैसे धार्मिक एवं सामाजिक संगठनों द्वारा जनसाधारण में शिक्षा के प्रति जागरूकता पैदा करने में महत्वपूर्ण भूमिका निभाई गई। आर्य समाज द्वारा हरियाणा के विभिन्न भागों में अनेक गुरुकुल तथा पाठशालाएँ स्थापित की गई थीं। हरियाणा में सर्वप्रथम गुरुकुल की स्थापना कुरुक्षेत्र में लाला ज्योति प्रसाद (थानेसर वासी) की सहायता से की गई थी जिसका शिलान्यास स्वामी श्रद्धानन्द द्वारा किया गया था। बाद में 1915 में रोहतक में मटिंडु में, 1918 में भैंसवाल में तथा 1924 में झज्जर में ऐसे गुरुकुल स्थापित किए गए थे। आर्य समाज द्वारा कन्या शिक्षा के क्षेत्र में बहुत सुधार किए गए। हरियाणा में अनेक स्थानों पर कन्या पाठशालाएँ खोली गईं। सनातन धर्म सभा द्वारा भी संस्कृत एवं हिन्दी में शिक्षा उपलब्ध कराने के लिए कुछ संस्कृत एवं हिन्दी पाठशालाएँ प्रारंभ की गई थी।

तथापि, स्वतंत्रता प्राप्ति के समय तक हरियाणा शिक्षा के क्षेत्र में एक पिछड़ा क्षेत्र था। सन् 1946 में यहाँ केवल 77 हाईस्कूल थे जो हिसार, गुड़गाँव, रोहतक, करनाल और अम्बाला जनपदों में स्थित थे जिनमें कुल 39,604 विद्यार्थी शिक्षा प्राप्त करते थे। इसके अलावा पूरे क्षेत्र में रोहतक में एकमात्र सरकारी कॉलेज था। तथापि, निजी क्षेत्र में कुल पाँच कॉलेज थे (दो रोहतक तथा एक गुड़गांव, हिसार) और अम्बाला प्रत्येक में)।

सन् 1949 में राज्य में कॉलेजों की संख्या 6 से बढ़कर 10 हो गई। सन् 1966 में पृथक हरियाणा राज्य के गठन के पश्चात् हरियाणा ने अन्य क्षेत्रों के साथ-साथ शिक्षा के क्षेत्र में भी उल्लेखनीय प्रगति की है। सन 1947 में राज्य में केवल 1564 प्राइमरी स्कूल थे, लेकिन 1960-61 तक इन स्कूलों की संख्या बढ़कर 4665 तक पहुँच गई। वर्ष 1966 में पृथक हरियाणा राज्य के निर्माण के समय यह संख्या घटकर 4,454 रह गई थी। माध्यमिक शिक्षा के मामले में भी क्षेत्र की स्थिति संतोषजनक नहीं थी। राज्य में माध्यमिक शिक्षा हेतु दो प्रकार के स्कूल थे :(1) मिडिल स्कूल तथा (2) हाई स्कूल

सन् 1947 में कुल 113 स्कूल थे जो 1951-52 में 434, 1960-61 में 577 तथा 1966 में 650 हो गए। राज्य में कॉलेजों की कुल संख्या (सरकारी तथा निजी दोनों) 1949 में 10 तथा 1951 में 14 थी। सन् 1956 में कुरुक्षेत्र विश्वविद्यालय की स्थापना की गई जिसमें संस्कृत की शिक्षा प्रदान की जाती थी। बाद में इसमें अन्य कई संकाय प्रारंभ कर दिए गए। राज्य सरकार (संयुक्त पंजाब सरकार) का उदासीन रवैया तथा पंजाबी भाषा की अनिवार्यता इस क्षेत्र में माध्यमिक शिक्षा की धीमी प्रगति के लिए उत्तरदायी थे। इसलिए, यहाँ के अधिकांश लोग प्राइमरी से आगे

शिक्षा प्राप्त नहीं कर सके।

इसके अलावा हिन्दी क्षेत्रों में स्कूल खोले जाने की गति पंजाबी क्षेत्रों में स्कूल खोले जाने की अपेक्षा काफी धीमी थी। इस प्रकार इस क्षेत्र में माध्यमिक शिक्षा की स्थिति संतोषजनक नहीं थी। संयुक्त पंजाब सरकार हरियाणा क्षेत्र के लिए शिक्षा के कुल बजट का केवल 30 प्रतिशत भाग निर्धारित करती थी। इसलिए हरियाणा शिक्षा के क्षेत्र में पिछड़ा रहा। वर्ष 1961 में राज्य के कुल 20 प्रतिशत लोग साक्षर थे जबकि साक्षरता का राष्ट्रीय औसत 24.2 प्रतिशत था। सन् 191 में यह प्रतिशत मात्र 9 था। राज्य में महिला साक्षरता की स्थिति कतई संतोषप्रद नहीं थी। हरियाणा राज्य के गठन के समय महिला साक्षरता की दर महज 9.2 प्रतिशत थी। राज्य का दर्जा प्राप्त करने के पश्चात् हरियाणा ने प्रगति के पथ पर कुलाँचें मारना प्रारंभ कर दिया। सन् 1966 में 5779 स्कूल थे जो 1990 में 8,391 हो गए, इन स्कूलों में 29.04 लाख छात्र थे।

वर्तमान परिदृश्य

हरियाणा में प्राथमिक शिक्षा निःशुल्क एवं अनिवार्य है। छह से ग्यारह वर्ष तक की आयु वर्ग के लगभग सभी स्कूल जाने वाले बच्चों के लिए सुविधा उपलब्ध है। यहाँ प्रत्येक एक किलोमीटर, 2.06 किलोमीटर तथा 2.59 किलोमीटर के दायरे में एक प्राइमरी, एक मिडिल तथा एक हाईस्कूल (क्रमानुसार) मौजूद है। 1966 में 40 कॉलेज थे जो वर्तमान में 114 हैं। राज्य में दो इंजीनियरिंग कालेज, दो मेडिकल कॉलेज तथा चार आयुर्वेदिक कॉलेज हैं तथा पोलिटेक्निक कॉलेजों की संख्या 1966 की 6 से बढ़कर 13 हो गई है। इन प्रयासों से राज्य में साक्षरता की दर बढ़ी है। हरियाणा राज्य के गठन के समय केवल एक विश्वविद्यालय था।

इसमें कोई संशय नहीं कि ये विश्वविद्यालय मानव-ज्ञान के क्षेत्र में नई प्रत्याशाओं के खोजियों के लिए नए क्षितिज खोल रहे हैं। संस्कृत और अन्य भारतीय अध्ययनों के प्रवर्तन हेतु एक आवासीय विश्वविद्यालय के रूप में 1956 में स्थापित कुरुक्षेत्र विश्वविद्यालय बाद में बहु-संकाय विश्वविद्यालय बन गया तथा 30 जून, 1974 से सम्बद्धताकारी हैसियत अर्जित कर ली, इसका अधिकार क्षेत्र सम्पूर्ण हरियाणा राज्य में विस्तृत है। तथापि, नवम्बर, 1978 में गुड़गाँव, फरीदाबाद, महेन्द्रगढ़, सोनीपत, रोहतक तथा भिवानी जनपदों के महाविद्यालयों की सम्बद्धता कुरुक्षेत्र विश्वविद्यालय के साथ समाप्त कर इन्हें महर्षि दयानन्द विश्वविद्यालय, रोहतक के साथ सम्बद्ध कर दिया गया, जिसकी स्थापना सन् 1976 में आयुर्विज्ञान

तथा पर्यावरण एवं परिस्थितिकी में अध्ययन को प्रोत्साहित करने हेतु की गई थी। हरियाणा कृषि विश्वविद्यालय, हिसार फरवरी, 1970 में अपने प्रारंभन के समय से ही कृषि शिक्षा, अनुसंधान और ज्ञान प्रसार के साथ हरियाणा राज्य में समग्र कृषि एवं ग्रामीण विकास के सुनिश्चयन में संलग्न है। हरियाणा सरकार ने 1985-86 के शिक्षण सत्र से शिक्षा की 10 + 2 + 3 पद्धति लागू कर दी है तथा इस नई पद्धति को अपनाने के साथ ही राज्य शिक्षा संबंधी राष्ट्रीय नीति पर चल पड़ा है। वर्तमान में यह पद्धति 180 स्कूलों तथा 112 कॉलेजों में लागू है। इस नई शिक्षा नीति के अधीन झज्जर (रोहतक), खंगा कोठी (जींद), पाबरा (हिसार), ओढान (सिरसा), बुटाना (सोनीपत) तथा दैनसा (फरीदाबाद) में छह नवोदय विद्यालय खोले गए हैं।

राज्य के ग्रामीण क्षेत्रों में प्रौढ़ निरक्षरता अब भी बहुत अधिक है, जिसको मिटाने के लिए विशेष प्रयास किए जा रहे हैं। इस समय राज्य में 6,100 प्रौढ़ शिक्षा केन्द्र कार्यरत हैं। कम्प्यूटर साक्षरता के लिए एक प्रायोगिक परियोजना प्रारंभ की गई है, जिसका लक्ष्य स्कूली छात्रों को माइक्रो कम्प्यूटरों के महत्त्व से परिचित कराना है। कुरुक्षेत्र विश्वविद्यालय स्थित संसाधन स्रोत के निकटवर्ती क्षेत्रों के चुनिंदा हायर सेकेण्ड्री स्कूलों में भारत सरकार के सहयोग से कम्प्यूटर शिक्षा प्रारंभ की जा चुकी है।

महिला शिक्षा के महत्व और बच्चों एवं समाज पर इसके समग्र प्रभाव की अनदेखी नहीं की जा सकती है। अतः हरियाणा की प्रमुख चिन्ता राज्य की महिलाओं के बीच निरक्षता की उच्च्व दर को यथासंभव कम करना है। इसके लिए नए कन्या विद्यालय तथा कॉलेज खोले जा रहे हैं। 10 + 2 पद्धति की +2 कक्षा तक कन्या शिक्षा निःशुल्क कर दी गई है। प्राइमरी तथा मिडिल स्कूलों में पढ़ रही समस्त दलित कन्याओं को शिक्षा सामग्री तथा मुफ्त वर्दी उपलब्ध करायी जा रही है। एक लाख दलित कन्याओं को शिक्षा सुविधाओं का लाभ उठाने के लिए प्रेरित करने हेतु मासिक उपस्थिति छात्रवृत्ति भी प्रदान की जा रही है। इसी प्रकार, यायावर जनजातियों के स्कूल जाने वाले प्रत्येक बच्चे को एक रुपया प्रतिदिन की प्रोत्साहन राशि दी जा रही है। समाज के अन्य दुर्बल वर्ग, विशेषतः अनुसूचित जाति के बच्चों को सभी स्कूलां में पाठ्य पुस्तकें निःशुल्क प्रदान की जा रही हैं। अनुसूचित जाति के छात्रों को मैट्रिक के पश्चात् तथा पोस्ट ग्रेजुएट स्तर पर और व्यावसायिक पाठ्यक्रमों के लिए ब्याजमुक्त ऋण की राशि में भी वृद्धि की गई है ताकि वे शिक्षा के प्रति अधिक से अधिक आकर्षित एवं जागरूक हो सकें।

वर्तमान स्थिति

वर्तमान समय में राज्य में आठ विश्वविद्यालय हैं: (1) चौधरी चरण सिंह हरियाणा कृषि विश्वविद्यालय, हिसार (2) चौधरी देवीलाल विश्वविद्यालय, सिरसा, हरियाणा (3) गुरु जाम्बेश्वर विश्वविद्यालय, हिसार (4) कुरुक्षेत्र विश्वविद्यालय, कुरुक्षेत्र (5) महर्षि दयानन्द विश्वविद्यालय, रोहतक (6) नेशनल ब्रेन रिसर्च सेंटर, एस सी ओ 5, 6 एवं 7 सेक्टर-XV, पार्ट-II, गुड़गाँव (7) राष्ट्रीय डेरी अनुसंधान संस्थान, करनाल (8) राष्ट्रीय प्रौद्योगिकी संस्थान, कुरुक्षेत्र।

डिग्री कॉलेज

कला, विज्ञान एवं वाणिज्य कॉलेज 172, प्राच्य शिक्षा कॉलेज 1, कृषि कॉलेज 2, मेडिकल कॉलेज 15, पशु चिकित्सा विज्ञान कॉलेज 2, अध्यापक प्रशिक्षण कॉलेज 22, इंजीनियरिंग कॉलेज 25, अन्य कॉलेज 2 कुल योग 241।

उच्च स्तरीय शिक्षा हेतु कुल संस्थाएँ 246, शिक्षा बोर्ड 1, पूर्व-प्राइमरी/पूर्व-बेसिक स्कूल 27,000 प्राइमरी/जूनियर बेसिक स्कूल 5734, मिडिल/सीनियर बेसिक स्कूल 1671, हाई/हायर सेकेण्ड्री स्कूल 53367, समस्त संस्थाओं का महायोग (सामान्य एवं प्राविधिक) 10,800।

साक्षरता दर

वर्ग	*पुरुष (प्रतिशत)*	*महिला (प्रतिशत)*	*कुल प्रतिशत*
1991	69%	40%	56%
1994	73%	47%	61%
1995	72%	52%	63%
1996	72%	50%	62%
1997	76%	52%	65%
2001	79%	56%	69%

केन्द्रीय सरकार ने 1992 में राष्ट्रीय शिक्षा नीति में (एन पी ई) कुछ संशोधन करते हुए राज्य सरकारों को यह निदेशित करने का महत्वपूर्ण निर्णय किया कि राज्य सरकारें राष्ट्रीय शिक्षा नीति की भावना को अक्षुण्ण रखते हुए स्थानीय हालातों

के अनुसार शिक्षा नीति के विशेष प्रोत्साहन क्षेत्रों के लिए अपना स्वयं का कार्यक्रम तैयार कर क्रियान्वित करें। हरियाणा ने भी 1994 में अपनी कार्रवाई योजना (पी ओ ए) प्रस्तुत कर दी थी। राष्ट्रीय शिक्षा नीति में लोगों की आकांक्षाओं तथा शिक्षा की गतिशीलता संबंधी जरूरतों के अनुरूप विशेष प्रोत्साहन क्षेत्रों की मियादी समीक्षा की व्यवस्था भी दी गई थी। अतः, कार्रवाई के नए क्षेत्रों की पहचान और उपयुक्त नीतिगत उपायों की आवश्यकता थी। नई सहस्त्राब्दि की दहलीज पर हरियाणा सरकार ने शिक्षा को अपने विकास कार्यक्रम के केन्द्र में रखकर, प्रमुख मानव संसाधन विकास संकेतों के रूप में राज्य के सम्मुख आई समस्याओं और बदलती स्थितियों के कारण पैदा हुई चुनौतियों का सामना करने की जरूरत को महसूस किया है।

राज्य के शिक्षा कार्यक्रम को मात्रा से गुणात्मकता, सूचना के अंतरण मात्र को सृजनशीलता एवं ज्ञान की वृद्धि तथा सम्बद्ध कौशल को विकसित करने, केन्द्रीकृत शिक्षा प्रशासन पद्धति को विकेन्द्रीकृत करने तथा नौकरशाही प्रबंधन को साझा निर्णय प्रक्रिया में बदले जाने की आवश्यकता है। समग्र उद्देश्य शिक्षा को, सामाजिक तथा आर्थिक रूप से उत्पादन कौशल को प्रोत्साहन के माध्यम से, उभरती स्थितियों के अनुरूप ढालना है।

राज्य की साक्षरता दर 55-85 है जो राष्ट्रीय औसत (52.21) से अधिक है। हरियाणा राज्य के गठन के समय राज्य की साक्षरता दर 19.92 थी, जो राष्ट्रीय औसत (27.76) से काफी कम थी।

प्राथमिक स्तर पर पढ़ाई छोड़ देने वाली कन्या-संख्या काफी अधिक है। तथा माध्यमिक और कालेज स्तर पर शिक्षा प्राप्त करने वाली कन्या-संख्या कम है। प्राथमिक शिक्षा के साधारणीकरण हेतु अभियान प्रारंभन के समय पर समाज ने स्वैच्छिक रूप से अभियान में भाग लिया था। ग्रामीण क्षेत्रों में अधिकांश स्कूल पंचायतों तथा समुदायों द्वारा स्थापित किए गए थे तथा पंचायतों द्वारा स्कूलों के लिए भूमि निःशुल्क उपलब्ध कराई गई थी। सरकार के प्रयासों से प्राथमिक शिक्षा के सार्वजनीकरण की व्याप्ति में भारी प्रगति हुई, तदपि यह व्यवस्था सामुदायिक प्रतिभागिता की कीमत पर एक केन्द्रीयकृत व्यवस्था बन कर रह गई है। आज भी समुदाय और पंचायतें राज्य में विकसित एकाश्य शिक्षा अवसंरचना से अलग खड़े हैं। यद्यपि बच्चों का नामांकन 90 प्रतिशत के आंकड़े को पार करना (निजी स्कूलों समेत) संतोष की बात है तथा स्कूलों की सुलभता में भी सुधार हुआ है, फिर भी, अनेक दलित, कमजोर वर्गों तथा भौतिक एवं मानसिक विपन्न वर्गों के बच्चे शिक्षा के इस दायरे से बाहर रह गए हैं। प्रारंभिक शिक्षा के सार्वजनीकरण को हासिल करने

के लिए इन विशेष वर्गों की समस्याओं पर ध्यान दिए जाने की आवश्यकता है।

नामांकन के प्रतिशत में आगे और प्रगति के लिए शिक्षा को इन वर्गों की अपेक्षाओं के अनुसार अधिक प्रासंगिक एवं सुलभ्य बनाकर इन वर्गों के लिए शिक्षा सुलभ बनाने की आवश्यकता है। बच्चों के शिक्षा के मौलिक अधिकार को मान्यता देते हुए संविधान में उपयुक्त व्यवस्था करने के प्रश्न पर गंभीरतापूर्वक विचार करना होगा ताकि प्रारंभिक शिक्षा के सार्वजनीकरण का पूर्ण लाभ 6-14 वर्ष आयु वर्ग के बच्चों को प्राप्त हो सके।

महिला शिक्षा

यद्यपि विगत तीन दशकों में स्कूल जाने वाली कन्याओं की संख्या में वृद्धि हुई है, फिर भी बीच में पढ़ाई छोड़ देने वाली कन्याओं की संख्या काफी ज्यादा है। उच्चतर और व्यावसायिक शिक्षा प्राप्त करने वाली कन्याओं की संख्या बहुत कम है। इस वर्ग हेतु उच्चतर शिक्षा सुलभ बनाने के लिए विशेष प्रयासों की आवश्यकता है। प्राथमिक शिक्षा के सार्वजनीकरण में संतोषजनक स्थिति प्राप्त करने के पश्चात् सरकार अब शिक्षा की गुणवत्ता पर ध्यान दे रही है। जितना महत्वपूर्ण पाठ्यक्रम है उतना ही महत्वपूर्ण शिक्षा व्यवस्था और अध्यापन प्रौद्योगिकियों की पर्याप्तता है। इसलिए अभीष्ट लाभ प्राप्त करने के लिए शिक्षा के प्रभावी प्रबंधन पर तत्काल ध्यान दिए जाने की आवश्यकता है। आर्थिक मोर्चे सहित किसी भी क्षेत्र में और प्रगति संभव बनाने के लिए शिक्षा पर व्यय में वृद्धि करनी होगी।

अन्य विकासशील देशों के उदाहरण से स्पष्ट दिखाई पड़ता है कि अर्थव्यवस्था की प्रगति का सीधा संबंध शिक्षा के स्तर से है। हरियाणा में आर्थिक विकास की गति धीमी हो रही है, जबकि दक्षिण राज्यों, जहाँ शिक्षा स्तर बेहतर है, में आर्थिक विकास की गति तेज हो रही है। योजना आयोग द्वारा जी डी पी का छह प्रतिशत शिक्षा पर व्यय करने की संस्तुति की गई है। अतः राज्य के समक्ष, लोगों की मूल आवश्यकताओं की पूर्ति तथा अवसंरचना के विकास का, महत्त्वपूर्ण दायित्व है। चूँकि राज्य जी डी पी का केवल 2.1 प्रतिशत शिक्षा पर व्यय हेतु निर्धारित किया गया है।

शिक्षा के लिए संसाधनों के निर्धारण में एक प्रतिमान परिवर्तन अपेक्षित है, जो आदर्शतः, राज्य जी डी पी का 6 प्रतिशत होना चाहिए। निजी क्षेत्र को भी शिक्षा के क्षेत्र में समान महत्वपूर्ण भूमिका निभानी चाहिए। निजी क्षेत्र और सरकार को मिलकर यह पहल करनी चाहिए। उच्च शिक्षा के क्षेत्र में निजी पहल की अधिक

आवश्यकता है तथा उच्चतर शिक्षा के क्षेत्र में निजी क्षेत्र के कालेजों की संख्या सरकारी कालेजों की संख्या से अधिक है। तदपि, निजी संस्थाओं की निर्भरता सरकारी साधनों पर बढ़ती जा रही है तथा निजी कालेजों का 95 प्रतिशत घाटा सरकारी कोष से पाटा जा रहा है। निजी क्षेत्र को उच्चतर शिक्षा के क्षेत्र में प्रोत्साहन देने के साथ ऐसी व्यवस्था भी तैयार करनी होगी जिसमें सरकारी कोष पर कोई अतिरिक्त बोझ न पड़े।

इन संस्थाओं को अधिक स्वायत्तता देने की कार्यनीति तैयार करनी होगी ताकि ये संस्थाएँ सरकारी संसाधनों पर निर्भर न रहें। राज्य के शिक्षा परिदृश्य की समीक्षा करते समय हम देश और दुनिया के सामाजिक आर्थिक परिदृश्य की ओर से आँखें मूंद कर नहीं बैठ सकते हैं।

ऐसे माहौल में शिक्षा को इस माहौल के अनुरूप ढालने की जरूरत है। शिक्षा को व्यवसाय हेतु उपयोगी बनाने के क्षेत्र में अधिक ध्यान देने तथा ऐसे पाठ्यक्रम तैयार करने की जरूरत है जिनसे सूचना प्रौद्योगिकी सहित अन्य आवश्यक दक्षताओं की शिक्षा प्रदान की जा सके। दक्षताओं के तेजी से अप्रचलित होने की समस्या पर शिक्षा कार्यक्रमों में तदनुसार सतत परिवर्तन की आवश्यकता एवं चुनौती है। हरियाणा में विगत कुछ वर्षों में उभरी कुछ समस्याओं को देखते हुए शिक्षा नीति के पुनर्निर्धारण की आवश्कता भी अनुभव की जा रही है। सरकार शिक्षा संबंधी विषय सूची के स्थापन में नीति निर्माताओं, शैक्षिक प्रशासकों, शिक्षाशास्त्रियों तथा अन्य दावेदारों को सम्मिलित करने का प्रयास कर रही है।

2001 की जनगणना के अनुसार जनसंख्या का 68.59% साक्षर है, जबकि राष्ट्रीय औसत 65.38 प्रतिशत ही है। पिछले दशक में ग्रामीण क्षेत्रों में महिला साक्षरता के मामले में हरियाणा ने काफी लम्बा सफ़र तय किया है अर्थात सन् 1991 में साक्षरता दर महिलाओं में मात्र 32.5 प्रतिशत ही थी, जो कि सन् 2001 में यह बढ़कर 56.31 प्रतिशत हो गयी।

हरियाणा में विद्यालय और महाविद्यालय तथा विश्वविद्यालय तीनों प्रकार के शिक्षण संस्थानों द्वारा शिक्षा के क्षेत्र में प्रगति करने के लिए हरियाणा सरकार के साथ ही निजी संस्थानों ने भी महत्त्वपूर्ण योगदान दिया है। राज्य के विकास कार्यक्रमों में शिक्षा को उच्च स्तर पर प्राथमिकता दी गई है। इसके अतिरिक्त राज्य में अनुसूचित जाति के छात्रों की सामान्य व तकनीकी शिक्षा हेतु सरकार द्वारा आर्थिक सहायता समेत सभी स्तरों पर सहायता दी जाती है। ताकि समस्त हरियाणा शिक्षा के क्षेत्र में उन्नति कर सके।

4

महिलाओं की स्थिति

साधारणतः हरियाणवी समाज में महिलाओं की स्थिति निम्न तथा पुरुषों की अपेक्षा गौण है। दहेज तथा कन्या शिशु हत्या की प्रथा व्यापक रूप से विद्यमान है। तथापि, भिन्न जातियों, आर्थिक स्थितियों, शैक्षिक स्थितियों तथा धर्मों में उनकी स्थिति अलग है। आधुनिक हरियाणा में महिलाओं की स्थिति अनेक अन्य कारकों पर भी निर्भर करती है। उदाहरण के लिए आर्थिक गतिविधियों में प्रतिभागी महिलाओं को अधिक स्वतंत्रता होती है। तथापि, अधिकांश जातियाँ, जिनमें गौड़ ब्राह्मण, अहीर, जाट, जैन, बिश्नोई से बाल्मीकि तक सम्मिलित हैं, महिलाओं को सम्पत्ति उत्तराधिकार की अनुमति नहीं देती है।

नियमानुसार महिला को पति की मृत्यु से पूर्व सम्पत्ति का कोई उत्तराधिकार नहीं होता है, लेकिन हिन्दू उत्तराधिकार अधिनियम ने स्थिति को परिवर्तित कर दिया है तथा अब उसको पैतृक सम्पत्ति में समान अधिकार के साथ-साथ अपने पति की सम्पत्ति में भी समान अधिकार हासिल है। इस परिवर्तन से, तथापि, नई समस्याऐं पैदा हुई है जैसे भाई-बहन के पवित्र संबंधों में तनाव, ननद और भाभी के संबंधों में तनाव तथा वधू-ससुराल पक्ष के बीच तनाव इत्यादि। इसके अलावा दहेज तथा वधू-सम्पत्ति की समस्या का परिणाम मुकदमेबाजी, भ्रूण हत्या, भगिनी हत्या और वधू जलाने जैसी घटनाओं के रूप में सामने आया है। जो भी है, महिला विवाह से पूर्व अपने माता-पिता और विवाहोपरान्त अपने पति तथा वृद्धावस्था में अपने पुत्रों पर आश्रित रहती है।

एक लोकोक्ति के अनुसार वह मितव्ययी तथा मिताहारी, नखरा न करने वाली, घरेलू जीवन में सिद्धान्तों तथा भावप्रवणता में दृढ़, शभ्या तथा भोजनासन पर समान प्रसन्नचित, संयमी तथा घर एवं खेत में परिश्रमी, अपने पति और परिवार के प्रति निष्ठावान, बच्चों और जानवरों की उचित देखभाल करने वाली और स्नेह करने वाली, दूध-दही बिलोने वाली तथा चूल्हा-चौका करने में निपुण, चरखा चलाने तथा सिलाई

कला में दक्ष, अतिथियों का आदर सम्मान करने वाली, सभी को भोजन कराने के बाद में ही भोजन ग्रहण करने वाली, सभी अवसरों पर श्रेष्ठ सलाहकार, समस्त सामाजिक तथा धार्मिक रीति रिवाज़ों, मेलों तथा त्यौहारों की जानकार, नृत्य कला में प्रवीण तो हो परन्तु पेशेवर नृत्यांगना या गायिका न हो, वह एक बीरबानी यानि घर की महिला संस्थापक होती है जो अपने पति का गौरव तथा परिवार का ताज होती है, अर्थात् अपने धर-परिवार की शोभा बढ़ाती है।" इन सभी अपेक्षाओं में उस महिला का शिक्षित होना कहीं भी अपेक्षित नहीं था।

आज के संदर्भ में देखा जाए तो अपेक्षाऐं कुछ बदल गई हैं जैसे महिला घर के समस्त कार्यों में दक्ष हो, अपने पति, बच्चों तथा सास-ससुर तथा ससुराल पक्ष के लोगों की बेहतर देखभाल कर सके, घर के साथ-साथ बाहर के छोटे-मोटे काम निपटा सके। अगर पढ़ी-लिखी ज्यादा हो तो नौकरी करके घर में आर्थिक योगदान दे सके, और कम पढ़ी लिखी हो तो घर में कम-से-कम बच्चों को तो पढ़ा ही दे, और हाँ सबसे बड़ी अपेक्षा उससे ये की जाती है कि वो स्वयं अपनी अपेक्षाओं को सीमित रखे या कोई अपेक्षा ही न करे जो उसके स्वयं के हित में हो।

ग्रामीण जीवन में झाँका जाऐ तो महिलाओं की स्थिति में कुछ उल्लेखनीय परिवर्तन तो नहीं कहा जा सकता परन्तु पुरातन परिपेक्ष्य और वर्तमान स्थिति में कमोबेश फर्क तो पड़ा ही है।

महिलाऐं किसी भी जाति से संबंध रखती हों, परन्तु समाज तथा परिवार के दायरे में रह कर ही वो हर कार्य करती हैं।

महिलाओं की स्थिति

गाँवों में जहाँ तक महिलाओं के सामाजिक जीवन तथा प्रतिष्ठा का संबंध है, पुरुष तथा महिलाऐं अब भी लगभग दो भिन्न जगत के वासी हैं। पुरुषों तथा अजनबियों की मौजूदगी में पर्दा करने की प्रथा ने दो पृथक जगत की सृष्टि की है। चौपाल तथा बैठक अनन्यतः पुरुष वर्ग के लिए हैं। महिलाओं का चौपाल अथवा बैठक में जाना अपेक्षित नहीं है। महिलाओं के मिल बैठने हेतु कोई साझा स्थान नहीं होता है। उनसे गांव के सार्वजनिक जीवन में किसी भूमिका की आशा नहीं की जाती है। गांव के सामान्य मामलों में उनकी आवाज को कोई महत्व नहीं दिया जाता है। चौपाल में सार्वजनिक बैठक में भाग लेने की तो बात दूर रही, किसी भले घर की महिला द्वारा चौपाल की सीढ़ी पर कदम रखा जाना अच्छा चरित्र लक्षण नहीं माना जाता है। उसके द्वारा, ग्राम, अथवा

बाहर के राजनैतिक अथवा सार्वजनिक मामले के विषय में, पूछताछ किए जाने की उम्मीद नहीं की जाती **है।** घरों तथा भवन निर्माण की पद्धति, सामाजिक जीवन में पुरुष एवं महिला **वर्ग** के पृथक्करण की कहानी बयान करती है। ग्रामीण शैली के घर में अग्रभाग में एक बड़ा कक्ष होता है जिसके द्वार सड़क की तरफ खुलते हैं। इस बड़े कक्ष में कुछ चारपाइयां पड़ी रहती हैं तथा यह पुरुषवर्ग के रहने का स्थान होता है। यह बड़ा कक्ष घर के भीतरी भाग से एक बड़े चौकोर आंगन के माध्यम से जुड़ा होता है।

महिलाओं के रहने के कमरे इस खुले आंगन के पार बने होते हैं। ये कमरे अंधेरे तथा अकसर बिना खिड़की के होते हैं। परिवार के बुजुर्ग सदस्य अपने छप्पर के कमरों में अलग रहते हैं। ये बुजुर्ग लोग न सिर्फ अपना सारा समय वहीं व्यतीत करते हैं, बल्कि दोपहर तथा रात्रि को भोजन भी वहीं प्राप्त करते हैं। महिलाओं से परिवार के बुजुर्ग सदस्यों से बात करने की अपेक्षा नहीं की जाती है। पुत्रवधुएं पुरुष सदस्यों की उपस्थिति में पर्दा करती हैं। वे गलियों से गुजरने तथा चौपाल के निकट से गुजरते समय पर्दा करती हैं। किंतु, महिलाओं से साधारणतः घर पर रहने की अपेक्षा की जाती है। वे आपात या अत्यन्त आवश्यकता की स्थिति में ही घर से बाहर निकलती हैं। वे प्रतिदिन प्रातःकाल अथवा मध्याह्नकाल में परिवार के लिए पेयजल लाने हेतु गांव के कुएं पर जाती हैं। कपड़े धोने के लिए भी वे गांव के कुएं अथवा तालाब पर जाती हैं। वे कभी-कभी अन्य महिला से मिलने उनके घर चली जाती हैं। महिलाएं किसी कथा, कीर्तन के अवसर पर एक दूसरे के घर एकत्र होती हैं। तीज, दशहरा आदि त्योहारों पर वे समूह रूप में घर गांव से बाहर निकलती हैं। विवाह, सगाई, मुंडन आदि के अवसर पर वे संबंधियों के घर जाती हैं तथा मिलकर कामकाज करती हैं।

गांव की विवाह प्रथा के अनुसार अपने निवास के गांव से वधू स्वीकार नहीं की जाती है, क्योंकि वे एक ही गोत्र से संबंधित होते हैं। इसलिए गांव की सभी पुत्रवधुऐं दूसरे गांवों की होती हैं। वे अपने माता-पिता से मिलने के लिए अक्सर शिशु जन्म, भैया दूज, रक्षा बंधन आदि की प्रतीक्षा करती हैं। अन्यथा हरियाणा में ग्रामीण महिलाओं का जीवन गृहस्थी कार्यों, सफाई, धुलाई, भोजन बनाने तथा खिलाने में व्यतीत हो जाता है। महिलाओं को अपने बच्चों की देखभाल के लिए भी घर पर रहना होता है। हरियाणा के परिवारों में बच्चों की औसत संख्या 5 है। हरियाणा में 14 से अधिक आयु के दायरे में आने वाली

हर एक सौ महिलाओं में से चौरासी महिलाऐं निरक्षर हैं। सोलह में से आठ नाम मात्र पढ़ी लिखी हैं व केवल एक दसवीं पास है। इन आंकड़ों से स्पष्ट है कि हरियाणा में महिलाओं की शिक्षा दर निम्नतर है।

बुड़ा ब्राह्मण महिलाएँ

एक परम्परा और सामान्य प्रचलन के अधीन पुत्रियों, चाहे विवाहित हों अथवा अविवाहित, को अपने पिता की सम्पत्ति में कोई हिस्सा नहीं मिलता है। वे अपना अंश सगे अथवा चचेरे भाइयों तथा भतीजों के लिए छोड़ देती हैं जो उसके बदले उनके प्रति सामाजिक दायित्वों का निर्वहन करते हैं। बहुत कम संख्या में पुत्रियाँ अपने पिता की सम्पत्ति में से अपना हिस्सा लेती हैं। विधवा, जिसके कोई पुत्र न हो, अपने पति की सम्पत्ति की अधिकारी होती हैं। महिलाएँ कृषि कार्य तथा पशुपालन में महत्पूर्ण भूमिका निभाती हैं। वे पीने का पानी ढोती हैं। वे सामाजिक समारोहों तथा धार्मिक कार्यों में भाग लेती हैं। महिलाओं को इस समुदाय में समान प्रतिष्ठा प्राप्त है। माताओं के पास निर्णय करने की शक्तियाँ हैं, लेकिन बहुओं को ऐसी शक्तियाँ नहीं दी गई हैं। महिलाएँ घर का कामकाज करती हैं, जिसके साथ–साथ वे खेतों में काम करके आर्थिक गतिविधियों में सहभागी बनती हैं। महिलाएँ घर का काम तथा खर्च संभालती हैं। उनके पास स्त्रीधन और अपने पति से अनुसरक्षण का अधिकार है। उनका काम घरेलू काम काज देखना तथा बच्चों की देखभाल करना है। भिन्न स्थितियों (माँ, पत्नी, पुत्री) में उनके भिन्न अधिकार और कर्तव्य है।

बिश्नोई महिलाएँ

बिश्नोई महिलाएँ अपने घरेलू कार्य के अतिरिक्त खेतों में भी काम करती हैं। कपास–पट्टी में उनका मुख्य कार्य कपास तोड़ना है। वे फसल कटाई में भी सहायता करती हैं। गरीब परिवारों की महिलाएँ अपने पशुओं के लिए चारे की व्यवस्था भी करती हैं। इन महिलाओं को पुरूषों के बराबर का दर्जा नहीं दिया गया है। पर्दा किया जाता है, यहाँ तक कि अधिक उम्र की महिलाएँ भी पर्दा करती हैं। लेकिन सभी आंतरिक घरेलू मामलों में उनकी बात ध्यान से सुनी जाती हैं। वे धार्मिक कृत्यों तथा समस्त धार्मिक एवं सामाजिक समारोहों में भाग लेती हैं। वे उत्साह के साथ मतदान करती हैं। वे ग्राम पंचायतों में चुनी भी जाती हैं। प्रथम बिश्नोई महिला 1987 में हरियाणा विधान सभा के लिए निर्वाचित हुई थी।

बिश्नोई समुदाय की संस्कृति की अभिव्यक्ति लोक गीतों के माध्यम से होती है। बिश्नोई महिलाएँ तकरीबन हर सामाजिक आयोजन के अवसर पर लोकगीत गाती है।

भाट महिलाएँ

सैद्धान्तिक रूप में भाट महिलाओं की स्थिति पुरूषों के बराबर है, किंतु उन्हें पिता की सम्पत्ति पर कोई अधिकार नहीं है। आर्थिक, सामाजिक, पारम्परिक तथा धार्मिक गतिविधियों में उनकी विशेष भूमिका है। कुछ महिलाएँ गृहस्थी के कार्यो के साथ–साथ अन्य कार्यों द्वारा परिवार की आय में अपना योगदान देती हैं। उनको स्त्रीधन, जो कि आभूषण तथा वस्त्रादि है, पर विशेषाधिकार प्राप्त होता है। उन्हें अपने पति से अनुरक्षण का भी अधिकार है।

मीणा महिलाएँ

मीणा समुदाय में दाय अधिकार का निर्धारण पितृवंश के नियम के आधार पर किया जाता है, जिसका अर्थ है कि सम्पत्ति तथा उपनाम अंगीकरण लड़कों को अपने पिता से प्राप्त होता है। वधू अपने पति के परिवार से जुड़ती है। अतः उसको अपने पिता अथवा अपने श्वसुर की सम्पत्ति पर कोई अधिकार नहीं होता है। मीणा लोग अधिकतर किसान, कृषि मजदूर और साधारण मजदूर होते है। महिलाएँ समाज और परिवार में समान महत्वपूर्ण भूमिका निभाती हैं। वे ईंधन एकत्रित करने, उपले तैयार करने, पेय जल लाने, फसल कटाई, थ्रैशिंग, भंडारण, पशुओं के लिए चारे का प्रबंध इत्यादि कार्यों में सक्रिय रूप से भाग लेती हैं। इसी प्रकार, विशिष्ट समारोह के लिए सामाजिक तथा धार्मिक कृत्य भी महिलाओं द्वारा भी निष्पादित किए जाते हैं।

मीणा महिलाओं को घर से बाहर नौकरी करने की अनुमति कदापि नहीं है। सरकारी नौकरी की तो वे कल्पना भी नहीं कर सकती हैं। इसका एक कारण मीणा लोगों द्वारा अपनी लड़कियों को स्कूल नहीं भेजना भी है। लेकिन अब यह परम्परा तेजी से बदल रही है तथा हाल के समय में कई मीणा महिलाओं के द्वारा सरकारी नौकरी आने की पुष्टि की खबर की जा रही है। इसके आधार पर परिवार के दैनिक प्रबंधन और परिवार की आय में उनके योगदान पर निश्चित एवं सकारात्मक प्रभाव पड़ा है। महिलाएँ अपने खेतों तथा अन्य किसानों के खेतों में काम करके अपने परिवार की आय में अपना योगदान देती हैं।

जैन महिलाएँ

जैन समुदाय में महिलाओं को पुरूषों के समान अधिकार हैं। कन्या को, अपने विवाह से पूर्व, पूर्वजों की सम्पत्ति पर अधिकार है। किसी व्यक्ति की मृत्यु होने पर उसकी पत्नी को पति की सम्पत्ति का अधिकार है। जैन महिलाएँ सक्रिय रूप से समस्त सामाजिक, पारम्परिक, धार्मिक एवं राजनीतिक गतिविधियों में भाग लेती हैं। शिक्षा में भी उन्हें समान अधिकार मिलता है। अपने पारिवारिक मामलों में उनका बड़ा हाथ होता है। परिवार की आय में उनका योगदान अधिक नहीं है क्योंकि कुछ ही महिलाएँ नौकरी कर अपने परिवार की आय में योगदान दे रही हैं। आर्थिक क्षेत्र की तुलना में सामाजिक, राजनैतिक, धार्मिक एवं पारम्परिक क्षेत्रों में उनकी भूमिका अधिक सराहनीय है।

बनिया महिलाएँ

बनिया समुदाय में कृषि, ईंधन एकत्रित करने तथा चारे की व्यवस्था आदि में बनिया महिलाओं की कोई भूमिका नहीं है, लेकिन कुछ क्षेत्रों में गत महिलाओं की कृषि में प्रमुख भूमिका है। वे सामाजिक समारोहों तथा पशुपालन में भी महत्वपूर्ण भूमिका अदा करती हैं। वे जलाभाव के क्षेत्र में पेयजल की व्यवस्था करती हैं। कुछ परिवारों में महिलाएँ काम—काज करके परिवार की आय में अपना योगदान देती हैं। उन्हें अपने पति से अनुरक्षण का अधिकार है तथा गृहस्थी कार्य उनका दायित्व है।

बनिया महिलाएँ लोक साहित्य, लोक संस्कृति, लोक कथाओं की परम्परा कायम रखे हुए हैं। वे इन परम्पराओं को अन्य समुदायों के साथ साझा करती हैं। महिलाएँ सगाई तथा विवाह के अवसर पर नृत्य करती हैं तथा ऋतु उत्सवों और संस्कार कर्म के अवसर पर लोकगीत गाती हैं। उनका सामान्य संगीत वाद्य ढोलक है। पुरूष वर्ग केवल बारात में नृत्य करता है।

देहा स्त्रियाँ

देहा महिलाओं को विद्यमान कानून के अनुसार दायाधिकार प्राप्त है, लेकिन व्यावहारिक रूप में उनके पास ऐसा कोई अधिकार नहीं है। जिससे समुदाय में उनकी वास्तविक स्थिति का पता चलता है। देहा महिलाएँ छाज (सूप) बनाती हैं तथा गृहस्थी के कार्य करती हैं। सामाजिक समारोहों, अनुष्ठानों तथा धार्मिक कृत्यों में उनकी भूमिका होती है। वे छाज बना कर तथा उन्हें बेचकर परिवार की आय में

अपना योगदान देती हैं। इन महिलाओं को अपने पति से सम्पोषण का अधिकार प्राप्त है। इस समुदाय के पुरूष एवं महिलाएँ लोकगीत गाती हैं। लोक कथाएँ भी प्रचलित हैं। ये महिलाएँ विवाह तथा उत्सवादि के अवसर पर नृत्य करती हैं।

बैरागी महिलाएँ

बैरागी महिलाएँ कृषि कार्यों तथा उससे संबंधित विविध गतिविधियों में अपने पुरूष वर्ग की सहायता करती हैं। वे पशुपालन, ईंधन एकत्रित करने तथा पेय जल की व्यवस्था में महत्वपूर्ण भूमिका निभाती हैं। वे सामाजिक, सांस्कारिक तथा परिवार के धार्मिक मामलों में भी शामिल होती हैं, लेकिन सामाजिक नियंत्रण के तन्त्र में उनकी कोई भूमिका नहीं है। वे चुनावों के समय मतदान करने के अतिरिक्त राजनैतिक गतिविधियों में हिस्सा नहीं लेती हैं। उनकी राय पुत्र अथवा पुत्री के विवाह जैसे मामलों में माँगी जाती है। लेकिन सभी प्रमुख मुद्दों पर निर्णय पुरूष वर्ग द्वारा ही किया जाता है। बैरागी समुदाय में महिलाओं की स्थिति निम्नतर है।

बाजीगर महिलाऐं इनकी हैसियत भी निम्नतर है, तथा वे घरेलू कार्यों और परिवार की जरूरतो की देखभाल तक सीमित है। उन्हें पैतृक सम्पत्ति में कोई अधिकार नहीं होता है। महिलाओं को अपने पति द्वारा भरण–पोषण का अधिकार होता है। इन महिलाओं की, पशुपालन, ईंधन एकत्र करने तथा पेयजल लाने जैसे कार्यों में, के महत्वपूर्ण भूमिका होती है। उनकी भूमिका सामाजिक समारोहों, परम्पराओं तथा धार्मिक क्षेत्र में भी होती है। वयस्क मताधिकार के आधार पर राजनैतिक क्षेत्र में उनकी सीमित भूमिका है।

बाजीगर समुदाय भूमिहीन समुदाय है। पारम्परिक रूप से लोग नट करतबों तथा ऐसे ही कार्यों के प्रदर्शन में संलग्न हैं। प्राचीन काल से ये लोग इस पेशे के साथ जुड़े हुए हैं तथा अपनी आजीविका चलाते रहे हैं। वर्तमान काल में, वे दिहाड़ी मजदूरों के रूप में कार्य कर रहे हैं। इसके अलावा ये लोग पशुपालन तथा छिटपुट व्यवसाय एवं व्यापार भी करते हैं।

बावरिया महिलाएँ

बावरिया समुदाय का महिला वर्ग कृषि कार्यों में आंशिक रूप से शामिल होता है। गृहस्थी कार्य, पशुपालन, ईंधन तथा पेय जल की व्यवस्था उनके अन्य कार्य हैं। वे सामाजिक समारोहों, संस्कारों तथा सामाजिक नियंत्रण के तंत्र में विशेष भूमिका

अदा करती हैं, लेकिन उनकी राजनैतिक प्रतिभागिता लगभग नगण्य है। बावरिया महिलाओं की समाज और परिवार में नीची हैसियत होती है। उनके पास निर्णय करने का अधिकार नहीं होता है। परिवार के प्रबंधन में बावरिया महिलाओं का योगदान अधिक नहीं है, पर परिवार के व्यय पर उनका नियंत्रण होता है।

बहरूपिया महिलाएँ

पशुपालन, ईंधन एकत्र करना, पेय जल लाना तथा भोजन बनाना, कपड़े धोना बच्चों तथा परिवार की जरूरतों का ध्यान रखने जैसे गृहस्थी कार्यों में बहरूपिया महिलाओं की भूमिका महत्वपूर्ण होती है। वे सामाजिक समारोहों, कर्मकाण्डों तथा धार्मिक क्षेत्रों में प्रतिभागी होती हैं। वयस्क मताधिकार के आधार पर वे चुनावों के दौरान राजनीतिक दलों के भाग्य का निर्धारण करती हैं। महिलाओं को सम्मान दिया जाता है, लेकिन निर्णय करने का अधिकार उनको नहीं है। अलबत्ता, विवाह वार्ता के समय संपूर्ण परिवार पर प्रभाव डालने वाले अन्य निर्णयों के अवसर पर बुजुर्ग महिलाओं से परामर्श किया जाता है।

वाल्मीकि महिलाऐं लोग महिलाओं को बराबरी का दर्जा देने का दावा करते हैं। इन महिलाओं की कृषि कार्यों में महत्वपूर्ण भूमिका होती है। वे सामाजिक समारोहों, अनुष्ठानों, धार्मिक कार्यों, राजनीतिक गतिविधियों जैसे चुनावी दिनों में भाषण देना अथवा प्रचार आदि में शामिल होती हैं। पेयजल लाने तथा ईंधन एकत्र करने का काम भी यही महिलाएँ करती हैं। कुछ महिलाएँ सफाई आदि कार्य के माध्यम से परिवार की आय में अपना योगदान देती हैं।

बांगली महिलाऐं समुदाय में महिलाओं की स्थिति हीन होती है। वे घर गृहस्थी के कार्यों को संभालने के अतिरिक्त मिट्टी तथा कागज के खिलौने आदि बनाकर परिवार की आय में सहायता करती हैं। कुछ महिलाएँ भिक्षावृत्ति भी करती है। उन्हें सम्पत्ति में हिस्से की अनुमति नहीं दी जाती है। वे पेयजल लाती हैं, ईंधन एकत्र करती हैं। तथा सामाजिक एवं धार्मिक कार्यों में सम्मिलित होती हैं। वयस्क मताधिकार के आधार पर राजनैतिक गतिविधियों में उनकी भूमिका होती है जो केवल मताधिकार तक सीमित रहती है। सामाजिक नियंत्रता की व्यवस्था में उनकी कोई भूमिका नहीं होती है। उन्हें घर के खर्च नियंत्रण अथवा निर्णय करने का कोई अधिकार नहीं है।

इन महिलाओं द्वारा आर्थिक और घरेलू क्षेत्रों में महत्वपूर्ण भूमिका निभाए जाने के बावजूद उनकी स्थिति काफी निम्नतर है। अर्जनकारी महिलाओं की तुलना में

आर्थिक रूप से पति पर आश्रित महिलाओं की स्थिति अधिक खराब है। आर्थिक रूप से आत्मनिर्भर महिलाओं के प्रति विभेद नहीं किया जाता है।

अरोड़ा महिलाएँ

पारम्परिक रूप से अरोड़ा महिलाएँ गृहस्थी की गतिविधियों तक सीमित रहकर परिवार और इसकी आवश्यकताओं की देखभाल करती हैं। ये महिलाएँ कृषि कार्यों में सहायता करती हैं जैसे कपास चुनना, अनाज साफ करना तथा पशुपालन आदि। महिलाओं का सम्पत्ति में कोई हिस्सा नहीं दिया जाता है, लेकिन कानून के आधार पर वे अपना हिस्सा मांग सकती हैं। पूर्वकाल में महिलाएँ पर्दा करती थीं। सामाजिक तथा धार्मिक कार्यों में उनकी भूमिका महत्वपूर्ण होती है। आज कल महिलाएँ अधिकाधिक शिक्षित होने के साथ परिवार की आय में योगदान देने के लिए नौकरी अथवा व्यवसाय करने लगी हैं। इस कारण परिवार में उनकी स्थिति बेहतर हुई है। समान अधिकार तथा वयस्क मताधिकार के आधार पर परिवार और समाज के प्रति उनका दृष्टिकोण भी बदल गया है। उन्हें निर्णय करने का "सीमित" अधिकार हासिल है, यद्यपि वे आर्थिक गतिविधियों, परिवार की आय में योगदान तथा कई परिवारों में पारिवारिक व्यय का नियंत्रण भी करती हैं।

अहीर महिलाएँ

सामान्यतः अहीर महिलाओं की स्थिति अपने पति के अधीनस्थ होती है, लेकिन कतिपय महत्वपूर्ण अवसरों पर उनकी राय भी मांगी जाती है जैसे पुत्री के विवाह, बच्चों की शिक्षा, घरेलू जानवरों की खरीद फरोख़्त, भूमि अथवा मकान का क्रय-विक्रय इत्यादि। घरेलू कार्यों में इनकी भूमिका महत्वपूर्ण होती है, लेकिन सम्पन्न अहीर परिवार की महिलाएँ अपने घरों से बाहर नहीं जाती हैं, अतः वे परिवार की आय में योगदान नहीं दे पाती हैं। वे बच्चे के जन्म अथवा विवाह के अवसर पर महत्वपूर्ण सामाजिक एवं धार्मिक भूमिका का निर्वाह करती हैं। लेकिन, गरीब परिवारों की अहीर महिलाएँ खेतों में काम करती हैं तथा परिवार की आर्थिक गतिविधियों में सहायक होती हैं।

अहीर महिलाएँ प्लास्टिक अथवा चित्र कला, दस्तकारी अथवा शिल्प में रुचि लेती हैं। लोकगीत सामान्य रूप से विद्यमान है तथा विवाह, बच्चे के जन्म अथवा किसी समारोह या उत्सव के मौके पर गाए जाते हैं।

कन्या शिशु हत्या

जाट समुदाय में, विशेषकर गत शताब्दियों के दौरान, कन्या बलि के फलस्वरूप बहुपति प्रथा व्यापक रूप ले चुकी थी। लेकिन कन्या-शिशु वध केवल सम्पन्न जाटों के बड़े घरानों में किया जाता था। गरीब जाटों को अपनी कन्या के विवाह अनेक घरों में करने पर धन मिलता है सो कन्या उनके लिए वरदानस्वरूप थी। सम्पन्न अहीर तथा गुजरों में उच्च वर्गों की होड़ एवं नकल करने की प्रवृत्ति थी ताकि वे समाज में अपनी प्रतिष्ठा बढ़ा सकें। यद्यपि यह संभव प्रतीत होता है कि उनमें कन्यावध की शुरूआत उनके द्वारा, यायावर जातियों की भांति, प्रारंभिक अवस्था में महसूस की गई कठिनाइयों के कारण हुई होगी। कभी-कभी ज्यादा ताकतवर वंशों के साथ जुड़े रहने से कमजोर वंशों में कन्याबलि की प्रथा का कारण हो सकता है। कुछ कुल कन्याबलि के लिए कोई कारण नहीं जानते थे, बस प्राचीनकाल की परम्परा के तहत ऐसा कर रहे थे। दूसरे लोग अंधविश्वास अथवा पारम्परिक दायित्व का भय अथवा पूर्वजों अथवा आध्यात्मिक गुरुओं से जुड़े दायित्व का बोध कराते थे।

तथापि, इन बलि देने वाली नस्लों द्वारा प्रथा कायम रखने में इनकी चारित्रिक हीनता का भी हाथ था। इनमें कुछ लोग अक्खड़, दबंग, सनकी और अविवेकी होते थे तो कुछ अन्य अपने व्यवसाय के कारण कठोर, उद्यमी किन्तु निर्मम थे। इसके अलावा, ये वंश जिन राजनैतिक तथा आर्थिक स्थितियों का सामना कर रहे थे ऐसा प्रतीत होता है कि उन स्थितियों के कारण ये बलि प्रथा को कायम रखे हुए थे। इस प्रथा की निरंतरता और विस्तार में सुविधा तथा नीति का बड़ा हाथ था।

ऐसी परिस्थिति में वे पुत्री के जन्म पर शोक तथा पुत्र के जन्म पर उल्लास प्रकट करते थे। पुत्री का अर्थ अपयश,चिन्ता भारी व्यय बोझ था, जबकि पुत्र उनकी सम्पदा एवं प्रतिष्ठा वृद्धि का द्योतक था। इस प्रकार, इस बुराई के बढ़ने में कारण और परिस्थिति एक ही समय समान और भिन्न थे। उन्नीसवीं सदी में जब इस अपराध को मिटाने के उपाय किए गए तब इस तथ्य का पता चला कि भिन्न क्षेत्रों तथा भिन्न जातियों में इस प्रथा की निरंतरता के कारण एवं उद्देश्य भिन्न थे।

एक ओर अच्छी संगत तथा माहौल तो दूसरी तरफ ओछी संगत तथा माहौल इस प्रथा को बनाए रखने अथवा छोड़ने हेतु प्रभावित कर रहे थे। तथापि, कन्याबलि को अपनाने वाली इन सभी जातियों का एक सामान्य नियम था कि जब भी कन्या के लिए उपयुक्त वर नहीं मिलता था अथवा विवाह के भारी खर्च को बहन करने में कठिनाई होती थी तब कन्या वध कर दिया जाता था। इसका कारण यह था कि

पुत्री का विवाह परम अनिवार्यता मानी जाती थी। पुत्री का अविवाहित रहना सामाजिक अपयश का कारण था, लेकिन पुत्री के विवाह हेतु जाति, वंश, सम्पत्ति, परिवार की प्रतिष्ठा एवं व्यवहार, समरक्तता और आयु संबंधी अनेक जटिल प्रश्न थे। तेजी से बदलते राजनैतिक तथा आर्थिक कारकों से निर्मित समाज की संरचना तथा सामाजिक संस्थाओं के परिणामस्वरूप कन्या-शिशु वध की सर्वाधिक जटिल प्रेरणाएँ पैदा हुई थीं।

2001 की जनगणना के अनुसार हरियाणा की जनसंख्या 2,11,44000 है, जिनमें 1,13,64000 पुरुषों के अनुपात में 9781000 महिलाएँ हैं, अर्थात् 1000 पुरुषों के अनुपात में महिलाओं की संख्या मात्र 861 है। कन्या भ्रूण हत्या इस विषम लिंगानुपात का प्रमुख कारण आज भी बेटियों की तुलना में बेटे की चाह का अधिक होना है। और इस घृणित इच्छा के चलते लोग बेटियों को गर्भ में ही मार डालते हैं। और जो जन्म ले लेती है, वे दुर्भावना और दोगले व्यवहार का शिकार बचपन से ही हो जाती हैं। महिलाओं के कल्याण विकास तथा प्रगति के लिये हरियाणा में हरियाणा महिला विकास निगम की स्थापना की गई है। इस निगम का उद्देश्य महिलाओं के सामाजिक, आर्थिक विकास के लिये स्वास्थ्य एवं शिक्षा आदि के क्षेत्रों में जागरुकता उत्पन्न करना है। जिसके अन्तर्गत महिलाओं को अपना व्यवसाय प्रारम्भ करने के लिये आर्थिक सहायता प्रदान की जाती है। इस निगम द्वारा दो सहायता योजनाएँ चलाई जाती हैं (1) व्यक्तिगत महिला ऋण तथा (2) महिला समूह ऋण योजना।

हरियाणा में इन योजनाओं का लाभ उठाकर महिलाऐं स्वयं को आत्मनिर्भर बना कर समाज में अपनी स्थिति उन्नत करने में सक्षम हुई हैं।

5

समाज और सामाजिक जीवन

सम्पूर्ण विश्व की भाँति हरियाणा में भी 'परिवार' प्रथम सामाजिक इकाई है, जो प्राचीनतम संस्था है। प्रारंभ में परिवार काफी बड़े होते थे क्योंकि ये संयुक्त परिवार थे, जहाँ कई पीढियाँ एक ही घर में रहती थीं। परिवार के मुखिया को गृहपति कहा जाता है। वह दयालु तथा स्नेहशील व्यक्ति होता था, लेकिन अवसर के अनुरूप कठोर भी हो जाता था। परिवार के सदस्यों के बीच पारस्परिक समझ होती थी। आयु में अपने से बड़े लोगों का सम्मान किया जाता था। लेकिन समय के साथ व्यवस्था में बदलाव आया तथा संयुक्त परिवार के स्थान पर एकल परिवार दिखाई पड़ने लगे। इसकी शुरुआत गैर-किसान परिवारों से हुई थी।

लेकिन ग्रामीण अर्थव्यवस्था के विविधीकरण तथा वित्तीय पद्धतियों और धन प्रवृत्तियों ने संयुक्त परिवारों को बदल दिया तथा किसान परिवार भी संयुक्त से एकल की राह पर चल पड़े। अब, हरियाणा में एक मोटे अनुमान के अनुसार 30 प्रतिशत संयुक्त परिवार बचे हैं। इनमें से अधिकतर टूटने की ओर अग्रसर हैं। इस परिवर्तन से पारिवारिक संबंध भी प्रभावित हुए हैं। उदाहरण के लिए संयुक्त परिवारों के विखण्डन से माता-पिता एवं पुत्रों के बीच संबंधों पर असर पड़ा है। नए हालात में संयुक्त परिवार की संस्था पर खतरे के बादल मंडरा रहे हैं। एकल परिवारों का युग आ चुका है क्योंकि एकल परिवार सृजनात्मक पहल, उद्यम, कठिन परिश्रम की भावना और बदलती स्थितियों का सामना करने हेतु उद्योग के द्योतक है।

ग्राम समुदाय

ग्राम समुदाय वास्तव में सामाजिक संगठन की मूल इकाई है। लेकिन, जैसा कि स्पष्ट है कि ग्राम हजारों वर्ष पूर्व खड़िया पत्थर के युग में अस्तित्व में आए थे। प्रारंभ में ग्रामों की संख्या बहुत कम थी, लेकिन समय गुजरने के साथ ग्रामों की संख्या में वृद्धि हो गई। कृषक—भूमिधर ग्राम का आधार होता है जिनके बीच आदर्श साम्य

होता है, यद्यपि उनमें से कुछ लोगों के पास अधिक भूमि अथवा सम्पदा होती है। वास्तव में, इन किसानों ने ही सबसे पहले ग्राम बसाए थे। इनके बाद अन्य लोग आए थे, जैसे कि ब्राह्मण लोग धार्मिक सेवाएँ प्रदान करते थे तथा फसल बोने, काटने तथा कृषि संबंधी प्रत्येक कार्य के लिए शुभ–अशुभ तिथि बताया करते थे, बढ़ई तथा लुहार जो कृषि के लौह औजार बनाते थे और उनकी मरम्मत करते थे, कुम्हार ग्राम की आवश्यकतानुसार बर्तन आदि बनाते थे, नाई जो बाल काटते थे तथा विवाह व्यवस्था करते थे, मोची जो जूते, चरसा तथा चाबुक इत्यादि तैयार करते थे, मेहतर जो सफाई का कार्य करते थे तथा अन्य कई लोग।

ये दोनों वर्ग किसान–भूमिधर वर्ग तथा अन्य जातियों का वर्ग आपस में घनिष्ठ अन्तरनिर्भरता के बंधन में बंधे थे, तथा वे भली प्रकार जानते थे कि एक दूसरे के बिना उनका निर्वाह संभव नहीं है, इसलिए ये दोनों वर्ग एक दूसरे का ध्यान रखते थे। यह ग्राम समुदाय का स्वरूप था। सी. टी. मैटकाफ ने कहा था, "ग्राम समुदाय छोटे गणराज्यों की तरह हैं जिनके पास अपनी आवश्यकता की तमाम वस्तुएँ उपलब्ध हैं तथा वे विदेशी संबंधों के मोहताज नहीं हैं। वे वहाँ स्थायी रहते हैं, जहाँ कोई स्थायी नहीं रहता है। वंश के वंश पलट जाते हैं, क्रान्ति के बाद क्रान्ति आती है। हिन्दू, पठान, मुगल, मराठा, सिख, अंगरेज बारी–बारी शासक बनते हैं, लेकिन ग्राम समुदाय अपनी जगह स्थापित रहते हैं। कठिनाइयों की स्थिति में वे शस्त्र उठाकर अपनी किलेबंदी करते हैं, विरोधी सेना क्षेत्र से होकर गुजरती है, ग्राम समुदाय अपने पशुओं को अपने घरों के भीतर कर लेते हैं तथा सेना को गुजर जाने देते हैं, यदि उनके विरूद्ध लूटपाट तथा विनाश किया जाता है लेकिन तूफान गुजर जाने के बाद फिर से लौटकर अपना कार्य प्रारंभ कर देते हैं। यदि कोई क्षेत्र वर्षों तक लूटमार और जनसंहार का ऐसा निशाना बनता है कि जीवन संभव न रहे तो भी ग्रामवासी शान्ति स्थापना के पश्चात् अपने घर वापस लौटते हैं। इसमें यदि एक पीढ़ी गुजर जाए तो अगली पीढ़ी अपने पैतृक स्थान पर लौटती है। पुत्र अपने पिता का स्थान लेते हैं, लेकिन वे अपने पूर्वजों के ग्राम, घरों को वापस लौटते हैं जहाँ से उन्हें खदेड़ दिया गया था और यह कोई साधारण बात नहीं है।

मेटकाफ का यह कथन ग्रामीण इतिहास के नगरेतर लेखकों द्वारा अनगिनत बार उद्धरणार्थ दिया गया है, लेकिन जांच करने पर यह एक सीमित रूप में ही सत्य पाया गया है। ग्रामीण लोग केन्द्र में होने वाले राजनैतिक परिवर्तनों से प्रतिरक्षित नहीं थे। वस्तुतः प्रत्येक राजनैतिक परिवर्तन से उनका जीवन प्रभावित होता था। प्रत्येक परिवर्तन के साथ नए कर, नियम तथा विनियम आते थे, नए नायक पैदा

होते थे तथा नई प्रशासनिक व्यवस्था अस्तित्व में आती थी जिससे समूचा ग्राम जीवन प्रभावित होता था।

इस संबंध में कि खेतों में कौन सी फसल बोई जानी है, शासक के प्रभाव की महत्वपूर्ण भूमिका होती थी। किसानों को पैसा उधार देने वाले साहूकार किसानों को वही फसल बोने के लिए मजबूर करते थे जिनकी मांग उन बाजारों में होती थी जिनसे वे साहूकार सम्बद्ध होते थे। किसान की उपज का विनियम मूल्य बाहरी तत्वों द्वारा निर्धारित किया जाता था। कुल मिलाकर ग्राम की अर्थव्यवस्था के विनियामक बाह्य तत्व होते थे।

थापा अथवा ग्राम समूह

ग्रामों के समूह को थापा कहा जाता है। सर डेंजिल इब्सटन के अनुसार जब एक पितृवंशी समुदाय किसी प्रदेश का अधिकार प्राप्त कर लेता था और समय व्यतीत होने के साथ उस समुदाय को एक ग्राम में रहना असुविधाजनक हो जाता था, तब समुदाय का एक भाग कोई नया ग्राम बसा लेता था। यह प्रक्रिया उस क्षेत्र में ग्रामों के लिए पर्याप्त स्थान रहने तक चलती थी। इस प्रकार से बने ग्रामों के समूह को थापा कहा जाता है। तथापि, मूल ग्राम, चाहे कितना ही छोटा हो, सदैव मुख्य ग्राम (टीका) माना जाता है तथा उस मूल ग्राम के चौधरी को सम्पूर्ण थापा का चौधरी माना जाता है। जब किसी चौधरी की मृत्यु होती है, तब थापा के ग्राम उसका उत्तराधिकारी चुनने के लिए सभा का आयोजन करते हैं तथा नए उत्तराधिकारी के सिर पर चौधरायत की पगड़ी बांधी जाती है।

थापा के समस्त ग्राम दीवाली के दिन कुछ चौधरायत कर भी दिया करते थे, लेकिन अब यह प्रथा समाप्त हो गई है। मध्य काल में 'जनजातीय संगठनों पर आधारित' थापों को शासकों द्वारा सुविधाजनक राजस्व इकाई माना गया था। राजस्व का निर्धारण सम्पूर्ण थापा के लिए किया जाता था और उसके बाद 'टीका' अथवा मुख्य ग्राम के चौधरी की अध्यक्षता में ग्रामों के चौधरियों द्वारा घटक ग्रामों के जिम्मे कर दिया जाता था।

अन्य संगठन

ऐतिहासिक तथा सामाजिक कृतियों में थापों के अतिरिक्त कई अन्य संगठनों को उल्लेख किया गया है। इन संगठनों में से दो संगठन 1. खाप 2. सर्वखाप का उल्लेख आवश्यक है। बहुत से थापों को मिलाकर खाप बनती है तथा बहुत सी खापों

को मिलाकर सर्वखाप बनती है। इनकी सभाओं का आयोजन समय–समय पर साझा हित के मुद्दों पर विचार एवं निर्णय के लिए किया जाता है। कुछ जाट गाँवों को छोड़कर ये संगठन अब हरियाणा में अपना महत्व खो चुके हैं। आधुनिकीकरण के प्रभाव के तहत इस अवधि में समाज में महत्वपूर्ण सामाजिक परिवर्तन हुए है। व्यक्ति ने आधुनिक जीवन से अपना अंश–स्वतंत्रता, प्रतिष्ठा एवं सामाजिक समानता, पाने का प्रयास प्रारंभ कर दिया है। परन्तु यह आदर्श पथ सरल नहीं है, इसके लिए कड़ा संघर्ष करना होगा। कुद संस्थाओं में मध्यकालीन तत्व अभी तक सुरक्षित हैं अथवा निहित स्वार्थों के चलते पुनर्जीवित किए गए हैं, इस राह की बाधा बने हुए हैं। एक उदाहरण के तौर पर स्वतंत्र मतदान के एक वर्ष विशेष में कुछ परिवारों, खानदानो, ग्राम पंचायतों, ठोकों, थापों, खापों तथा सर्वखापों ने मध्यकालीन शैली में किसी विशेष उम्मीदवार के पक्ष में मतदान करने का सामूहिक निर्णय किया तथा निर्वाचन परिणाम (भला या बुरा) को प्रभावित किया।

हरियाणा में जातियाँ

जाति, हरियाणा में, सदैव एक अत्यंत ताकतवर सामाजिक व्यवस्था रही है। जाति की उत्पत्ति शुद्धतः आर्थिक कारणों से हुई प्रतीत होती है। बाद में, कुछ अन्य कारणों का भी इसमें योगदान रहा है। वैदिक काल में जाति नहीं थी। उस समय, वर्ण व्यवस्था थी, जो व्यक्ति के गुण एवं योग्यता पर आधारित थी।

इस प्रकार व्यक्ति अपने गुण एवं योग्यता के आधार पर चार वर्णों में विभक्त था। कुछ व्यक्तियों का चयन क्षत्रिय के रूप में प्रशासन के लिए था, कुछ ब्राह्मणों के रूप में पवित्र यज्ञ और अन्य बौद्धिक कार्यों के लिए थे, कुछ वैश्यों के रूप में व्यापार एवं वाणिज्य के लिए थे और कुछ शूद्रों के रूप में श्रम एवं सेवा के लिए थे। वर्ण व्यवस्था कुछ समय तक भली भांति चलती रही। लेकिन जनसंख्या में वृद्धि तथा आर्थिक आवश्यकताओं में परिवर्तन के कारण वैदिक वर्ण व्यवस्था ऐसी बिखरी कि फिर संभल नहीं सकी।

हरियाणा में हस्तशिल्प को अपनाने वाले ब्राह्मण हावी हो गए। वे ब्राह्मण नहीं रह गये थे। महाब्राह्मण, जो अपनी आजीविका के लिए व्यक्तियों का अंतिम संस्कार सम्पन्न कराते थे, इतने अशुद्ध हो गए कि कई गाँवों में, आज भी, उन्हें मंदिर में प्रवेश की अनुमति नहीं है। इसी प्रकार, डाकौत और गुजराती, जो गैर-ब्राह्मणवादी व्यवसाय करने लगे, पवित्र क्रम से अवनत होकर अलग जाति बन गए। हाल विगत में जाटों अथवा राजपूतों ने सिरसा में तरखान, लुहार तथा नाई का पेशा अपना लिया

है तथा करनाल के कुछ चौहान जिनके पूर्वज राजपूत थे बुनकर का पेशा अपना कर शेख बन गए है। इन परिवर्तनों में आर्थिक कारण के अलावा दो अन्य कारणों (1) बनावटी सामाजिक नियम तथा (2) राजनीतिक वर्चस्व की महत्वपूर्ण भूमिका रही है। सर डेंजिल इब्सटन ने इस संबंध में उदाहरण देते हुए लिखा है, "सिरसा में, हमारे सामने ऐसे खानदानों का उदाहरण है जो कुछ पीढ़ियों पहले जाट थे लेकिन अब राजपूत माने जाते हैं तथा इस बीच उन्होंने विधवा विवाह का परित्याग भी कर दिया है, इसके विपरीत प्रक्रिया भी विद्यमान है–दिल्ली हरियाणा सीमा पर कुछ चौहान राजपूतों को अब राजपूत नहीं माना जाता है क्योंकि उन्होंने विधवा विवाह को अपना लिया है।

इस प्रकार सामाजिक वंशक्रम की सटीक स्थिति का निर्णय करने के लिए उक्त कारकों की महत्वपूर्ण भूमिका है। धार्मिक शुद्धता-अशुद्धता की छाप केवल दिखावा है। कुछ समाजशास्त्रियों तथा मानवजाति वैज्ञानिकों ने इस कारक को आवश्यकता से अधिक महत्व प्रदान किया है। उदाहरण के लिए यदि हम उनकी स्थिति को स्वीकार करते हैं तब एक जाति की सम्पूर्ण भारत में वही स्थिति होनी चाहिए। लेकिन वास्तव में ऐसा है नहीं: एक जाति की एक ही समय पर भिन्न स्थितियाँ हो सकती हैं। उदाहरण के लिए हरियाणा में अहीर को राजपूत के बराबर माना जाता है, लेकिन उत्तर प्रदेश तथा बिहार में ऐसा नहीं है। इसी प्रकार हरियाणा में जाट को राजपूत के मुकाबले ऊँची सामाजिक स्थिति में रखा जाता है जबकि राजस्थान के कुछ इलाकों में राजपूतों को श्रेष्ठतर माना जाता है। वास्तव में, जाति का सत्य आधार धार्मिक न होकर आर्थिक है। दो अन्य कारक, राजनीतिक वर्चस्व तथा बनावटी नियम इसकी पुष्टि करते हैं। हम निरापद रूप से कह सकते हैं कि जातियों पर धार्मिक और सांस्कारिक लेप, यथार्थ रूप में, एक बाह्य लेप मात्र एक दिखावा है।

हिन्दू

हिन्दुओं में ब्राह्मणों का दर्जा सबसे ऊँचा है, जो सामाजिक सीढ़ी के सबसे ऊपर वाले पायदान पर विराजमान है। वे पांच प्रमुख वर्गों में बंटे हैं: गौड़, सारस्वत, खण्डेलवाल, धीम तथा चौरसिया। गौड़ ब्राह्मण मानते है कि वे मूलतः बंगाल से आए हैं, लेकिन अधिक संभावना यह है कि वे विभिन्न अप्रवासी कृषक जनजातियों (जिनके मध्य में विभिन्न स्थानों पर बसे हुए थे) के साथ उनके पुरोहितों के रूप में आए थे। तथापि, सारस्वत ब्राह्मण सरस्वती घाटी में इसी क्षेत्र के मूल निवासी थे। पहले उनको सर्वोच्च स्थान प्राप्त था किन्तु मध्यकाल से वे गौड़ ब्राह्मणों से ऊपर

माने जाने लगे। गौड़ ब्राह्मण अभी हाल के समय तक उनके साथ भोजन, पान अथवा विवाह-सम्बन्ध नहीं रखते हैं। खण्डेलवाल तथा धीम, जिनके बारे में मध्यकाल में राजस्थान से आए होने की पूरी संभावना है, गौड़ तथा सारस्वत ब्राह्मणों से थोड़ा ऊपर माने जाते हैं। चौरसिया ब्राह्मणों को यह नाम उनके द्वारा राजा जन्मेजय के सर्पों के महायज्ञ में सहायता के लिए भेंट स्वरूप प्राप्त चौरासी ग्रामों के आधार पर मिला है।

ब्राह्मणों के सैकड़ों गोत्र हैं जिनमें प्रमुख गोत्र भारद्वाज, वशिष्ठ, गौतम, पाराशर तथा शांडिल्य है। ब्राह्मण ग्रामों तथा शहरों में रहते हैं, पुरोहित का कार्य करते हैं, यद्यपि कुछ ब्राह्मणों ने कृषि अथवा अन्य व्यवसाय अपना लिया है तथा वे धार्मिक कार्यों में प्रत्यक्षतः संलग्न नहीं हैं। पर ब्राह्मण चाहे पुरोहित हो अथवा किसान अथवा कुछ और, उन्हें हिन्दू समाज में सदैव आदर की दृष्टि से देखा जाता है। ब्राह्मणों की सामाजिक-धार्मिक प्रतिष्ठा और आदर के आधार पर ग्रामीण क्षेत्रों में उन्हें दादा (पिता के पिता) पुकारा जाता है।

कुछ अन्य जातियाँ भी हैं जो यद्यपि ब्राह्मण वर्ग से सम्बद्ध हैं, लेकिन वे अपनी स्वयं की अलग पहचान स्थापित कर चुकी हैं। गुजराती अथवा व्यास ब्राह्मण ऐसी ही जाति है जो कई सदियों पूर्व गुजरात से आकर यहाँ बस गयी थीं। वे अपने आपको अन्य ब्राह्मणों से श्रेष्ठ मानते हैं। उन्हें सबसे पहले भोजन कराया जाता है तथा गौड़ ब्राह्मण से भेंट होने पर वे उसको आर्शीवाद देते हैं। परन्तु गौड़ ब्राह्मण उन्हें श्रेष्ठतर नहीं मानते हैं क्योंकि वे अशुभ चढ़ावा (अर्पण) भी स्वीकार करते हैं।

डाकौत भी ऐसी ही ब्राह्मण जाति है। वे हिसार में अग्रोहा से आए होने का दावा करते हैं। वे ज्योतिषी तथा शुभ-अशुभ बताने का कार्य करते हैं। वे 'अमंगल चढ़ावा' यथा काली वस्तुएँ तथा पुराने वस्त्र भी स्वीकार करते हैं। हरियाणा में उनकी जनसंख्या कुछ हजार मात्र है तथा वे गरीब और पिछड़े हैं। करनाल और कुरुक्षेत्र जनपदों के त्यागी भी ऐसी ही जाति है। सर डेंजिल कहते हैं, उनसे पूछिए तो वे मूलतः गौड़ ब्राह्मण होने का दावा करते हैं और अपना वर्तमान नाम 'त्यागी' होने के विषय में दावा करते हैं कि चूंकि उन्होंने पुरोहित कर्म का 'परित्याग' कर कृषि को अपना व्यवसाय बना लिया है अतः त्यागी कहलाते हैं।

सामाजिक क्रम परम्परा में दूसरा स्थान व्यापारी जातियों को हासिल है, जो स्पष्टतः उनकी बेहतर आर्थिक स्थिति के कारण है। इन जातियों में बनिया सर्वप्रमुख हैं। वे तीन प्रमुख भागों में बटे हैं (1) अग्रवाल (2) ओसवाल (3) माहेश्वरी। ये तीनों

भाग वास्तविक जनजातीय भाग प्रतीत होते हैं क्योंकि इनमें से कोई भी एक दूसरे के साथ विवाह-संबंध, भोजन संबंध अथवा हुक्का संबंध नहीं रखता है। ये तीनों जातियाँ अपनी उत्पत्ति का स्थल राजस्थान होने का दावा करती हैं। ब्राह्मणों की भांति बनिया भी प्रत्येक ग्राम और शहर में पाए जाते हैं। वे व्यवसाय, व्यापार एवं बैंकिंग का कार्य करते हैं। वे अधिकांशतः सम्पन्न लोग हैं तथा समाज में आदर की दृष्टि से देखे जाते हैं। एक अन्य व्यापारी जाति 'खत्री' है, वे अधिकांशतः शहरों में रहते हैं। वे, यद्यपि प्रमुख रूप से व्यापार से जुड़े हैं, लेकिन भारी संख्या में नौकरी से भी जुड़े हैं। यही स्थिति अन्य व्यापारी जाति अरोड़ा की है।

सामाजिक व्यवस्था के तीसरे क्रम पर जाट और अन्य कृषक जातियों का दावा है। जाट अधिकतर रोहतक, सोनीपत, सिरसा, भिवानी, हिसार तथा जींद के अतिरिक्त गुड़गांव, करनाल, कुरुक्षेत्र एवं अम्बाला के कुछ हिस्सों में विद्यमान हैं। वे वंशों में संगठित हैं, जिनमें सबसे प्रमुख गठवाला है जिसके सदस्य अपनी उत्पत्ति गजनी से बताते हैं। उनका मुख्यालय अहूलाना नामक ग्राम है, जो सोनीपत की गोहाना तहसील में स्थित है। इस क्षेत्र में उनकी संख्या काफी अधिक है तथा वे करनाल के दक्षिण में भी पाए जाते हैं। उनको मलिक भी कहा जाता है। एक अन्य महत्वपूर्ण वंश दलाल है जो रोहतक तथा निकटवर्ती क्षेत्र सोनीपत, भिवानी, हिसार और जींद में रहते हैं। वे कोई तीस पीढ़ी पहले रोहतक में आकर बसे थे। उनके पूर्वजों के चार पुत्र थे जिनके नाम पर दलाल, देशवाल, मान तथा सुहाग (देसवाल) गोत्र बने हैं। यही कारण है कि ये चार जनजातियाँ अंतर विवाह नहीं करती हैं।

दहिया जाति साम्पला तहसील की उत्तर—पूर्वी सीमा पर तथा सोनीपत तहसील एवं दिल्ली के साथ सटे भाग में पाई जाती है। कुछ विद्धानों के अनुसार वे संभवतः सिकंदर के इतिवृत्त के दाहिम हैं। उनका मुख्यालय सोनीपत में भटगांव में है अभिलेखों के अनुसार दहिया तथा गठवाल वंशों के संबंध मैत्रीपूर्ण नहीं थे। पहले वे आपस में संघर्षरत रहते थे। यह घटक संघर्ष 1857 में और उसके बाद भी अपना कुत्सित चेहरा दिखा चुका है। तथापि, अब यह संघर्ष समाप्त हो गया है।

गुलिया जाति मूलतः अपने ब्राह्मण होने का दावा करती है। इस जाति ने अपनी स्थिति उस समय गंवा दी जब भूलवश बड़े पात्र (गोल) में मदिरा पान कर लिया था तथा गुलिया कहे जाने लगे। फोगट जाति जींद और भिवानी में पाई जाती है जो गुड़गांव तथा रोहतक के निकट क्षेत्रों में फैल चुकी है। पूनिया लोग रोहतक, सिरसा,

जींद और आश्चर्यजनक रूप से अम्बाला में भी पाए जाते हैं। इनके वंश की जनसंख्या अधिक नहीं है। बेनीवाल प्रमुख रूप से हिसार और सिरसा में पाए जाते हैं। नैन जाति मुख्य रूप से भिवानी में मौजूद है, लेकिन अब हिसार और सिरसा में भी पाई जाती है।

इन सबसे अलग राठी भारी जनसंख्या वाला वंश है। रठ शब्द का अर्थ 'मजबूत हाथ' अथवा 'जबर्दस्त' है। रोहतक इनका गढ़ है तथा वे इस क्षेत्र के प्राचीनतम निवासी हैं। सहरावत दिल्ली, गुड़गांव तथा रोहतक में सिमटे हुए हैं, जहाँ वे लगभग 25 पीढ़ियों से रह रहे है। अहलावत लोग लगभग 30 पीढ़ी पूर्व जयपुर से आकर रोहतक, सोनीपत तथा करनाल में बस गए थे। देशवाल अथवा 'देश के आदमी' जैसा कि पहले कहा जा चुका है वे दलाल वंशी हैं। इनकी संख्या रोहतक, करनाल तथा गुड़गांव में अधिक है। अन्य महत्वपूर्ण जातियाँ जाबड़ और सांगवान हैं। वे करीब 20 पीढ़ी पूर्व बीकानेर से आए बताए जाते हैं। सांगवानों की संख्या जींद और हिसार में अधिक है यद्यपि रोहतक में भी उनकी मौजूदगी है। जाबड़ गुड़गाँव तथा रोहतक की निकटवर्ती तहसील झज्जर तक सिमटे है। बीरू और कवियान रोहतक में फैले हैं। धांकड जाति राठियों के वंश की है। खत्री, डागर, रावत, चौहान, लाम्बा तथा तंवर भी महत्वपूर्ण खानदान हैं यद्यपि उनकी संख्या कम है।

जाट

जाट की प्रमुख संस्कृति कृषि है। तथापि कला व संस्कृति शांति व प्रचुरता की देन हैं जो उसके पास सहजता से उपलब्ध है। कहा जाता है कि एक व्यक्ति नट की कलाबाजी सीख सकता है पर वह जाट की कला नहीं सीख सकता है।

परिवर्तनशील समाज में जाटों की अन्य समुदायों के साथ निर्भरता लगभग समाप्त हो चुकी है। पश्चिमी अर्थव्यवस्था तथा प्रशासन का प्रभाव, भूमि-स्वामित्व में परिवर्तन तथा हिन्दू सुधार आन्दोलनों व राजनैतिक दलों के प्रचार ने इस दिशा में बहुत प्रभाव डाला है। पहले की भाँति मजदूरी करने पर वस्तु दिये जाने की जगह नकद पैसे मिलने से उनकी आत्मनिर्भरता को बल मिला है।

जाट एक बहादुर कृषकवर्ग है जो हल और तलवार चलाने में समान रूप से दक्ष, तत्पर और सफल वर्ग है। उद्योग और साहस में उनका कोई सानी नहीं है। वे कृषि कार्य करते हैं तथा स्वयं को जमींदार कहने में गर्व का अनुभव करते हैं। सामाजिक प्रतिष्ठा की क्रम परम्परा में उनको अन्य कृषक जातियों यथा अहीर गूजर,

राजपूत, रोड़ इत्यादि के साथ स्थान प्राप्त है। वे इन सभी जातियों के साथ अप्रतिबंधित रूप से भोजन और हुक्का साझा करते हैं।

अहीर

इनके पश्चात् अहीरों (इतिहास में अभिरास के रूप में लोकप्रिय) का स्थान है। अहीर अधिकतर रेवाड़ी तथा नारनौल के आसपास बसे हैं जो उनके बाहुल्य के कारण अहीरवाल कहा जाता है। इनकी कुछ जनसंख्या सोनीपत, रोहतक, हिसार, भिवानी, केथल, कुरुक्षेत्र तथा करनाल में भी विद्यमान है। अहीरों की तीन उपजातियाँ है (1) नंदवंशी, जो अपने आपको भगवान श्री कृष्ण के पालक पिता नंद के वंश का मानते हैं (2) यदुवंशी, जो अपने आपको महान आर्य राजा ययाति के पुत्र यदु के वंश का बताते हैं तथा (3) ग्वालवंशी, जो स्वयं को भगवान श्रीकृष्ण के ग्वाल सखाओं के वंश का बताते हैं। कुछ थोड़े से (नगण्य) अंश को छोड़कर हरियाणा के समस्त अहीर यदुवंशी हैं तथा वे अपने आपको यादव कहते हैं। अहीरों में जाटों की भांति खानदान नहीं है, लेकिन गोत्र मौजूद हैं। सभी व्यावहारिक प्रयोजनों के लिए वे एक खानदान के रूप में साथ खड़े होते हैं। अहीरों के हरियाणा आने का कोई निश्चित काल नहीं है। महाभारत में उन्हें यहाँ का वासी कहा गया है। कुछ विद्वानों के अनुसार वे यहाँ सतलुज तथा यमुना के मध्य क्षेत्र में रहते थे तथा कालांतर में पूर्व में मथुरा तथा दक्षिण में महाराष्ट्र की ओर चले गए थे। लम्बे, छरहरे तथा चुस्त अहीर श्रेष्ठ कृषक होते हैं। पूर्व काल के अंगरेज लेखकों ने उनकी प्रशंसा में कहा है 'अहीर खेती की तदबीर' (अर्थात् अहीर लोग खेती के कार्य में अति दक्ष हैं)।

अहीरों की भांति गूजर भी हरियाणा की आबादी का एक महत्वपूर्ण हिस्सा हैं। चरवाहा जनजाति होने के कारण वे अधिकांशतः दक्षिण में अरावली पहाड़ी शृंखला के समांतर तथा उत्तर में शिवालिक पहाड़ियों के समांतर नदियों के तटवर्ती क्षेत्र में बसे हुए हैं। जगाधरी तथा बुरिया के आसपास का क्षेत्र, जहाँ ये लोग भारी संख्या में है, हाल के समय तक गुजरात कहा जाता था। वे अच्छे लोग हैं तथा सदैव स्वतंत्र रहना पसंद करते हैं। इसी कारण से वह दिल्ली के शासकों के विरुद्ध निरंतर विद्रोह करते रहे थे।

डेंजिल इब्सटन भिन्न शब्दों में शायद यही बात कहना चाहते है, "गूजर पूरे इतिहास में उपद्रवी रहे हैं। वे दिल्ली की राजगद्दी में कील की तरह लगातार चुभते रहे हैं तथा अनुशासन की लगाम ढीली होते ही बदला लेने की हमेशा तत्पर रहते हैं।' गूजरों के अनेक वंश हैं जिनमें चार प्रमुख वंश (1) रावल (2) छोकड़ (3) चौहान

तथा (4) कलीसन हैं। अन्य गोत्र चहरावल अथवा दहरावल, बोकान तथा पोसवाल गुड़गांव, फरीदाबाद और दिल्ली के निकट क्षेत्र में, भोंकारी तथा भोडवाल अम्बाला में, कढ़वाल रोहतक में, बांग तथा खटाना करनाल एवं गुड़गांव में, खाड़ी सिरसा में, चौड़ी हांसी में तथा गरसी कुरुक्षेत्र में पाए जाते हैं। व्यावसायिक रूप से हरियाणा के गूजर चरवाहा जाति के हैं। यद्यपि अब ये कृषक हो गए हैं। समाज में उनकी प्रतिष्ठा जाट, अहीर, रोड़ इत्यादि के समान है। ये सभी लोग एक दूसरे के साथ अप्रतिबंधित रूप से खाते पीते हैं।

हरियाणा में राजपूतों की जनसंख्या गूजरों से थोड़ी कम है। राजपूत हरियाणा के पूरे क्षेत्र में फैले हैं। अन्य जातियों की भांति इनकी भी अनेक उप-जातियाँ हैं, जिनमें तंवर सबसे प्रमुख उप-जाति है। ऐसी मान्यता है कि राजपूत यहाँ के मूल निवासी हैं तथा पूर्व मध्य काल में यहाँ लम्बे समय तक दिल्ली में शासन कर चुके हैं। यही कारण है कि वे इस क्षेत्र में अधिक पाए जाते हैं। इनके पश्चात् चौहान है। चौहान पूर्व मध्य काल में अजमेर, शाकम्भरी इत्यादि पर दीर्घकाल तक शासन कर चुके हैं। अगली महत्वपूर्ण उप-जाति मंधार है जो अम्बाला, कुरुक्षेत्र तथा करनाल के नार्डक क्षेत्र तक सीमित है। पूर्व मध्य काल में ये लोग अयोध्या से जींद आए थे। उन्होंने शिवालिक के निकट तथा थग्गर पार क्षेत्र से क्रमशः चंदेलों तथा बारा राजपूतों को खदेड़ दिया था। उन्होंने कलायत (केथल) को अपनी राजधानी बताया था तथा जींद में सफीदों और करनाल में असंध को उपनियंत्रक केन्द्र बनाया था।

आदि निवासी पुंडीर, जो हरियाणा की एक अन्य महत्वपूर्ण जाति है, मध्यकाल में स्थानीय शासक रही है, जिसकी राजधानी पुंडरी, राम्बा, हाबरी तथा पुंडरक में थी, लेकिन राणा हर राय के नेतृत्व में चौहानों ने उन्हें राजच्युत कर दिया था। वे यमुना पार भाग गए थे। तथापि, उनमें से कुछ लोग यहीं रूक गए जिनके वंशज आज भी इन्द्री परगना तथा करनाल, कुरुक्षेत्र और अम्बाला में पाए जाते हैं। एक अन्य वंश बड़ गूजर, जो कम संख्या में है तथा गुड़गांव में पाए जाते हैं, पन्द्रहवीं सदी के आसपास पंजाब से आए थे। जाटू वंश को तंवर माना जाता है, जो किसी समय सम्पूर्ण हिसार जनपद में छाए हुए थे तथा आज भी उस जनपद में उनकी जनसंख्या काफी अधिक है। इसके अतिरिक्त वे रोहतक, भिवानी तथा जींद में मौजूद हैं। इससे स्पष्ट होता है कि मध्य काल में हरियाणा में राजपूतों की स्थिति अत्यंत सुदृढ़ थी। बाद में वे कृषि कार्य में लग गए थे। यद्यपि अब इनमें से बहुत से लोग सशस्त्र बलों तथा पुलिस में सेवा कर रहे हैं। वे प्रथम श्रेणी के सैनिक माने जाते हैं। रोड़ तथा सैनी हरियाणा के अन्य महत्वपूर्ण कृषक जातियाँ हैं। रोड़ कुरुक्षेत्र, केथल और

करनाल में बसे हैं जहाँ इनके चौरासी गाँव हैं। इनका मुख्यालय कुरुक्षेत्र के निकट एक छोटे ग्राम 'अमीन' में है। रोड़ अच्छे किसान होते हैं तथा समाज में जाट, अहीर, राजपूत तथा गूजर के समान प्रतिष्ठा रखते हैं। सैनी भी रोड़ की भांति इनके बराबर का दर्जा रखते है। सैनी संख्या की दृष्टि से कम ही हैं। शिल्पकार जातियाँ जैसे सुनार, बढ़ई, लुहार तथा कुम्हार सामाजिक व्यवस्था के क्रम में निचले पायदानों पर हैं। अनुसूचित जातियाँ चमार, धानक, बाल्मीकि सबसे नीचे के पायदान पर है। कुछ समय पूर्व तक इन लोगों को अछूत माना जाता था पर अब स्थिति बदल चुकी है। अस्पृश्यता की बुराई यद्यपि हरियाणा में पूरी तरह समाप्त नहीं हुई है, तदपि एक बड़ी सीमा तक नियंत्रण में है।

मुस्लिम

यद्यपि इस्लाम जातिवाद की अनुमति नहीं देता है, किन्तु भारतीय मुसलमान जाति व्यवस्था का अनुसरण करते हैं। मुस्लिम समाज मोटे तौर पर दो भागों में विभाजित हैः (1) अशरफ (जिसमें उच्च जातियाँ सम्मिलित हैं) तथा (2) अजलफ (जिसमें निम्न जातियाँ सम्मिलित हैं)। अशरफों में सय्यद, शेख, मुगल, पठान और राजपूत होते हैं जबकि अजलफों में शेष जातियाँ होती हैं। सय्यद समाज में सबसे ऊंचे माने जाते हैं। वे 1947 में पाकिस्तान देशांतरित होने से पूर्व लगभग सभी जगह पाए जाते थे। वे शहरों में रहना पसंद करते थे। उनमें से अधिकांश लोग जैदी शाखा से सम्बद्ध थे। सय्यद लोग मौलवी होने के अलावा भूमिधर भी थे तथा खेती करते थे।

सय्यदों के बाद शेख हैं, जिनके दो उप-वर्ग हैंः (1) मूल शेख, जो कुरेशियों, अंसारियों तथा मुहाजरीनों की तरह अरब के मूल निवासी होने का दावा करते हैं। (2) भारतीय मूल के शेख (धर्मांतरित मुसलमान) जिनके द्वारा धर्मांतरण किए जाने के बावजूद अपने गोत्र तथा प्रथाओं का त्याग नहीं किया गया। इसके अलावा, मध्य काल में मुसलमान बनाए गए लोग स्वयं को शेख कहते हैं।

सय्यदों की भांति हरियाणा के शेख भी पाकिस्तान चले गए। इनके पश्चात् मुगल हैं, जो 1947 से पूर्व इस पूरे क्षेत्र में फैले हुए थे, यद्यपि वे बड़े शहरों में रहना अधिक पसंद करते थे। पठान भी मुगलों की तरह 1947 में पाकिस्तान जाने से पूर्व हरियाणा में फैले हुए थे। उनमें से अधिकांश लोग सल्तनत काल में हरियाणा आए थे। यद्यपि सामाजिक रूप से पठान महत्वपूर्ण हैं पर इनकी संख्या अधिक नहीं है।

राज्य में एक अन्य महत्वपूर्ण मुस्लिम जाति राजपूत है। देश के विभाजन से पूर्व वे सम्पूर्ण क्षेत्र में फैले हुए थे, लेकिन सिरसा और हिसार को छोड़कर अन्यत्र उन्हें सामाजिक प्रतिष्ठा हासिल नहीं थी। हिन्दू राजपूतों की भांति वे वीर थे तथा अधिकतर कृषि कार्य करते थे। दिलचस्प तथ्य यह है कि ये लोग अपने पूर्वजों का हिन्दू धर्म बहुत समय पहले छोड़ चुके थे, लेकिन, मेव मुसलमानों की भांति, अपनी प्राचीन प्रथाओं एवं परम्पराओं पर कायम थे। वे सगोत्र विवाह नहीं करते थे, होली, दीवाली, दशहरा जैसे हिन्दू त्योहार मनाते थे। पुरुष एवं महिलाएँ दोनों हिन्दू शैली के वस्त्र धारण करते थे। उनके अधिकांश सामाजिक तथा धार्मिक आयोजनों का संचालन ब्राह्मण पुरोहित करते थे।

मेव भी एक महत्वपूर्ण जाति है जिनका अधिकांश भाग वर्तमान गुड़गांव तथा फरीदाबाद जनपदों में बसा हुआ है। इनकी जनसंख्या बाहुल्य के आधार पर इस क्षेत्र को मेवात कहा जाता है। मेव इस्लाम और हिन्दुत्व का सुन्दर मिश्रण है। इनके ग्राम देवता हिन्दुओं के समान होते हैं। ये अनेक हिन्दू त्योहार मनाते है तथा होली इनका प्रिय त्योहार है। ये होली को मुहर्रम, ईद तथा शबरात की तरह मानते हैं। ये लोग जन्माष्टमी, दशहरा तथा दीवाली मन.ते हैं। ये लोग विवाह के अवसर पर बहुधा ब्राह्मण को 'पीली चिट्ठी' लिखने के लिए बुलवाते हैं। मेव लोग अमावस्या के दिन हिन्दू अहीरों, गूजरों इत्यादि की तरह मजदूरी नहीं करते हैं तथा कुएँ का निर्माण करते समय सबसे पहले भैरों अथवा हनुमान का चबूतरा बनवाते हैं। मेव जाति बारह पाल में संगठित हैः बालान्त, बालावत, दरवाल, लांडावत, चिर्कलोट, दिमरोट, दुलोट, नाई, युंगलोट, दाजगार, सिंगल, कलेसा तथा कलसखी। पाल एकता तथा मिलकर कार्य करने की शक्ति की गहन भावना रखते हैं। ये पाल आगे 52 गोत्रों में विभाजित हैं। मेवों का मुख्य पेशा कृषि रहा है। मेवात में खानजादाओं की एक अन्य महत्वपूर्ण जाति है। खान के पुत्र, वे मुस्लिम हिन्दू राजपूत 'राज पुत्र' के बराबर हैं तथा इसमें कोई संशय नहीं खानजादा और मेव वही हैं जो जाट और राजपूत हैं। वे कहते भी है "वे मेव हैं और यह उनका गोत्र है।"

इस प्रकार हिन्दुओं तथा मुसलमानों में भी जातियाँ हैं। प्रत्येक जाति सजातीय विवाह संबंध में विश्वास रखती है तथा व्यवसाय विशेषज्ञता रखती है। लेकिन हिन्दू तथा मुस्लिम जातियों में कुछ अंतर भी है। सभी मुस्लिम, चाहे सामाजिक प्रतिष्ठा कुछ भी हो, शुक्रवार को तथा अन्य विशेष अवसरों पर साथ-साथ नमाज पढ़ते हैं। वे कभी भी एक दूसरे के साथ खाने पीने में परहेज नहीं करते हैं तथा शादियां भी अपनी जातियों में करते हैं।

सिख एवं अन्य

सिख अठारहवीं सदी में हरियाणा आए थे। अधिकांश सिख अम्बाला, कुरुक्षेत्र, केथल, पानीपत और करनाल में बसे हैं। बाद में, विशेषतः 1947 के पश्चात् वे अन्य जनपदों में भी बस गए। यद्यपि सिखधर्म भी इस्लाम धर्म की तरह जाति व्यवस्था को नकारता है, फिर भी व्यवहार रूप में सिखों में हिन्दुओं की भांति जातियाँ मौजूद हैं। अधिकतर किसान जाट सिख हैं। इनमें गूजर, काम्बोज तथा सैन भी है, जो जाटों की भांति किसान हैं। शहरी सिख अधिकतर व्यापार, वाणिज्य, व्यवसाय तथा नौकरियों में हैं, खत्री और अरोड़ा हैं। सिखों में कुम्हार, लुहार, तरखान और दर्जी भी पाए जाते हैं। इसी प्रकार तथा कथित नीची जातियों जैसे चमार, छीम्बा, जुलाहा तथा रामदासी से संबंधित मजहवी सिख भी है।

प्राचीन काल में हरियाणा में जैन भी बड़ी संख्या में मौजूद थे। परन्तु अब वे केवल 0.4 प्रतिशत (कुल जनसंख्या के) हैं। वे ज्यादातर शहरों में व्यवसाय करते हैं अथवा उद्योगपति हैं। वे प्रचुर सम्पन्न हैं। सामाजिक संदर्भ में वे हिन्दू बनियों से अधिक भिन्न नहीं हैं। जींद के आसपास के क्षेत्र जाट जैनों के भी कुछ गांव हैं। ये लोग अधिकांशतः खेती करते हैं। हरियाणा में बौद्ध भी है। वे शहरों में रहते हैं तथा उनकी जातियां हिन्दुओं की तरह हैं। राज्य में कुछ ईसाई भी हैं, जो शहरों में रहते हैं। ईसाइयों में भी हिन्दू लोगों की तरह कई जातियाँ हैं।

इससे यह स्पष्ट होता है कि हरियाणवी समाज में अनेक जातियों के संस्तर है। यह आशा की जाती थी कि आधुनिकता शिक्षा तथा लोकतांत्रिक जीवन के प्रभाव से आधुनिक काल में जातियाँ अपना आकर्षण खो देंगी। लेकिन, दुर्भाग्यवश, ऐसा नहीं हो सका है। वास्तव में शुद्धता-अशुद्धता की समस्या समाप्त हो चुकी है। किसी नीची जाति के व्यक्ति के मंदिर प्रवेश तथा स्कूल में सवर्ण बच्चे के साथ बैठने जैसे प्रतिबंध अब चलन में नहीं है। अन्य जातियों के साथ सहभोज संबंधी नियम भी ढीले हुए हैं, लेकिन वैवाहिक संबंधों की पाबंदियाँ अभी जारी है। वास्तव में, जाति की सांस्कारिक, धार्मिक तथा आर्थिक भूमिका समाप्त हो चुकी है, लेकिन इसकी सामाजिक भूमिका बरकरार है जो एक नई विकृत राजनैतिक भूमिका का रूप ले चुकी है, जिसने नई स्थिति में इसके बने रहने की गारंटी प्रदान कर दी है।

हरियाणवी समाज में वर्ग

वर्ग हरियाणवी समाज का एक अन्य संस्तर है। जाति सम्बद्धता से परे एक

विशिष्ट प्रकार के आर्थिक हितों के धारक व्यक्तियों से वर्ग का निर्माण होता है। प्रारंभ में तीन वर्ग थे (1) उच्च वर्ग (2) मध्यम वर्ग (3) निम्नवर्ग। शहरीकरण, उद्योगीकरण, आधुनिक शिक्षा तथा कुछ अन्य बातों का सामाजिक ढांचे पर गंभीर प्रभाव पड़ा है। भूमि हस्तांतरण अधिनियम 1900 ने मूलतः गैर-कृषकों द्वारा कृषि भूमि का क्रय निषिद्ध किया गया था। बनिये और साहूकारों, जो इस अधिनियम के पारित होने तक भूमि में निवेश कर रहे थे, ने अपनी धनराशि तथा सूदखोरी को शहरों की तरफ मोड़ दिया। परिणामस्वरूप जगाधरी तथा रेवाड़ी में धातु उद्योग तथा अम्बाला में कांच उद्योग और भिवानी एवं हिसार में कपड़ा उद्योग स्थापित हुए। इसका प्रभाव शहरी मध्यम वर्ग तथा मजदूर वर्ग में वृद्धि के रूप में सामने आया।

ग्रामीण क्षेत्रों में सम्पन्न किसानों ने छोटे, जरूरतमंद किसानों की जमीन, बनियों की प्रतिद्वंद्विता के अभाव में, अपेक्षाकृत आसान शर्तों पर क्रय कर ली तथा बड़ी जोतों के मालिक बन गए। इसके फलस्वरूप गांवों में भी मध्यम वर्ग का विकास हुआ। सैन्य सेवा से भी गांवों के कृषक वर्ग की स्थिति में सुधार आया, क्योंकि बचत और इनामों के माध्यम से उनकी वित्तीय स्थिति सुधर गई तथा वे निम्न वर्ग से मध्यम वर्ग में पहुंच गए। ग्रामीण मध्यम वर्ग के किसानों ने अपने पुत्रों को कॉलेज तथा विश्वविद्यालय भेजना प्रारंभ कर दिया तथा उनमें से अनेक सेना में भर्ती हो गए तथा अधिवक्ता आदि बन गए। तथापि, गरीब किसान तथा भूमिहीन मजदूर गरीबी के दलदल में अटके रह गए।

इस प्रकार, अंगरेजों के आगमन के पश्चात् इस क्षेत्र में आधुनिक लीक पर वर्ग निर्माण की प्रक्रिया प्रारंभ हो चुकी थी। प्रारंभ में यह प्रक्रिया बहुत धीमी थी। सन् 1857 के स्वाधीनता संघर्ष के उपरान्त इस प्रक्रिया में कुछ गति आई थी। जनता के बड़े वर्ग में वास्तविक वर्ग चेतना उन्नीसवीं सदी के बाद राष्ट्रवादी आंदोलन के माध्यम से ही सुदृढ़ हुई थीं। इस अवधि में उच्च वर्ग, जिनकी संख्या बहुत कम थी, नगण्य हो गए थे। मध्यम वर्ग की शक्ति कई गुना बढ़ गई थी। मजदूर वर्ग फिर भी कमजोर ही बना रहा, पर उसकी संख्या में वृद्धि हो रही थी। मजदूर वर्ग में चेतना का अहसास स्वतंत्रता प्राप्ति के साथ ही उदय हुआ था।

वर्तमान समय में, मध्यम वर्ग की संख्या अपेक्षाकृत बड़ी है। मजदूर वर्ग भी काफी विशाल संख्या में है। उद्योग जगत का मजदूर वर्ग संगठित है। शेष मजदूरों के बीच वर्ग चेतना केवल सतही है। वास्तव में वे परम्परा तथा आधुनिकता और जाति एवं वर्ग के आकर्षण के बीच फंसे हैं।

6

विवाह-पद्धति

हरियाणा के लोगों के जीवन में भी, किसी अन्य समाज की भाँति, विवाह एक अत्यंत महत्वपूर्ण घटना होती है। यह एक उल्लास, धूमधाम तथा तड़क-भड़क का अवसर होता है। लेकिन, वर्तमान हरियाणा विभिन्न सांस्कृतिक, आर्थिक और धार्मिक प्रभावों की मंजूषा है जिसमें अन्य प्रथाओं की तरह विवाह की प्रथा भी एक नया स्वरूप ग्रहण कर रही है। अनेक जातियाँ जो पहले ब्राह्मणवाद से परे रही है अब इसके संस्तर में आना चाहती हैं। अनेक जातियाँ, अपनी सामाजिक प्रतिष्ठा में वृद्धि की इच्छा के साथ क्षत्रियों अथवा ब्राह्मणों के साथ अपने ख्यात सम्पर्कों का दावा कर रही हैं। इसके अतिरिक्त, ये जातियाँ ब्राह्मणवाद के प्रभावाधीन वधू-मूल्य के स्थान पर दहेज प्रथा को अपना रही हैं। कुछ जातियाँ नियोग के माध्यम से विधवा पुनर्विवाह का विकल्प चुन रही हैं। आर्य समाज द्वारा सती तथा कन्या शिशु वध रोकने तथा विधवा पुनर्विवाह को प्रोत्साहित करने में महती योगदान दिया गया है।

सभी समुदाय विवाह तय करने के लिए बातचीत का माध्यम अपनाते हैं तथा सजातीय एवं एक-विवाह के सिद्धान्तों का पालन करते हैं। हरियाणा में कन्यादान का औसत 84.15 प्रतिशत तथा दहेज 85.37 प्रतिशत है जो राष्ट्रीय औसत क्रमानुसार 38.83 तथा 40.04 से बहुत अधिक है।

समस्त उत्तर-पश्चिमी राज्यों की भांति हरियाणा में ग्राम बहिर्विवाह की महत्वपूर्ण धारणा है (69.51 प्रतिशत राष्ट्रीय औसत 9.29 प्रतिशत) है। ग्राम के भीतर ही शादी साधारणतया प्रतिबंधित है, क्योंकि एक ग्राम में रह रहे सभी व्यक्ति एक ही वंश अथवा खानदान के माने जाते हैं। केवल 9.76 प्रतिशत समुदाय अंतर-समुदाय विवाह को स्वीकृति प्रदान करते हैं, जबकि ऐसी स्वीकृति देने वाले समुदायों का राष्ट्रीय औसत 23.8 प्रतिशत है।

लेकिन इस नव स्थापित समृद्धि ने हरियाणा के लोगों के लालच को बढ़ावा दिया है, जिस कारण वे विवाह में अब अधिक दहेज मांग रहे हैं। सामान्य सिद्धान्तों

के बावजूद कुछ जातियों में विवाह संबंधी कुछ विशिष्ट प्रथाएं हैं। इसको ध्यान में रखकर हम उनका पृथक-पृथक अध्ययन करेंगे।

अहीर विवाह

सामान्यतः अहीर अपनी जाति के भीतर लेकिन गोत्र से बाहर विवाह करते हैं। कन्या अथवा वर उसकी माता अथवा दादी के गोत्र के नहीं होनी चाहिए। अब नानी का गोत्र विचारित नहीं किया जाता है तथा नानी के गोत्र की कन्या से विवाह किया जा सकता है। विवाह हेतु वय सामान्यतः कन्या के लिए 15-16 वर्ष तथा वर के लिए 18-20 वर्ष है। शिक्षित लोगों में विवाह की वय में वृद्धि हुई है। यह सामान्यतः, कन्या के लिए 20-21 वर्ष तथा वर के लिए 22-25 वर्ष हो गई है। विवाह के लिए वर की खोज परिवार के बुजुर्ग लोगों द्वारा सम्बन्धियों की सहायता से की जाती है। सम्बन्धियों की सहायता इच्छित परिवार के साथ वैवाहिक संबंध स्थापित करने हेतु ली जाती है। यह कन्या के लिए सुविधाजनक स्थिति सुनिश्चित करने तथा वर के लिए आर्थिक एवं सामाजिक लाभ के सुनिश्चयन का उपाय भी है। अहीर जाति के शिक्षित लड़के शिक्षित लड़कियों से विवाह के इच्छुक होते हैं ताकि वे भी कार्य कर सकें तथा घरेलू कार्य के अलावा आर्थिक गतिविधियों में सहायता कर सकें।

विवाह का सामान्य रूप एक विवाह है, लेकिन महिला के बांझ रहने की स्थिति में पुरुष सामान्यतः दूसरा विवाह कर लेते हैं। विवाह के पश्चात् कन्या कांच की चूड़ी पहनती है, मांग में सिंदूर लगाती है तथा विवाह के प्रतीक आभूषण धारण करती है। इस समुदाय में दहेज की प्रथा अधिक विद्यमान है तथा वृद्धि पर है। कन्या के पिता को अच्छा वेतन पा रहे शिक्षित लड़के के साथ अपनी लड़की का विवाह करने के लिए दहेज में भारी धनराशि का भुगतान करना पड़ता है। विवाह के पश्चात् कन्या सामान्यतः पति के साथ अपनी ससुराल में रहती है। विवाह-विच्छेद कोई सामान्य बात नहीं मानी जाती है तथा समुदाय इसे हेय दृष्टि से देखता है। केवल अपनी पत्नी के अवैध संबंधों के मामले में पति को विवाह-विच्छेद की अनुमति है। अहीर पुरुष पुनर्विवाह कर सकते हैं, लेकिन महिलाओं के लिए यह अत्यंत कठिन है। विधवा होने की स्थिति में पुनर्विवाह की अनुमति है। यदि महिला की सहमति हो, तो उसके मृतक पति की माता उसको अपने छोटे पुत्र की वधू के रूप में स्वीकार कर लेती है। यह प्रथा साधारणतया 'लत्ता उढ़ाना' अथवा विधवा विवाह का समारोह कहा जाता है। वैवाहिक प्रथा में एक प्रमुख परिवर्तन यह हुआ है कि अब से 40-50 वर्ष पहले नाई के माध्यम से लड़का अथवा लड़की तलाश की जाती थी और अब माता-पिता

अथवा स्वयं लड़का (शिक्षित वर्ग में) विवाह हेतु लड़की के चयन को अंतिम स्वीकृति देता है।

विवाह से पूर्व 'सगन' वह समारोह है जो विवाह हेतु अंतिम सहमति माना जाता है। लड़के के माता-पिता लड़की को अंगूठी देते हैं तथा लड़की के माता-पिता लड़के का टीका करते है अथवा नकद राशि देते हैं। लड़के के माता-पिता इस अवसर पर 'बताशे' (मिठाई) बांटते हैं। तदुपरांत दोनों पक्षों द्वारा मिलकर एक तिथि तय की जाती है तथा लड़की के पक्ष से लगन (विवाह हेतु शुभ तिथि एवं समय) भेजने की औपचारिक घोषणा की जाती है। इसके पश्चात् लड़के के माता-पिता द्वारा मित्रों तथा संबंधियों को आमंत्रित किया जाता है, लड़की पक्ष द्वारा लड़के को उपहारों के साथ नकद राशि भेंट की जाती है, लड़के के माता-पिता मिठाइयां बांटते हैं तथा भोज का आयोजन करते हैं। लड़का और लड़की दोनों को उबटन (बेसन, हल्दी एवं सरसों का तेल) लगाकर स्नान कराया जाता हैं यह स्नान लड़का तथा लड़की को कराया जाने वाला विशेष स्नान होता है तथा 'बान' कहलाता है। इस काम में नाई, स्नान में लड़के की सहायता करता है। लड़के के विवाह के मामले में निकट संबंधी तथा परिवार के मित्रगण भी 'बान' के लिए जाते हैं जहाँ लड़के के परिवार द्वारा मेहमानों के लिये विशेष भोजन की व्यवस्था होती है तथा लड़के को विशेष स्नान कराया जाता है। रात्रि के समय लड़का अथवा लड़की धूमधाम के साथ गांव के धार्मिक स्थलों का फेरा लगाते हैं। बारात जाने से एक दिन पूर्व लड़के का परिवार गांव के लोगों के लिए भोज का आयोजन करता है। इस प्रथा को 'मेल' कहा जाता है। अगले दिन बाग़ात लड़की के गांव जाती है। बारात में निकट संबंधी तथा मित्रगण शामिल होते हैं। बारात के आगमन पर बरोठी (वधू के घर वर के आगमन का समारोह) का आयोजन किया जाता है। पुरोहित की उपस्थिति में लड़का एवं लड़की अग्नि के सात फेरे लेते हैं। दोनों पक्षों के निकट संबंधी इस आयोजन में उपस्थित होते हैं।

अगले दिन प्रभात काल में 'कुंवर कलेवा' की प्रथा सम्पन्न की जाती है, जिसमें वर तथा उसके मित्रों को चाँदी के बरतनों में मिठाइयां तथा विशेष भोजन उपलब्ध कराया जाता है। तत्पश्चात् लड़की के पिता द्वारा विदाई समारोह सम्पन्न किया जाता है, जिसमें वह लड़के तथा लड़की दोनों को दिए गए उपहारों की घोषणा करता है। इसके पश्चात् बारात विदा हो जाती है। बारात लड़के के घर पहुंचने पर वर की माता तथा अन्य संबंधियों द्वारा वधू का स्वागत किया जाता है तथा 'मुंह दिखाई' दी जाती है। विवाहोपरान्त कन्या दो दिन अपनी ससुराल में रहने के बाद अपने पिता के घर वापस चली जाती है।

अगला समारोह गौना/मुकलावा कहलाता है, जिसमें विवाह के एक अथवा दो वर्ष अथवा पांच वर्ष (लड़की के आयु पर निर्भर) के पश्चात् लड़की के पति के घर रहने के लिए भेजा जाता है। आजकल यह प्रथा चलन में नहीं है क्योंकि विवाह के समय लड़का तथा लड़की दोनों वयस्क हो चुके होते हैं।

अरोड़ा विवाह

अरोड़ा सजातीय-विवाह, वंश पद्धति तथा ग्राम बहिर्विवाह में विश्वास करते हैं। पहले बाल विवाह की प्रथा विद्यमान थी जब लड़के की 15 वर्ष तथा लड़की की 10 वर्ष की आयु में विवाह कर दिया जाता था। वर्तमान समय में लड़का एवं लड़की की आयु 18 वर्ष पूरी हो जाने के पश्चात् ही विवाह किया जाता है। विवाह की व्यवस्था घर के बड़े सदस्यों द्वारा की जाती है। पहले विनिमय विवाह की प्रथा थी जिसे 'वट्टासट्टा' कहा जाता था। एक विवाह की प्रथा पहले भी थी तथा आज भी विद्यमान है। माथे पर बिंदी तथा मांग में सिंदूर विवाह के प्रतीक है। पूर्व काल में स्वयं का, माता का, पितामह तथा पितामही के गोत्र में विवाह नहीं किया जाता था, लेकिन अब केवल अपने गोत्र से परहेज किया जाता है।

कन्यादान (विवाह में कन्या दान स्वरूप देना) विद्यमान है तथा दहेज नकद एवं वस्तु रूप में दिया जाता है। दहेज में वस्त्र, आभूषण तथा गृहस्थी की वस्तुएँ होती हैं। वर भी वधू के लिए वस्त्र और आभूषण लाता है। विवाह के उपरान्त निवास स्थान वर का घर होता है।

बनिया विवाह

बनिया समुदाय वर्ण व्यवस्था को मान्यता देता है तथा स्वयं को वैश्य वर्ण में स्थान देता है। बनिया समुदाय उप-जाति एवं उप-वर्ग स्तर पर सजातीय विवाह में विश्वास करते हैं। उदाहरण के लिए बीसा अग्रवाल केवल बीसा अग्रवाल के साथ ही विवाह संबंध कायम करेंगे। यह समुदाय एक-विवाह में विश्वास करने वाला समुदाय है। एक ही गोत्र में विवाह पर प्रतिबंध है। अन्तर उप-जाति तथा अन्तर-गोत्र विवाह देखे जा सकते हैं। पारम्परिक रूप से, वे अपने पिता अथवा पितामही के गोत्र में विवाह नहीं करते हैं। पहले समय में वे अपनी मातामही के गोत्र में भी विवाह नहीं करते थे।

विवाह का प्रबंध माता-पिता द्वारा किया जाता है तथा 'रोकना' की प्रथा से पूर्व दोनों पक्ष लड़का और लड़की को देखते हैं। साधारणतः लड़के द्वारा लड़की को

स्वीकार किया जाना सबसे महत्वपूर्ण होता है। अन्तर-वर्ण अथवा अन्तर-जाति विवाह अत्यंत विरले हैं। एक व्यक्ति अपने बड़े भाई की विधवा से तथा यदा-कदा छोटे भाई की विधवा से भी विवाह कर सकता है। एक व्यक्ति अपनी मृतक पत्नी की बहन के साथ भी विवाह कर सकता है।

विवाह हेतु लड़की की आयु 18-20 वर्ष तथा लड़के की आयु 21-25 वर्ष हो गई है। 'रोकना' के पश्चात् वाग्दान संस्कार होता है, जिसके लिए तिथि का निर्धारण पंडित जी की सलाह से किया जाता है तथा यह आयोजन लड़के के घर पर सम्पन्न होता है। ब्राह्मण द्वारा विवाह की शुभ तिथि निर्धारित की जाती है। फेरे और कन्यादान के साथ विवाह कार्यक्रम का समापन होता है। सिंदूर, बिंदी, कांच की चूड़ियां, चुटकी/बिछुए विवाह के प्रतीक हैं। इस समुदाय में वधू मूल्य जैसी कोई प्रथा नहीं है तथा ऐसा करने वाले व्यक्ति को जातिच्युत किया जा सकता है। दहेज प्रथा विद्यमान है तथा नकद एवं वस्तु रूप में ऊँची मांग होती है। सगाई (वाग्दान) के अवसर पर लड़की के माता-पिता पहले से तय राशि लड़के के माता-पिता को नकद रूप में देते हैं।

वैवाहिक रीतियाँ वधू तथा वर के घरों पर सम्पन्न की जाती हैं। वधू के माता-पिता द्वारा भोज का आयोजन किया जाता है। वधू के घर पर सम्पन्न किए जाने वाले प्रमुख आयोजन फेरे तथा कन्यादान हैं। मढ़ा समारोह दोनों घरों में आयोजित किया जाता है जिसका व्यय वर तथा वधू का मातुल पक्ष उठाता है। विवाह संस्कार का समापन वर के घर होता है।

बिश्नोई विवाह

बिश्नोई गोत्र से बाहर तथा समुदाय के भीतर विवाह के सिद्धान्त को मानते हैं। खानदान के भीतर विवाह असंभव है तथा इसको कौटुम्बिक व्यभिचार माना जाएगा। बिश्नोई समुदाय में पिता, माता तथा पितामही एवं मातामही के गोत्र में विवाह वर्जित है। वह स्वयं को जाट नहीं कहता पर वह विवाह जाट बिश्नोई के साथ ही करेगा। एक-विवाह सामान्य नियम है। पूर्व काल में, बिश्नोई समुदाय में बाल विवाह सामान्य बात थी, लेकिन अब वयस्क विवाह को अधिमान दिया जाता है। पति अथवा पत्नी का चयन संबंधित परिवारों की प्रत्यक्ष अथवा अप्रत्यक्ष बातचीत द्वारा होता है। साधारणतः यह बातचीत मध्यस्थ के माध्यम से होती है। भाई तथा बहन के विवाह विनिमय का चलन भी लोकप्रिय हैं। बोरला तथा चूड़ियां विवाहित महिला के प्रतीक चिन्ह हैं।

नकद अथवा वस्तु रूप में दहेज प्रारंभ से ही लोकप्रिय है। सामान्यतः

माता-पिता दहेज में नकद राशि, गृहस्थी का सामान, भैंस और गाय देते हैं। लड़कियाँ विवाह के पश्चात् अपने पति के घर रहती हैं। समुदाय में विवाह विच्छेद को नापसंद किया जाता है। विधवा विवाह एक उच्च असह्य स्थिति को आसान बनाने का एक अतिरिक्त माध्यम भर है। दो प्रकार के पुनर्विवाह लोकप्रिय हैं (1) पति के छोटे भाई के साथ विवाह (चूड़ी पहनाना) तथा यदि छोटा भाई नहीं है तो समुदाय के किसी अन्य व्यक्ति के साथ विवाह (नाता हरना)। दूसरे प्रकार का पुनर्विवाह बहुत कम लोकप्रिय है। साधारणतः यदि विधवा का पुत्र है तो वह स्वयं पुनर्विवाह से बचती है। पत्नी की छोटी बहन से विवाह केवल उस स्थिति में होता है, जब पत्नी की मृत्यु हो जाए अथवा कि पत्नी बांझ हो। ऐसी स्थिति में भी ससुराल, स्वयं पत्नी तथा संभावित द्वितीय पत्नी की सहमति महत्वपूर्ण होती है।

बूड़ा ब्राह्मण

बूड़ा ब्राह्मण सजातीय विवाह के सिद्धान्त को मानते हैं, पर शासन (मूल स्थान) के भीतर विवाह नहीं करते हैं। एक ही गोत्र में विवाह की अनुमति है। ग्राम के भीतर ही विवाह वर्जित है। देवर अथवा साली के साथ विवाह की अनुमति है। विधवा का विवाह "बैठाना" के रूप में होता है। एक विधवा अथवा तलाकशुदा को फेरे लेने की अनुमति नहीं है। केवल जयमालाओं का आदान प्रदान होता है। "बैठाना" विवाह पांच से दस व्यक्तियों की उपस्थिति में होता है। किन्तु एक विधुर अथवा तलाकशुदा पुरुष को फेरे लेने की अनुमति है यदि उसका विवाह कुंआरी लड़की से हो रहा है।

आमतौर पर लड़कियों के विवाह की आयु 18-19 वर्ष तथा लड़कों के विवाह की आयु 22-24 वर्ष होती है। वयस्क विवाह लोकप्रिय है। विवाह संबंध माता-पिता द्वारा तय किए जाते हैं। सामान्य विधि के अनुसार लड़की के पिता अथवा भाई अथवा कोई संबंधी उपयुक्त लड़के की तलाश करते हैं तथा लड़का पसंद आने की स्थिति में उसको ग्यारह रुपए की भेंट देते हैं। इस प्रकार विवाह वार्ता प्रारंभ हो जाती है। यह एक-विवाह में विश्वास करने वाला समुदाय है। सिंदूर, घूंघट, कांच की चूड़ियाँ, बिछुए विवाह के प्रतीक हैं। दहेज नकद अथवा वस्तु रूप में दिया जाता है। लड़की विवाह के पश्चात् अपने पति के घर रहती है।

वस्तुतः यह बिरादरी विवाह-विच्छेद की अनुमति नहीं देती है। यदि कोई व्यक्ति विवाह-विच्छेद हर हाल में चाहता है तो उसको न्यायालय की शरण में जाना पड़ेगा। विधवा, विधुर तथा तलाकशुदा पुरुष को विवाह करने की अनुमति है।

ईसाई विवाह

ईसाई समुदाय के वैवाहिक नियम बहुत बोझिल और लम्बे नहीं हैं। उनका विवाह साधारणतः एक चर्च में सम्पन्न होता है जहाँ पादरी विवाह पंजीयक का कार्य करता है। ईसाई समुदाय का विवाह भारतीय ईसाई विवाह अधिनियम 1872 के अनुसार होता है। चर्च का पादरी विवाह का लाइसेंस जारी करता है। कुछ चर्चों में बिशप पादरी को विवाह प्रमाणपत्र जारी करने का अधिकार प्रदान करता है। विवाह संचालन की भाषा सरकार द्वारा निधारित नियमों के अनुसार निर्धारित की जाती है।

विवाह हेतु आवेदन प्राप्त होने के पश्चात् बिशप द्वारा लगातार तीन रविवार को इसकी घोषणा की जाती है और तदुपरांत वह विवाह-प्रक्रिया का संचालन करता है। विवाह के लिए सामान्यतः लड़कियों के लिए आयु 21 तथा लड़कों के लिए 24 वर्ष है। जीवन साथी चुनने की विधियां अधिक कठोर नहीं हैं। इसलिए समझौता विवाह के साथ-साथ प्रेम विवाह भी लोकप्रिय है। वे अपने स्वयं के वर्ग में विवाह करना पसंद करते हैं अर्थात् दक्षिण भारतीय मूल का ईसाई अपना वैवाहिक संबंध दक्षिण भारत तक ही सीमित रखना चाहेगा।

तथापि, इसका पालन कठोरता के साथ नहीं किया जाता है। अंगूठी पहनना इस समुदाय के विवाह का प्रतीक है। दक्षिण भारतीय महिलाएँ विवाह-प्रतीक के रूप में मंगल सूत्र धारण करती हैं। कुछ केथोलिक महिलाएँ सिंदूर भी लगाती हैं। उत्तर भारत में थाली तथा अंगूठी दोनों का चलन है। इस समुदाय में दहेज प्रथा नहीं है, पर इस अवसर पर उपहार देने-लेने का चलन है तथा उपहार नकद एवं वस्तु रूप दोनों में दिए एवं लिए जाते हैं। निवास के नियम भारतीय ईसाई अधिनियम द्वारा निधारित हैं जो काफी सख्त हैं। सी एन आई के सदस्य विवाह-विच्छेद को अंतिम उपाय मानते हैं तथ केथोलिक इसकी कतई अनुमति नहीं देते हैं। पुनर्विवाह संबंधी नियम काफी उदार हैं। इस संबंध में पुरुष एवं महिलाओं को समान अधिकार प्राप्त हैं। अब केथोलिक समुदाय भी विवाह-विच्छेद के विषय में पहले जैसा कठोर नहीं है तथा वे भी इसके अभ्यस्त होते जा रहे हैं।

जैन विवाह

जैन समुदाय में विवाह को शुद्ध रूप से सामाजिक कार्य माना जाता है। जैनमत के अनुसार विवाह का प्रमुख उद्देश्य मानव जाति की निरंतरता को बनाए रखना (बैध संतान को जन्म देकर) तथा यौन भावनाओं की वैध अभिव्यक्ति है। वे अन्य हिन्दुओं में व्याप्त 'नर संतान प्राप्त करके मोक्ष प्राप्ति' की धारणा को स्वीकार नहीं करते हैं। जैन-समुदाय के बाहर के व्यक्ति को भी विवाह हेतु उपयुक्त माना जाता

है। जैन समुदाय में जाति अथवा उपजाति में विवाह करना, धर्म अथवा वर्ग में विवाह करना, स्थान अथवा स्थानिक तथा घटक अथवा वर्ग के भीतर विवाह करना जैसी प्रथाएँ भी विद्यमान हैं। बहिर्विवाह के नियमों के अनुसार कोई व्यक्ति अपने ही गोत्र के व्यक्ति के साथ विवाह नहीं कर सकता है। इसका अर्थ है कि सगोत्र विवाह की मनाही है। जाति एवं उपजाति बहिर्विवाह पर भी जैन समुदाय में प्रतिबंध है। विवाह के लिए लड़कियों की आयु 18-22 वर्ष तथा लड़कों के लिए 21-25 वर्ष उपयुक्त मानी गई है। जैन लोगों के अनुसार विवाह हेतु लड़का लड़की से 2-5 वर्ष बड़ा होना चाहिए।

जैन समुदाय में विवाह के लिए जीवन साथी खोजने का कार्य बातचीत द्वारा किए जाने का चलन है, यद्यपि प्रेम विवाह का चलन भी प्रारंभ हो चुका है। समुदाय एक-विवाह में विश्वास करता है। कांच की चूड़ियां, बिंदी, सिंदूर, मंगलसूत्र तथा बिछुए विवाह के अनिवार्य प्रतीक हैं। इसके अतिरिक्त अन्य प्रतीक भी हैं जैसे अंगूठी, कान की बाली तथा नथुनी इत्यादि। विवाह के समय कन्यादान किया जाता है। दहेज नकद एवं वस्तु रूप में दिया जाता है। दहेज की राशि सीमित नहीं है, बल्कि यह दोनों पक्षों के रहन-सहन तथा आर्थिक हैसियत पर निर्भर करती है।

विवाह-विच्छेद की अनुमति है, पर हेय दृष्टि से देखा जाता है। पति पत्नी दोनों को तलाक का अधिकार है। महिला का पुनर्विवाह पांच स्थितियों में अनुमत्य है (1) यदि पति पापी हो जाता है (2) यदि पति संन्यासी हो जाता है (3) यदि पति नपुंसक है (4) यदि पति की मृत्यु हो जाती है तथा (5) यदि वह लापता हो जाता है। तथापि, इसके लिए जाति पंचायत की अनुमति आवश्यक होती है। कुछ जैन लोग, खासकर अग्रवाल विधवा पुनर्विवाह की अनुमति देते हैं। वैवाहिक नियमों में भी परिवर्तन हो रहे हैं तथा सगोत्र विवाह भी होने लगे हैं। विवाह की आयु में वृद्धि हुई है। विवाह के प्रतीकों का पालन भी कठोरता के साथ नहीं किया जाता है। दहेज की राशि दिन प्रतिदिन वृद्धि पर है। तलाक की घटनाएँ बढ़ रही हैं तथा विधवा पुनर्विवाह के नियमों में उदारीकरण देखा गया है।

जाट विवाह

जाट एक विवाह में विश्वास रखते हैं। वे सजातीय विवाह के पक्षधर समुदाय हैं। गोत्र के भीतर विवाह करने की अनुमति कदापि नहीं हैं क्योंकि ऐसे विवाह को कौटुम्बिक व्यभिचार माना जाता है। वे अपने, अपनी माता तथा पितामही के गोत्र में विवाह नहीं करते हैं। अपने से ऊंची तथा नीची जाति में विवाह की भी मनाही है। लेकिन, समय परिवर्तन के साथ अन्तरजातीय विवाह की घटनाएँ हो रही हैं।

देवर तथा साली के साथ विवाह की प्रथा भी विद्यमान है। देवर के साथ विवाह की अनुमति बड़े भाई की मृत्यु के पश्चात् ही दी जाती है तथा इस प्रथा को 'कपड़ा ओढ़ाना' कहा जाता है। मृतक का छोटा भाई अपने बड़े भाई की विधवा को कांच की चूड़ियां पहनने के लिए देता है जो वह अपने पति की मृत्यु के पश्चात् नहीं पहन सकती थी। तदुपरांत उसकी कमर पर एक चुन्नी अथवा चादर अथवा धोती लपेट दी जाती है। इसके साथ ही विधवा पुनर्विवाह सम्पन्न हो जाता है। यदि मृतक का कोई भाई नहीं है तो उसका विवाह किसी अन्य व्यक्ति के साथ कर दिया जाता है जो अपने मित्रों, परिचितों तथा संबंधियों के साथ आता है तथा उपरोक्त रस्म पूरी करता है।

जाट समुदाय में विवाह माता-पिता द्वारा तय किया जाता है। लड़का तथा लड़की विवाह से पूर्व एक दूसरे को नहीं देखते हैं। लड़के के पिता, माता तथा अन्य संबंधी लड़की देखते हैं तथा इसी प्रकार लड़की के माता-पिता, भाई लड़का देखते हैं। शहरी क्षेत्रों में, तथापि, लड़का तथा लड़की एक दूसरे को देखकर अपनी स्वीकृति देते हैं। सामान्यतः लड़के की स्वीकृति सबसे अधिक महत्वपूर्ण होती है। विवाहित महिलाएँ पर्दा करती हैं तथा माथे पर बिंदी लगाती हैं। तीन-चार दशक पूर्व लड़कों की संख्या लड़कियों की अपेक्षा अधिक थी और इसीलिए तब वधू क्रय करने की प्रवृत्ति विद्यमान थी। कन्या के माता-पिता के निर्धन होने की स्थिति में लड़के के माता-पिता विवाह का दोनों पक्षों का खर्चा वहन करते थे। दहेज की प्रथा इस समुदाय को भी अपने आगोश में ले चुकी है। दहेज नकद तथा वस्तु रूप दोनों प्रकार से दिया-लिया जाता है।

बाल-विवाह की प्रथा अब से तीन-चार दशक पूर्व तक विद्यमान थी पर अब समाप्त हो चुकी है, क्योंकि बाल विवाह रोकथाम अधिनियम 1930 में दण्ड की व्यवस्था की गई है। इसके परिणामस्वरूप आज-कल शारदा अधिनियम में विनिर्दिष्ट आयु तक के लिए विवाह स्थगित रखे जाते हैं। अब विवाह की सामान्य आयु लड़कियों के मामले में 18 तथा लड़कों के लिए 21 वर्ष है। इस प्रकार अब लड़की विवाह योग्य होने तथा लड़का वयसंधिकाल में पहुंचने पर विवाह किया जाता है। गौना अथवा मुकालवा विवाह के शीघ्र पश्चात् कर दिया जाता है। विवाहोपरांत लड़की अपने पति के घर में रहती है।

विवाह से पूर्व दो प्रारंभिक आयोजन 'रोकना' तथा 'सगाई' होते हैं, जो बहुत महत्वपूर्ण हैं। 'रोकना' एक प्रकार का समझौता है। लड़की के माता-पिता द्वारा 'रोकना' के समय लड़के को 501 रु. से 1101 रु. तक की राशि, कपड़े, अंगूठी, मिठाइयाँ तथा फल इत्यादि दिए जाते हैं। इसके कुछ माह पश्चात् सगाई होती है। एक नियत तिथि को लड़की के भाई तथा मित्र लड़के के घर जाकर उसका टीका

करते हैं तथा 4100 से 5100 रु. तक धनराशि, सूट का कपड़ा अथवा जोड़ा, फल तथा मिठाइयाँ आदि देते हैं। लड़के के माता-पिता वधू के लिए तिमाल (कपड़ों का पूरा सेट), सौंदर्य प्रसाधन तथा स्वर्णाभूषण देते हैं। विवाह में मामा भात लेकर आते हैं। माता-पिता न्योता (निमंत्रण के बदले, मित्रगण, परिचितों तथा संबंधियों द्वारा लड़के अथवा लड़की के माता-पिता को दी जाने वाली राशि) ग्रहण करते हैं। कंगना तथा सेहरा के पश्चात् घुड़चढ़ी होती है।

जाट समुदाय में तलाक सामान्य नहीं है। इसका एक विकल्प पत्नी को उसके मायके छोड़ना और फिर कभी वापस नहीं लाना भी है। अब दोनों में से कोई भी पक्ष न्यायालय जाकर तलाक मांग सकता है।

विधवा अथवा विधुर का पुनर्विवाह करने की अनुमति स्वतंत्रता प्राप्ति से पूर्व भी प्रचलित थी। सामान्यतः अपने बड़े भाई की विधवा के साथ विवाह की एक प्रथा थी। इसी प्रकार तलाकशुदा महिला तथा पुरुष को पुनर्विवाह की अनुमति है।

देश की आजादी के बाद न्योता लेना देना बंद कर दिया गया तथा विवाह एक निथारी के साथ भी सम्पन्न किया जा सकता है बशर्ते कि गोत्र से बाहर विवाह करने के नियम का उल्लंघन नहीं किया गया हो।

3, 5, 7, 9 अथवा 11 दिन के लिए 'बान तेल लेना देना' अथवा 'बान बैठाना' भी बंद कर दिया गया है। यह समस्त आयोजन अब विवाह से ठीक एक दिन पूर्व किया जाता है।

विवाह, तीन दिन का आयोजन होने की बजाय अब कुछ घंटों (अधिकांशतः दिन के समय) की धूमधाम रह गई है। विवाह का आयोजन वैदिक रीति से किया जाता है। पुरोहित का कार्य रीति एवं रिवाज के जानकार जाट व्यक्ति द्वारा भी किया जा सकता है। फेरे सामान्यतः सूर्यास्त से पूर्व सम्पन्न होते हैं।

विवाह सामान्यतः 18 वर्ष (लड़की) तथा 21 वर्ष (लड़का) अथवा उसके बाद सम्पन्न होता है, अतः मुकलावे का कोई प्रश्न ही उत्पन्न नहीं होता है। तथापि, विदा के समय, कन्या के पिता द्वारा घोषणा की जाती है कि अब पृथक मुकलावा समारोह की कोई आवश्यकता नहीं है। कन्या के एक दिन ससुराल में रहने के पश्चात् भाई अपनी बहन को वापस अपने घर ले आता है तथा उसके एक दिन बाद पति अपनी पत्नी को लेने ससुराल पहुँच जाता है। इसके पश्चात् वह सामान्यतः अपने पति के घर ही रहती है। शिक्षित परिवारों में पति पत्नी 'हनीमून' के लिए भी जाते हैं। विवाहोत्तर स्वागत समारोह तथा वर्षगांठ मनाने का चलन भी जोर पकड़ रहा है।

घर जमाई रखना अब तक हेय दृष्टि से देखा जाता था, लेकिन अब प्रचलन में आ रहा है। एकल परिवारों के उद्भव के कारण विधवा पुनर्विवाह की गुंजाइश

नहीं बन रही है। इन समस्याओं को ध्यान में रखकर हरियाणा सरकार 1989 में अधिनियम में संशोधन करना चाहती थी, लेकिन केन्द्र के विरोध के कारण यह संशोधन संभव नहीं हो सका।

पुराने समय के विवाह प्रतीक लोहे की छड़, कंगना तथा राखड़ी इत्यादि जो भावी युगल को भूत-प्रेत से बचाने के लिए प्रयोग किए जाते थे अब त्याग दिए गए हैं। टीका, फटका, थापा, सेवल, बाड़ स्काई, बरौठी, मिलनी आदि अब भी चलन में हैं। सौंदर्य प्रसाधन की नवीनतम सामग्री पालसा के स्थान पर चोटी, चूंडा के स्थान पर बॉब-हेयर, घूंघट के स्थान पर बेपर्दगी, साड़ी, सलवार तथा कमीज, चुंदड़ी के स्थान पर चुन्नी, चांदी के कडूले तथा चनपछेली, पटी, करी, छैकराई, नेवड़ी, झांझन और बांकड़े के स्थान पर सोने के एक या दो आभूषण, सिंदूर तथा बिंदी, तानी के स्थान पर निमंत्रण पत्र, पत्तल, सकोरे तथा सारी, खराद के स्थान पर शामियाना, देसी घी के स्थान पर डालडा अब लोकप्रिय चलन में हैं। आधुनिक रसोई उपकरणों, विलासिता के सामान तथा फर्नीचर की मांग दहेज के रूप में वधू-मूल्य के अंश रूप में अधिकाधिक बढ़ रही है।

एक सीधे सादे किसान ने कुछ इस प्रकार व्यक्त किया कि अब तो वर पक्ष लुटेरों, डाकुओं की तरह आते हैं खाते हैं, पीते हैं, अपनी मस्ती में चूर, मतवालेपन तथा अक्खड़पन के साथ वापस चले जाते हैं (तीन चार घंटे में डाका सा डाल कर अपने घर चले जाते हैं)। वस्तुतः विवाह का विध्वंस और ओलों की तबाही की अनुभूति तीन दिन के बाद होती है जिसका अफसोस लम्बे समय तक रहता है। फिर भी इस व्यर्थ व्यय की डींगें हांकी जाती हैं।

जाट सिख

जाट सिख अपनी उप-जाति से बाहर तथा अपनी ही जाति में विवाह करते हैं। अपनी उप-जाति का अभिप्राय पिता की उप-जाति से है। वैवाहिक बातचीत साधारणतः एक मध्यस्थ के माध्यम से होती है जिसे 'बचोला' कहा जाता है, जो मित्र अथवा कोई रिश्तेदार हो सकता है। वैवाहिक संबंध पर सहमति बन जाने के पश्चात् सगाई समारोह (वाग्दान) के लिए तिथि निर्धारित कर ली जाती है। सामान्यतः लड़की के पिता अपने कुछ संबंधियों तथा मित्रों के साथ सगाई के दिन लड़के के घर जाते हैं। इस समारोह को 'छुहारा' अथवा 'सगन' कहते हैं। इस अवसर पर लड़के के परिवार के संबंधियों तथा मित्रों को आमंत्रित किया जाता है। लड़की के पिता द्वारा लड़के को अपनी हैसियत के अनुरूप नकाद अथवा सामान अथवा दोनों के रूप में 'सगन' दिया जाता है।

सगाई के बाद दोनों पक्षों की सुविधा के अनुसार विवाह की शुभ तिथि निर्धारित की जाती है। शिक्षित परिवारों में बातचीत को अंतिम रूप देने से पहले लड़का लड़की एक दूसरे से मुलाकात करते हैं। देवर तथा साली से विवाह की अनुमति है। विधवा के मामले में इस समारोह को 'चादर पाना' कहते हैं तथा साधारणतः यह विवाह मृतक के छोटे भाई के साथ होता है (यदि आयु का अन्तर अधिक नहीं है)। विवाह का कोई विशेष प्रतीक नहीं है। किन्तु आमतौर पर विवाहित महिलाएँ सोने अथवा काँच की चूड़ियाँ पहनती हैं, अँगूठी पहनती हैं तथा बिन्दी, लिपिस्टिक आदि लगाती हैं। तलाक केवल अपवाद-परिस्थिति में स्वीकार किया जाता है।

झींवर

झींवर समुदाय ग्राम तथा गोत्र बचाते हुए सजातीय विवाह करता है। पहले बाल विवाह तथा विनिमय विवाह की प्रथा मौजूद थी, लेकिन अब विवाह लगभग बीस वर्ष की आयु में किया जाता है। एक विवाह का चलन है तथा हिन्दू विवाह के प्रतीक सिंदूर, चूड़ियाँ, अँगूठी तथा बिंदी का उपयोग किया जाता है। कन्यादान की रस्म मौजूद है तथा दहेज नकद एवं सामान के रूप में दिया-लिया जाता है। विवाह के पश्चात् पत्नी अपने पति के घर में रहती है। विभिन्न कारणों के आधार पर तलाक की अनुमति है, जिसके लिए अदालत अथवा स्थानीय पंचायत की अनुमति होनी चाहिए। दोनों पक्षों तथा पंचायत की सहमति से विधवा पुनर्विवाह की भी अनुमति है। तलाक तथा पुनर्विवाह के लिए धनराशि जमा करनी आवश्यक है। छोटे देवर अथवा छोटी साली के साथ विवाह की अनुमति है।

विवाह की आयु में वृद्धि हुई है, विवाह के प्रतीकों के धारण करने में शिथिलता आई है, तलाक के मामले बढ़े हैं तथा पुनर्विवाह के विषय में रूख उदार हुआ है।

7

विद्वत्जन और उनकी रचनाएँ

हरियाणा में अनेक उच्च कोटि के विद्वान सावंत तथा बुद्धिजीवी हुए हैं जिनके द्वारा साहित्य, कला, समाज सेवा, धर्म तथा विज्ञान आदि विविध विधाओं में उपलब्धियां अर्जित की गई हैं। इनमें प्रमुख नाम निम्नानुसार हैं : लाला रामजी दास तायल, ठाकुर फेरू, ख्वाजा अल्ताफ हुसैन हाली, ख्वाजा अहमद अब्बास, माधव प्रसाद मिश्र, लक्ष्मी चंद, विष्णु प्रभाकर, डॉ. मुल्क राज आनंद इत्यादि।

ख्वाजा अल्ताफ हुसैन हाली

ख्वाजा अल्ताफ हुसैन हाली (1837-1914), जो प्रसिद्ध कवि और उर्दू समालोचक थे, का जन्म 11 नवम्बर 1837 को हरियाणा में पानीपत में हुआ था। सन् 1854 में वह दिल्ली चले गए तथा वहाँ जामा मस्जिद के निकट हसीन बख्श के मदरसे में अपना नाम लिखवा लिया था।

वहाँ रहकर उन्होंने उर्दू, फारसी तथा अरबी का अध्ययन किया तथा शायरी में रुचि लेना प्रारंभ किया।

1861 में जहांगीराबाद के नवाब मुस्तफा खान ने उन्हें अपने पुत्र को पढ़ाने हेतु नियुक्त कर लिया। नवाब स्वयं एक दक्ष कवि एवं आलोचक (उर्दू तथा फारसी के) थे तथा 'शेफ्ता' के नाम से रचनाएं लिखते थे। उनके प्रभावान्तर्गत हाली का शायरी के प्रति आकर्षण और बढ़ गया। सन 1869 तक वह दिल्ली में रहकर शायरी करते रहे। तब उनकी मुलाकात महान उर्दू शायर मिर्जा गालिब से हुई। हर उभरते शायर को प्रोत्साहन देना गालिब की आदत में शुमार नहीं था, लेकिन हाली से मिलने तथा हाली की शायरी सुनने के बाद गालिब ने उनकी शायरी को पसंद किया तथा शायरी जारी रखने हेतु प्रोत्साहित भी किया।

सन् 1886 में उनकी पुस्तक 'मुसद्दस-ए-हाली' प्रकाशित हुई। इस पुस्तक ने हाली को उर्दू साहित्य के जगत में प्रसिद्धि दिलाई। अलीगढ़ मुस्लिम युनिवर्सिटी के संस्थापक सर सय्यद अहमद खान ने हाली की पुस्तक के विषय में कहा, "यदि खुदा

ने मुझसे पूछा कि तुम अपने साथ क्या लाए हो तो मैं कहूंगा कि मैं 'मुसद्दस-ए-हाली' अपने साथ लाया हूँ।"

ब्रिटिश सरकार द्वारा 1904 में, उनके योगदान को मान्यता प्रदान करते हुए, उन्हें सर्वोच्च उपाधि 'शम्शुल उलेमा' से सम्मानित किया गया।

उनकी गद्य एवं पद्य रचनाएँ निम्नलिखित हैं :— 'तिरिया के मासूम', मजालिस उलनिसा, मजामिन-ए-हाली', 'हयात-ए-सादी' 'मुकदमे शेर-ओ-शायरी', 'यादगार-ए-गालिब', 'हयात-ए-जावेद', 'मसनवियात', 'मनाजात-ए-बेवा, 'चुपकी दाद', 'शिकवा-ए-हिंद', 'मुसद्दस-ए-हाली', 'दीवान-ए-हाली' तथा 'रूबाइयत'।

हाली की 'मुकादमे शेर-ओ-शायरी' उनकी सर्वश्रेष्ठ कृति थी जो उनके काव्य संग्रह के प्राक्कथन के रूप में लिखी गई थी। अहमद सरवर ने इसे "उर्दू साहित्य का पहला घोषणापत्र" करार दिया था। उनके द्वारा करीब 116 गजलों तथा 1300 शेरों की रचना की गई थी। उनकी मृत्यु 30 सितम्बर 1914 में हुई थी तथा उन्हें पानीपत में बु अल शाह कलंदर की दरगाह के प्रांगण में दफनाया गया था। उनकी संगमरमर की समाधि पर ये शब्द अंकित हैं "यही है इबादत यही दीन-ओ-ईमान, कि काम आए दुनियाँ में इन्सान के इन्सान"

मलिक मुहम्मद जायसी

पूर्व मध्यकाल के प्रसिद्ध सूफी कवि मलिक मुहम्मद जायसी का जीवन एवं प्रेम के प्रति दृष्टिकोण मेहदावी संप्रदाय चिश्तिया सम्प्रदाय के निजामी पंथ से प्रेरित था। जायसी मुहम्मद शेख बुरहान के शिष्य थे। उनके द्वारा अपने काव्य में सईद अशरिफ मखदूम साहिब के प्रति बहुत आदर दर्शाया गया है जिनका मकबरा जायस में था। भारतीय भाषाओं में लिखने वाले सूफी कवियों ने हिन्दू जीवन पद्धति के बारे में गहरी जानकारी हासिल की थी। भाषा, छन्द, विम्ब विधान, रीतियाँ, उत्सव सब कुछ भारतीय है। जनश्रुतियाँ हिन्दू घरों से ली गई हैं तथा सभी हिन्दू चरित्र हैं, यद्यपि सूफी कवियों ने हिन्दू ग्रन्थों, दर्शन, इतिहास और साहित्य का अध्ययन नहीं किया था। अतः हिन्दू साहित्य के भंडार से उधार लिए जाने की कोई गुंजाइश नहीं है। वे अपने समकालीन जीवन तथा विशेषतः जनसाधारण के जीवन से भली प्रकार परिचित थे बल्कि इस प्राकृतिक स्रोत से उन्होंने भरपूर पान किया था। सूफी कवियों को इस बात का पूरा श्रेय दिया जाना चाहिए कि उन्होंने ऐसा कुछ नहीं लिखा जिसके बारे में उन्हें जानकारी नहीं थी। जनसाधारण के विषय में वे एकदम निष्पक्ष थे। उन्होंने इस्लाम की प्रशंसा की और उनमें से अधिकांश ने हिन्दू धर्म की निन्दा नहीं की थी। देश के भूगोल एवं इतिहास में उनकी कोई रुचि नहीं थी। उनके काव्य

में ऋतु, पक्षी, वृक्ष तो मिलेंगे पर नगर, नदियाँ, पर्वत आदि नहीं मिलेंगे।

सूफी कवि जितना महान होगा उतना ही कम पक्षपाती होगा। हिन्दी सूफी कवियों में जायसी का स्थान सर्वोपरि है। जायसी संवेदनाओं तथा भावनाओं से परिपूर्ण एक जन्मजात कवि थे। वह प्रेम पंथ-व्यक्ति से प्रारंभ कर सार्विक प्रेम तक के पथिक कवि थे।

वह पद्मावत में कहते हैं "प्रेम लहू में बहने वाला वह पदार्थ है जो जितना गाढ़ा होता है उतना ही नित्य होता है" तथा आगे कहते हैं, "मैंने यह प्रेम कथा लिखी है, हो सकता है कि यह कथा लम्बे समय तक इस संसार में रहे तथा पाठक मुझे इसके माध्यम से याद करें।" आध्यात्मिक प्रेम के अतिरिक्त जायसी ने सांसारिक प्रेम के दोनों पक्षों मिलन और विरह का सुंदर वर्णन किया है। अपने पति के वियोग में प्रेम-विरहिणी नागमति के विरह वर्णन को साहित्यकारों, कवियों, आलोचकों की प्रशंसा मिली है। प्रेम विरह की कसक लिए रानी अपनी प्रतिष्ठा को भूलकर साधारण स्त्री की भांति व्यवहार करती है। वह जिधर भी देखती है हर व्यक्ति (बल्कि पशु-पक्षी एवं वनस्पति भी) मिलन के सुख से प्रसन्न दीखता है तथा वह स्वयं को हतभागिनी अनुभव करती है। उनकी कविता और जीवन दर्शन का मूलभाव आध्यात्मिक प्रेम, अनेकता में एकता, भारतीय और विदेशी तत्वों का समन्वय तथा भिन्न धर्मों का सह-अस्तित्व है। जायसी द्वारा चौबीस पुस्तकें लिखी गई थीं लेकिन, अभी तक इनमें से छह प्रकाशित हुई हैं तथा वही उपलब्ध हैं। उनकी प्रकाशित कृतियाँ हैं : कहरनामा (1477-1504), मसलानामा (1477-1504), अखरावत (1504), आखिरी कलाम (1530), चित्रलेखा (1530-1540) पद्मावत (1540)।

जहाँ तक उनके काव्यात्मक रूप का प्रश्न है कहरनामा, आखिरी कलाम, चित्रलेखा तथा पद्मावत उनकी वर्णनात्मक कविताएँ हैं। मसलानामा तथा अखरावत स्वतंत्र पद्य रचनाएँ हैं जिनका विषय प्रसंग आध्यात्मिकता है। कहरनामा व्यक्तिपरक हिंदी वीरगाथा है। यद्यपि आधुनिक हिंदी काव्य में अनेक व्यक्तिपरक हिंदी वीरगाथाओं की रचना हुई है, लेकिन इसकी परम्परा अधिक दृढ़ नहीं है। इस संदर्भ में जायसी द्वारा लिखित कहरनामा ऐतिहासिक महत्व की एक असाधारण मौलिक कृति है। कवि ने अपनी इस कृति में नायक और नायिका के माध्यम से सनातन प्रेम की भावना को अभिव्यक्ति प्रदान की है। आखिरी कलाम वर्णनात्मक काव्य का एक लघु रूप है। अपनी इस लघु कृति में कवि ने मुसलमानों की पवित्र पुस्तक कुरआन में व्यख्यायित कयामत के दिन का वर्णन किया है।

चित्रलेखा जायसी की एक अन्य वर्णनात्मक कविता है। यह भी एक छोटी कविता है जो बिना शीर्षक भिन्न सर्गों में विभक्त है। यह राजकुमारी चित्रलेखा और राजकुमार प्रीतम सिंह की प्रेम-कथा है। यह कथा संयोगों तथा नाटकीय विडम्बनाओं का अद्वितीय उदाहरण है। पद्मावत एक महाकाव्य है। यह कवि की सर्वश्रेष्ठ कृति है तथा मानस काल से पहले महाकाव्य लेखन में सर्वाधिक ख्यातिलब्ध कृतियों का प्रतिनिधित्व करती है। पद्मावत राजा रतन सेन और चित्तौड़ की सुन्दर राजकुमारी पद्मावती की प्रेम-कथा है। इसका करुणा भाव, रत्यात्मकता, जीवंत वर्णन, नायिका का शिख से नख तक चित्रवत वर्णन, रहस्यवाद और ऋतुपरिवर्तन के साथ प्रेम में बिछोह का हृदयस्पर्शी वर्णन इस साहित्यिक कृति की प्रमुख विशेषताएँ हैं। पद्मावत अपने पाठकों के मनोमस्तिष्क पर एक स्थायी प्रभाव छोड़ती है। शास्त्रीयता की दृष्टि से पद्मावत सामाजिक मूल्यों पर बल देती है। जायसी परोपकार को मनुष्य का सबसे बड़ा गुण मानते हैं। मुसलनाम दोहों के रूप में लिखी गई कविता है। मसल एक अरबी शब्द है जिसका अर्थ "कहावत" है। अतः इस कृति में हिन्दी की कहावतों को आधार बनाया गया है। इस प्रकार 'मसलनामा' को पद्य रूप में हिन्दी कहावतों का संग्रह अथवा एक लघु शब्दकोश कहा जा सकता है। अखरावत भी दोहों के रूप लिखी गई एक लघु कविता है। पद्य रूप में यह रचना वर्णक्रम में है। कवि ने अपनी इस रचना में जीवन के सूफी मार्ग का वर्णन किया है।

जायसी की सभी रचनाएँ अवधी भाषा में की गई हैं। कवि ने हिन्दी छन्दों का प्रयोग किया है तथा अपभ्रंश कवियों द्वारा प्रयोग किए गए 'कर्वकान्त धत्ता' की पारम्परिक तकनीक का अनुसरण किया है। जायसी की रचनाएँ जीवन और कविता में शाश्वत प्रेम के गहन दर्शन और अनुभव एवं अभिव्यक्ति के बीच उनके पर्याप्त एवं सराहनीय समन्वय के कारण हिन्दी में भारी महत्व रखती हैं।

ठाकुर फेरू

ठाकुर फेरू प्राकृत के उच्च कोटि के विद्धान थे। उनका जन्म महेन्द्रगढ़ जनपद में चर्खी दादरी से आठ किलोमीटर दूर कन्नाना गाँव में हुआ था। ठाकुर फेरू वैश्य जाति के श्रीमाला वंश एवं ढांढिया परिवार से संबंध रखते थे। उनके पिता और पितामह का उल्लेख ठाकुरा चंद तथा सेठ कालियो के रूप में किया गया है। वह एक श्रद्धालु जैन थे जैसा कि उनकी पंथीय उपाधि परम जैन से संकेत मिलता है। अलाउद्दीन खिलजी ने ठाकुर फेरू को अपने खजाने व टकसाल के प्रबंध हेतु अधिकारी नियुक्त किया था।

वह अपने शब्दकोशीय ज्ञान के आधार पर विविध विषयों पर समान अधिकार

से लिखा करते थे। उनकी उपलब्ध कृतियाँ तेरहवीं सदी के भारतीय इतिहास की महत्वपूर्ण स्रोत हैं। उनकी सर्वप्रथम कृति 'युगप्रधान-चतुष्पदिका' (सन् 1290) की रचना उनके गुरु वाचनाचार्य राजशेखर के पर्यवेक्षण में कन्नाना में अपभ्रंश में लिखी गई थी। इस में महावीर से प्रारंभ कर खरतारगच्छ मत के युग प्रधानाचार्य तक जैन आचार्यों की जीवनी उपलब्ध कराई गई है। इस कृति में कुछ ऐसी घटनाओं का समावेश है जो ऐतिहासिक दृष्टि से अत्यंत महत्वपूर्ण हैं। 'रत्नपरीक्षा' में (सन् 1315) जैसा कि इसके नाम से स्पष्ट है विभिन्न रत्नों के प्रकार, उपलब्धता, मान, गुणवत्ता तथा प्रभावों का विस्तृत वर्णन किया गया है। वास्तुसार (सन 1315) की रचना भी कन्नाना में की गई थी। इस पुस्तक में जैन मूर्तिकला एवं वास्तुकला का विशद वर्णन है। प्राकृत भाषा में रचित एक अन्य कृति 'गणितसार' तेरहवीं सदी में विद्यमान आर्थिक स्थितियों के विषय में जानकारी का महत्वपूर्ण स्रोत है। इस पुस्तक में मूल्य, बाट एवं माप-तोल, कपड़ों की किस्में, भूमि का माप और दक्षिण हरियाणा में विभिन्न फसलों के प्रति बीघा पैदावार जैसे सूक्ष्म विवरण प्रस्तुत किए गए हैं।

'धातोत्पत्तिकरणी विधि' में धातु कर्म तथा 'ज्योतिषसार' (1315) में ऐतिहासिक परिदृश्य, ग्रहों तथा नक्षत्रों का परिभ्रमण और मानव जीवन पर उनके प्रभाव की व्याख्या की गई है।

फेरू की अंतिम कृति 'द्रव्यपरीक्षा' (1318) समकालीन आर्थिक इतिहास के अध्ययन हेतु एक अमूल्य स्रोत है। इस पुस्तक में स्वर्ण, रजत, ताम्र, टिन, लैड तथा अन्य धातुओं के परिशोधन की विधियों जैसे धातुकर्म विषयों के अतिरिक्त सिक्कों, विनिमय, बाट (भार) का वर्गीकरण, सिक्कों का मूल्य तथा मिश्र धातुओं में अवयवों का अनुपात इत्यादि की विस्तृत जानकारी दी गई है।

बुचराजा अपभ्रंश के एक अन्य प्रसिद्ध लेखक थे। वह एक कवि थे जिनका योगदान 'मयंजुझा', 'संतोषजयतिलक', 'चेतना पुदगाला धामला', 'तन्दाना' और 'कुकडमंजरलेहौपाल' के रूप में उपलब्ध है। वह हिसार के रहने वाले थे तथा उनका काव्यकाल सोलहवीं सदी का प्रथमार्द्ध था।

अपभ्रंश के एक अन्य रचनाकार जीना वल्लभ सूरी थे जो हांसी के विद्धान थे। उनकी मुख्य अपभ्रंश कृतियाँ हैं : 'सूक्ष्मार्थ-सिद्धान्तविचार-श्रद्धसा', 'श्रद्धासिका-धर्मासिका', 'प्रश्नोत्तर-श्लाका' तथा 'श्रमग्रस्क' जीना वल्लभ के पश्चात् अपभ्रंश साहित्य में कोई उल्लेखनीय योगदान नहीं है। संभवतः सत्रहवीं सदी में संस्कृत भाषा के पुनः महत्वपूर्ण हो जाने के कारण प्रसिद्ध रचनाकार अपनी रचनाएँ संस्कृत में करने लगे थे।

बालमुकुन्द गुप्त

बालमुकुन्द गुप्त (1865-1907) ने एक प्रतिभाशाली हिंदी गद्य लेखक, निबंधकार, पत्रकार, और कवि के रूप में ख्याति अर्जित की थी। वास्तव में अपने जीवन के प्रारंभकाल से अन्त तक वह उर्दू तथा हिंदी पत्रिकाओं के सम्पादक रहे थे। हिंदी के क्षेत्र में प्रवेश से पूर्व वह उर्दू साहित्य में अपना एक विशिष्ट स्थान बना चुके थे। उनकी प्रारंभिक शिक्षा उर्दू और फारसी में हुई थी। अपने गृह जनपद रोहतक के प्रतिष्ठित पत्रकार दीनदयालु शर्मा की प्रेरणा से वह उर्दू समाचारपत्र 'माथुर अखबार' के लिए लिखने लगे। वह लखनऊ से प्रकाशित प्रसिद्ध पत्रिका 'अवध पंच' में भी अपना नियमित योगदान दे रहे थे। अपनी लेखनी की प्रखरता, गंभीर चिंतन एवं गहन अंतर्दृष्टि के आधार पर वह चुनार से प्रकाशित 'अखबार-ए-चुनार' के संपादक बन गए। दो वर्ष के पश्चात् वह लाहौर के उर्दू अखबार 'कोहिनूर' के सम्पादन का कार्य करने लगे। उनके सम्पादन काल में इस अखबार के साथ कई नामचीन हस्तियाँ जैसे लाला लाजपत राय आदि जुड़ गए थे। लाला लाजपत राय 'राधा कृष्ण' के छद्मनाम से लिखा करते थे।

बालमुकुन्द गुप्त को हिन्दी पत्रकारिता में लाने का श्रेय मदन मोहन मालवीय को जाता है। मालवीय जी ने उन्हें उत्तर प्रदेश में कलाकंकर से प्रकाशित 'हिन्दोस्तां' दैनिक समाचारपत्र के सम्पादकीय विभाग में कार्य करने हेतु आमंत्रित किया था। यहाँ गुप्त ने प्रतापनारायण मिश्र के सान्निध्य में हिंदी तथा काव्य रचना के मूल नियमों को आत्मसात् किया था। उन्होंने खड़ीबोली तथा ब्रजभाषा के बीच संघर्ष के विषय पर 'हिन्दोस्तां' में 'मिशला हिंद' शीर्षक के अन्तर्गत कई आलेख प्रस्तुत किए थे। उनकी पहली व्यंग्य कविता 'भैंस का स्वर्ग' थी जो इसी मुद्दे से संबंधित थी। सन 1893 में अमृत लाल चक्रवर्ती ने उन्हें अपनी हिंदी पत्रिका 'बंगवासी' में काम करने हेतु आमंत्रित किया।

लगभग छह वर्ष तक इस पत्रिका से जुड़े रहने के बाद उन्हें कलकत्ता के अग्रणी समाचार पत्र 'भारतमित्र' का सम्पादक नियुक्त किया गया। इस समाचार पत्र से कई प्रतिष्ठित नाम जुड़ चुके थे। गुप्त ने अपने अद्‌भुत उत्साह तथा जीवन्त शैली से इसे कलकत्ता के अग्रणी समाचार पत्र के रूप में प्रतिष्ठापित कर दिया। वह आजीवन एक योद्धा की भूमिका में रहे। उनका अभियान एक तरफ विदेशी राजनैतिक एवं सांस्कृतिक वर्चस्व तो दूसरी तरफ हिन्दी के मानवीकरण में कठोरता के विरुद्ध था। बाल मुकुन्द गुप्त में वाग्वैदग्ध्य और व्यंग्य की अद्वितीय प्रतिभा थी। उनकी भाषा बोलचाल की भाषा, विशिष्ट देशी तथा वाग्मिता से परिपूर्ण है। प्रत्येक

शब्द सम्यक्‌ विचार के उपरांत प्रयोग किया गया है जैसे सांचे में ढला हो। भारतमित्र उनकी साहित्यिक प्रतिभा का श्रेष्ठतम उदाहरण है। उनके द्वारा, भांग की लत लिए शिवशंभु के दिवास्वप्नों के छद्‌मवेश में सुन्दर व्यंग्य प्रस्तुत किए गए हैं।

इसी प्रकार उनकी रचना 'शाइस्ता खान के खत' में उनकी लेखनी की निडरता का पर्याप्त प्रमाण मिलता है। भारतमित्र में 'भाषा की अस्थिरता' शीर्षक के अधीन प्रकाशित उनकी लेखमाला ने उन दिनों एक बड़ा विवाद उत्पन्न कर दिया था। इन लेखों में हिंदी व्याकरण के विषय में व्याप्त अनेक भ्रान्तिपूर्ण धारणाओं को दूर करने का प्रयास किया गया था। वह कई छद्मनामों से लिखते थे। उनकी आलोचना में व्यंग्य लाजवाब होता था। उनके निबंधों का एक संग्रह 'गुप्त निबंधावली' प्रकाशित हो चुका है। उनकी कविताएँ 'स्फुट कविताएँ' शीर्षक से प्रकाशित हुई हैं। उनकी अनुदित कृतियाँ हैं :—माडल भगिनी (बंगाली से) तथा रत्नावली (संस्कृत नाटक) हरिदास, खेल तमाशा, खिलौना और सर्पघात चिकित्सा उनकी अन्य कृतियाँ हैं।

माधव प्रसाद मिश्र

माधव प्रसाद मिश्र एक प्रख्यात हिन्दी निबंधकार, जीवनी लेखक तथा शैलीकार थे। उनका जन्म हरियाणा में कूंगड नामक स्थान पर हुआ था। उनकी शिक्षा निजी रूप से विद्वान पिता रामजीदास तथा अन्य अनेक गुरुओं की देखरेख में सम्पन्न हुई थी। वह संस्कृत के उच्चकोटि के विद्वान तथा कट्टर सनातनधर्मी थे। वह सन 1900 में वाराणसी से प्रकाशित सुदर्शन के सम्पादक थे तथा दो वर्ष की संक्षिप्त अवधि के पश्चात्‌ 'वैश्योपकारक' में सम्पादक रहे, जिसमें उनके निबंध और अन्य गद्य रचनाएँ नियमित रूप से प्रकाशित होती रहती थीं। वह अपने विचार निर्भयतापूर्वक एवं प्रभावशाली तरीके से अभिव्यक्त करते थे तथा महावीर प्रसाद द्विवेदी और वेबर (एक यूरोपीय भारतविद्) के साथ असहमति व्यक्त करने में हिचकिचाते नहीं थे। दृष्टिकोण की अभिव्यक्ति के विषय में वह स्वामी रामतीर्थ, मदन मोहन मालवीय और श्रीधर पाठक को भी नहीं बख्शते थे।

मिश्र ने एक पत्रिका सुदर्शन का सम्पादन किया तथा हिन्दी पत्रकारिता की मजबूत नींव तैयार की। महावीर प्रसाद द्विवेदी तथा मैथिलीशरण गुप्त की प्रारंभिक कविताएँ सुदर्शन में प्रकाशित होती थीं। उन्होंने काव्य और नाटक लेखन में भी हाथ आजमाया, लेकिन अधिक सफलता नहीं मिली। उनकी लघु कथा 'लड़की की बहादुरी' को हिन्दी की सर्वप्रथम आदर्श कहानी माना गया जो आधुनिक पुट लिए हुए थी। उनकी रचना 'विशुद्ध चित्रावली' (1903) स्वामी विशुद्धानन्द की जीवनी तथा 'माधव मिश्र निबंधावली' निबंधों तथा अन्य गद्य लेखों का संग्रह है। उनके

द्वारा हिंदी गद्य लेखन एवं इसकी शैली में महत्वपूर्ण योगदान दिया गया है।

बाबू बालमुकुन्द गुप्त, चंद्रधर शर्मा 'गुलेरी', आचार्य रामचन्द्र शुक्ल तथा अन्य विद्वान साहित्यकारों द्वारा उनकी भूरि-भूरि प्रशंसा की गई है। उनकी शैली संस्कृत कवि बाण की उच्च संस्कृत परम्परा से खड़ी बोली के शुद्ध प्रवाह तक विस्तृत है जिसमें उर्दू के ऐसे शब्दों का प्रयोग यत्र-तत्र किया गया है जो हिन्दी की मुख्य धारा में समाहित हो चुके हैं।

विष्णु प्रभाकर

वह एक लघुकथा लेखक, उपन्यासकार, नाटककार, जीवनीकार, यात्रा संस्मरण लेखक थे जिनका जन्म मीरापुर (उ.प्र.) तथा लालन-पालन हिसार (तत्कालीन पंजाब) में हुआ था। उनकी माता परिवार में पहली शिक्षित महिला थीं, जो दहेज में पुस्तकों से भरा एक संदूक लाई थीं। विष्णु प्रभाकर के व्यक्तित्व निर्माण पर पहला प्रभाव उन्हीं का था। अपने पुराने दिनों की याद करते हुए वे बताया करते थे कि उनका बचपन खिलौनों के साथ नहीं बल्कि पुस्तकों के साथ बीता था। सत्रह वर्ष की आयु में उन्हें सरकारी पशु फार्म, हिसार में नौकरी मिल गई, जहाँ वह पन्द्रह वर्ष तक कार्यरत रहे। अपनी राष्ट्रवादी गतिविधियों के कारण वह दो बार (1940 तथा 1942) जेल गए तथा उन्हें पंजाब छोड़ना पड़ा। अपनी नौकरी के दौरान अपनी पढ़ाई जारी रखी तथा अत्युत्सुकता के साथ कुरआन, बाइबिल के अलावा टाल्सटाय, गोर्की, डिकन्स, थामस हार्डी, बर्नार्ड शॉ, यूगीन ओ नील, ओ हेनरी, गांधी, प्रेमचन्द बंकिमचन्द्र तथा टैगोर की रचनाओं का अध्ययन किया।

अध्ययन के माध्यम से प्रकट हुए विलक्षण जगत और स्वयं के अनुभवों की पुनर्व्याख्या के परिणामस्वरूप विष्णु प्रभाकर दो प्रकार से प्रभावित हुए। वह अपनी रोज की दिनचर्या से अधिकाधिक असंतुष्ट होते गए और सौभाग्य से पंजाब सरकार ने उनसे त्यागपत्र मांग लिया। वह दिल्ली आ गए तथा कुछ समय तक अखिल भारतीय आयुर्वेद महामंडल तथा ऑल इंडिया रेडियो में काम करने के पश्चात् स्वतंत्र रूप से कार्य करने लगे। दूसरे मानव की भंगुरता एवं पीड़ा की बढ़ती संवेदना की परिणति सांस्थनिक कृत धर्म की स्वीकृति, यद्यपि अल्पजीवी के रूप में हुई।

बाद में वह लेखन कार्य में व्यस्त हो गए। विष्णु प्रभाकर की लगभग सत्तर रचनाएँ हैं जिनमें नाटक, लघु-कथा, जीवनी, उपन्यास, यात्रा-संस्मरण तथा चरित्र-चित्रण हैं। उनकी पहली लघु कथा 'दीवाली के दिन' जो प्रेमबंधु छद्मनाम से लिखी थी 1931 में हिंदी मिलाप लाहौर द्वारा प्रकाशित की गई थी। तब से वह काफी दूरी तय कर चुके हैं। 'संघर्ष के बाद' (1953),' खंडित पूजा' (1960), 'मेरी तेंतीस

कहानियाँ' (1967), 'धरती अब भी घूम रही है' (1970) तथा 'पुल टूटने से पहले' (1977) उनकी लघु कथाओं के प्रमुख संग्रह हैं। इन लघुकथाओं में जीवन के भावुक क्षण अत्यंत सुंदर ढंग से समेटे गए हैं। उनकी सर्व व्यापक आदर्शवाद, जो गांधीवादी विचारधारा से उत्पन्न हुआ है, इन कथाओं के प्रवाह को मंद नहीं करता है, बल्कि भावनाओं को घनीभूत कर देता है। इन लघुकथाओं में व्यक्ति और समाज, समकालीन यथार्थ और सामाजिक मुद्दों के बीच परस्पर क्रिया पर ध्यान केंद्रित किया गया है। व्यापक स्तर पर उपन्यासों में भी प्रसंग अधिक संवेदनशीलता के साथ प्रस्तुत किए गए हैं। निशिकान्त (1951), टाट के बंधन (1955), स्वप्नमयी (1956) दर्पण का व्यक्ति (1968) तथा कोई तो दिल्ली (1968) से उन्हें व्यापक प्रसिद्धि मिली है यद्यपि लघु कथा और उपन्यास में लघुकथा उनकी विशिष्टता है।

उनके अधिकांश उपन्यासों विशेषतः प्रारंभिक उपन्यासों में सुधारवादी दृष्टिकोण है जो 'प्रेमचंद परंपरा को आगे बढ़ाता प्रतीत होता है। एक नाटककार के रूप में विष्णु प्रभाकर ने लोक साहित्य तथा स्टेज की मांग पूरी करते हुए एक अलग पहचान बनाई है। 'कुहासा और किरण' स्वतंत्रता प्राप्ति के बाद के भारत में भ्रष्टाचार के प्रसंग में है, टूटते परिवेश में दो पीढ़ियों के बीच संघर्ष है। नव प्रभात, डाक्टर, युगे युगे क्रान्ति, सत्ता के आर-पार तथा गांधार की भिक्षुणी कुल मिलाकर समर्थ नाटक हैं जिनमें भावप्रवणता और लेखन कला के साथ-साथ मानवीय अनुभव के विषय में लेखक की अनवरत खोज का प्रदर्शन किया गया है। इनमें 'सत्ता के आर-पार' के लिए उन्हें मूर्ति देवी तथा शलाका पुरस्कार (1990) प्रदान किए गए थे।

विष्णु प्रभाकर ने लगभग एक दर्जन संग्रहों के माध्यम से एकांकी नाटकों के क्षेत्र में भी उल्लेखनीय योगदान दिया है। इतिहास (मैं भी मानव हूँ), देश, समाज और धर्म (सांकले, सम रेखा विषम रेखा), नारी मानस (आँचल और आँसू), 'रीढ़ की हड्डी' तथा 'दृष्टि की खोज' सभी एकांकी नाटकों में सूक्ष्म संवेदनाओं को प्रस्तुत किया गया है। व्यापक साहित्य लेखन में उनकी सर्वश्रेष्ठ कृति का चयन अति कठिन कार्य है तदपि 'आवारा मसीहा' (शरतचन्द्र चटर्जी की जीवन कथा) उनकी प्रतिनिधि कृति है, जिसे 1980 में सोवियत भूमि नेहरू पुरस्कार प्रदान किया गया था तथा पाब्लो नेरूडा सम्मान भी मिला था। 'आवारा मसीहा' चौदह वर्ष के अथक अनुसंधान का परिणाम था। इसके लिए उन्होंने बंगाल, बिहार तथा बर्मा की यात्रा की थी तथा शरतचन्द्र के अनेक समकालीन व्यक्तियों के साक्षात्कार भी किए थे। विष्णु प्रभाकर ने अपने विषय को बेहतर ढंग से समझने के लिए बंगाली भाषा भी सीखी थी। यह पुस्तक हिन्दी में जीवनी लेखन में युगान्तरकारी घटना मानी जाती है। इसकी प्रामाणिकता तथा विस्तृत विवरण के अतिरिक्त लेखक द्वारा तथ्यों का

उपयोग उसी तरह किया गया है जैसे कोई नाविक दिशासूचक का उपयोग अपने वास्तविक लक्ष्य पर पहुँचने के लिए करता है। शरत के विचारों तथा भावनाओं की सूक्ष्म बनावट को पुस्तक में सजीव रूप में प्रस्तुत किया गया है।

हिन्दी लेखकों में विष्णु प्रभाकर को उच्च स्थान प्राप्त है। उन्हें अनेक राष्ट्रीय अंतर्राष्ट्रीय पुरस्कार प्राप्त हुए हैं। उनकी मेघा की गुणवत्ता ऐसी है कि उनका जीवन और लेखन अधिकांशतः समाज के दलित, वंचित एवं मूक वर्ग की समानुभूति अनिवार्यतः परिलक्षित करता है। चाहे समाज का मस्तिष्क हो अथवा वास्तविक, भौतिक संसार, वह उपेक्षित पथ के प्रति आकर्षित हुए हैं तथा हर क्षेत्र में अपनी छाप छोड़ने में सफल हुए हैं।

भदन्त आनन्द कौशल्यायन

उनका जन्म हरियाणा में अम्बाला जनपद के सोहना में हुआ था। वह बौद्ध भिक्षु हो गए थे तथा लंका में पाली का गहन अध्ययन किया था। उन्होंने अपने जीवन का अधिकांश भाग हिन्दी के प्रचार एवं प्रसार को समर्पित किया था। वह दीर्घावधि तक हिन्दी साहित्य सम्मेलन, इलाहाबाद (उ.प्र.) और इसकी प्रशाखा राष्ट्र भाषा प्रचार समिति वर्धा (महाराष्ट्र) के साथ सम्बद्ध रहे थे। उन्होंने भारत का व्यापक भ्रमण किया था जिससे उन्हें लोगों के जीवन में गहरे अन्तर में झांकने का अवसर प्राप्त हुआ था।

उनके सभी लेखन कार्यों में यात्रा का विस्तृत अनुभव तथा लोगों व स्थानों के बारे में गंभीर ज्ञान सर्वत्र दृष्टिगोचर है। संयोगवश, वे श्रीलंका में कुछ समय के लिए अध्यापक भी रहे थे। उनके दो प्रसिद्ध संस्मरण जो भूल न सका (1945) तथा रेल का टिकट हैं। उनकी अन्य कृतियों में जातक (छह खंड) तथा महावंश का हिन्दी अनुवाद और निबन्ध संग्रह 'सच संग न हो', 'कहाँ क्या देखा', 'धर्म के नाम पर', 'तुलसी के तीन पात्र' 'बुद्ध वचन', 'पच्चीसवाँ ग्रंथ', और 'भिक्षु के पत्र' हैं।

मुल्क राज आनन्द

वह अंगरेजी के लब्ध प्रतिष्ठ उपन्यासकार और कला समीक्षक थे। उन्होंने 1924 में पंजाब विश्वविद्यालय से आनर्स के साथ ग्रेजुएशन किया तथा 1928 में लंदन विश्वविद्यालय से पीएच.डी. की डिग्री हासिल की थी। अल्पायु में स्वाधीनता संग्राम में भाग लेना, प्रौढ़ावस्था में इंग्लैंड में मार्क्सवादियों के प्रभाव में आना तथा 1936 में स्पेन के गृह युद्ध में फासीवाद विरोधी आंदोलन में भाग लेना-इन सभी कार्यों की परिणति समाजवाद तथा लोकतंत्र के प्रति आनन्द की दृढ़ प्रतिबद्धता के

रूप में हुई थी।

'अपोलोजी फॉर हीरोइज्म' (1949) उनकी बौद्धिक एवं विचार धारात्मक प्रखरता का स्पष्ट प्रमाण है। यद्यपि उनकी पांच पुस्तकें 1935 से पूर्व प्रकाशित हो चुकी थीं–पर्शियन पेंटिंग (1930), करीज एण्ड अदर इंडियन डिशेज (1932), दि हिन्द व्यू ऑफ आर्ट (1933), दि गोल्डन ब्रीद (1933) तथा दि लॉस्ट चाइल्ड एण्ड अदर स्टोरीज (1933), लेकिन सन 1935 में प्रकाशित उनके पहले उपन्यास 'अनटचेबल' से उन्हें विश्वस्तर पर ख्याति हासिल हुई थी। इस उपन्यास की प्रस्तावना ई.एम. फोस्टर द्वारा लिखी गई थी। इस उपन्यास का अनुवाद अब तक अनेक भाषाओं में किया जा चुका है। दलित वर्ग से लिए गए नायक के दृष्टिकोण से व्यक्ति और समाज के बीच आदिकाल से चले आ रहे तनाव की प्रस्तुति ने भारतीय कल्पना में एक नया क्षितिज जोड़ दिया था। इस उपन्यास का नायक 'बाखा' आनन्द के 1945 से पूर्व प्रकाशित अनेक उपन्यासों का आदर्श नायक है : कुली (1936), टू लीव्स एण्ड ए बड (1937), दि विलेज (1939), अक्रॉस दि ब्लैक वाटर्स (1940), दि स्वोर्ड एण्ड दि सिकल (1942) तथा दि बिग हर्ट (1945)।

इन सभी उपन्यासों में 'अनटचेबल' की उच्च कलात्मक एकात्मकता विद्यमान नहीं है, किन्तु उनमें औपनिवेशिक भारत के वर्ग और जाति ढांचे में आनुवंशिक सामाजिक दोहन और भारतीय समाज में पारम्परिकता तथा आधुनिकता की ताकतों के बीच बढ़ते संघर्ष की उल्लेखनीय समझ मौजूद है। इन उपन्यासों में 'कुली' के मुन्नू से 'दि स्वोर्ड एण्ड सिकल' के लालू तक एक विद्रोही समाज में अपनी पहचान की खोज के रूप में निर्वासित तथा वंचित वर्ग के संघर्ष का सटीक चित्रण भी प्रस्तुत किया गया है। आनन्द के साठ के दशक के उपन्यास 'दि ओल्ड वीमेन एण्ड दि काउ' (1960), दि रोड (1961) तथा डैथ आफ ए हीरो (1963) उनके विचारों की पुष्टि के उपन्यास हैं। इन उपन्यासों के नायक, जो नई दिशाओं के प्रति जागरूकता दर्शाते हैं तथा एक सीमा तक पूर्ति हेतु सक्षम भी हैं, मानव की स्वयं को पुनरस्थापित करने की सामर्थ्य में आनन्द का मानवीय-विश्वास भी दर्शाते हैं।

'प्राइवेट लाइफ आफ एन इंडियन प्रिंस' (1953), को कुछ समीक्षकों द्वारा ऊंची श्रेणी में रखा गया है, एक असाधारण कृति है इसकी पृष्ठभूमि वर्तमान भारतीय इतिहास की है तथा इसका नायक भारतीय राजकुमारों के विशिष्ट वर्ग से संबंधित है। 'सेवन समर्स' (1951) आत्मकथा रूपी उपन्यास 'सेवन एजेज आफ मैन' के विचारित सात खण्डों का पहला भाग है। इसके दो अन्य भाग 'मॉर्निंग फेस' (1969) तथा 'कन्फैशन आफ ए लवर' (1976) अब तक प्रकाशित हो चुके हैं। 'मार्निंग फेस' को साहित्य अकादमी पुरस्कार प्राप्त हो चुका है। इस उपन्यास को लिखने

में आनन्द की अभिलाषा अपने स्वयं के आत्मवृत्तात्मक अंतरदृष्टि के उपयोग द्वारा मानव की सच्चा मानव होने की क्षमता का प्रदर्शन करता है। इसका नायक कृष्ण चन्दर स्वयं लेखक की कल्पित छवि है।

आनन्द एक अच्छे लघु कथा लेखक भी हैं तथा उनके आठ लघुकथा संग्रह प्रकाशित हो चुके हैं : दि लॉस्ट चाइल्ड एण्ड अदर स्टोरीज (1934), दि बार्बर्स ट्रेड यूनियन एण्ड अदर स्टोरीज (1944), दि ट्रैक्टर एण्ड दि कॉर्न गॉडेस एण्ड अदर स्टोरीज (1954), दि पावर ऑफ डार्कनेस एण्ड अदर स्टोरीज (1959), लाजवन्ती एण्ड अदर स्टोरीज (1966), लेमेन्ट ऑन दि डेथ ऑफ ए मास्टर ऑफ आर्ट्स (1968) तथा बिटवीन टियर्स एण्ड लाफ्टर (1973)। आनन्द की कहानियों के विविध भाव, प्रसंग तथा चरित्रों का सुंदर चित्रण है, किन्तु वे उनके मानवतावादी दृष्टिकोण का अखण्ड अंग है तथा उन्हीं महत्वपूर्ण चिन्ताओं से उत्पन्न हुए हैं जो उनके उपन्यासों की विशिष्टता है।

भारतीय कला के अध्ययन में भी आनन्द का बहुमूल्य योगदान रहा है। वह प्रभावशाली कला पत्रिका 'मार्ग' के संस्थापन के समय (1946) से सम्पादक रहे थे। वह ललित कला अकादमी, नई दिल्ली के अध्यक्ष थे।

ख्वाजा अहमद अब्बास

वह ख्वाजा गुलाम अलास्लेतीन के पुत्र तथा ख्वाजा अल्ताफ हुसैन हाली के नाती (पुत्री के पुत्र) थे तथा उनका जन्म पानीपत में हुआ था। उन्होंने अलीगढ़ मुल्लिम विश्वविद्यालय से 1933 में बी.ए. तथा 1935 में एल.एल.बी. परीक्षा उत्तीर्ण की थी। उसके तुरंत पश्चात् वह बॉम्बे क्रोनिकल' के साथ जुड़ गए। वह दो वर्ष तक फिल्म समीक्षक रहे तथा इतने प्रभावी एवं स्पष्टवादी थे कि बॉम्ब के फिल्म निर्माताओं ने अब्बास को बर्खास्त नहीं करने पर क्रोनिकल का बहिष्कार करने की धमकी दी थी। प्रबंधन सिनेमा विज्ञापनों की अनदेखी नहीं कर सकता था, परन्तु वह ऐसे पत्रकार को सेवा से हटाने के लिए तैयार नहीं था जो अपने काम को भली भांति जानता था और कर रहा था।

आखिर अब्बास को उनके पुराने काम से हटा कर उनका तबादला रविवारीय संस्करण के सम्पादकीय डेस्क पर कर दिया गया। यह उनकी प्रोन्नति भी थी। यहाँ रहकर उन्होंने अपना प्रसिद्ध 'अंतिम पृष्ठ' कालम प्रारंभ किया था। इस कालम को बाद में 1947 में बम्बई के साप्ताहिक 'ब्लिटज' द्वारा अपनाया गया था। जब ब्लिटज ने 1950 में हिन्दी ब्लिटज तथा 1958 में उर्दू ब्लिटज का प्रकाशन प्रारंभ किया तो बिल्कुल ऐसा ही कालम इन अखबारों की भी विशेषता बनी थी। अब्बास

इन कालमों के लिए अपने नए लेखन-नाम 'आजाद कलम' के नाम से लिखते थे।

वह अपने जीवन में अधिकांश कार्यों में सफल रहे थे। उनके सुकोमल प्रेम प्रसंग के परिणामस्वरूप मुज्तबी बेगम के साथ विवाह का अति सुंदर वर्णन उनकी आत्मकथा 'आई एम नॉट आइलैंड' में किया गया है। यह एक सफल प्रेम विवाह था। कहा जाता है कि उनकी समस्त उल्लेखनीय उपलब्धियों के पीछे उनकी पत्नी का बड़ा हाथ था। सन् 1958 में पत्नी की मृत्यु के उपरान्त अकेले रह गए। सन् 1947 में देश विभाजन के समय उनकी माँ सहित सभी निकट संबंधी पाकिस्तान चले गए (पिता की मृत्यु 1942 में हो चुकी थी), लेकिन वह पाकिस्तान नहीं गए तथा उन्हें दंगाग्रस्त पानीपत से बाहर सुरक्षित निकालने के लिए जवाहरलाल नेहरू ने व्यक्तिगत रूप से हस्तक्षेप किया था। ख्वाजा अहमद अब्बास तथा जवाहर लाल नेहरू छात्र जीवन के समय से मित्र थे।

अब्बास की फिल्मजगत के साथ लम्बे समय तक चले जुड़ाव की शुरुआत बॉम्बे टाकीज के प्रचार प्रबंधक के रूप में नियुक्ति के साथ हुई थी। वह अक्सर सेट पर मौजूद रहकर कम्पनी के जर्मन निदेशकों तथा तकनीशियनों के काम करने का तरीका बड़े गौर से देखा करते थे। बाद में उन्होंने 'धरती के लाल', 'अनहोनी', 'नया संसार', 'दो बूंद पानी', 'शहर और सपना, तथा चार दिन चार राहें' जैसी कई महत्वपूर्ण फिल्मों का निर्माण किया था। इसके अतिरिक्त उन्होंने 'आवारा' और 'डा. कोटनीस की अमर कहानी' जैसी यादगार भारतीय फिल्मों के लिए लेखन कार्य भी किया था। अपनी पत्रकारिता तथा फिल्म गतिविधियों के अलावा अब्बास ने इंडियन पीपुल्स थियेटर एसोसिएशन (इप्टा) के लिए अनेक सफल नाटक लिखे और प्रस्तुत किए थे तथा लघु कथा संग्रह सहित दर्जनों पुस्तकें भी लिखी थीं एक लड़की, जाफरान के फूल, पांव में फूल, मैं कौन हूँ, गेहूँ और गुलाब, नई धरती नए इन्सान तथा नई साड़ी। उनके लिए उपन्यास इनकिलाब (1945), चार दिन चार राहें (1959) तथा दिया जले सारी रात (1959) थे।

उपन्यास 'इनकिलाब' की रचना अंगरेजी और उर्दू में की गई थी। इसका रुसी भाषा में अनुवाद 'सन आफ इंडिया' नाम से किया गया था, जिसकी नब्बे हजार प्रतियाँ बिक्री हुई थीं। उनके द्वारा एक अन्य उपन्यास 'एण्ड वन डिड नॉट कम बैक' अंगरेजी में लिखा गया था। वी. शान्ताराम ने इसी उपन्यास के आधार पर फिल्म 'डा. कोटनीस की अमर कहानी' बनाई थी। अब्बास ने बहुत यात्राएँ की थीं। वह सारी दुनिया घूम चुके थे। वह राजनीति में बहुत रुचि रखते थे, लेकिन भारत छोड़ो आंदोलन (1942) के अलावा कभी सक्रिय राजनीति में भाग नहीं ले सके।

उनका जीवन अच्छे, कठिन एवं निरंतर कार्य की कहानी है। उनकी साहित्यिक

फिल्म और पत्रकारिता संबंधी गतिविधियाँ उन्हें एक आदर्शवादी के रूप में स्थापित करती हैं, जो मूलभूत मानवीयता, समाजवाद तथा विश्व शान्ति के लिए प्रतिबद्ध है। अब्बास अनेक सम्मान और पुरस्कारों के विजेता थे। उन्हें 1968 में पद्मश्री पुरस्कार प्रदान किया गया था। भोपाल उर्दू अकादमी ने उन्हें मीर पुरस्कार, राष्ट्रीय एकता के लिए उनके योगदान हेतु बिहार उर्दू पत्रकार पुरस्कार, उर्दू में उत्कृष्ट लेखन के लिए हरियाणा सरकार पुरस्कार, फिल्म शहर और सपना के लिए राष्ट्रपति का स्वर्ण पदक तथा अनेक अंतरराष्ट्रीय पुरस्कार जैसे कार्लोवी वैरी फिल्म फेस्टीवल का आर्ट एकेडमी अवार्ड (शहर और सपना के निदेशन के लिए) तथा घुमोन (स्पेन) और सान्ता बारबरा (यू एस ए) अवाड्‌र्स भी प्राप्त हुए थे। उनकी फिल्म 'नक्सलाइट' को इंडियन फिल्म फेस्टीवल कमेटी का स्वर्ण पदक मिला था।

लक्ष्मी चंद

लक्ष्मी चंद विगत सदी के दौरान हरियाणा की सर्वाधिक बहुरंगी प्रतिभाओं में से एक रहे हैं। लेकिन उनके अंदर दिखावा अथवा अहंकार जैसी कोई बात नहीं थी। उनके भीतर विनम्रता, परिपक्वता और प्राकृतिक बड़प्पन था। एक साधारण किसान परिवार में जन्मे लक्ष्मीचंद ने क्षेत्रीय लोक थियेटर में अपने लिए स्वयं स्थान बनाया था।

लक्ष्मी चंद की जन्मजात काव्यात्मक समझ ने उन्हें एक लोक संगीत एवं लोक नाटक के रूप में ढाल दिया। वह साधारण प्रयास से लोक साहित्य, ऐतिहासिक यादों तथा क्षेत्र के लोगों की परंपराओं को आत्मसात करने में सफल हुए। उनकी कविताओं में मानवतावादी सामूहिकता की अनिवार्य गुणवत्ता थी।

उनके जीवन और कार्य ने हरियाणा के जनमानस पर एक अमिट छाप छोड़ी है। लक्ष्मी चंद का जन्म 1901 में सोनीपत जनपद के जट्टीकला ग्राम के किसान परिवार में हुआ था।

लक्ष्मी चंद के प्रसिद्ध सांग हरिश्चन्द्र तारामती, नल दमयन्ती, सत्यवान सावित्री इत्यादि थे जो हिन्दू धार्मिक एवं महाकाव्य साहित्य पर आधारित थे। इसके अतिरिक्त मीराबाई, पद्मावती, नौटंकी, जानी चोर, राजा भोज और शाही लकड़हारा इतिहास एवं किंवदंतियों पर आधारित थे। वह अपने स्वांगों में नितान्त साधारण तथा जीवन के भिन्न पक्षों के मर्म को छूने वाली प्रभावी शब्दावली का प्रयोग करते थे। उनके गीत मधुर तथा नृत्य तालबद्ध होता था यद्यपि उसमें परिष्करण का अभाव था। संक्षेप में कहा जा सकता है कि हरियाणा में जो भी वर्तमान स्वांग है, वह लदमी चंद की देन है। लदमी चंद के बाद अनेक सांगी हुए हैं जैसे राम किशन व्यास, चंद्रा

बेदी इत्यादि। वे सांग की गति को बरकरार नहीं रख सके। इसका एक कारण सिनेमा तथा टेलीविजन का बढ़ता प्रभाव भी था। आजकल अपनी समृद्ध संगीत धरोहर को छोड़कर लोग फिल्मी गीतों तथा धुनों पर ध्यान दे रहे हैं। जिसके फलस्वरूप हरियाणा का वास्तविक जमीन से जुड़ा संगीत पॉप गीतों के बोझ तले दबा सा गया है।

आज की आवश्यकता है कि पुरानी धरोहरों को संरक्षण प्रदान करने की, तथा उन्हें पुर्नजीवित करने की तथा आने वाली पीढ़ी-दर-पीढ़ी हरियाणा के रचनाकारों व रचनाओं से अवगत हो सके।

8

चित्रकला एवं मूर्तिकला

ललित कलाओं तथा कलात्मक मूल्यों की उत्पत्ति एवं विकास के लिए शान्ति, समृद्धि तथा स्वतंत्रता मूल अपेक्षाएँ हैं। दुर्भाग्यवश हरियाणा क्षेत्र, इसकी भू-राजनैतिक स्थिति के कारण, प्रत्येक काल में, इन तीनों संदर्भों में बुरी तरह से आक्रान्त रहा है। अंग्रेजों के आगमन के पश्चात् भी स्थिति में कोई सुधार नहीं हो सका। इससे हरियाणा में, विभिन्न कालों में, ललित कलाओं के समुचित विकास नहीं होने का कारण स्पष्ट हो जाता है। चित्रकला अभिव्यक्ति तथा लौकिक अनुभव से परे जाने की एक कला है। आधुनिक समय में चित्रकारी केवल बाहरी अनुभव ही नहीं अपितु जटिल एवं सूक्ष्म आंतरिक भावनाओं एवं अनुभवों की सुंदर अभिव्यक्ति होती है। अति प्राचीनकाल से चित्रकारी मानव का बड़ा शौक रहा है।

सिंधु घाटी की सभ्यता तथा वैदिक सभ्यता की कलावधि में चित्रकला के अनेक नमूने पाए गए हैं। सीसवाल सभ्यता के मिट्टी के पात्रों पर काले एवं सफेद रंगों में बने डिजाइनों तथा आकृतियों से सिद्ध होता है कि उस काल के लोगों में पेंटिंग के प्रति गहरा लगाव था। हरियाणा में मीटाथाल तथा बनवाली में पाए गए मिट्टी के पात्र, जिनके ऊपर तस्वीरें तथा आकृतियाँ पेंट की गई हैं, आदिकालीन पेंटिंग का नमूना हैं। इन पात्रों पर उर्ध्व एवं क्षैतिज रेखाओं के अतिरिक्त वनस्पति का चित्रण भी किया गया है।

हर्षवर्धन के काल में पेंटिंग कला को विशेष प्रोत्साहन प्राप्त हुआ, जो इस कला में विशेष रुचि एवं शौक रखने के अलावा स्वयं एक अच्छा चित्रकार था। बाद में, राजपूत काल में चित्रकला का विकास हुआ, लेकिन 12वीं सदी में भारत में दिल्ली सल्तनत की स्थापना के बाद इस कला का विकास एक बार पुनः अवरुद्ध हो गया।

वस्तुतः हरियाणा में, विभिन्न कालों में, चित्रकला अथवा किसी प्लास्टिक आर्ट की कोई परंपरा नहीं थी। अठारहवीं सदी में रेवाड़ी के राव शासन काल में चित्र कला को प्रोत्साहन दिया गया था। हरियाणा की चित्र कला पर चित्र की राजपूत शैली का प्रभाव स्पष्ट दिखाई देता है। हरियाणा में कृष्ण के जीवन से संबंधित ग्राम जीवन

की घटनाओं तथा पौराणिक प्रसंगों को विशेष रूप से पेंट किया गया है। मुगल शैली तथा कांगड़ा शैली ने भी हरियाणा की पेंटिंग शैली को बहुत प्रभावित किया है।

लेकिन 1840-1850 के समय के झज्जर के नवाब के एक चित्र तथा उसी अवधि के भगवतपुराण के कुछ लघुचित्रों के अतिरिक्त उन्नीसवीं सदी का कोई मानक चित्र खोजना एक दुष्कर कार्य है। पहले चित्र में नवाब को अपने महल में अपने दो पुत्रों के साथ बैठा दिखाया गया है। जबकि लघुचित्रों में भगवान कृष्ण को विभिन्न मुद्राओं में तथा कुछ अन्य देवताओं को दर्शाया गया है। सभी तो नहीं पर कुछ चित्रों में बढ़िया चमकदार रंगों का प्रयोग अत्यंत कुशलता के साथ किया गया है। तथापि यह एक विडम्बना है कि इन चित्रों में चित्रकारों के नाम नहीं हैं। भित्ति चित्रों के मामले में स्थिति कुछ बेहतर है। भित्तिचित्र दो प्रकार के हैं : (1) चित्र तथा (2) लोक रेखाचित्र। प्रथम प्रकार के भित्तिचित्रों में चित्रकारों ने परम्परा का पालन किया है तथा उनके लोकप्रिय प्रसंग ऐतिहासिक एवं पौराणिक नायक, सुंदर नृत्य दृश्य, शिकार चित्र, मल्लयुद्ध, मुर्गों तथा मेढ़ों की लड़ाई, पैदल फौज, समारोह तथा वन्यजीवों के चित्रण है। पेहोवा पुंडरी, बेरी, रेवाड़ी, बावल तथा नारनौल में कुछ पुरानी हवेलियों में बहुत से भित्तिचित्र पाए गए हैं।

दुर्भाग्य से, उनके संरक्षण के लिए पर्याप्त व्यवस्था नहीं की जा रही है। उदाहरण के लिए पंचकूला के निकट मानसा देवी मंदिर के सुंदर भित्तिचित्रों को नवीनीकरण की प्रक्रिया में आंशिक क्षति पहुँची है। ऐसा ही बुड़िया स्थित रंग महल तथा सोनीपत स्थित जैन मंदिर में भी हुआ है। सौभाग्य से दादरी में निजी बंगले में पाए गए भित्तिचित्र अच्छी हालत में हैं। यहाँ के नवाब बहादुरजंग खान के एक उच्च अधिकारी चन्द्रसेन को कला एवं साहित्य में विशेष रुचि थी तथा उसने 1854-55 में अपने दीवानखाने में एक दर्जन से अधिक चित्र सजा रखे थे। इन भित्तिचित्रों में देवी, देवताओं महत्वपूर्ण समकालीन तथा ऐतिहासिक व्यक्तियों, शास्त्रीय साहित्य के दृश्यों, पशुओं एवं पक्षियों के चित्र अंकित हैं। ये सभी भित्तिचित्र साधारण हैं तथा इनमें विशेष कौशल के दर्शन नहीं होते हैं।

गुड़गांव जनपद में मीरपुर स्थित महाराज तेज सिंह का महल भित्ति चित्रों की दृष्टि से अत्यंत महत्वपूर्ण है। इन पेंटिंग्स में रामायण के विशेष दृश्यों का चित्रण है। गुड़गांव जनपद में ही मटरू मल की प्याऊ में कुछ वर्ष पूर्व तक पौराणिक प्रसंगों के अनेक चित्र देखे जा सकते थे, जो अब धीरे-धीरे फीके पड़ते जा रहे हैं। अस्तल बोहर चित्रों पर राजपूत शैली का प्रभाव है। पंचकूला के शिव मंदिर, कौल के वेणीमाधव मंदिर, पबनामा तथा केथल के मंदिर, कलायत के कपिल मंदिर तथा सिरसा के सरसाईनाथ मंदिर में भित्तिचित्रों पर राजपूत शैली का स्पष्ट प्रभाव देखा

जा सकता है। ऐसे चित्र पिंजौर के शिव मंदिर में भी पाऐ गये हैं। पिंजौर गार्डन में रंग महल भित्तिचित्रों से सज्जित है जो मुगल चित्रकारों की मूल कृतियाँ हैं। उन्नीसवीं सदी के उत्तरार्द्ध में अम्बाला जनपद में जगाधरी में लाला बालक राम तथा लाला जमुना दास की समाधियों के प्रवेशद्वार पर दोनों तरफ द्वारपाल चित्रित किए गए हैं तथा आंतरिक भाग में हिन्दू पुराणों के प्रसंग लिए भित्तिचित्र बनाए गए हैं। समाधियों के निकट राजीवाला मंदिर में धार्मिक प्रसंगों के भित्तिचित्र हैं। इसी प्रकार सधौरा स्थित जैन मंदिर (दिगम्बर) में जैनधर्म प्रसंगों के भित्तिचित्र विद्यमान हैं।

अम्बाला जनपद में छछरौली में दो मंजिला भवन 'किला मुबारक' में पक्षियों तथा पुष्पों और अन्य ऐसे ही प्रसंगों के भित्तिचित्र मौजूद हैं। कुरुक्षेत्र भी चित्रों के मामले में काफी समृद्ध है। भद्र काली मंदिर के ऊपरी भाग के प्रकोष्ठ रेखागणितीय पद्धतियों तथा धार्मिक प्रसंगों के भित्तिचित्रों से सज्जित हैं इन भित्तिचित्रों के निचले हिस्से पर बेलबूटे का बार्डर बनाया गया है। दूसरी मंजिल पर प्रदक्षिणा पथ बड़े अजीब प्रसंगों के भित्तिचित्रों से सज्जित हैं। पेहोवा में बाबा श्रवण नाथ मंदिर तथा नीलोखेड़ी पेहोवा के श्री राम पद मंदिर में हिन्दू धार्मिक प्रसंगों के भित्तिचित्र बने हुए हैं। पेहोवा में रानी चांद कौर की हवेली में कभी शानदार भित्तिचित्र हुआ करते थे। अब केवल कुछ पट्टिकाएँ ही शेष हैं। करनाल जनपद में नीलोखेड़ी-पेहोवा रोड पर शिवाला एक ओंकार, बरोटा में बाबा मोहीन की समाधि, करनाल में बाबा सेजोकगोर के अखाड़े में शिव मंदिर तथा पट्टी कल्याण स्थित शिव मंदिर में हिंदू देवताओं के भित्तिचित्र मौजूद हैं। भिवानी जनपद के दादरी में चंदर सेन के दीवानखाना में सुंदर भित्तिचित्र हैं इसमें बाल्कनीयुक्त छोटे कक्ष हैं जिनकी दीवारों पर भित्तिचित्र हैं तथा उनके नीचे फारसी लिपि में वर्णनात्मक शीर्षक अंकित हैं। प्रसंग भिन्न हैं, पर अधिकांश भित्तिचित्रों में समकालीन प्रतिष्ठित व्यक्तियों के चित्र हैं। इन चित्रों पर मुगल शैली तथा कुछ पर कांगड़ा शैली का प्रभाव है। रोहतक जनपद के मंदिरों में अनेक चित्र देखे जा सकते हैं। हैं। उनकी विषयवस्तु पौराणिक है तथा उनमें सादाचरण का संदेश दिया गया है। कुछ पाण्डुलिपियों, जो कुरुक्षेत्र विश्वविद्यालय, कुरुक्षेत्र के अधिकार में हैं, में कुछ उत्कृष्ट चित्र हैं। महाभारत पर नीलकंठ व्याख्या में 15 से अधिक चित्र हैं। श्रीमद् भगवद्गीता में लगभग 22 चित्र हैं। इन लघुचित्रों में भगवान विष्णु तथा उनके विभिन्न अवतारों और वैष्णव पंथ से संबंधित विषयों का वर्णन है। इन चित्रों में हरे, संतरी, गुलाबी, लाल तथा नीले रंगों का भरपूर उपयोग किया गया है। कुछ पाण्डुलिपियाँ गुरुकुल संग्रहालय, झज्जर की निरापद अभिरक्षा में संरक्षित हैं।

इनके अतिरिक्त, कुरुक्षेत्र में थानेसर में बिरला मंदिर तथा भिवानी में किरोड़ीमल

मंदिर में सुंदर चित्र मौजूद हैं। आधुनिक चित्रकारों द्वारा निर्मित इन चित्रों में देवी, देवता, ऋषि, मुनि तथा पुराणों के दृश्य चित्रित हैं। पेशेवर चित्रकारों के अलावा गैर-पेशेवर कलाकारों ने भी यहाँ काम किया है। सफेद दीवारों पर काले, लाल तथा नीले रंगों में लोकभित्ति चित्र तथा विशेष अवसरों एवं उत्सवों के आयोजन यथा विवाह, जन्म आदि के समय पर बनाए जाने वाली मंगल चित्रों जैसे सतिया, मंडन, सांझी इत्यादि उन्हीं के कार्य हैं।

लोक चित्र

हरियाणा की लोकला किसी निर्जन राह पर खिलने वाले फूल की भाँति है, जिसमें बगीचे की सी चमक दमक तो नहीं होती परन्तु वहाँ से गुजरने वाले पथिक को जीवनपर्यंत न भूलने वाला आह्लाद प्रदान करता है।

हरियाणा को ग्रामीणों, विशेषतः जाटों की भव्य व सुदृढ़ चौपालों व हवेलियों की सामने वाली चूना पुती दीवारों पर पक्के व प्राकृतिक रंगों के चित्र व उत्कृष्ट उत्कीर्णन युक्त लकड़ी के द्वारों पर मोरनियों से घिरे नृत्य करते मोर, दौड़ते हिरनों के झुंड, संघर्षरत सांड और हाथी, मल्लयुद्ध रत मल्ल, बल्लम से खूंटी उखाड़ता घुड़सवार इत्यादि के चित्र एक मनमोहक दृश्य प्रस्तुत करते हैं। बहुधा व्यक्ति दीवारों पर बने इन चित्रों यथा खेत में हल जोतता किसान, घोड़े की पीठ पर सवार ढोल वादक तथा अलंकृत रथ के पीछे चलती बारात, रंगे-बिरंगे परिधानों में सजी महिलाएँ, कुएँ पर पानी खींचती, दही बिलोती, चर्खा चलाती, झूला झूलती महिलाएँ, सतिया (स्वास्तिक) तथो ओऽम् के चित्र तथा चौपाल-हवेली की छत पर मोर आकृति का मौसम-सूचक का दृश्य सामान्य है। रोहतक तथा जींद जनपदों के जाट गाँवों में पुरानी चौपालों पर भगवान शिव और पार्वती, राधा और कृष्ण अपनी वंशी तथा गउओं के साथ, राम और सीता तथा उनके चरणों में शीश झुकाए हनुमान, मीन की आँख बेधते अर्जुन, शिव धनुष भंग करते राम, गीता, महाभारत और रामायण के उपदेश-चित्र देखकर सुखद आश्चर्य की अनुभूति होती है। हवेली तथा चौपालों पर बने ये रंगचित्र निस्संदेह हिन्दू पौराणिक कथाओं तथा ग्रामवासियों के दैनिक जीवन की देहाती कल्पना का सुखद संयोजन प्रस्तुत करते हैं।

इन लोक कलाओं को 'निष्कपट दृष्टि' का उत्पाद कहा जा सकता है तथा यह निष्कपट दृष्टि अब विलुप्त हो रही है। इसके विलुप्त होने का कारण केवल उद्योगीकरण नहीं बल्कि सामाजिक प्रथाओं का परिवर्तन, पहल का अभाव तथा चीजों में विशिष्ट रुचि की कमी भी है। जैसे-जैसे ग्रामीण क्षेत्रों का शहरीकरण हो रहा है वैसे ही ग्रामीण शिल्पकार विलुप्त होते जा रहे हैं तथा उनके साथ पुरानी लोकप्रिय

कला को जीवनदायिनी डिजाइन एवं अलंकरण की विशिष्टता भी समाप्त हो रही है। इसे कृत्रिम तरीकों से जीवित नहीं किया जा सकता है तथा ऐसा करना मूल परंपरा का विरोध होगा।

इन प्रयासों की आवश्यकता भारत के अन्य राज्यों की अपेक्षा हरियाणा और पंजाब में अधिक स्पष्ट है।

पारंपरिक कला में सांझी देवी

अनेक उत्सवों तथा पारंपरिक आयोजनों के अवसर पर, पारंपरिक हरियाणवी घरों को महिलाओं द्वारा गारे और गोबर से लीपा जाता है तथा उस पर विभिन्न डिजाइन तथा आकृतियाँ बनाई जाती हैं। नवरात्र उत्सव के दौरान सांझी देवी की पूजा भी ऐसा ही एक महत्वपूर्ण अवसर है जब हरियाणा, पूर्वी पंजाब, पश्चिमी उत्तर प्रदेश तथा राजस्थान में देवी की प्रतिमाएँ बनाई जाती हैं।

सांझी देवी की मूर्ति बनाने के लिए दीवार के एक भाग को ताजा गारे से लीपा जाता है। तब महिलाएँ उस पर गोबर से देवी का मूल रूप बनाती हैं फिर उस पर मिट्टी से बनी भिन्न आकार एवं आकृति की टिकलियाँ लगाई जाती हैं तथा देवी की अमूर्त छवि का सृजन किया जाता है। मिट्टी की इन टिकलियों को आमतौर पर चटख रंगों संतरी, लाल तथा पीले रंग से रंगा जाता है।

इस मूर्ति को महिला वर्ग की कल्पना के अनुसार मनकों, कौड़ियों, घंटियों, मोरपंखों तथा चूड़ियों एवं आभूषणों से अलंकृत किया जाता है।

लेकिन शुद्ध रूप से लोक कला होने के कारण सांझी देवी की कोई भी दो मूर्तियाँ एक जैसी नहीं होती हैं तथा असंख्य रूपों में सृजन लोक कला की सच्ची विशेषता भी है। सिर से पांव तक आभूषणों से अलंकृत सांझी देवी स्वयं महिलाओं की प्रतिकृति होती है तथा अलग-अलग क्षेत्रों में सांझी देवी के आभूषण उस क्षेत्र की महिलाओं द्वारा धारण किए जाने आभूषणों से मेल खाते हैं। इस संदर्भ में देवी आकृति भौतिक यथार्थ और अवधारणात्मक कल्पना दोनों को दर्शाती है। नौ दिन तक पूजा करने के बाद दशहरे के इस मूर्ति को विसर्जित कर दिया जाता है।

पारंपरिक अलंकरण

अन्य अनेक अवसरों पर घर को डिजाइनों तथा आकृतियों से सजाया जाता था। यह कार्य महिला वर्ग द्वारा किया जाता था। ऐसी सजावट के मामले में गुड़गांव जनपद अग्रणी जनपद था। एच. ए. रोज ने महिलाओं के सृजनशीलता के इन अवसरों का उल्लेख किया है। ये अवसर हैं :—

(1) सोलोनो– सोलोनो के दिन घर की दीवार पर लाल रंग से एक आकृति बनाई जाती थी। जिसे सोना कहा जाता था। इसको श्रवण तारापुंज का प्रतीक माना जाता था तथा इसको मिठाइयाँ अर्पित कर पूजा की जाती थी।

(2) नाग पंचमी–भादों महीने के शुक्ल पक्ष का पांचवा दिन अर्थात् नाग पंचमी के दिन घर की दीवार पर सर्प देवता (अपने निवास में) की प्रतीक काले रंग की एक आकृति बनाई जाती थी।

(3) कार्तिक एवं दीवाली– बनिया और ब्राह्मण लोग घर की दीवार पर एक जटिल आकृति रेखांकित करते थे। यह कार्तिक मास के शुक्ल पक्ष के चौथे दिन प्रारंभ तथा आठवें दिन समाप्त किया जाता था। पहले भाग को सैन कहा जाता था जो भगवान श्री कृष्ण की सखी राधा का प्रतीक था। अष्टमी के दिन मिठाइयों द्वारा इसकी पूजा की जाती थी। इसका दूसरा भाग अमावस्या कहा जाता था तथा इसकी पूजा दीवाली के दिन दोपहर के समय चावल और दूध से की जाती थी जो बाद में ब्राह्मण को दिए जाते थे। तीसरा भाग वैभव की देवी लक्ष्मी का प्रतीक था जिसकी पूजा दीवाली की आधी रात को सिक्कों द्वारा की जाती थी।

(4) स्वास्तिक– सौभाग्य का प्रतीक माना जाता है तथा घरों तथा पशु बाड़े में बहुधा उकेरा जाता है। यह परिवार तथा पशुओं को बुरी नजर से बचाता है।

(5) देव-उठान– कार्तिक में देव उठान के दिन देवगण निद्रा से जागते हैं, इस दिन घर के आंगन में एक आकृति बनाई जाती है तथा फलों एवं ऋतु की सब्जियों से उसकी पूजा की जाती है। घर की महिलाएँ एक ब्राह्मणी को बुलाकर छाज पीटते हुए गीत गाती हैं। माना जाता है कि ऐसा करने से देवगण निद्रा का त्याग कर जाग जाते हैं।

(6) नारायन– नारायन के दिन घर की दीवारों पर आकृतियों के ऊपर सफेद रंग की बिंदियाँ समानान्तर पंक्तियों में लगाई जाती थीं तथा पशुओं एवं पक्षियों की आकृतियाँ भी बनाई जाती थीं।

विवाह के अवसर पर रथ तथा अन्य आकृतियाँ घरों की दीवार पर बनाने की प्रथा पूरे हरियाणा में प्रचलित है। गुड़गांव जनपद में परिवार के पुरुष सदस्य के विवाह के अवसर पर विवाह से कई दिन पूर्व दीवार से बंधे एक मिट्टी के पात्र से ढके बिनायक अथवा बिन्दायक भगवान की आकृति बनाई जाती है तथा रोज उसकी पूजा की जाती है ताकि घर तथा आयोजन विघ्नरहित रहे।

गूगा नवमी के अवसर पर महिलाएँ अपने तवे से कालिख लेकर दीवारों पर सर्प तथा घुड़सवार की प्रतीक आकृतियाँ बनाती हैं।

मिट्टी में लोक कला

हरियाणा के ग्राम्य जीवन में प्लास्टिक, पॉटरी या सिरेमिक्स में विशेष रुचि नहीं रखते हैं, परन्तु वहाँ की महिलाऐं अपने बच्चों के लिये खिलौने के रूप में मिट्टी की गुड़िया, गाड़ी, हाथी-घोड़े, गाय-बैल आदि बनाती हैं तथा उर्वरता व नव जीवन के प्रारम्भ की देवी "सांझी देवी" की मूर्ति अपने धर के चौक की दीवारों पर स्थापित करती हैं। ये मूर्तियाँ मोहनजोदड़ों व हड़प्पा की खुदाई में मिली टेरोकोटा की मूर्तियों जैसी होती हैं। कहीं-कहीं उनकी हवेली की दीवार पर लाल व काली दग्ध अलंकृत ईंटों में चौपड़ तथा शतरंज, बौदकुआ तथा चक्रव्यूह की जटिल पहेलियाँ भी देखी जा सकती हैं।

यह सृजनशीलता हरियाणा, पंजाब तथा हिमाचल प्रदेश के ग्रामों में घरों की दीवारों पर मिट्टी की सजावटी कृतियों में अधिक स्पष्ट है। दीवारों के समक्ष उभार में ज्यादातर पशुओं के माडल बने दिखाई देते हैं जो आमने-सामने अथवा विपरीत दिशा में मुँह किए होते हैं। उनके मुखों से बनने वाली आकृति मिट्टी का दीया रखने के काम आती है। हरियाणा तथा पंजाब के गांवों में रसोई घर अक्सर घर में आंगन के एक कोने में होता है तथा एक नीची जालीदार कच्ची दीवार पर्दे का काम करती है। यह जाली इस प्रकार बनाई जाती है कि इसके ऊपर पशु, पक्षियों की आकृतियाँ बनाई जाती हैं। कई बार ये आकृतियाँ अलग से बनाकर दीवार में लगा दी जाती हैं। तथापि, उत्कीर्ण किए गए ये नमूने तथा आकृतियाँ मिट्टी के आधार पर ही बनाए जाते हैं। दीवार की सतह पर त्रिभुजाकार तथा अर्द्धवृत्ताकार आकृतियाँ बनाई जाती हैं। आंगन की एक दीवार में एक गहरा आला बनाया जाता है जो उपलों की आंच में दूध गर्म करने के लिए भट्टी का काम करता है।

इन आलों पर विविध अलंकरण कार्य देखा जा सकता है। भट्टी के गोलाकार मुँह के किनारों पर गोलाकार सजावटी पत्तियाँ और सबसे ऊपर एक मुर्गा बनाने का चलन सबसे अधिक लोकप्रिय है। मुँह के आधार पर उलटे त्रिभुज की आकृति बनाई जाती है। संलग्न तल पर मुर्गे, कुत्ते आदि पशु पक्षियों की आकृति बनाई जाती है जो एक दूसरे के सामने खड़े दिखाई देते हैं। भट्टी के मुँह के निकट दो छेद होते हैं जो अतिरिक्त हवा आने तथा धुआँ निकलने के लिए होते हैं। इनके ऊपर भी गोलाकार बेल बूटों की सजावट की जाती है। इन छेदों के निकट स्वास्तिक का चिन्ह भी बनाया जाता है।

यद्यपि असंख्य प्रकार के नमूनों से सजावट की जाती है, लेकिन सृजनात्मक अलंकरण की देसी भावना यहीं अपने सर्वश्रेष्ठ रूप में दिखाई देती है। हरियाणा तथा पंजाब के गाँव ऐसी सजावट से भरे पड़े हैं। वस्तुतः जीवन में लालित्य और रंग भरने हेतु यह कृषक वर्ग की सृजनात्मक अभिव्यक्ति है।

मूर्तिकला

विगत काल में अन्य कलाओं की भांति मूर्तिकला भी एक बार हरियाणा में समृद्ध अवस्था में थी। हरियाणा में मूर्तिकला मौर्यकाल से हर्षवर्धन के शासनकाल तक फलफूल रही थी। लेकिन मुस्लिम आक्रान्ताओं के आगमन से हरियाणा के मूर्तिकला विकास को गहरा आघात लगा था। यद्यपि मुस्लिम आक्रान्ताओं ने हरियाणा में मूर्तिकला के उल्लेखनीय प्रतिमानों को नष्ट करने में कोई कोर कसर बाकी नहीं रखी थी, फिर भी उन्हें शत प्रतिशत सफलता नहीं मिल सकी। आज भी पूरे हरियाणा में भारी संख्या में मूर्तियाँ धरती के नीचे दबी पड़ी हैं। कुरुक्षेत्र, पेहोवा, भिवानी, पिंजौर, महेन्द्रगढ़, गुड़गांव, सिरसा, सोनीपत तथा हांसी के क्षेत्रों में भारी संख्या में महत्वपूर्ण मूर्तियाँ प्राप्त हुई हैं।

भारत की अन्य कलाओं की तरह मूर्तिकला भी प्रसंग तथा विकास की दृष्टि से धार्मिक आधार लिए थी। यही कारण है कि हरियाणा में पाई गई अधिकांश मूर्तियाँ हिन्दू देवताओं की हैं। इनमें से कुछ मूर्तियाँ निस्संदेह मूर्तिकला के सराहनीय प्रतिमान हैं जो विभिन्न कालों से संबंधित हैं। कुरुक्षेत्र से विष्णु की एक दुर्लभ मूर्ति पाई गई है। संभवतः हरियाणा से मिली, सृष्टि के पालक भगवान विष्णु की शेषशायी मुद्रा की यह सर्वप्रथम मूर्ति है। यह एक वस्तुतः सुंदर एवं उल्लेखनीय उत्कृष्टता युक्त मूर्ति है जिसमें चतुर्भुज कुण्डली मारे आदिशेष अथवा अनंतनाग पर रुचिर-विश्राम की मुद्रा में हैं। शैली के आधार पर यह मूर्ति 10-11वीं सदी से संबंधित है। महेन्द्रगढ़ जनपद के बाबल से विष्णु के पंचम अवतार वामन की पीले बलुआ पत्थर की अद्भुत और सुन्दर मूर्ति मिली है।

विष्णु के वामन रूप की यह मूर्ति न केवल हरियाणा अपितु सम्पूर्ण उत्तरी क्षेत्र की एकमात्र ज्ञात मूर्ति है। शैली के आधार पर यह मूर्ति 10-11वीं सदी से तथा कला की मथुरा शैली से संबंध रखती है। विष्णु के तृतीय अवतार वराह की मूर्ति, जो पिंजौर के भीमा देवी मंदिर से प्राप्त हुई है अपनी क्षीण आकृति, मधुर प्रतिदर्शन तथा सुन्दर अलंकरण की दृष्टि से सचमुच अद्वितीय है। यह हरे बलुआ पत्थर से निर्मित है तथा 10-11वीं सदी से संबंधित है। पेहोबा में प्राची शिव मंदिर में भगवान ब्रह्मा की वास्तव में उल्लेखनीय एवं सुंदर मूर्ति है जिसमें ब्रह्माजी कमल के आसन पर विराजमान हैं। उत्कृष्ट अभिव्यक्ति, उत्कीर्णन का कौशल इस मूर्ति को प्रतिहार कला की श्रेष्ठकृति बना देता है। पीले बलुआ पत्थर में महिषासुरमर्दिनी की मूर्ति जो सिरसा से मिली है अपनी शैली और बनावट के आधार पर मूर्तिकला का सुन्दर नमूना है। यह मूर्ति 10वीं सदी की उत्तरी भारत की प्रतिहार कला का प्रतिनिधित्व करती है। रोहतक जनपद के बेरी गांव से प्राप्त हरि-हर की सुंदर प्रतिमा दो महान

देवों विष्णु (हरि) तथा शिव (हर) का संयोजन प्रस्तुत करती है। पीले बलुआ पत्थर पर बायीं ओर सृष्टि के पालनहार विष्णु की प्रतिमा है तो दायीं ओर महाकाल भगवान शिव की प्रतिमा है। विष्णु और शिव का संयोजन दिक्काल का संयोजन है।

पिंजौर में भीमा देवी मंदिर के भग्नावशेषों से मिली लक्ष्मी-नारायण की अलंकृत प्रतिमा 10-11वीं सदी की मूर्तिकला से संबंधित एक दुर्लभ मूर्ति है। राज्य के विविध स्थानों से अनेक उल्लेखनीय मूर्तियाँ प्राप्त हुई हैं तथा योग नारायण, त्रिमूर्ति, नटराज, शिव, उमा, गणेश, महेश्वर, कार्तिकेय, सूर्य, ब्राह्मिनी, गरुड़, एकनमाशा अग्नि, यम, कुबेर और यक्ष इत्यादि। यहाँ पाई गई अधिकांश मूर्तियाँ 7-12 वीं सदी के बीच की हैं। ये सभी मूतियाँ पीले बलुआ पत्थर तथा सलेटी बलुआ पत्थर की बनी हैं तथा कला की गुर्जर प्रतिहार शैली का प्रतिनिधित्व करती हैं। तथापि, कुषाण और गुप्त काल की भी कुछ मूर्तियाँ राज्य में पाई गई हैं। हिन्दू देवताओं की मूर्तियों के अतिरिक्त जैनधर्म से संबंधित जिनो की खंडित प्रतिमाएँ पिंजौर में कबीर चौरा में पाई गई हैं। रोहतक जनपद में अस्तल बोहर से प्राप्त 8-9 वीं सदी की प्रतिहार शैली की कुछ उल्लेखनीय मूर्तियाँ मिली हैं। ये सब मूर्तियाँ बलुआ पत्थर की हैं। इनमें बलराम, जैन तीर्थंकर, पार्श्वनाथ, जैनलक्ष्मी, शिव-पार्वती, तथा गणेश की मूर्तियाँ उल्लेख के योग्य हैं। शिव-पार्वती, तथा लक्ष्मी की प्रतिमाओं में बारीक घुमाव और उत्कृष्ट नक्काशी की गई है। रोहतक जनपद में झज्जर से प्राप्त व्याख्यान मुद्रा में कमलासन पर पालथी मारे विराजमान बुद्ध की सलेटी बलुआ पत्थर में मूर्ति पट्ट वास्तव में उल्लेख योग्य तथा दुर्लभ हैं। यह मूर्ति गांधार कला शैली की है तथा 1-4वीं ईस्वी सदी से संबंधित प्रतीत होती है।

काष्ठ उत्कीर्णन

हरियाणा तथा पंजाब में की जाने वाली लकड़ी की नक्काशी का उपयोग धार्मिक और सम्प्रदायिक वास्तुकला से जुड़ा था। भवनों के प्रवेश के अग्रभाग विशेषतः ऐसे काष्ठ उत्कीर्णन से सुसज्जित एवं अलंकृत किए जाते थे।

प्राचीन काल में दरवाजों पर विशेष ध्यान दिया जाता था। पर पूर्ण संतुलन में की जाती थी।

कभी-कभी इनमें विकल्प रूप में सजावटी फ्रेम के रूप दिए जाते थे तथा मध्य स्थान में समृद्धि तथा सफलता के प्रतीक गणेश की मूर्ति बनाई जाती थी, जो अधिकांश हिन्दुओं के दरवाजों पर देखी जा सकती थी। लाहौर शहर की तंग गलियों में ऐसी सजावट के अनेकानेक उदाहरण थे, जो बारीक तथा गहरी नक्काशी के शानदार नमूने थे। गणेश की मूर्ति से अलंकरण के अतिरिक्त सरदल को अधिक

प्रभावशाली बनाने के प्रयास में सरदल बनाए ही नहीं जाते थे। पूरे सरदल को कई भागों में विभाजित किया जाता था तथा विभाजन के लिए अलंकृत काष्ठ चित्रवल्लरियों का उपयोग किया जाता था। मध्य पट पर गणेश की मूर्ति तथा पार्श्व पटों पर हिन्दू देवताओं यथा शिव, पार्वती, विष्णु, लक्ष्मी, राधा, कृष्ण, दुर्गा तथा सूर्य देव की छवि उत्कीर्ण की जाती थीं। सभी देवता लघु मंदिर का रूप स्तंभों पर आधारित छतरी के नीचे पुष्पासन पर विराजमान दर्शाए जाते थे। सबसे नीचे उनके वाहन पशु अथवा पक्षी दर्शाए जाते थे जिन पर देवगण अपनी यात्रा करते थे।

अलंकरण प्रभाव को और अधिक प्रभावशाली बनाने के लिए प्रत्येक छत्र के शीर्ष पर दो और (एक दूसरे के विपरीत) उत्कीर्ण किए गए थे। सभी देवी देवताओं की छवि उनके सामान्य साज-सामान के साथ उत्कीर्ण की गई थीं। उत्कीर्ण की गई मूर्तियों की संख्या गणेश के एकल मूर्ति से लेकर चौदह अथवा अधिक भी थीं। कहीं-कहीं बाला तथा मरदाना के साथ गुरु नानक देव और घोड़े की पीठ पर सवार गुरु गोबिंद सिंह की मूर्तियाँ भी देखी गई हैं। महाभारत और रामायण के चुनिंदा भाग भी नक्काशी के रूप में देखने को मिलते हैं। फिरोजपुर जनपद में एक जैन घर के द्वार पर ऊपर गणेश की मूर्ति तथा नीचे जैन देव की मूर्ति उत्कीर्ण देखी गई थी। यह उत्कीर्णन इतनी गहराई लिए हुए था कि कभी-कभी ऐसा प्रतीत होता था कि यह भाग अलग से उत्कीर्ण कर आधार पर स्थापित किया गया है।

झांग जनपद में चिनियट काष्ठ उत्कीर्णन का केन्द्र था जहाँ काष्ठकार अधिक परिष्कृत तथा वास्तुकला के अनुरूप श्रेष्ठ कृतियाँ तैयार करने के लिए शीशम की लकड़ी का उपयोग करते थे। शाहपुर जनपद में भेड़ा इस कला का अन्य महत्वपूर्ण स्थान था, जहाँ इस प्रकार की नक्काशी का काम देवदार की लकड़ी पर किया जाता था।

यद्यपि ये दो स्थान श्रेष्ठ काष्ठकला तथा उत्कीर्णन हेतु अधिक प्रसिद्ध थे, लेकिन राज्य में शायद ही कोई ऐसा स्थान था जहाँ इस प्रकार की नक्काशी के उत्पाद तैयार नहीं किए जाते थे। लाहौर, अमृतसर, बटाला, होशियारपुर, जीरा, समाना, सुनाम, हिसार तथा रोहतक में श्रेष्ठ काष्ठकार उपलब्ध थे। रोहतक बढ़िया नक्काशी के दरवाजों तथा चौखटों के लिए प्रसिद्ध था।

इन कलाकारों को, अति प्राचीन काल से, काष्ठ उत्कीर्णन की यह कला पीढ़ी दर पीढ़ी विरासत में मिल रही थी। ऋग्वेद तथा अनुवर्ती साहित्य, विशेषतः शिल्पशास्त्रों में प्राचीन भारत की काष्ठकला का सविस्तार विवरण दिया गया है। चम्बा के निकट ब्राह्मोर स्थित काष्ठ मंदिर, जो आज भी काफी अच्छी हालत में है, उत्तर भारत के काष्ठ उत्कीर्णन कला की उच्च्च गुणवत्ता का प्रमाण है। दुर्भाग्य से हरियाणा और पंजाब में अन्य कई देसी शिल्पों की भांति वास्तु काष्ठ उत्कीर्णन का शिल्प भी विलुप्त हो चुका है।

9

नृत्य

भारत के अन्य राज्यों के विपरीत हरियाणा में शास्त्रीय नृत्य की समृद्धि की कोई परंपरा नहीं रही है। गरीबी में डूबे होने, शिक्षा के अभाव, लगातार विदेशी आक्रान्ताओं के हमले और बाद में अंग्रेजों की पराधीनता में हरियाणा के पारंपरिक योद्धाओं को नृत्य एवं संगीत की गतिविधियाँ हास्यास्पद प्रतीत होती थीं।

यहाँ केवल लोक नृत्य समृद्ध हुए, जो अधिकांशतः महिलाओं द्वारा किए जाते थे। स्वांगों के दौरान किए जाने वाले लोक नृत्यों में संगीत तथा नृत्य नाटकीय कथाक्रम का भाग हुआ करते थे। पौराणिक कथा, प्रेम कहानी धार्मिक प्रसंग, अथवा वीरगाथा की अभिव्यक्ति के लिए लोक कलाकार शास्त्रीय कथक और भरतनाट्यम के कुछ तत्वों का उपयोग अवश्य करते थे। लेकिन ठेठ देहाती दर्शकवर्ग की खातिर सरलीकरण की प्रक्रिया में दोनों उत्कृष्ट शास्त्रीय नृत्य समाप्त हो गए। कभी एक समय में वाराणसी के ब्राह्मण यायावर देश में ग्रामीण लोगों को अनुकरणीय प्रसंगों से जोड़ने के लिए कथक नृत्य का उपयोग करते थे। ये ब्राह्मण वाराणसी तथा अयोध्या के मंदिरों में भगवान की मूर्तियों के समक्ष अपने शुद्ध प्रेम एवं भक्ति के अभिव्यक्ति कथक के रूप में करते थे।

समय के चक्र के साथ कत्थक अवध पहुँचा। नवाब वाजिद अली शाह के संरक्षण में कत्थक नृत्य में अनेक परिवर्तन हुए, जो अवनति की दिशा में थे। नवाब द्वारा कत्थक का उपयोग धार्मिक उद्देश्य के लिए न किया जाकर ठुमरी के साथ संयोजन में घटिया मनोरंजन के लिए किया जाता था। स्वतंत्रता प्राप्ति के पश्चात लखनऊ घराना जयपुर घराना तथा रायपुर घराना के सद प्रयासों से कत्थक समृद्ध होकर अंतरराष्ट्रीय ख्याति के शीर्ष पर पहुंच गया।

जहाँ तक हरियाणा के लोक साहित्यकारों तथा कलाकारों का संबंध है, कत्थक का उपयोग लोक रुचि की कथा वर्णन के लिए किया जाता है। रस नृत्य में कलाकार अपने पांवों तथा टांगों में घुंघरु बांधकर सितार, बांसुरी तथा अन्य वाद्यों की धुन के साथ तबले की थाप पर नृत्य करता है। लेकिन जैसा कि पहले बताया जा चुका है, इसमें शुद्धता का अभाव होता है।

वैसे भी, खुशी के समय जब मानव भावनाएँ संगीत के रूप में छलकती हैं तो व्यक्ति के पैर उसके उल्लास भाव के अनुरूप पदचाप करने लगते हैं। बहुधा प्रत्येक क्षेत्र की अपनी विशिष्ट धार्मिक, सांस्कृतिक और भौगोलिक परिस्थिति के आधार पर विशिष्ट शैली में ढला नृत्य होता है। नृत्य सभी वर्गों तथा समाज-अमीर, गरीब, शिक्षित, अशिक्षित, ऊंचे, नीचे, उन्नत, पिछड़े सभी के जीवन में महत्वपूर्ण स्थान रखता है। संगीत की भांति नृत्य भी हरियाणा की जनता के जीवन का अभिन्न अंग है। पुत्र-जन्म, फसल बोना, फसल काटना, दशहरा, दीवाली, बसंत, होली आदि ऐसे अवसर हैं जब हरियाणा वासी झूमकर नृत्य करते हैं तथा अपने उल्लास की भावनाओं को अभिव्यक्ति देते हैं। हरियाणा एक कृषि प्रधान राज्य है, तथा यहाँ के लोगों की समृद्धि कृषि पर निर्भर है। इसीलिए हरियाणा के मेले और उत्सवों का कृषि से गहरा सम्बन्ध है। राज्य के अधिकांश नृत्य भी ऋतुओं और कृषि से संबंधित हैं। उत्सव आयोजनों के अवसर पर अपनी आंतरिक खुशी को प्रकट करने के लिए नृत्य किया जाता है। हरियाणवी लोग अपने नृत्य की प्रेरणा खुले मैदानों, हरे भरे खेतों, ऋतु परिवर्तन, सामाजिक उत्सवों तथा युद्ध विजय से प्राप्त करते हैं।

पेशेवर दलों के नृत्य और लखमी चन्द्र

हरियाणा में लोक कलाकारों ने अपने प्रदर्शन में जीवन के मनोवैज्ञानिक, सामाजिक तथा आध्यात्मिक पक्षों का सुन्दर संयोजन प्रस्तुत किया है।

यदि लोक कलाकार लखमी चन्द को औपचारिक शिक्षा अपने समकालीन व्यक्तियों की भांति मिली होती तो संभवतः वह प्रेम-काव्य तथा भक्ति प्रसंगों में अधिक पूर्णता प्राप्त कर सकते थे। लखमी चन्द की कविता में प्रत्येक शब्द हरियाणा की ग्रामीण बोली से लिया गया है। तदपि उनके काव्य की आलोचना काव्यात्मक रचना तथा संगीत की लयबद्धता की आधार पर नहीं की जा सकती है। लखमी चंद की रचनाओं में सुरों का माधुर्य, लय का सौन्दर्य उत्कृष्ट था एवं उच्च कोटि का था। लोक साहित्यकार की महानता काव्यात्मक प्रतिभा की लोक भाषा में अभिव्यक्ति ललित कलाओं, प्रकृति के सौन्दर्य, सामाजिक जीवन और गहन मानवीय भावनाओं पर टिकी होती है। एक अशिक्षित लोक कलाकार लखमी चंद को कभी इसका अहसास नहीं था कि वह प्राचीन वैदिक ज्ञान, संगीत, काव्य, नृत्य तथा मंच प्रदर्शन आदि गुणों का भंडार है। इतने गुण एक व्यक्ति में होना एक अति दुर्लभ बात होती है। उनके द्वारा पद्य रूप में लगभग बीस सांगों की रचना की गई, लगभग एक हजार रागिनी और भजनों की भी रचना की गई थी। उनके द्वारा उत्तर भारत के रंगीन लोक-संगीत में लगभग दो सौ लोक धुनों के समृद्ध कोष रूप में योगदान दिया गया है।

उनके प्रयासों से मंच प्रदर्शन की गुणवत्ता अपनी पराकाष्ठा पर पहुंच गई थी। ऐसा प्रतीत होता है कि यदि लखमी चंद ने अपनी लोकप्रियता तथा प्रसिद्धि को अपने सिर चढ़ा लिया होता तो वह एक कवि, अभिनेता, नर्तक, संगीतकार के रूप में इस उच्च कोटि की दक्षता हासिल नहीं कर सकते थे। स्वानुभूति तथा पृथ्वी पर जीवन के आत्मसातीकरण से ही व्यक्ति महान बनता है न कि जटिल शिक्षा की औपचारिक प्रक्रिया के माध्यम से।

लोकनृत्य

हरियाणा में दो प्रकार के लोकनृत्य हैं (1) सामाजिक नृत्य तथा (2) पारम्परिक नृत्य। सामाजिक नृत्य, जिनकी संख्या अधिक है, में फसल कटाई के पश्चात् की प्रसन्नता अथवा पुत्र जन्म इत्यादि के समारोह के अवसर की प्रसन्नता की अभिव्यक्ति होती है। ये सामान्यतः समूह नृत्य होते हैं, जो सादा और सरल होते हैं। दूसरे प्रकार के नृत्य धार्मिक आयोजनों के अवसर पर किए जाते हैं। दोनों प्रकार के निम्नलिखित नृत्य महत्वपूर्ण हैं :–

छठी नृत्य

उत्तेजना और रोमांच से भरा यह नृत्य पुत्र के जन्म के छठे दिन महिलाओं द्वारा लोकगीतों के साथ किया जाता है। डोमनी अथवा संगीत वाद्य जैसे ढोलक अथवा मटका इत्यादि की जानकारी रखने वाली गांव की कोई अन्य महिला नृत्य के लिए ताल देती है। नृत्य के पश्चात् बांकली अथवा उबले चने और गेहूं वितरित किए जाते हैं।

खोरिया नृत्य

यह नृत्य पुत्र-विवाह के अवसर पर किया जाता है। गांव, मोहल्ले के पुरुष वर्ग के बारात में जाने (वधू के गांव) के पश्चात् गांव की महिलाएं ढोलक और मटके की ताल पर, रात के समय, नाच गा कर उल्लास और हर्ष की अभिव्यक्ति करती हैं। नृत्य के पश्चात् सभी उपस्थित महिलाओं के बीच बांकली बांटी जाती हैं। यह झमर की तरह का नृत्य है। यह नृत्य हरियाणा के मध्य क्षेत्र में लोकप्रिय है।

लोकगीत गाती लड़कियां नृत्यस्थल पर प्रवेश कर एक गोल घेरा बना लेती हैं। सोने के काम वाला लहंगा तथा रंगीन चुंदड़ी तथा भारी देहाती आभूषणों की चमक और छनछन के साथ नर्तकी लड़कियों का सादा अंग संचालन एक उल्लासपूर्ण वातावरण सृजित कर देता है। गोल घेरे में से दो या तीन जोड़ों का निकलना और

घेरे के केन्द्र में पहुंचकर एक दूसरे की आड़ी बांहें थामें एड़ियों पर घूमते हुए नृत्य करना घंटों तक चलता रहता है।

होली नृत्य

अति उल्लास का यह नृत्य बसंत के ऋतु उत्सव से संबंधित है। इस अवधि में ग्रामीण समुदाय अपने कृषि कार्यों से निपटकर थोड़ा आराम करता है तथा उल्लसित होता है। यह नृत्य ढोल और अन्यबाद्यों की ताल पर विविध रूपों में किया जाता है। इस नृत्य में पुरुष एवं महिलाएं दोनों भाग लेते हैं।

ढोल, झांझ, चिमटा, खड़ताल तथा थाली और नर्तकों के पैरों में बंधे घुंघरू ताल सृजन करते हैं। नर्तक दल एक दूसरे पर अबीर, गुलाल तथा रंगीन पानी में घुले रंगों का छिड़काव करते हैं। नृत्य के साथ चौपाइयां तथा चौम्बौला गाए जाते हैं जो घंटों तक चलता है। महिलाएं अपने साथियों की बनावटी पिटाई के लिए बटी हुई रस्सी का कोड़ा बनाकर लाती हैं।

पुरुष अपना छिछोरापन प्रदर्शित करने के लिए महिला पोशाक धारण कर महिलाओं जैसा नृत्य करते हैं। इस अवसर पर पुरुष अतिथि को भी नहीं बख्शा जाता है। यह नृत्य फरीदाबाद, पलबल तथा बल्लभगढ़ में लोकप्रिय है तथा अन्य क्षेत्रों में भी विद्यमान है।

फूल सिंह वहाँ एक दैत्य को मारने में सफल हुआ तथा पुरस्कार स्वरूप नौटंकी के साथ उसका विवाह हो गया। वह पूर्व आनंद और उल्लास के साथ अपने घर वापस आ गया।

जानी-चोर

राजकुमार सुल्तान, गोधू जाट, भौम सिंह बंजारा तथा जानी चोर घनिष्ठ मित्र थे। वे सभी मिलकर सुल्तान की पोषक भगिनी के भतीजे के विवाह समारोह में भाग लेने के लिए जा रहे थे। वे रात्रि के समय विश्राम हेतु नदी तट पर रुक गए। सुल्तान को नदी में बहकर आ रहे बाँस के गठ्ठर में एक पत्र मिला।

उस पत्र को पढ़कर सुल्तान को पता चला कि आदिल खान नाम के एक पाशविक पठान ने राजकुमारी महकदे को जबरन अपनी कैद में रखा हुआ है। तथा वह राजकुमारी के साथ जबर्दस्ती विवाह करने के लिए दबाव डाल रहा है। राजकुमारी ने पत्र को पढ़ने वाले से अपने सम्मान की रक्षार्थ प्रार्थना की थी। सुल्तान स्वयं महकदे को उस पाशविक पठान के पंजों से छुड़ाने हेतु उद्यत हो गया।

छड़ी नृत्य

हरियाणा के वासी गूगा पीर को बहुत सम्मान और श्रद्धा की दृष्टि से देखते हैं। भादों में जन्माष्टमी के अगले दिन उनकी विशेष पूजा की जाती है। इस अवसर पर पीर के भक्त एक छड़ी अथवा पीर का ध्वज बनाते हैं। एक लम्बा बाँस लेकर लाल कपड़े से आवृत्त किया जाता है जिस पर गोटा की सजावट, मोर पंख तथा हाथ के पंखों जैसी चीजें बाँधी जाती हैं। यह ध्वज एक खुले स्थान पर ले जाकर इसकी पूजा करने के पश्चात् इसके चारों ओर गोला बनाकर नृत्य एवं गायन किया जाता है। प्रारंभ में नृत्य सामान्य प्रकार का होता है, लेकिन समय के साथ-साथ ताल की गति बढ़ती जाती है तथा भक्तगण आश्चर्यजनक रूप से झूमकर नृत्य करते हैं। अर्द्धरात्रि के आसपास एक साधक लोहे की जंजीरें हाथ में लेता है तथा पूरी ताकत से अपनी पीठ पर वार करता है, यह नृत्य की पराकाष्ठा है। यह नृत्य केवल पुरुषों द्वारा किया जाता है।

रास लीला

यह नृत्य फरीदाबाद जनपद के ब्रज क्षेत्र में रहने वाले लोगों के बीच लोकप्रिय है। भगवान विष्णु के अनेक अवतार हुए हैं। उनका परम अवतार भगवान श्री कृष्ण हैं। ब्रज की गोपियाँ उनकी सच्ची भक्त हैं। कृष्ण ने उनको सर्वश्रेष्ठ मानव माना है। इन गोपियों में राधा सबसे सुन्दर थी, जिसे अपने सौन्दर्य तथा पुरुषों से बढ़कर होने पर गर्व था, अंततः भगवान श्री कृष्ण के परम आनंद को समर्पित हो गई। रासलीला आध्यात्मिक आनन्द का नृत्य है, जिसमें सर्वव्यापी भगवान स्वयं गोपियाँ हो जाते हैं और गोपियाँ भगवान का रूप हो जाती हैं। गोपियाँ भगवान श्रीकृष्ण के चारों ओर वृत्ताकार खड़ी होती हैं।

इस मंडलाकार नृत्य में गोपियों के कंगन, पायल और घुँघरू एक साथ मिलकर ताल के साथ संगत करते हुए ध्वनि करते हैं। गोपियाँ लालित्यपूर्ण ढंग से अंगसंचालन करते हुए तालबद्ध नृत्य करती हैं।

फाग नृत्य

यह एक ऋतु नृत्य है, जिसके माध्यम से किसान लोग अपने हर्ष और उल्लास को अभिव्यक्ति देते हैं। फरवरी-मार्च माह में फसल बोने तथा काटने के बीच उन्हें थोड़ा विश्राम का समय मिलता है। लहलहाती फसलों तथा मादक बसन्त के आगमन की मस्ती को ग्रामीण लोग गीत और नृत्य के माध्यम से व्यक्त करते हैं।

यह पुरुषों एवं महिलाओं का समूह नृत्य है। वे तालबद्ध होकर अपने हाथों, आँखों तथा पाँवों को मटकाते हुए नृत्य करते हैं। नृत्य में अंगसंचालन महत्वपूर्ण होता है, जिसके लिए श्रेष्ठ समन्वय की अपेक्षा होती है। महिलाएँ पारम्परिक रंगीन वस्त्र धारण करती हैं। इसमें पुरुष वर्ग विभिन्न रंगों की पगड़ियाँ धारण करते हैं। वे नृत्य और संगीत के मिश्रण प्राचीन दमाल शैली में नृत्य करते हैं। यह एक मिश्रनृत्य है लेकिन कभी-कभी केवल पुरुषों द्वारा किया जाता है। प्रत्येक नृत्य में गीत अलग होते हैं।

डफ नृत्य

डफ नृत्य भी फसल कटाई तथा बसंत से सम्बद्ध एक ऋतु नृत्य है। यह नृत्य किसानों के हर्ष भाव को प्रकट करता है। ग्राम समुदाय के सभी वर्गों के पुरुष एवं महिलाएँ इस नृत्य में भाग लेती हैं। संगीत के माधुर्य हेतु हरियाणावासी बाँसुरी, वीणा आदि का प्रयोग करते हैं। इस नृत्य में उपयोग किया जाने वाला डफ एक प्राचीन वाद्य है। गीत अवसर के सर्वथा उपयुक्त होते हैं। महिलाओं द्वारा धारण किए गए आभूषणों की ध्वनि भी संगीत वाद्यों का अंग बन जाती है।

धमाल नृत्य

धमाल नृत्य महाभारत काल का नृत्य है। यह गुड़गाँव जनपद के अहीरों में लोकप्रिय है। यह महेन्द्रगढ़ तथा झज्जर में भी लोकप्रिय है। यह नृत्य मानव की गहन भावनाओं पर आधारित है तथा फाल्गुन माह की चांदनी रातों में किया जाता है। इस समय धरती से कोहरे तथा धुंध की चादर उठ जाती है तथा बसंत छा जाता है।

नर्तक एक खुले स्थान पर एकत्रित होते हैं तथा एक वृत्त बना लेते हैं। वे धमाल की ताल पर नृत्य प्रारंभ करते हैं। नृत्य के दौरान गाए जाने वाले गीतों में प्रेम और परिश्रम के भाव की झलक होती है। इन गीतों में ग्रामीणों की आशा, अभिलाषा, प्रेम-कामना तथा हर्ष एवं पीड़ा की अभिव्यक्ति होती है। इस नृत्य में पंद्रह से बीस नर्तकों का समूह होता है। प्राचीन वाद्ययंत्र यथा सारंगी, बीन, ढोलक और खड़ताल इत्यादि का प्रयोग किया जाता है। सर्वप्रथम वादकगण पंक्ति बद्ध खड़े होकर लोक धुनें बजाते हैं। नृत्य प्रारंभ होने पर नर्तक वादकों के दाएँ-बाएँ से निकल कर नृत्य को आगे बढ़ाते हैं।

लूर नृत्य

लूर नृत्य हरियाणा का सुप्रसिद्ध नृत्य है। यह नृत्य होली के आसपास किया जाता है तथा इस क्षेत्र के बांगड़ भागों में अधिक लोकप्रिय है। दादरी क्षेत्र में 'लूर' शब्द का अर्थ 'लड़की' होता है। इस नृत्य में केवल लड़कियाँ भाग लेती हैं। नर्तकियाँ दो पंक्तियाँ बनाकर आमने-सामने खड़ी होती हैं। ये पंक्तियाँ अर्द्ध गोलाकार रूप में होती हैं। एक दल गाना प्रारंभ करता है। गीत की टेक इस प्रकार होती है : "तुम्हारी बहू को बेटी हुई है तथा हमारे यहाँ बेटे का जन्म हुआ है, क्यों न दोनों का विवाह कर दें"

इस गीत के साथ नृत्य प्रारंभ हो जाता है। कुछ देर तक इसी प्रश्न के इर्द-गिर्द नृत्य चलता है। अंततः प्रस्ताव स्वीकार कर लिया जाता है। विवाह के समय बेटे के माता-पिता द्वारा लड़की को दिए जाने वाले उपहारों को गीत के दूसरे विषय के रूप में प्रस्तुत किया जाता है। विवाह भी नृत्य के माध्यम से सम्पन्न किया जाता है। लड़की अपनी ससुराल पहुँच जाती है। यह नृत्य भाव प्रवण नृत्य है। लड़की गीत और नृत्य में पीड़ा को व्यक्त करती है। उसका पति सेना में अपनी नौकरी पर गया हुआ है तथा बारह वर्ष तक उसके आने की आशा नहीं है।

विरह पीड़ित लड़की एक कल्पित कपोत को सम्बोधित करती है। वह एक गीत के माध्यम से अपने पति के पास संदेश पहुँचाने हेतु कपोत की चिरौरी करती है। वह उस कपोत के लौटकर आने तथा उसके कंधे पर आ बैठने तक गीत और नृत्यरत रहती है। कपोत उसको संदेश देता है कि उसका पति शीघ्र घर वापस आने वाला है। यह संदेश पाकर वह फूली नहीं समाती है। अब उसके गीत और नृत्य की गति बढ़ जाती है। उसकी सखियाँ, जो उसको बधाई देने आई हैं, उसको घेर कर गोला बना लेती हैं तथा नृत्य को चरम तक पहुँचाती हैं।

गुगा नृत्य

गुगा पीर के अनेक नाम प्रचलित हैं जैसे गुरु गुगा, जाहिर पीर तथा बागड़ वाला। गुगा की पूजा सम्पूर्ण हरियाणा में की जाती है तथा इसके भक्तगण पड़ोसी राज्यों राजस्थान, पंजाब और हिमाचल तक फैले हैं।

पीर का जन्म बीकानेर (राजस्थान) में ददरेवा नामक गाँव में भादों नवमी को हुआ था। यह समूचे उत्तर भारत में गुगानवमी के रूप में मनाई जाती है। गुगा को चौहान राजपूत बताया जाता है। कर्नल टोड के मतानुसार उसका नाम बचराज था। एक लोक किंवदन्ती के अनुसार उसका विवाह कामरूप के राजा सांझा की पुत्री

कुमारी सिरियाल के साथ हुआ था। गुगा की पूजा हिन्दू तथा मुसलमानों द्वारा समान रूप से की जाती है। गुगा नवमी से लगभग एक सप्ताह पूर्व उनके भक्तगण एक शोभायात्रा निकालते हैं जिसका नेतृत्व गुगा पताका लेकर चल रहे एक भक्त द्वारा किया जाता है। यह बाँस का एक लम्बा डंडा होता है जो रंगीन कपड़ों, पंखों, मालाओं, फूलों, मोरपंखों आदि से सजाया जाता है। पाँच भगत मुख्य नर्तक होते हैं। वे अपने संगीत वाद्य (ढोलक, मंजीरा, डेरु, चिमटा, छैना) अपने साथ लेकर चलते हैं। भगत लोग गुगा का गुणगान करते हैं।

यह नृत्य एकदम साधारण होता है। नर्तकों के पाँव उनके गीतों के अनुरुप थिरकते हैं। गति बढ़ने के साथ वे अपनी छाती लोहे की जंजीरों से पीटते, विलाप करते, आँसू बहाते हैं। ये दल भादों के महीने में हरियाणा के गाँवों में आते दिखाई देते हैं। यह अनन्यतः पुरुष नृत्य है तथा पारंपरिक नृत्य की श्रेणी में आता है। यह नृत्य गुगा के भक्तों के बीच आध्यात्मिक उत्साह का वातावरण सृजित कर देता है।

झूमर नृत्य

इस नृत्य को झूमर नृत्य का नाम हरियाणा में विवाहित महिलाओं द्वारा माथे पर धारण किए जाने वाले आभूषण 'झूमर' से प्राप्त हुआ है। यह नृत्य केवल महिलाओं द्वारा किया जाता है। महिलाएँ एक गोला बनाकर ढोलक की थाप तथा थाली की खनखनाहट से ताल मिलाकर सुन्दर नृत्य करती हैं। विशिष्ट ताल के साथ अंग संचालन में भी भिन्नता आ जाती है। रंगीन पोशाकों में नृत्यरत महिलाएँ भावों की गहराई में डूबकर नृत्य करती हैं। यह नृत्य कई घंटे तक चलता है।

पहले एक लड़की आगे बढ़ती है तथा गाना प्रारंभ करती है। जब वह गाने की एक पंक्ति गा-चुकी होती है तब दूसरी लड़की नृत्य करते हुए आगे बढ़ती है। गाने की दूसरी पंक्ति दोनों लड़कियों द्वारा मिलकर गाई जाती है। नृत्य के साथ-साथ उसकी गति भी तेज होती जाती है। दूसरी लड़कियाँ अपनी जगह पर रहती हैं तथा वहीं गाना गाने में साथ देते हुए एक दूसरे के हाथों पर तालियाँ बजाती हैं। गीत की नई पंक्ति प्रारंभ करने से पूर्व अल्प विश्राम होता है।

यह नृत्य पंजाबी गिद्दा नृत्य की भाँति होता है तथा इसे हरियाणवी गिद्दा भी कहा जाता है। यह राज्य के सभी भागों में प्रचलित है।

घूमर नृत्य

कुछ नर्तक अपनी प्रेरणा धार्मिक आधारों से प्राप्त करते हैं। समुदाय के श्रम को आशीर्वाद हेतु देवी देवताओं का आह्वान किया जाता है। घूमर एक राजस्थानी

नृत्य है, लेकिन लोहारु, दादरी, हिसार के कुछ भागों, भिवानी तथा राजस्थान के सीमावर्ती क्षेत्रों में भी लोकप्रिय है।

महिला श्रद्धालु मंदिर जाते हुए नृत्य करती हैं। युवा महिलाएँ तथा लड़कियाँ अपने हाथों में अर्पण हेतु पीतल की थालियाँ लिए भक्तिगीत गाते हुए मंदिर जाती हैं। यह नृत्य दीवाली, होली अथवा स्थानीय गणगौर पूजा आदि के अवसर पर किया जाता है।

पीतल की थाली हाथों में लिए लड़कियाँ एक गोला बनाकर गीत प्रारंभ करती हैं। संगीत वादक तार छेड़ते हैं तथा जैसे ही धुन बजती है नर्तकियाँ अपने अर्पण की थाली रखकर एक गोला घेरा बनाकर साधारण ताल पर अपने हाथ ऊपर उठाकर सुरुचिपूर्ण ढंग से नृत्य करती हैं। धीरे-धीरे नृत्य की गति तेज होती है तथा लड़कियाँ उन्मत्त भाव से अंग संचालन करते हुए नृत्य को चरम अवस्था तक ले जाती हैं।

गणगौर पूजा नृत्य

यह नृत्य राजस्थान सीमा से सटे गाँवों में किया जाता है। यह ईश्वर तथा गणगौर (भगवान शिव और पार्वती) की पूजा के अवसर पर महिलाओं द्वारा किए जाने वाला नृत्य है। महिलाएँ रंग बिरंगे वस्त्र और आभूषण धारण कर सिर पर पीतल का कलश रखकर गोलाकार पंक्तिबद्ध होकर नृत्य करती हैं। संगीत के अनुरूप नृत्य का रूप परिवर्तित होता रहता है। इस नृत्य में नृत्यांगनाओं की मुस्कान का विशेष महत्व है। यह अच्छी फसल की अभिलाषापूर्ति के लिए देवी देवताओं का आशीर्वाद प्राप्त करने के संबंध में है तथा सामान्यतः फाल्गुन एवं चैत्र माह के दौरान किया जाता है। कभी-कभी यह नृत्य भगवान शिव और पार्वती के प्रेम से जुड़े किनान का रूप ले लेता है। लड़कियाँ भक्तिगीत गाते तथा नृत्य करते हुए एक-एक करके गोल दायरे में प्रवेश करती हैं। यह नृत्य कई घंटे की अवधि का होता है।

सँपेला नृत्य

महिलाएँ बहुधा सँपेला नृत्य भी करती हैं। इस नृत्य में एक महिला ग्राम सुंदरी की भूमिका में होती है जबकि एक अन्य महिला सँपेरे की भूमिका अदा करती है।

हरियाणा में नृत्य कला भरपूर समृद्ध है। विशेषकर ग्रामीण क्षेत्रों में हर अवसर पर, हर जाति के भिन्न-भिन्न प्रकार के नृत्यों का चलन है, जो लोगों की भावनाओं को अभिव्यक्त करते हैं। नृत्य चाहे शास्त्रीय हो या फिर लोक नृत्य हर एक में भावविभोरता होती है, आत्मभिव्यक्ति होती है, जो उल्लास को दर्शाती है।

10

नाटक

भारतीय नृत्य एवं नाटक की व्याख्या काव्यात्मक लय के संदर्भ में शारीरिक संचलन के रूप में बाह्य जगत की ओर प्रवाहमान आंतरिक आवेग की अभिव्यक्ति के रूप में करना एक निष्पक्ष मूल्यांकन होगा। संक्षेप में, यह धरोहर इस संवेदनशील ब्रह्मांड में स्पंदनशील आत्मा है।

अतः भारतीय नाटक को विभिन्न नामावली के साथ हमारे सामाजिक और सांस्कृतिक जीवन के केन्द्र में स्थापित नृत्य-नाटक के रूप में मिली कोई दैवसंयोग नहीं है। हरियाणवी सांस्कृतिक विकास में नाटक का विकास स्वतःफूर्त होने के साथ-साथ जीवन और विचारों की अभिव्यक्ति का तरीका है। लोक नाटक जिसको हरियाणा में सांग, उत्तर प्रदेश में नौटंकी, गुजरात में भवाई, महाराष्ट्र में तमाशा, बंगाल में चारा और पश्चिमी राजस्थान में नाच कहा जाता है। इसकी जड़ें तथा दर्शन-आधार पूर्व संस्कृति से जुड़ी हैं तथा इसमें संस्कृत नाटकों का परिष्कृत रूप तथा आदर्श के साथ स्थानीय अनुकूलन है। इसने रामलीला, कृष्णलीला, भगत, खयाल तथा भजन गाथा परंपरा के मध्यकालीन प्रभाव को बड़ी सीमा तक आत्मसात किया है।

हरियाणवी लोकनाटकों का मंचन समृद्ध लोक धुनों की सहायता से किया जाता है तथा इनके माध्यम से नायकत्व, न्याय, वीरता, दानशीलता तथा संन्यास के वैदिक, पौराणिक, ऐतिहासिक और किंवदंती प्रसंगों का संचार किया जाता है। प्रकृतिपूजा, रंगों तथा पोशाकों के अद्वितीय समरसता का वर्णन, भाव और संगीत सुर, दर्शक और उनका ग्रामीण परिवेश, दृश्य तथा भावानात्मक अभिव्यक्ति, लौकिक एवं अलौकिक, धरती और स्वर्ग का वर्णन लोक प्रदर्शन की मुख्य विशेषताएँ हैं। हमारे देश में संगीत का अर्थ महज संगीतमय गायन नहीं है, बल्कि इसका अर्थ व्यापक है जिसमें गायन, वादन, नृत्य लय तथा आंतरिक भावों की सरस अभिव्यक्ति सम्मिलित है। इसी कारण संगीत सदैव ही नाटक का एक अंग रहा है। इस प्रकार वर्तमान हरियाणवी लोक-नाटक मानव और उसके सामाजिक सांस्कृतिक वातावरण के बीच आदर्श समस्वरता की अभिव्यक्ति है। यह कहना गलत नहीं होगा कि जमीनी जिंदगी से जुड़े बिना कोई भी कलाकार इस ऊंचाई को प्राप्त नहीं कर सकता है।

हरियाणा का रंगमंच

यह "परा शक्ति" की अवधारणा है जो सन्तों और कलाकारों दोनों की उपलब्धियों में समान रूप से विद्यमान है। हरियाणा के स्वांग अथवा सांग, जो नाच के नाम से भी जाना जाता है, ने अपने आंचल में नृत्य विषय को भी समेट रखा है। गायन और नृत्य का प्रदर्शन भी कलाकारों के उसी दल द्वारा, रागनी अथवा भजन के एक दोहे अथवा बंद की समाप्ति पर, मंच पर दक्षिणावर्त घूमते हुए प्रस्तुत किया जाता है। ये कलाकार कथक तथा भरतनाट्यम के एकल नर्तकों तथा श्रेष्ठ गायक के प्रदर्शन का संयोजन अपनी कला में प्रस्तुत करते हैं। सांग 'भेंट' के गायन से प्रारंभ होता है, जो अच्छे प्रदर्शन, मधुर आवाज, काव्यात्मक प्रेरणा तथा कलाकारों, दर्शकों तथा समाज के कल्याण हेतु माँ दुर्गा अथवा भवानी का आशीर्वाद प्राप्त करने के लिए उनकी स्तुति है। सांग को लोक-गीति नाट्य भी कहा जाता है। यह संगीतमय नाटक होता है, जिसमें संवाद तथा कथावर्णन पद्य रूप में होता है। परन्तु दो संदर्भों के बीच संयोजक गद्यांश संगीत सुरों में ही हैं।

भारतीय संस्कृति के विषय में विशेषज्ञ माने गए यूरोपीय सिंगर तथा वुल्फ ने हरियाणा के सांगियों को संस्कृति विशेषज्ञ की संज्ञा दी है। सांग की कथा वैदिक काल, महाकाव्यों, किंवदंती, कहानियों, संतों और राजाओं, शूरवीरों तथा प्रेम के लिए जीने-मरने वाले प्रेमियों के जीवन से ली जाती है। हरियाणा के सांग में एक तट पर पूर्व काल के प्राकृत रंगमंच की धारा तथा दूसरे तट पर परिष्कृत संस्कृत नाटक की धारा बही है तथा इसके विकास और प्रवाह में दोनों के विविध तत्व प्रवाहित हुए हैं। दर्शक वर्ग से घिरा खुला मंच, ग्रामीण परिधान तथा अलंकरण, संक्षिप्ततम रूप में अर्थपूर्ण संवाद हेतु प्रयुक्त लोक-बोली, प्राचीन नक्कारा तथा करताल और आधुनिक हारमोनियम के रूप में संगीत वाद्य, मानवीय प्रसंगों की वैदिक बौद्धिकता का संचारण, सामवैदिक गायन के सादा सुर तथा भारत-अरबी बेहरे-तवील, लोक मनोदशा तथा चरवाहा परिस्थितिकी में समग्र प्रदर्शन की समस्वरता हरियाणा के सांग की प्रमुख विशेषताएँ हैं।

एक प्रसिद्ध हिंदी लेखक अमृत लाल नागर के मतानुसार 'नौटंकी' (जो हरियाणा की सांग शैली जैसी है) की शुरुआत पृथ्वीराज चौहान के काल में हुई थी, जब आल्हा-ऊदल की बहादुरी और नाथपंथी सन्तों के चमत्कार का वर्णन और प्रचार संगीतमय गायन के साथ किया जाता था। धार्मिक लोक-नाटक के क्षेत्र में लीला नाटक लोक-रंगमंच का प्राचीनतम स्वरूप है। देवों तथा पुराण-पुरुषों, उत्सवों तथा मूर्तिपूजा की भूमि होने के कारण भारत में लोक-रंगमंच की इस शाखा का विकास हुआ। हरिवंश पुराण में यादवों के उत्सव का उल्लेख है, जिसमें अप्सराओं ने भगवान

श्री कृष्ण के जीवन काल में ही उनके जीवन का वर्णन नृत्य एवं संगीत के माध्यम से प्रस्तुत किया था। भगवत पुराण में भी ब्रज बालाओं द्वारा दिव्य प्रेमी कृष्ण का अनुसरण किए जाने का उल्लेख है।

हरियाणा की सांग कथा

हरियाणा की नाट्य कला को 'सांग' के नाम से बखूबी जाना जाता है। सांग हरियाणा के सांस्कृतिक स्वरूप का एक अभिन्न अंग है। ये नाट्य कला मुख्यतः ग्रामीण इलाकों में अधिक प्रचलित है, जिसे लोक संगीत, गीत तथा छंदों के साथ प्रस्तुत किया जाता है। "सांग" शब्द 'स्वांग' का अपभ्रंश है, जिसका अर्थ है किसी का रूप धारण करना या किसी की नकल करना। सांग एक ऐसी ग्रामीण नाट्य कला है, जिसमें प्रेम, बलिदान, हास्य आदि के अतिरिक्त पौराणिक कथाओं का भी मंधन किया जाता है। सांग का मंचन मुक्ताकाश यानि खुले आसमान के नीचे प्रायः साँझ ढलने के बाद किया जाता है, ठीक उसी प्रकार जैसे भारत के अन्य भागों में रामलीला, रासलीला तथा अन्य लोकप्रिय नाटकोंका मंचन किया जाता है। और ये भी धार्मिक या पौराणिक कथाओं पर आधारित होते हैं। सांग में हर संवाद का साथ देने तथा उसे और नाटकीय जीवंतता प्रदान करने के लिये इकतारे, ढोलक, खड़ताल, सारंगी तथा हारमोनियम का सहारा लिया जाता है। सांग के विषय में हरियाणा में उपलब्ध सर्वप्रथम कथा "सांग राजा रतन सेन का" है जिसकी रचना कुरुक्षेत्र जनपद में लाडवा के उदासीन संतों की वंशावली में सन्त हरिदास द्वारा की गई थी। ये कथाएँ जायसी के पद्मावत का परिवर्तित स्वरूप हैं तथा इसमें अरबी, फारसी, पंजाबी तथा कौरवी बोलियों का सुन्दर अधिमिश्रण है। सन 1730 के आसपास जन्में किशनलाल भाट को वर्तमान लोक-रंगमंच का सर्वप्रथम आधुनिक सांगी की मान्यता प्राप्त है। किशन लाल के समय से पूर्व हरियाणा का उच्चवर्ग बंद दरवाजों के भीतर कामुकविषयों पर महिला वेश्याओं के गायन एवं नृत्य से मनोरंजन करता था। ग्रामीण क्षेत्रों में उच्च मध्य वर्ग पुत्र विवाह के अवसर पर नक्कालों को आमंत्रित करता था। जनसाधारण संगीत वाद्यों के साथ मंदिर में सन्त प्रवचनों, गली-गली घूमकर भजन गाते उपदेशकों, संतों चारणों के अलावा फसलों के बीच फुर्सत के समय रामलीला तथा कृष्णलीला तक सीमित था। किशन लाल ने गाँव के मध्य भाग से वर्तमान सांग की शुरुआत की थी। उनका दल गाँव के केन्द्र में एकत्रित होता था। यह दल एक गली में आकर एक दोहे अथवा चौपाई पर अभिनय, गायन तथा नृत्य का प्रदर्शन कर मूल स्थान पर लौटकर वही प्रदर्शन दूसरी गली तथा अन्य गलियों में दोहराता था, ताकि पूरे गाँव के लोग लोक-नाटक के प्रदर्शन को देख सकें।

इस प्रकार, किशन लाल ने इस कला को जनता के मनोनरंजन जनता की प्रतिभागिता तथा सामुदायिक प्रयास का माध्यम बनाकर इसमें क्रान्तिकारी परिवर्तन किया था। इसमें कलाकारों, जनता, मंच और वातावरण का अद्‌भुत समस्वर अंतरमिश्रण था। मध्य कालीन सामंतवाद–जो समृद्ध लोगों को बंद दरवाजों के भीतर अपनी रुचि के कामुक तथा अश्लील प्रदर्शनों की अनुमति देता था तथा जनसाधारण को धार्मिक प्रवचनों तक सीमित रखता था–से अभिभूत सामुदायिक संस्कृति के लिए यह नए गर्व का विषय तथा एक दुर्लभ उपलब्धि थी।

सांग प्रदर्शन का विकल्प चुनने वाले अभिनेता भाट, मिरासी (मुसलमान बनाए गए पारंपरिक भारतीय वादक तथा गायक) लोग थे। बाद में अनुसारक ब्राह्मण भी इनमें शामिल हो गए थे जैसे दीपचंद तथा लक्ष्मी चंद जो लोक-गीतिनाट्य में केवल निम्नजाति के लोगों के भाग लेने तथा प्रदर्शन करने को सामाजिक मान्यता के विरुद्ध उठ खड़े हुए थे। लदमी चंद ने अपना विद्रोह निम्नलिखित शब्दों के माध्यम से प्रकट किया था, "महिलाओं के वस्त्र धारण कर नृत्य करने में क्या बुराई है?

भगवान शिव ने समस्त ज्ञान तथा व्याकरण की ध्वनियाँ अपने डमरु नृत्य से व्यक्त की थीं तथा भगवान कृष्ण ने दिव्य बालाओं के साथ नृत्य कर जीवन के चरम आनंद को व्यक्त किया था। किशन लाल भाट ने 18वीं सदी के तीस के दशक में आधुनिक सांग का युग प्रारंभ किया था। किशन लाल के प्रदर्शन में नृत्य, संगीत, अभिनय, संवाद के माध्यम से वर्णन तथा नक्काल के माध्यम से हास्य (नक्काल, संस्कृत नाटक में विदूषक का आधुनिक रूप है) के सृजन को विकास और अभिव्यक्ति मिली थी। नौटंकी, हीर-रांझा तथा लेला-मजनू की पारंपरिक लोक-कथाएँ उनके सांग की विषय वस्तु थीं। किशन लाल के सांग दल में तीन या चार पुरुष अभिनेता होते थे तथा पुरुष ही महिलाओं की भूमिका का निर्वाह करते थे। गायन को समृद्ध बनाकर तथा समग्र वातावरण को माधुर्य प्रदान कर दर्शक वर्ग की रुचि बनाए रखने के लिए संगीतज्ञ सारंगी तथा ढोलक आदि वाद्यों का उपयोग करते थे। संगीतकार अभिनेताओं के बीच खड़े होते थे तथा उनके प्रदर्शन के दौरान अपने वाद्यों को साथ लिए उनके साथ चलते थे। किशन लाल चौबोला काव्य छंदों का प्रयोग करते थे।

प्रदर्शन में गूँगा धमौरा नृत्य का प्रयोग किया जाता था, जो तबले की ताल पर कथक नृत्य का लोक-रूप था। मशाल प्रकाश का एकमात्र माध्यम था। मशाल धारक स्थिति की मांग के अनुरूप मुख्य अभिनेताओं के चेहरों पर प्रकाश का विशेष प्रभाव उत्पन्न करने के लिए मशाल का युक्तिचालन करता था। सांग की कहानी को टूटी कड़ियाँ दल के नेता (सांगी) द्वारा उपलब्ध कराई जाती थीं। सांग परम्परा के विकास

और लोकप्रियता के साथ गाँव के बाहरी हिस्से में तालाब के निकट बड़े छायादार पेड़ों के नीचे अथवा गाँव के भीतर ऐसे स्थान पर जहाँ गाँव की सभी गलियाँ मिलती हों, धरती से तीन चार फुट ऊँचा एक चौकोर मंच प्रदर्शन का स्थान बन जाता था। दल का नेता (सांगी) मंच के भीतरी मंडल में रहता था। सांगी अपने साथियों की अपेक्षा कुछ ऊँचे आसन, गाँव के बने मूढ़े अथवा लकड़ी की चौकी पर आसीन होता था ताकि जब वह स्वयं प्रदर्शन नहीं कर रहा होता था तब अपने साथियों के प्रदर्शन पर नजर रख सकता था। गायक-नर्तक-अभिनेता मंच के चारों कोनों पर रहते थे तथा दक्षिणावर्त घूमते हुए नृत्य के साथ बंद गाते हुए अभिनय करते थे ताकि मंच के चारों ओर बैठे लोग समूह गायन का पूरा आनंद ले सकें तथा प्रत्येक कलाकार को निकट से देख भी सकें।

इस प्रकार किशन लाल ने सामाजिक मंच पर आम आदमी के वास्ते सामाजिक तथा प्रेम प्रसंगों की प्रस्तुति द्वारा सांग के विकास में भारी योगदान दिया तथा हर्षवर्धन काल की रंगमंच परंपरा की समृद्ध धरोहर को नया जीवन दिया और उन्हें स्थानीय अनुकूलता तथा लोक रंगों में प्रस्तुत किया। कुरुक्षेत्र को अहमद खान उन्नीसवीं सदी को एक और महत्वपूर्ण सांगी थे, जिन्होंने रामायण की कथा और उसका मंचन हरियाणा की कौरवी बोली में किया था। उसके द्वारा अपने नाटक का आकर्षण बढ़ाने तथा व्यापक बनाने के लिए मधुर संगीत तथा परिधान के प्रभाव का आश्रय लिया गया था।

उन्नीसवीं सदी के उत्तरार्द्ध में हरियाणा का एक अन्य महान लोक-रंगमंच सितारे अली बख्श का उदय हुआ। अली बख्श (1854-1899) ने दिल्ली, अलवर, रेवाड़ी तथा पश्चिमी राजस्थान में वर्षों तक अपनी कला का प्रदर्शन किया था। उनकी रचनाएँ स्थानीय बोली तथा पूरे ब्रज का मिश्रण थीं तथा उसकी संगीत धुनें इतनी श्रेष्ठ थीं कि उस काल के श्रेष्ठ शास्त्रीय गायक भी ईर्ष्या करते थे तथा उनकी शैली की नकल किया करते थे, जो दर्शकों को सम्मोहन की अवस्था में पहुंचा देती थी। कहा जाता है कि काव्यात्मक पूर्णत्व तथा संगीत की ऊँचाइयों के लिए अली बख्श को सन्त गरीबदास का आशीर्वाद प्राप्त था। वह चौबोला, जिकारी, बहार, गजल और भजनों की रचना करता व उन्हें गाया करता था। उसके प्रसिद्ध सांग पद्मावत, कृष्ण लीला, निहाल दे, चंद्रावल तथा गुल बकावली थे।

इस अवधि में एक अन्य सांगी नेतराम थे, जो पहले भजन गाया करते थे, लेकिन बाद में सांगी हो गए थे। उनकी रचनाओं में सांग शीला सेठानी तथा सौरठ प्रमुख हैं। दीपचंद को बीसवीं सदी की दहलीज पर सबसे अधिक प्रख्यात सांगी की मान्यता प्राप्त है। वह सोनीपत जनपद के खंडा गाँव के वासी थे। उनकी रचना तथा

स्वर दोनों काव्यात्मक अभिनवत्व से पूर्ण और आकर्षक थे। यह ऐसा समय था जब हरियाणा के किसान अंगरेजी फौज में शामिल होने के इच्छुक नहीं थे।

दीपचंद की नाटकीय गुणवत्ता से प्रभावित होकर चालाक अंगरेजों ने दीपचंद का उपयोग जबरन फौज भर्ती हेतु माध्यम के रूप में किया। दीपचंद भारतीय पुराणविद्या तथा पौराणिक पद्यों में पारंगत था। उसने वादकों के खड़े रहकर अभिनेताओं के साथ साथ चलकर संगीत देने की परंपरा का त्याग कर उन्हें मंच पर बीच में एक स्थान पर बैठा दिया। इससे संगीत की गुणवत्ता में वृद्धि हुई। उसने अभिनेताओं की संख्या में वृद्धि कर दी। उसने अतिरिक्त गायक की प्रथा प्रारंभ की थी। प्रमुख गायक द्वारा दोहा अथवा चौपाई गाई जाने के पश्चात यह अतिरिक्त गायक उस दोहे अथवा चौपाई को ऊंचे सुर में गाता था, जिससे संगीत में विविधता का रंग आता था।

महिला भूमिका निभाने वाले कलाकार को काले रंग का लहंगा, लाल रंग की चुंदड़ी तथा उससे मेल खाती अंगिया पहनाई जाती थी। अंगिया में 40 तोला चांदी के मनके जड़े होते थे तथा कलाकार को पद संचालन के समय इनकी आवाज संगीत के सुर में मिलानी होती थी। दीपचंद ने काफिया दोहे का आविष्कार किया था जिनका गायन चौबोला की अपेक्षा कठिन था। इस छंद में तीन बंद होते थे तथा प्रत्येक बंद की अंतिम पंक्ति तथा प्रारंभिक पंक्ति का स्वराघात समस्वर होता था।

दीपचन्द के पश्चात् हरदेव नामक सांगी प्रसिद्ध हुआ। वह रोहतक जनपद में गौराड गाँव का रहने वाला था। उसने अंगिया की जगह सादा कमीज को अपनाया जो आम जीवन में महिला वस्त्र के रूप में अधिक प्रचलित थी। अभिनेताओं द्वारा महिला भूमिका में इस परिवर्तन से प्रदर्शन में अधिक स्वाभाविकता तथा आकर्षण पैदा हो गया। हरदेव ने काफिया को छोड़ रागिनी को अपनाया जो आज तक काव्यात्मक लेखन तथा संगीतमय गायन के विकास क्रम में उच्चतम पायदान पर स्थित है। इस परम्परा के एक अन्य सांगी बजे भगत ने सामाजिक-पौराणिक विषयों पर अनेक सांगों की रचना की थी। इन सांगों के मंचन में प्रदर्शित नाट्य कौशल तथा संगीत अभूतपूर्व था। अपने सांग विषयों, वेशभूषा की सादगी तथा मंच पर प्रदर्शन की शुद्धता के कारण उन्हें भगत कहा जाता था। हरदेवा तथा लदमी चंद के बीच प्रभु, भरतू, चरतू तथा हुकम चंद के नाम उल्लेखनीय हैं। लदमी चंद को काव्य के संबंध में हरियाणा का कालिदास, लोक-दृश्यों की विविधता के संदर्भ में शेक्सपियर और संगीत विषयी योगदान में कलियुग का गांधर्व की संज्ञा दी गई है। समग्र रूप में उन्हें सूरज कवि कहा गया है अर्थात् वह सूर्य के समान है जिसने सारंगी के अद्धितीय संगीत तथा नक्कारे की थाप के माधुर्य तथा कलात्मक आकर्षण

की सुगंध तथा लोक-मंच के माध्यम से सांस्कृतिक प्रसंगों और सामाजिक-आध्यात्मिक दर्शन की सम्पूर्णता से हरियाणा वासियों के मन-मस्तिष्क को आलोक से भर दिया है। इस प्रकार लदमी चंद को पूर्ण परावर्ती लोक मंच के दर्पण तथा सुग्राही लोक-मस्तिष्क के माध्यम से कला और दर्शन की भारतीय धारा की समृद्धतम धरोहर माना और समझा जाता है।

लोक नायक पंडित लक्ष्मी चन्द इन्हीं अमूल्य रूपों की आलोकित प्रतिमूर्ति थे। इसलिए उन्हें हरियाणा का सूरज कवि ठीक ही कहा गया है जिसने अपने नाटकीय प्रभाव तथा काव्य के प्रकाश से सम्पूर्ण हरियाणा के क्षेत्र को प्रकाशमय कर दिया है।

इस प्रकार रंगमंच हरियाणवी जीवन तथा संस्कृति का एक अभिन्न अंग है। यह लोगों के हर्ष को ही अभिव्यक्ति नहीं देता है, अपितु हरियाणा की वास्तविक संस्कृति को भी दर्शाता है। हरियाणा का रंगमंच उत्तरी भारत के अन्य किसी भी राज्य की अपेक्षा अधिक समृद्ध, जानकारी पूर्ण तथा व्यापक है। लोक रंगमंच को हरियाणा में सांग नाम से जाना जाता है। सांग शब्द संभवतः स्वांग शब्द का अपभ्रंश है जिसका अर्थ नकल करना अथवा छद्म रूप धारण करना होता है। वस्तुतः, सांग एक ग्रामीण लोक नाटक है, जो एक ओर प्रेम और यौवन के पारस्परिक प्रभाव को दर्शाता है तो दूसरी ओर बहादुरी, नैतिकता और बलिदानों की पौराणिक कथाओं को अभिव्यक्ति प्रदान करता है। हरियाणा में सांग की परंपरा विगत कई सदियों से विद्यमान है। वस्तुतः हरियाणा में सांग एक अति प्राचीन काल से चली आ रही रंगमंच परंपरा है। इसमें प्रकाश आदि की आधुनिक तकनीकों के बजाय खुले मंच का प्रयोग किया जाता है। अभिनय, नृत्य और संगीत का सम्मिश्रण ही इसकी महत्वपूर्ण विशेषता है। इसके विषय प्रसंग समुदाय के जीवन से संबंधित होने के कारण यह राज्य की संस्कृति का अभिन्न अंग बन गया है। भारत के अन्य राज्यों की भांति हरियाणा में भी रामलीला तथा रासलीला का प्रदर्शन स्मरणातीत काल से हो रहा है। इन दो लोकप्रिय महाकाव्यों के अतिरिक्त हरियाणा के लोक मंच पर सांग के माध्यम से अन्य कई विषयों पर मंचन भी किया जाता रहा है। सांग मनोरंजन करने के अतिरिक्त समकालीन सामाजिक चरित्रों एवं उनके व्यवहार पर पर्याप्त प्रकाश डालता है। ये संगीतमय नृत्य नाटक पौराणिक, ऐतिहासिक तथा धार्मिक विषयों को बिना किसी झुकाव तथा पाखंड के सादा शैली में जनसाधारण की भाषा में प्रस्तुत करते हैं।

इन स्वांग अथवा सांग प्रदर्शनों के लिए भव्य सज्जायुक्त ग्रामीण मंच की आवश्यकता नहीं होती है क्योंकि इनका प्रदर्शन साधारण ग्रामीण जन द्वारा तथा

अनन्य रूप से ग्रामीण समुदाय के लिए किया जाता है। इनका प्रदर्शन गाँव के किसी खुले स्थान पर, घर के बड़े प्रांगण में अथवा मंदिर के बड़े मंच पर बिना किसी बाधा के प्रस्तुत किया जा सकता है। अभिनेता, नर्तक, गायक मंच पर विराजमान होते हैं तथा बारी-बारी से अपनी कला का प्रदर्शन करते हैं। प्रवेश, निकास, संवाद, गायकन नृत्य खुले मंच पर दर्शक वर्ग के समक्ष प्रस्तुत किया जाता है। अधिकांशतः, ये 'ओपन एक यर थियेटर' पारंपरिक रूप से बनाए गए लकड़ी के तख्तों का मंच होते हैं जिनमें कोई पर्दा अथवा 'ग्रीन रूम' नहीं होता है। यद्यपि पारंपरिक हरियाणवी सांग में पर्दा नहीं होता है, तदपि सांग करने वाले कुछ दलों ने हाल में पर्दों की व्यवस्था को अपना लिया है।

सांग में प्रमुखतः एकतारा, ढोलक, खड़ताल, सारंगी तथा हारमोनियम आदि वाद्य यंत्रों का उपयोग किया जाता है। सांग प्रदर्शन रात्रि के समय पैट्रोमैक्स (पहले जमाने में प्रकाश के लिए मशालों का इस्तेमाल किया जाता था) के प्रकाश में किया जाता है।

अधिकांश नारी पात्रों की भूमिका पुरुषों द्वारा निभाई जाती है। आजकल सांग दलों में महिला कलाकार भी मौजूद हैं। उन्नीसवीं सदी के अंत और बीसवीं सदी के प्रारंभ में महिला वर्चस्व के सांग दलों ने पश्चिमी उत्तर प्रदेश तथा हरियाणा के खादर क्षेत्रों में सांग प्रदर्शन किए थे।

उपरोक्त सांगियों के अतिरिक्त कलामत (जींद) के सरदारी, गुड़गांव के नाथी तथा इन्द्री (करनाल) के बाली ने हरियाणा में कुछ सांगी दलों का नेतृत्व किया है। सांग सत्रहवीं सदी में विद्यमान थे। मौलाना गनीमत ने 1658 की अपनी मसनवी 'नौरंग-ए-इश्क' में सांग का उल्लेख किया है। ऐसा प्रतीत होता है कि लोक रंगमंच, जो लम्बे समय तक विद्यमान रहा था, को 16वीं सदी में एक ओर रासलीला तथा रामलीला और दूसरी ओर सांग के रूप में अभिव्यक्ति मिली। नौटंकी, जो स्वयं सांग की एक शाखा है, ग्रामीण समुदाय में बहुत लोकप्रिय हो गई थी।

रेवाड़ी के अलीबख्श को हरियाणा में लोकमंच का जनक कहा जाता है। वह गीतों एवं संगीत की सहायता से 'पद्मावती' की लोकप्रिय पौराणिक-सह-ऐतिहासिक कथा के सफल मंचन हेतु विख्यात हैं। बाद में पंडित दीपचंद ने अलीबख्श की शैली में संशोधन करते हुए इसे नए आयाम प्रदान किए। प्रथम विश्वयुद्ध के दौरान सैनिक धुनें तैयार करने हेतु दीपचंद को 'राय साहब' की उपाधि प्रदान की गई थी। उनके द्वारा प्रदर्शित 'सोरठ' को जनता में बहुत लोकप्रियता मिली थी। दीपचंद की परंपरा स्वामी हरदेव, कुतबी, दूम तथा पंडित भरतू द्वारा आगे बढ़ाई गई। ये सभी दीपचंद के शिष्य कलाकार थे।

पंडित लक्ष्मी चन्द ने रागिनी को जन्म दिया तथा इसको जनता के बीच लोकप्रिय भी बनाया। वह एक श्रेष्ठ गायक तथा मधुर आवाज के धनी थे। उनकी प्रमुख रचनाएँ नल दमयंती, सावित्री सत्यवान, पुरंजन, पुरंजनी, सेठ तारा चंद, पूरन भगत, शाही लक्कड़वाला थीं। वर्तमान काल के प्रमुख सांगी राम किशन व्यास, चंदर भद्री, पंडित मांगे राम, सुल्तान, चंदन, धनपत, आशाराम, रामानंद आजाद, राम सिंह नाई तथा हुशियारे इत्यादि हैं।

हालाँकि वर्तमान दौर में रेडियो तथा टीवी के बढ़ते नेटवर्क तथा फिल्मों से सांग कला को बहुत क्षति पहुंची है। मगर, आज भी निहाल दे, गोपीचंद, हीर रांझा, शीला सेठानी, अंजना, नल दमयंती, पद्मावत, हकीकत राय, रूप बसंत, शाही लक्कड़हारा, मोहना देवी सांग ग्रामीण क्षेत्रों में बड़े प्रेम और चाव से देखे जाते हैं। तथापि, रेडियों तथा टी वी नेटवर्क के प्रसार तथा नई पीढ़ी में फिल्मों की बढ़ती लोकप्रियता से लोक-कला की क्षति होना निश्चित है। ऐसे में केन्द्र सरकार द्वारा 'भारत महोत्सव' जैसे सांस्कृतिक उत्सवों के आयोजनों का एकमात्र ध्येय देश की लोक रंगमंच कला को संरक्षण प्रदान करना एक सराहनीय कदम है। राज्य सरकार भी सांग कलाकारों को सम्मान प्रदान करने तथा उन्हें समुचित संरक्षण देने के माध्यम से राज्य संस्कृति के संरक्षण हेतु आवश्यक कदम उठा सकती है।

हरियाणा की बहरुपिया जाति

हरियाणा राज्य में एक ऐसी जाति भी है जो जनसाधारण के मनोरंजन हेतु अपनी भूमिकाओं तथा वेशभूषा में परिवर्तन के माध्यम से जनजीवन में नाटकीय प्रदर्शन के प्रति समर्पित है। इसीलिए इनको बहरुपिया नाम दिया गया है। बहरुपिया दो शब्दों से मिलकर बना शब्द है बहु + रुपिया अर्थात् नाना रूप धारण करने वाला। उनकी उत्पत्ति का इतिहास ज्ञात नहीं है, लेकिन वे अपने आपको भाट बताते हैं जो आजीविका की खोज में राजस्थान के गंगानगर जनपद से आकर हरियाणा में बस गए थे। वे हरियाणा तथा राजस्थान के कुछ क्षेत्रों तक सीमित हैं। हरियाणा में ये लोग हिसार के फतेहाबाद तथा बरवाला तक सीमित हैं। बादशाह अकबर के नवरत्नों में से एक प्रमुख रत्न बीरबल को भी इसी समुदाय का बताया जाता है। इस समुदाय की जनसंख्या के आंकड़े उपलब्ध नहीं हैं, पर जानकार सूत्रों के अनुसार राज्य में इनकी संख्या 700 से 800 के बीच है। वे परिवार में तथा बाहर हिन्दी भाषा का प्रयोग करते हैं तथा इनकी लिपि देवनागरी है।

बहरुपिया समुदाय का पारंपरिक व्यवसाय अभिनय, मूक अभिनय, नकल, नृत्य, नाटक करना है तथा इसी के माध्यम से अपनी आजीविका चलाते हैं। ये लोग

यायावर हैं तथा अलग-अलग स्थानों पर अपनी कला का प्रदर्शन करते हैं। ये स्वयं को हीर-रांझा, राधा-कृष्ण, लैला-मजनू, पठान, गूजर, कश्मीरी, महिला, ईरानी दम्पत्ति तथा हिन्दी सिनेमा के चरित्रों के छद्‌म रूप में प्रस्तुत करते हैं। तबला और हारमोनियम लिए ये लोग बाजारों में घूमते देखे जा सकते हैं। केवल पुरुष और बच्चे प्रदर्शन में शामिल होते हैं। महिलाएँ इनके साथ नहीं होती हैं। इनको अपने मेक-अप तथा ड्रेस पर पैसा खर्च करना पड़ता है। किसी स्थान पर प्रदर्शन के लिए प्रशासन की पूर्वानुमति प्राप्त करनी पड़ती है। इनका प्रदर्शन दस से पंद्रह दिन तक चलता है, तथा इसके बाद पैसा वसूल किया जाता है।

हरियाणा में नृत्य नाटिकाऐं, सांग तथा बहरूपियों की कला सभी धीरे-धीरे विलुप्त होते जा रहे हैं। और इनकी पहुँच मात्र कुछ गिने-चुने ठेठ ग्रामीण इलाकों तथा सरकारी सांस्कृतिक कार्यक्रमों में रह गई है। एक आम हरियाणवी व्यक्ति इसकी रोमांचकता से अनभिज्ञ है। फिल्मी गानों तथा नृत्यों की चकाचौंध के चलते हरियाणवी नृत्य नाटिकाऐं अपना सम्मान तथा स्वरूप दोनों ही खो चुकी हैं। यदि निकट भविष्य में इन्हें प्रबल संरक्षण नहीं मिला तो यकीनन इनका अस्तित्व मात्र इतिहास बन कर रह जाएगा।

11
संगीत

हरियाणा के संगीत का इतिहास बहुत समृद्ध है। किसी भी राज्य में संगीत की समृद्धि व लोकप्रियता का उदाहरण इससे बढ़कर क्या हो सकता है कि वहाँ के गाँवों के नाम तक विभिन्न राग-रागिनियों के बिन्द्राबन, तोड़ी, आसावरी जयश्री, मालकौंस, हिन्डोला, भैरवी तथा गोपी कल्याण जीन्द जिले में जय-जयवन्ती तथा मालवी आदि। हरियाणा के लोक संगीत को मुख्यतः दो प्रकार से विभक्त किया जा सकता है।

1. ग्राम्य संगीत
2. शास्त्रीय संगीत

1. ग्राम्य संगीत : इस श्रेणी में वो गीत आते हैं जो आमतौर पर समूह में गाये जाते हैं। यथा आल्हा, जयमलफत्ता, बारहमास, कुछ तीन गीत, फाग तथा होली के गीत आदि।

2. शास्त्रीय संगीत : इस श्रेणी में ऐतिहासिक कथाऐं यथा—पूरणभगत, उत्सव के गीत; मौसम के अनुरूप गीत। ये संगीत ग्राम्य संग्रीत में भी अपनी लहर लिये हुए हैं। कुछ गानों में जय जयवन्ती, पहाड़ी, भैरवी, काफ़ी झंझोटी तथा भैरव इत्यादि रागों को प्रयुक्त किया गया है। कुछ गानों को लोकप्रिय करते हुए अहीर लोग राग पीलू का प्रयोग करते हैं। इस संगीत को लोकप्रिय करने का श्रेय जोगियों, भाटों तथा सांगियों को जाता है।

सौभाग्य से कुछ व्यक्तियों ने अपने निजी प्रयासों से इस कला को जीवित रखा था रेवाड़ी जनपद में कोसली के निकट एक छोटे से गांव गुड़ियानी के कल्लन खां तथा उनके पुत्र हाफिज खां और बशीर खां ने खयाल विधा में अमूल्य योगदान दिया था कल्लन, जो ग्वालियर घराने के महान गायक होदू खां के शिष्य थे, गीत खयाल गायक थे। कल्लन के पुत्र हाफिज खां (मृत्यु 1920) अपने पिता की अपेक्षा श्रेष्ठ गायक थे। उनकी प्रसिद्धि विन्ध्य पर्वत शृंखला को पार कर दक्षिण भारत तक पहुँच गई थी।

बशीर खां कुछ संदर्भों में अपने भाई से बढ़कर थे। अपने समय के दो संगीत

दिग्गजों दिल्ली घराना के उमराव खान तथा सहसवान के इनायत हुसैन से संगीत की शिक्षा पाकर वह स्वयं एक उस्ताद कलाकार बन चुके थे। वह भी खयाल गायन के लिए अपने भाई की तरह दूर-दूर तक प्रसिद्ध हो गए। इस काल के एक अन्य संगीतज्ञ मियां अचापल थे। यह एक विडम्बना है कि इस महान कलाकार का वास्तविक नाम ज्ञात नहीं हो सका है, उन्हें केवल उपनाम से जाना जाता है। उनके जन्म स्थान के संबंध में केवल इतनी जानकारी उपलब्ध है कि उनका जन्म हरियाणा के किसी गाँव में हुआ था। वह एक महान गायक और संगीतज्ञ थे, जो खयाल, तराना, त्रिवता, चतुरंग तथा सरगम शैलियों पर अद्वितीय महारथ हासिल थी। उनकी रचनाएँ आज भी महान संगीतज्ञों द्वारा गाई जाती हैं। अचापल के अनेक शिष्य थे, जिनमें तरनास खां अधिक प्रसिद्ध हुए हैं।

हिसार के संगीत दिग्गज पं. जसराज का जन्म 1930 में हुआ। उनकी संगीत शिक्षा मेवात घराने में विशेषतः उनके अग्रज मणि राम की देख-रेख में सम्पन्न हुई थी। 'स्वर-सम्राट' के नाम से लोकप्रिय पं. जसराज द्वारा स्वर और लय के बीच आदर्श समस्वरता प्रदर्शित की गई है। उनके पुत्र शारंगदेव भी अपना कौशल दिन प्रतिदिन निखार रहे हैं।

गायन की भांति, वाद्य संगीत, जो सन 1800 के आसपास से अपने दुर्दिनों का साक्षी था, में भी जोगी, मिरासी, भाट, सांगी तथा भजनोपदेशकों जैसे लोक कलाकारों द्वारा प्राण संचार किया गया। कुछ अंगरेज अधिकारियों ने भी इसमें रुचि प्रदर्शित की थी। परिणामतः, हरियाणा में हारमोनियम, वायलिन, पियानो तथा अन्य संगीत वाद्य दिखाई देने लगे। बड़े नगरों में, विशेषकर पश्चिमी संस्कृति में रंगे उच्च वर्ग में इस प्रकार का संगीत लोकप्रिय हो गया। तथापि, शास्त्रीय संगीत के उलट, लोक संगीत गायन तथा वादन दोनों क्षेत्रों में प्रगति की सीढ़ियाँ चढ़ता रहा। सीधे सादे देहाती लोग ढोलक, घड़ा, खड़ताल, चिमटा इत्यादि के संगीत पर अपने लोक गीत गाते रहे। ये गीत शरीर और आत्मा के गीत थे, जिनमें प्रेम की अभिलाषा, सौंदर्य की सराहना, विरह की कसक, उत्सव, शिशु जन्म, विवाह, फसल कटाई का हर्ष तथा प्रकृति द्वारा शरारत के रूप में प्रदत्त विषाद सब कुछ इतने सहज रूप में था जैसे बादलों से वर्षा की बूंदें झर रही हों।

संगीत ही किसी राष्ट्र की सांस्कृतिक धरोहर का दर्शक होता है। संगीत के माध्यम से मानवीय भावनाओं की स्वतःस्फूर्त अभिव्यक्ति सुसाध्य है। हरियाणा को संगीत की अपनी विशिष्ट परम्परा है, जो ग्रामीण जन के जीवन का अंग है, जिसके अभाव में जीवन रंगहीन, निस्तेज एवं रसहीन हो जाता है। हरियाणा की संगीत परम्परा प्राचीनकाल एवं मध्य काल में समृद्ध एवं प्रगतिशील रही है। वैदिक काल

से ही इस क्षेत्र में संगीत का उल्लेख पाया गया है।

हरियाणा के आसपास संगीत के पांच महत्वपूर्ण केन्द्र थे, जिनमें से एक दिल्ली में था जिसको दिल्ली घराना कहा जाता था। इसकी लोकप्रियता श्रेय मुख्य रूप से हरियाणा के कलाकारों को जाता है। शास्त्रीय अथवा लोक–संगीत की दोनों धाराएँ मानवीय नैतिक प्रगति में महत्वपूर्ण भूमिका निभाती हैं तथा हरियाणा इन दोनों धाराओं में समृद्ध है। वास्तव में हरियाणा के लोक संगीत की जड़ें शास्त्रीय संगीत में गहरी जमी हैं।

रागिनी के रूप में लोकप्रिय प्रेम गीतों पर आधारित शृंगार राग में जयजवंती, भैरवी, गारा (फारसी राग), खमाज, काफी तथा पीलू जैसे अनेक प्रसिद्ध रागों का अप्रत्यक्ष मसाला मौजूद है। हरियाणवी संगीत स्वर और ताल का सुन्दर मिश्रण है। वास्तव में, गायक स्वर और ताल के उपयुक्त एवं सुन्दर मिश्रण के माध्यम से अपने ललित भावों को व्यक्त करता है, अतः उसका सम्पूर्ण प्रयास इन दोनों के मिश्रण पर केंद्रित होता है। कलाकार का लक्ष्य संगीत के माध्यम से दर्शकों के समक्ष भावों को अभिव्यक्त करना होता है। हरियाणा में गायकों की गायन शैली माधुर्यपूर्ण है तथा उसमें शान्त, शृंगार, हास्य, वीर, अद्‌भुत, रौद्र एवं करुण रस का संतुलित एवं सुंदर मिश्रण है।

लोक संगीत हरियाणा में व्यापक रूप से विद्यमान है। दशहरा, दीवाली, होली अथवा बैसाखी प्रत्येक उत्सव अथवा अवसर पर सम्पूर्ण वातावरण हर्ष और सामुदायिक उल्लास से आवेशित हो जाता है। लोक गायक रागों के सिद्धान्तों का सुविज्ञ नहीं होता है। वह रागों की सही एवं सटीक जानकारी नहीं रखता है। फिर भी उसके गीतों का प्रस्तुतीकरण इतना आदर्श एवं अलंकारमय होता है कि वह रागों की अभिज्ञता अथवा शिथिलता को प्रकट नहीं होने देता है। राज्य में लोक संगीत को लोकप्रिय बनाने का श्रेय जोगी, भाट तथा सांगियों को जाता है। जोगी अपने गीतों की प्रस्तुति के लिए सारंगी का उपयोग संगीत वाद्य के रूप में करते हैं। वे आल्हा, जयमल फत्ता तथा वीर रस पर आधारित शौर्य की अन्य गाथाओं के गायन में सुदक्ष होते हैं। वे अपने मधुर गीतों के लिए पूरे राज्य में बहुत लोकप्रिय थे। लेकिन सन 1947 में देश विभाजन के पश्चात् इनकी संख्या बहुत कम रह गई है। हरियाणवी संगीत की शैली, लय, स्वर, ताल कानों में मिठास घोल देते हैं; यह मिठास पैदा करने में संगीत वाद्य यंत्रों का भी बहुत बड़ा योगदान होता है। हरियाणा में सामान्यतः एकतारा, दोतारा, सारंगी, बीन, बांसुरी, शहनाई, शंख, हारमोनियम, ढोल, ढोलक, डमरू, नगाड़ा, ताशा, घुंघरू, खंजरी, चिमटा, मंजीरा, मटकी अथवा घड़ुआ का प्रयोग किया जाता है। इनके अतिरिक्त कुछ लोक संगीत वाद्यों का भी प्रयोग किया जाता है, जैसे कि

माचिस, पट्टा, टिकड़ी, पपीहा, आम की गुठली तथा तुम्बा इत्यादि।

लोक संगीत वाद्ययंत्र : लोक संगीत में संगत के लिए आवश्यक संगीत वाद्ययंत्रों की लम्बी सूची है। इनमें से अधिकांश वाद्य पूरे उत्तर भारत में पाये जाते हैं। मोटे तौर पर इन्हें तीन वर्गों में बांटा जा सकता है (1) तन्त्री वाद्य (2) सुषिर वाद्य तथा (3) ताल वाद्य।

एकतारा : यह एक तार का वाद्ययंत्र होता है जिसे अंगुलियों से बजाया जाता है। यह लगभग एक मीटर लम्बे बांस के टुकड़े से बनाया जाता है। इसके एक सिरे पर बड़ा तूंबा संलग्न किया जाता है। इसका दूसरा सिरा खोखले अनुनादी तूंबे के भीतर जोड़ा जाता है तथा चमड़े से आवृत्त किया जाता है। गायन से पूर्व, गायक सही तान के लिए गुनगुनाता है। तार की ध्वनि उसके मूल सुर की भिनभिनाहट को बनाए रखती है। यह वाद्य साधारणतः जोगियों द्वारा उपयोग किया जाता है।

दोतारा : यह दो तारों वाला एकतारा है तथा वही प्रयोजन सिद्ध करता है।

सारंगी : यह लम्बे तार अथवा तारों से बना एक तार (तन्त्री) वाद्य है, जो मुख्य गायक को संगत देने हेतु महत्वपूर्ण होता है। इसकी लम्बाई लगभग 60 से.मी. होती है, जो लकड़ी के एकल टुकड़े को खोखला कर बनाया जाता है। स्वर देने के लिए इसमें चार खूंटियाँ जड़ी जाती हैं, जिनमें बारह अर्द्ध-सुरों की तान के अनुसार तार लगाए जाते हैं। कुछ सारंगियों में चार प्रमुख तारों के नीचे पैंतीस से चालीस तक सहायक तार लगाए जाते हैं।

यह आम जन तथा विशेषकर चारणों द्वारा अपने सादा संगीत के लिए उपयोग में लाया जाने वाला लोक वाद्ययंत्र है। सत्रहवीं सदी में सारंगी को शास्त्रीय संगीत की नई शैली हेतु उपयुक्त संगत वाद्य विचारित किया गया था। हरियाणा में यह वाद्य यायावर चारणों के पास देखा जा सकता है। इसका उपयोग स्वांग प्रदर्शन में भी किया जाता है।

बीन : बीन का प्रयोग अधिकांशतः सपेरों द्वारा किया जाता है। बांस के दो छोटे टुकड़े एक खोखले तूंबे में जड़ दिए जाते हैं। एक नली मूल सुर की भिनभिनाहट को एकल सुर में बनाए रखती है तथा दूसरी का उपयोग वादक द्वारा धुन प्रस्तुत करने हेतु किया जाता है। वादक तूंबे में फूंक मारता है तथा दो नाली वाद्य के अंगुली छिद्रों पर अपनी अंगुलियाँ चलाता है। इसका उपयोग लोकनृत्य प्रदर्शनों में भी किया जाता है।

बांसुरी : यह प्राचीनतम सुषि वाद्य है जिसे वीणा तथा मुरली जैसे अन्य

लोकप्रिय नामों से भी पुकारा जाता है। बांस की एक खोखली नली में सात गोल छिद्र बने होते हैं। इस वाद्य के अनेक रूप हैं। कुछ चेहरे के सामने सीधी रखी जाती हैं तो अन्य तिरछी स्थिति में रखी जाती हैं जैसे भगवान श्रीकृष्ण द्वारा भवों के समानान्तर यानी आड़ी रखी जाती थी।

शहनाई : यह विवाह के अवसर पर दिखने वाला सामान्य वाद्य है। यह बांसुरी जैसा सुषिर वाद्य है। आधुनिक विशेषज्ञों ने इसके सुर प्रवाह को तन्त्रीवाद्यों के तुलनीय स्थापित कर दिया है।

शंख : यह एक अति प्राचीन सुषिर वाद्य है। भारत में इसे बहुत पावन माना जाता है। यह भगवान विष्णु के प्रतीकों में से एक है। शंख का उपयोग करने से पूर्व इसमें, इसके प्राकृतिक छिद्र को छेड़े बिना, एक छिद्र किया जाता है। यह वाद्य मंदिरों तथा श्रद्धा स्थलों पर बजाया जाता है। यह केवल गुंजन की ध्वनि उत्पन्न करता है। प्राचीन काल में युद्धक्षेत्र में शंखनाद किया जाता था। भगवान श्रीकृष्ण पांचजन्य नामक शंख धारण करते थे।

हारमोनियम : यह भारत का मौलिक वाद्य यंत्र नहीं है, लेकिन हारमोनियम साधारणतः समस्त सांस्कृतिक कार्यक्रमों में देखा जा सकता है। हरियाणा में सांगी और भजनी संगत के लिए इस वाद्ययंत्र का उपयोग करते हैं।

लय मनुष्य को प्राकृतिक रूप से प्राप्त होती है क्योंकि प्रकृति में सब कुछ लयबद्ध है। ताल वाद्य नर्तक, गायक अथवा वादक की लय अक्षुण्प रखते हैं।

ढोल : यह दो पक्षीय ड्रम है, जो लकड़ी की दो छोटी तीलियों द्वारा बजाया जाता है। ड्रम की आकृति का लकड़ी का ड्रम जिस पर दोनों तरफ चमड़ा मढ़ा होता है। इस वाद्ययंत्र के अनेक रूप हैं। इसका उपयोग विवाह, उत्सव, मल्लयुद्ध तथा नृत्य प्रदर्शन के अवसर पर किया जाता है।

ढोलक : यह ढोल का छोटा स्वरूप है तथा अधिकांशतः गुड़गांव जनपद के अहीरों द्वारा इसका उपयोग किया जाता है।

डफ : यह एक पक्षीय ढोल है तथा धमाल नृत्य में इस्तेमाल किया जाता है। धमाल नृत्य महेंद्रगढ़ जनपद में विशेष लोकप्रिय है। यह एक खुला गोलाकार ढांचा होता है जिसके एक तरफ चमड़ा मढ़ा जाता है। इसको हाथों से अथवा लकड़ी की तीलियों से बजाया जाता है। इसका इस्तेमाल उत्सवादि अवसरों पर किया जाता है।

खंजरी : यह डफ का छोटा स्वरूप है तथा अंतर केवल यह है कि इसमें घुंघरु जड़े होते हैं। इसका उपयोग साधारणतः एकल नृत्य प्रदर्शन में किया जाता है।

डमरू : यह ढोल का बहुत छोटा स्वरूप है तथा रेतघड़ी जैसी आकृति का होता है। यह भगवान शिव का प्रतीक है। कहा जाता है कि भगवान शिव ने तांडव नृत्य के समय डमरू का उपयोग किया था। इसका उपयोग भक्ति एवं पारंपरिक लोक संगीत की संगत हेतु तथा विशेषकर गुगा नृत्य में किया जाता है। इसका इस्तेमाल बाजीगरों के जादू प्रदर्शन से भी जुड़ा है।

डेरू : यह डमरू का बड़ा रूप है, पर उपयोग वही है।

नगाड़ा : यह एक पक्षीय ढोल है परन्तु यह आकार में बड़ा और भारी होता है। इसके वादन हेतु इसे जमीन पर टिकाया जाता है। यह तांबे का बना होता है। इसको दो बड़ी छड़ियों से बजाया जाता है। यह सामंती युग का स्मृतिचिन्ह है, जब राज्य घोषणाओं के लिए नगाड़ा बजाया जाता था।

ताशा : यह एक पक्षीय मिट्टी निर्मित वाद्य यंत्र है जिसे दो छोटी तीलियों की मदद से बजाया जाता है। यह समारोह आयोजनों तथा नृत्य प्रदर्शन के समय बजाया जाता है।

झिल : यह नगाड़ा का छोटा रूप है तथा छोटी सींकों से बजाया जाता है। यह नगाड़े की बायीं तरफ भी बजाया जाता है। यह तबले की भांति नगाड़े का ही भाग है।

घड़ा : लय बनाए रखने के लिए विभिन्न अवसरों पर उपयोग किया जाने वाला मिट्टी का घड़ा सबसे सस्ता वाद्ययंत्र है।

झांझ : यह कांस्य निर्मित दो बड़े गोल टुकड़े होते हैं, जिनसे नृत्य तथा अन्य अवसरों पर धात्विक ध्वनि उत्पन्न की जाती है।

घंटी : इनका उपयोग साधारणतः मंदिरों में आरती, कीर्तन आदि के समय किया जाता है।

घुंघरू : यह नर्तक अथवा नर्तकी द्वारा अपने पांवों में, नृत्य को विशेष प्रभाव देने हेतु बांधे जाते हैं। यह लय कायम रखने में भी सहायक होते हैं।

खड़ताल : यह लकड़ी के दो छोटे टुकड़ों पर छोटे घुंघरू बांधकर बनाया जाता है तथा इसका उपयोग दूसरे वाद्य यंत्रों की लय-ताल के अनुसार किया जाता है।

मंजीरा : यह धातु झांझों की जोड़ी है तथा लय हेतु उपयोग में लाई जाती है। इनसे मधुर ध्वनि उत्पन्न होती है तथा इनका उपयोग भक्ति संगीत की संगत और नृत्य प्रदर्शन के दौरान किया जाता है। इसका उपयोग 'नाथ परंपरा' के जोगी अपनी प्रार्थना के दौरान भी करते हैं।

मनुष्य, प्रेम के यौवनपूर्ण प्रवाह के पश्चात् सामाजिक निर्माण की जीवन जीता है और अन्ततः परम दैवीय धारा में समाहित हो जाता है। संगीत के ये तीनों पक्ष नामतः प्रेम गीत, सामाजिक गीत तथा भक्तिगीत हरियाणा के लोग कलाकार लखमी चंद की अभिव्यक्ति में पूर्ण प्रक्षेपण पाते हैं। उनके विचार, जीवन का दर्शन तथा ईश्वर के प्रति श्रद्धा अगाध एवं व्यापक थी। लखमीचंद की काव्य विलक्षणता तथा प्रेम, सामाजिक उत्तरदायित्व तथा विरह में जीवन की खोजपूर्ण अभिव्यक्ति के आलोक में उनको हरियाणा का भर्तृहरि कहना अतिशयोक्ति नहीं होगा। लखमी चंद में केवल दो आसक्तियाँ थीं जो गीतों के प्रति उनका असीम अनुराग तथा भक्ति की सूक्ष्म खोज थी।

समाज के समक्ष कड़ी चुनौती रखने वाला तथा प्रणय प्रसंगों को निर्भीक अभिनेता लखमी चंद ने अपने अंतिम समय में जहूर खान को भजन गाथा के माध्यम से अपनी परंपरा आगे बढ़ाने तथा सांग के माध्यम से बचने की उम्मीद जाहिर की थी ताकि सांग के नाम पर घटिया प्रसंगों से भ्रमित होकर जनसाधारण उनके काव्य में सामाजिक आध्यात्मिक विषय के सनातन ज्ञान से वंचित न रह जाए। सन् 1945 से 1970 तक जहूर खान ने इस सलाह का पूर्ण उत्साह के साथ पालन किया। अपनी सांस्कृतिक विरासत के बारे में लोगों के जागरूक होने तथा लखमी चंद के सांगों में सामाजिक विषयों की बढ़ती फरियाद पर जहूर खान ने अपने यौवन काल में सीखी कला का प्रदर्शन मंच पर करना प्रारंभ कर दिया।

जीवन का शायद ही कोई ऐसा पहलू होगा जो लखमी चंद के काव्यात्मक दृष्टिकोण तथा उनके संगीत प्रवाह से अछूता रह गया हो। लखमी चंद में समाज-विज्ञानी तथा इतिहास के व्याख्याता दोनों के गुणों का समावेश था। वह लोक विश्वासों के प्रचारक, अपने दर्शकों के समक्ष कड़वा सत्य प्रस्तुत कर समाज सुधारक और उनसे सहानुभूति रखने वाले मित्र के साथ आध्यात्मिकता के निरंतर स्रोत, प्रणय दृश्यों के भावपूर्ण चित्रकार, अपने पात्रों के अमरत्व में विश्वास करने वाले तथा सन्तों की भांति इस दुनिया के माया रूप को समझने वाले अद्भुत गुणों से युक्त व्यक्तित्व थे।

मुस्लिम शासनकाल में दिल्ली में फारसी के शिक्षक लखमी चंद की रचनाएँ गुनगुनाते थे तथा लखमी चंद की तुलना साहित्यिक पुरोधा गालिब और इकबाल से करते थे। सिविल सेवा में सेवानिवृत तथा परिवार के एक मित्र चौधरी राम नारायण सिंह बताते थे कि हिन्दू कालेज, दिल्ली में उनके फारसी के शिक्षक कैथल में जन्मे एक प्रकाण्ड विद्वान थे, जो स्वयं लखमी चंद के बहुत बड़े प्रशंसक थे। आज के हरियाणा के विषय में राखेद कहना पड़ता है कि इसके लोग, खास तौर पर शिक्षित

वर्ग, अपनी लोक-धरोहर के प्रति उदासीन है।

परन्तु, चाहे यह किशन लाल भाट, दीपचंद, मानसिंह, लखमी चंद हों अथवा हरियाणा का कोई अन्य संगीतज्ञ, गायक, लोक कलाकार हो, उनमें से अधिकांश पर, जहाँ तक भक्ति संगीत का संबंध है, सूफीवाद तथा महान मुस्लिम सूफियों का गहरा प्रभाव था। सूफीवाद का इतिहास हरियाणा तथा इसके आसपास के क्षेत्र दिल्ली, उत्तर प्रदेश, राजस्थान तथा पंजाब में काफी पुराना है।

सूफीवाद 12वीं सदी में अपने विकास के चरम पर पहुँच कर सम्पूर्ण भारत को अपने आगोश में ले चुका था। सूफी आंदोलन तथा भक्ति परम्परा में अनेक समानताएँ थीं। सूफीवाद का जन्म इस्लाम के धार्मिक दर्शन से हुआ था, लेकिन इसने हिंदू परम्परा के बोधानुसार दिव्य प्रेम की विचारधारा का नया रूप ग्रहण कर लिया था। भक्ति काल में प्रेम के विषय पर आधारित युग काव्य की विशिष्ट परम्परा थी, जिसको सूफी प्रेमाख्यानक काव्य कहा जाता था। सूफीवाद तथा इसके मूलभाव पर आधारित एक दर्जन से अधिक रचनाएँ हैं, जिनमें चंदायन (1937) तथा प्रेम दर्पण (1917-18) भी सम्मिलित हैं।

पंजाब के लोगों की भांति हरियाणा की आम जनता और लोक कलाकार हिंदू ग्रन्थों एवं पुराणों के अतिरिक्त सूफीवाद से प्रभावित हुए हैं। इसके अलावा हरियाणवी संस्कृति पर भक्ति आंदोलन के अन्य संतों मीराबाई तथा कबीरदास का भी प्रभाव पड़ा है। लखमी चंद तथा कुछ अन्य सांगियों ने मीराबाई, मानसिंह के विषय में स्वांगों का प्रदर्शन किया था। मानसिंह हरियाणा का एक नेत्रहीन चारण था जो हरियाणा के गाँव-गाँव में घूमकर कबीदास, सूरदास तथा मीराबाई के उदात्त गीत सुनाया करता था। कबीर की विचारधारा भक्ति की भावना अथवा सहज रूप में ईश्वर पूजा की भावना को सुदृढ़ करती है। रवीन्द्रनाथ टैगोर कबीरदास के बड़े प्रशंसक थे तथा उनके अनेक हिंदी गीतों का अंगरेजी में अनुवाद किया था (वन हंड्रेड पोइम्स ऑफ कबीर, 1914)। टैगोर ने एक अन्य रहस्यवादी संत दादू का भी अध्ययन किया था। टैगोर की 'गीतांजलि' (1912) में अनेक कविताएँ और गीत सूफी परंपरा से ओत-प्रोत हैं।

12

खान-पान

किसी देश की पाक कला कभी स्थिर नहीं रहती है तथा भारतीय पाक कला भी निरन्तर विकसित हो रही है। दिन ब दिन हरियाणा के लोग भारत और विदेश की पाक कलाओं से परिचित हो रहे हैं। इस बढ़ते परिचय का श्रेय प्रसंस्कृत एवं प्रशीतित खाद्य पदार्थ, पाककला पुस्तकों के प्रकाशन, टेलीविजन पर पाक कला के लोकप्रिय 'शो' तथा रेस्तराओं एवं फास्टफूड चेन्स को जाता है। हरियाणा के मध्यवर्ग में घर से बाहर खाने का चलन भी काफी बढ़ता जा रहा है। तथापि, इन नई परंपराओं का एक अर्थ पुरानी परंपराओं का पीछे छूटना भी है। पारंपरिक हरियाणा में लोगों का भोजन उनके धर्म, जीवनचक्र चरण, नगर एवं क्षेत्र, जाति एवं सामाजिक प्रतिष्ठा पारिवारिक परंपरा, स्वास्थ्य चिन्ताएँ और आध्यात्मिक आस्थाओं से अटूट संबंध रखता है।

हिन्दुओं का भोजन अत्यन्त प्राचीन काल से आध्यात्मिक एवं शारीरिक स्वास्थ्य से जटिल रूप से सम्बद्ध है। प्राचीन ग्रन्थों के अनुसार, सृष्टि की सभी वस्तुओं में भोजन सबसे महत्वपूर्ण है, क्योंकि यह मनुष्य को अपने समस्त संकायों के उपयोग की क्षमता प्रदान करता है तथा उसको अभिज्ञता एवं दासता से मुक्ति दिलाता है। प्राचीन ऋषियों का कथन था, "विचारों की शुद्धता आहार की शुद्धता पर निर्भर होती है।" इसी प्रकार आज भी कहावत है "जैसा खाओ अन्न वैसा बने मन।"

एक विख्यात नृविज्ञानी ने लिखा है : हिन्दू आदर्शतः प्रापण, पाक तथा भोजन को अपनी मिश्रित नैतिक व्यवस्था का अखंड अंग मानते हैं। वे आहार को नैतिक संवर्ग में स्थान देते हैं तथा आहार प्रक्रियाएँ उतनी ही नैतिक अनिवार्यता और नैतिक गतिविधि मानी जाती हैं। आहार एक नैतिक ब्रह्माण्डीय सिद्धान्त है, जो ब्रह्म का पर्याय है।

उत्तर भारत में आहार को पारंपरिक रूप से दो भागों में विभाजित किया गया था : कच्चा और पक्का। कच्चा भोजन पारिवारिक रसोई में उबालकर अथवा भूनकर बनाया जाता है जैसे चावल, दाल, खिचड़ी, रोटी तथा सब्जियाँ। यह भोजन अमीर,

गरीब, आधुनिक, परंपरावादी सभी के द्वारा प्रतिदिन ग्रहण किया जाता है तथा भारत का मूल सार आहार है। मांसाहारियों के संदर्भ में अंडा मांस एवं मछली को इस सूची में जोड़ा जा सकता है। दूसरे प्रकार का भोजन पक्का भोजन है जो घी में तलकर, भूनकर अथवा चुपड़कर तैयार किया जाता है। घी को पारंपरिक रूप से शुद्ध माना जाता है। इस प्रकार का भोजन प्रदूषण से एक प्रकार का संरक्षण प्रदान करता है। पक्के भोजन में पूरो, कचौरी, मिठाइयाँ आदि हैं बशर्ते कि ये सब पहले घी में तली भूनी गई हों। यह भोजन परिवार से बाहर के लोगों के साथ मिल बैठकर खाया जा सकता है। मंदिरों में तथा उत्सव, त्योहार के अवसर पर पक्का खाना परोसा जाता है ताकि सभी लोग उसे ग्रहण कर सकें।

मांसाहारी तथा शाकाहारियों के बीच एक मूल अन्तर है, यद्यपि इन शब्दों का अर्थ बहुत व्यापक है। अधिकांश भारतीयों के शाकाहारी होने के व्यापक विश्वास के बावजूद वास्तव में केवल 25-30 प्रतिशत भारतीय मांसाहार से पूरी तरह परहेज करते हैं तथा यह एक बड़ी सीमा तक क्षेत्र पर निर्भर करता है। उत्तर तथा मध्य भारत में कुछ महिलाएँ मांस, मछली, अंडा नहीं खाती हैं जबकि उसी परिवार के पुरुष ऐसा करते हैं। भारतीयों के शाकाहारी होने के अनेक कारण हो सकते हैं :

1. अधिकांश धर्म परायण भारतीय लोग नैतिक दृष्टि से मांसाहार को अनुचित मानते हैं। इसमें दया तथा करुणा का भाव भी सन्निहित होता है।
2. ब्राह्मण अधिकतर शाकाहारी होते हैं, और समाज में ब्राह्मणों का अनुसरण किया जाता है, कुछ ब्राह्मण वर्ग यथा कश्मीरी व पश्चिम बंगाल के पंडित यदि मांसाहारी होते भी हैं तो उसकी मुख्य वजह वहाँ की जलवायु है। अन्यथा आमतौर पर ब्राह्मण वर्ग अपने लिये प्याज तथा लहसुन को भी वर्जित मानता है।
3. जैनों तथा बनियों में भी अन्डा, मांस तथा मछली निषिद्ध होते हैं।
4. हिन्दुओं में अक्सर क्षत्रियों तथा निम्न तबकों में मांसाहार लोकप्रिय है। परन्तु पूजा-पाठ के दिनों या मंगलवार या वृहस्पतिवार को ये भी मांसाहार को नैतिक दृष्टि से त्याग देते हैं।
5. सामाजिक प्रतिष्ठा क्रम में ऊपर चढ़ने के इच्छुक वर्गों द्वारा शाकाहार की प्रवृत्ति अपनाना।
6. भगवान विष्णु के उपासक शाकाहारी होते हैं।
7. कुछ लोग पशुओं की बीमारी अथवा उनकी हत्या की अनैतिकता के बोध से प्रभावित हो सकते हैं।

8. हाल के वर्षों में मांसाहार के सेवन से स्वास्थ्य संबंधी चिन्ताएँ उत्पन्न हुई हैं।

भारतीय मुसलमानों की जनसंख्या विश्व में दूसरी सबसे बड़ी जनसंख्या है। वे कुरान तथा सुन्नाह (पैगम्बर मुहम्मद के अभिलेखबद्ध शब्द) के आधार पर भोजन एवं आहार के विषय में कुछ प्रतिबंधों पर अमल करते हैं। इस्लाम के मानने वालों के लिए सूअर का मांस तथा मद्यसेवन 'हराम' कहा जाता है, यद्यपि कई मुसलमान मद्य सेवन करते हैं। परन्तु इस्लाम में पूर्णतया निषिद्ध है। इस्लामी मान्यता के अनुसार इस्लामी कलैण्डर के नौवें महीने (रमजान) के दौरान प्रत्येक मुस्लिम भोरकाल से गोधूलि वेला तक पूर्ण उपवास रखता है। यद्यपि प्रायश्चित के लिए अथवा धार्मिक आयोजनों के अवसर पर उपवास स्वैच्छिक तरीके से रखा जा सकता है। ईसाइयों में कुछ भोजन निषेध हैं, हालांकि अन्य वर्गों की भांति वे स्थानीय प्रथाओं के प्रति संवेदनशील हो सकते हैं।

लेकिन अधिकांश सिख शाकाहारी नहीं हैं, पर वे मांसाहार की वकालत भी नहीं करते हैं। उनकी पावन पुस्तक में भोजन के लिए पशुवध पर नैतिक चिन्ता व्यक्त की गई है, लेकिन मांसाहार का निर्णय स्वयं व्यक्ति के ऊपर छोड़ दिया गया है। हिन्दुओं की भांति, सिख भी शरीर और मस्तिष्क के बीच निकट संबंध मानते हैं। सिख धर्म के संस्थापक गुरु नानक ने लिखा है, "स्वास्थ्य को प्रभावित करने वाला, शरीर को पीड़ा अथवा कष्टदायक अथवा दिमाग में बुरे विचारों को जन्म देने वाला भोजन नहीं करना चाहिए।" अधिकांश सिख तम्बाकू का सेवन नहीं करते हैं। गुरुद्वारों में सामुदायिक शाकाहारी रसोई होती है जिसे लंगर कहा जाता है। लंगर में सभी पूजा करने वालों, आगन्तुकों, चाहे वे किसी भी धर्म के अनुयायी हों, को मुफ्त भोजन उपलब्ध कराया जाता है। लंगर में अमीर, गरीब का कोई भेदभाव किए बिना सभी को एक समान भोजन परोसा जाता है। भोजन तैयार करने तथा परोसने का कार्य सेवा कहलाता है। यह सेवा श्रद्धालुओं द्वारा स्वेच्छा के साथ और निस्वार्थ भाव से की जाती है। यहाँ केवल शाकाहारी भोजन परोसा जाता है, जिससे सभी धर्मों के लोग इसे स्वीकार कर सकते हैं। सिखों को इस्लाम रीति से 'हलाल' मांस खाने की अनुमति नहीं है।

हरियाणवी भोजन

भारत के उर्वर मैदानी भाग में अवस्थित पंजाब और हरियाणा दोनों भारत के खाद्यान्न टोकरे तथा प्रमुख औद्योगिक केन्द्र हैं। हरियाणवी क्षेत्र की उच्च आय को देखते हुए यहाँ शाकाहारियों का प्रतिशत (54 प्रतिशत) बहुत ऊँचा है। भारत में

गेहूँ, चावल तथा दालों के अधिकांश भाग का उत्पादन पंजाब और हरियाणा में होता है। इसके अतिरिक्त बाजरा, मक्का, ईख, सरसों तथा फल और सब्जियों में आलू, टमाटर, प्याज, गोभी तथा बैंगन उगाए जाते हैं। डेरी उद्योग यहाँ का महत्वपूर्ण उद्योग है। दूध, छाछ, घी, दही तथा अन्य डेरी उत्पाद यहाँ के लोगों के दैनिक उपभोग की वस्तुएँ हैं तथा पंजाबी भारत में सबसे बड़े प्रति व्यक्ति दुग्ध उपभोक्ता हैं।

इस प्रकार हिन्दू तथा सिखों की रसोई में काफी समानता है। हरियाणा में पंजाब की अपेक्षा अधिक शाकाहारी हैं, जहाँ लोग ज्यादातर गेहूँ, बाजरा अथवा मक्का का उपभोग करते हैं। उत्कृष्ट रूप में हिन्दुओं का भोजन प्रमुखतः शाकाहार है तथा यद्यपि यहाँ के ब्राह्मण मांसाहारी नहीं है, परन्तु वे प्याज तथा लहसुन का उपयोग करते हैं। उनके दैनिक भोजन में फूलगोभी, गाजर, शलजम, सीताफल तथा सरसों का साग प्रमुख हैं। सिख, अधिकांशतः मांसाहारी हैं, यद्यपि वे गोमांस नहीं खाते हैं। यहाँ के वासी दूध, लस्सी तथा छाछ का सेवन अधिक मात्रा में करते हैं।

हरियाणा का भोजन सादा, पौष्टिक तथा राज्य की जलवायु के अनुकूल है। महिलाएँ पुरुषों के साथ खेत में काम करती हैं, अतः भारत के अन्य भागों की अपेक्षा रसोई को कम समय दे पाती हैं। ग्रामीण क्षेत्रों में, दिन का प्रारंभ, बढ़िया जलपान के साथ होता है जिसमें आलू, कसी गोभी अथवा मूली के परांठे अथवा गेहूँ या मक्का की मोटी रोटियाँ तथा उसके ऊपर मक्खन का मोटी डली रखी होती है। विशेष अवसरों पर नाश्ते में हलवा शामिल किया जाता है। दोपहर तथा रात्रि के भोजन में रोटी, मक्खन, दाल, दही, सब्जी और संभवतः मांस होता है। पंजाब में चिकन तथा मटन दोनों लोकप्रिय हैं।

चरवाहा समुदाय की मौजूदगी तथा वैष्णव और जैनमत के प्रभाव के कारण हरियाणा में शाकाहारियों का प्रतिशत (74.39) बहुत ऊंचा (राष्ट्रीय औसत 16.05 प्रतिशत) है। प्याज और लहसुन रहित शाकाहारियों का प्रतिशत भी राष्ट्रीय औसत से काफी ऊँचा है। तथापि, अब भोजन प्रवृत्ति में निश्चित परिवर्तन दिखाई दे रहा है। लोग शाकाहार से मांसाहार की ओर प्रवृत्त हो रहे हैं। कभी-कभी मांसाहार करने वालों का प्रतिशत (71.95) राष्ट्रीय औसत (37.20) से काफी ज्यादा है। राज्य की फसल पद्धति के दृष्टिगत गेहूँ तथा चना का उपभोग सब के द्वारा किया जाता है। चावल (91.46 प्रतिशत) बाजरा (57.32 प्रतिशत) तथा ज्वार (31.71 प्रतिशत) का उपभोग भी राष्ट्रीय औसत से कहीं अधिक ऊँचा है। मूंग और उड़द का उपयोग सामान्य है। यहाँ मक्का तथा सरसों के तेल की खपत अधिक है।

पारंपरिक दुग्ध उत्पादक क्षेत्र, हरियाणा अब श्वेत क्रांति का केन्द्र बन चुका है।

यहाँ दुग्ध उत्पादों का उत्पादन एवं उपभोग की दर (90.24 प्रतिशत राष्ट्रीय औसत 86.47 प्रतिशत) काफी ऊंची है। तथापि, राज्य की बढ़ती समृद्धि के साथ अल्कोहल की खपत, विशेषकर पुरुष वर्ग में, बढ़ रही है। महिलाओं में इसकी खपत अत्यंत कम है। अधिकांश समुदाय बाजार से अल्कोहल खरीदते हैं। घर बने मादक पदार्थों का प्रतिशत 9.76 प्रतिशत है।

हुक्का गुड़गुड़ाना प्रतिष्ठा का प्रतीक है तथा हुक्का बराबर की प्रतिष्ठा वालों के साथ साझा करना सांस्कृतिक परंपरा है। हरियाणा के 73.17 प्रतिशत समुदाय धूम्रपान करते हैं जबकि राष्ट्रीय औसत 23.45 प्रतिशत है। बीड़ी तथा सिगरेट पीने का चलन भी बढ़ रहा है। तथा पान चबाना बहुत कम पाया जाता है (12.20 प्रतिशत, राष्ट्रीय औसत 76.48 प्रतिशत)।

परन्तु आर्यसमाज तथा अन्य सामाजिक सुधार आंदोलनों के प्रभाव के कारण हरियाणा में समुदायों के बीच भोजन एवं जल का विनिमय देश के शेष भागों की अपेक्षा उच्च स्तर पर है।

किसी समुदाय का कोई विशिष्ट पहचान चिन्ह नहीं है। अनुसूचित जाति तथा निचले सामाजिक वर्ग के लोग मांसाहारी हैं, यद्यपि सूअर तथा गोमांस का भक्षण नहीं किया जाता है। मंगलवार के दिन मांसाहार तथा मद्यसेवन नहीं किया जाता है। दूध की खपत समुदाय की सामाजिक-आर्थिक हैसियत पर निर्भर करती है।

अरोड़ा-आहार

अरोड़ा लोगों में शाकाहारी तथा मांसाहारी दोनों प्रकार की प्रवृत्तियाँ विद्यमान हैं। उनका मुख्य भोजन दाल-रोटी अथवा सब्जी-रोटी है। मांसाहारी लोग मटन, चिकन, अंडा, मछली खाते हैं। कुछ अण्डाहारी लोग अण्डे—निषेचित एवं अनिषेचित दोनों प्रकार के—भी खाते हैं। उदयपुर के निकट भगवान नाथद्वारा में श्रद्धा रखने वाले वल्लभपंथी प्याज, लहसुन तथा मसूर की दाल का सेवन नहीं करते हैं। कुछ लोग नियमित मांसाहारी हैं तो कुछ अन्य मांसाहार का सेवन किसी विशेष अवसर पर करते हैं।

महिलाएँ साधारणतः शाकाहारी हैं, लेकिन कुछ महिलाएँ मांसाहारी हैं। गेहूँ, चावल तथा मक्का इनके प्रमुख खाद्यान्न हैं। ये लोग स्थानीय रूप से उपलब्ध दाल तथा मूंग, उड़द, बंगाली चना, मोठ, मटर, इत्यादि का उपभोग करते हैं। घी (देशी तथा वनस्पति दोनों प्रकार का) का उपयोग खाना बनाने के माध्यम के रूप में किया जाता है। घी के अतिरिक्त सरसों का तेल, मूंगफली का तेल तथा अन्य रिफाइन्ड तेल का भी उपयोग खाना बनाने में किया जाता है। ये लोग कंद मूल का उपयोग

प्याज, आलू, शकरकंद तथा अदरक आदि के रूप में करते हैं।

चाय सभी आयुवर्ग के लोगों का लोकप्रिय गैर-अल्कोहल पेय है। यहाँ लस्सी भी बहुत लोकप्रिय है। अल्कोहल का उपभोग केवल पुरुष वर्ग द्वारा किया जाता है। कुछ लोग इसका कतई सेवन नहीं करते हैं। सभी आयु वर्ग के लोग दूध और उससे बने पदार्थों का सेवन करते हैं। धूम्रपान की प्रवृत्ति केवल पुरुषवर्ग में मौजूद है। आहार प्रवृत्ति में परिवर्तन के फलस्वरूप कुछ लोग मांसाहार की ओर आकर्षित हो रहे हैं।

अहीर-आहार

हरियाणा में अहीर सामान्यतः शाकाहारी हैं तथा उनका सामान्य भोजन गेहूँ, जौ, बाजरा, चना, दूध, दाल, मक्खन, तेल और सब्जियाँ हैं। युवा पीढ़ी में अंडा खाने का चलन है यद्यपि वे अंडा घर से बाहर ही खाते हैं। शिक्षित अहीर अपनी मान्यता से अंडा खाने को मांसाहार नहीं मानते हैं। वे विरले अवसरों पर तथा घर से बाहर मीट भी खाते हैं। सीमित मात्रा में तथा कभी कभार किसी विशेष अवसर पर मदिरा सेवन को बुरा नहीं माना जाता है, लेकिन अधिक मात्रा में तथा नियमित तौर पर और सार्वजनिक स्थानों पर इसके सेवन को हेय दृष्टि से देखा जाता है। कुछ लोग घर में बनी मदिरा का सेवन करते हैं।

बनियों का भोजन

साधारणतः बनिये शुद्ध शाकाहारी होते हैं, तथापि, समाज के कुछ शिक्षित सदस्य, अधिकांशतः पुरुषों ने मांसाहार प्रारंभ कर दिया है। यद्यपि ऐसे लोगों की संख्या बहुत कम है तथा ये लोग मटन, चिकन, मछली तथा हिरण का मांस खाते हैं। बनियों का प्रमुख भोजन रोटी, दाल और सब्जी है। वे चना, उड़द, मूंग, मसूर, अरहर, मटर तथा फलियाँ, गेहूँ, चावल और मक्का खाते हैं। वे मूंगफली, सरसों, तिल का तेल, सोयाबीन तथा सूरजमुखी का तेल और वनस्पति एवं देसी घी का उपभोग करते हैं। वे मूल तथा डंठल सहित सभी प्रकार की सब्जियां खाते हैं।

यद्यपि बनिया समाज में मदिरा सेवन को प्रोत्साहित नहीं किया जाता है फिर भी कुछ लोग मदिरा सेवन करते हैं। ये लोग चाय, काफी, जूस, शरबत, पेय पदार्थों के शौकीन होते हैं। ये दूध तथा दूध से बने पदार्थों का भी सेवन करते हैं। किसी विशेष अवसर पर अथवा ऋतु विशेष में कोई विशेष भोजन (फल, सब्जियाँ इत्यादि) की प्रथा नहीं है। समाज के कुछ सदस्य शाकाहार से मांसाहार की ओर आकर्षित हो रहे हैं। ये लोग बीड़ी, सिगरेट तथा हुक्का पीते हैं तथा पान चबाते हैं।

जैन समुदाय का आहार

जैन लोग अपनी आहार प्रवृत्ति के प्रति विशेष सावधानी बरतते हैं तथा अहिंसा का सिद्धान्त लागू करते हैं। वे ऐसा कोई आहार ग्रहण नहीं करते हैं, जिसमें जीव हत्या की संभावना होती है। यही कारण है कि वे शुद्ध शाकाहारी होते हैं तथा निषेचित अथवा अनिषेचित अंडा, मीट, मछली नहीं खाते हैं। कुछ लोग तो कंद और वृन्त जैसे आलू, प्याज, लहसुन, मूली, शलजम, गाजर, चुकंदर इत्यादि भी नहीं खाते हैं। कहा जाता है कि इनमें असंख्य अति सूक्ष्म जीव होते हैं। वे गूलर, अंजीर, पीपल तथा बरगद का उपयोग नहीं करते क्योंकि ये जीव का जन्मस्थल होते हैं। उनका प्रमुख भोजन खाद्यान्न, दाल फल तथा सब्जियाँ हैं। खाना बनाने के लिए देसी घी, वनस्पति घी तथा सरसों के तेल का इस्तेमाल किया जाता है। जैन लोग रात्रिकाल में भोजन करने से बचते हैं क्योंकि सूर्य के प्रकाश के अभाव में छोटे जीवों के भक्षण की संभावना बढ़ जाती है।

इसी प्रकार अधिकांश जैन लोग मदिरा पान अथवा अन्य मादक पदार्थों का सेवन नहीं करते हैं। उनका मानना है कि मादक पदार्थ मस्तिष्क को संवेदनशून्य बनाते हैं तथा संवेदनाहीन व्यक्ति बिना किसी संकोच के हिंसा में प्रवृत्त हो जाता है। इसके अतिरिक्त मदिरा तैयार करने हेतु किण्वन प्रक्रिया में अतिसूक्ष्म जीवों की हत्या होती है। जैन समुदाय दूध तथा अल्कोहल रहित पेय पदार्थों का सेवन करता है, लेकिन इनका उपयोग भी छानने के पश्चात् किया जाता है। यहाँ तक कि जैन लोग पानी भी छानकर पीते हैं। मधु और पर्युषित मक्खन का सेवन भी वर्जित है क्योंकि इसमें मधुमक्खियों तथा अतिसूक्ष्म जीवों की हत्या की संभावना होती है।

तथापि, विगत कुछ दशकों में जैन समाज के खान-पान की प्रवृत्ति में कुछ अंतर देखा गया है। कुछ जैन लोग, विशेषतः शिक्षित वर्ग शाकाहार को त्याग मांसाहार को अपना रहे हैं। वे अंडा खाते हैं तथा मदिरा पान करते हैं। यह परिवर्तन सामाजिक तथा धार्मिक सिद्धान्तों के विरुद्ध है तथा समाज ऐसे लोगों को हेय मानता है।

जैन समाज जाति स्तरीकरण को मान्यता प्रदान नहीं करता है तथा यह अस्पृश्यता में भी विश्वास नहीं करता है। तथापि, जैन समाज जैन धर्ममत का उल्लंघन कर मांसाहार तथा मदिरा सेवन करने वालों को निम्न हैसियत प्रदान करता है।

जाटों का खान-पान

जाट लोग सामान्यतः शाकाहारी हैं तथा ऋतु अनुसार खाद्यान्न, फल, सब्जियाँ तथा दाल ग्रहण करते हैं।

साधारणतः जाट लोग सांध्यकाल में दलिया अथवा खिचड़ी खाते हैं जो संभवतः पाचन क्रिया को ध्यान में रखकर बनाई गई परंपरा है। नई पीढ़ी मांसाहार की ओर आकृष्ट हो रही है। वे चाय, काफी तथा मदिरापान, खासकर उत्सवादि के अवसर पर, करने लगे हैं। तथापि, वे हुक्का, बीड़ी, सिगरेट के बहुत शौकीन हैं।

मीणा-आहार

मीणा लोगों का मुख्य आहार गेहूँ, मक्का, बाजरा, ज्वार है। वे कभी-कभी चावल भी खाते हैं। हालाँकि, मीणा मांसाहारी होते हैं। साधारणतः वे बकरी, भेड़, खरगोश तथा मछली खाते हैं। मीणा लोग सूअर, हिरन, खरगोश आदि का शिकार भी करते हैं। अधिकांश मीणा लोग जंगली सूअर का मांस खाते हैं, लेकिन उनके ग्रामीण साथी जारथल जंगली सूअर का मांस नहीं खाते हैं क्योंकि वे पीर की पूजा करते हैं। चूंकि मीणा जाति के लोग दिल्ली-जयपुर राजमार्ग के किनारे बसे गाँवों में रहते हैं अतः वे बाजार के लिए सब्जियों की खेती करने लगे हैं, जिसके कारण वे स्वयं भी अधिक सब्जियाँ खाने लगे हैं।

वे नियमित रूप से मदिरा सेवन करते हैं तथा उनके धार्मिक कृत्यों और विभिन्न समारोहों में मदिरा अर्पण की जाती है। विगत काल में मीणा लोग स्वयं मदिरा बनाया करते थे। उनमें से कुछ परिवार कृषि भूमि प्राप्त करने में सफल हो गए तथा भिन्न प्रकार की फसलें उगाने लगे। इसस उनके पोषक आहार में एक सीमा तक सुधार हुआ है तथा विभिन्न फसलों एवं सब्जियों की उपलब्धता से खान-पान की प्रकृति में भी परिवर्तन हुआ है।

मेव-भोजन

मेव लोग प्रमुखतः गेहूँ, बाजरा तथा चावल खाते हैं। वे गोचनी (गेहूँ तथा चने का मिश्रण) को प्राथमिकता देते हैं तथा तिनाजो का (गेहूँ, चना तथा जौ) भी उपभोग करते हैं। परन्तु अब गोचनी तथा तिनाजो की खपत कम हो चली है। मेव लोग मांसाहारी होते हैं तथा गाय, भैंस और अन्य प्रकार का मांस खाते हैं। वे मछली भी खूब खाते हैं। वे मसूर, उड़द, चने की दाल खाते हैं। दूध, दूध से बने पदार्थ छाछ, मक्खन, घी उनके प्रिय भोजन हैं। वे मेहरी (जौ से तैयार) कमेल तथा छाछ बहुत पसंद करते हैं।

सर्दियों में मेव लोग खिचड़ी (बाजरा की) तथा मलीदा (बाजरा की रोटी, गुड़, घी से बना एक विशिष्ट व्यंजन) खाते हैं। सर्दियों के अन्य व्यंजन हैं (1) चने का साग (2) ग्वार की फली (3) बाजरा की रोटी। वास्तव में छाछ, मेहरी, चटनी,

दाल-रोटी उनका सामान्य भोजन है। वे अंडा, प्याज, लहसुन, पालक, मेथी, गोभी, पत्ता गोभी तथा ऐसी अन्य सब्जियाँ खाते हैं। वे मदिरा सेवन बहुत कम करते हैं। वे हुक्का, बीड़ी, सिगरेट पीते हैं। खाना बनाने के लिए सरसों का तेल तथा वनस्पति घी का प्रयोग किया जाता है।

मेघ-आहार

मेघ लोग शाकाहार तथा मांसाहार दोनों प्रकार का भोजन करते हैं। कुछ लोग शुद्ध शाकाहारी हैं तथा अन्य लोग शाकाहारी भोजन तथा अंडे खाते हैं। मांसाहारी मटन, चिकन तथा मछली खाते हैं। महिलाएँ शाकाहारी होती हैं। मांसाहार अवसरानुकूल किया जाता है। उनका प्रमुख आहार दाल, रोटी तथा सब्जी है। वे गेहूँ, चावल तथा मक्का खाते हैं। स्थानीय रूप से उपलब्ध दालें जैसे चना, उड़द, मूंग, मटर, फली, मसूर मोठ उनके भोजन में शामिल हैं। भोजन पकाने का माध्यम घी तथा सरसों का तेल है। मूंगफली का तेल भी उपयोग में लाया जाता है। वे आलू, प्याज, अदरक इत्यादि का सेवन करते हैं।

सभी आयु वर्गों तथा पुरुष एवं महिलाओं का प्रिय पेय पदार्थ चाय है। वे यदा-कदा मदिरा सेवन भी करते हैं, यद्यपि आमतौर पर मदिरा सेवन को हेय दृष्टि से देखा जाता है। मेघ लोग दूध और दूध से बने पदार्थों का नियमित सेवन करते हैं।

पुरुष वर्ग में बीड़ी सिगरेट तथा हुक्का पीने का चलन है। फल भक्षण कम मात्रा में किया जाता है। कुछ निश्चित दिनों को मांसाहार, अंडा भक्षण तथा मदिरा सेवन नहीं किया जाता है। हर्ष के अवसर पर तथा उत्सव, समारोह के अवसर पर मिठाइयाँ खूब खाई जाती हैं। शोक के अवसर पर सादा भोजन किया जाता है जिसमें मसालों का उपयोग नहीं किया जाता है। यद्यपि उनकी प्रवृत्ति मांसाहार की ओर बढ़ रही है।

राजपूतों का खान-पान

राजपूत लोग मुख्य रूप से गेहूँ का उपभोग करते हैं तथा मक्का और चावलों का उपयोग पूरक खाद्यान्न के रूप में किया जाता है। वे शुद्धतः शाकाहारी हैं तथा अंडा तक नहीं खाते हैं। वे गोचनी (गेहूँ, चना का मिश्रण) तथा तिनाजो (गेहूँ, चना, जौ) की चपाती खाते हैं। देहात में बाजरा तथा उसके आटे का उपयोग सर्दियों में किया जाता है। वे दूध, दही, मक्खन, घी, पनीर तथा अन्य दूध से बने पदार्थों का प्रचुर मात्रा में सेवन करते हैं। जौ की गिरी से बनी मेहरी तथा छाछ उनका विशेष

रुचि व्यंजन है। वे सब्जियाँ अधिक नहीं खाते हैं। सर्दियों में चने का साग तथा ग्वार की फली बाजरा और मक्का की रोटी के साथ खाते हैं। राजपूत कंद, मूल तथा अरहर उड़द, चना और मूंग दाल पसंद करते हैं। पुरुष वर्ग यदा-कदा मदिरा सेवन करता है। पुरुषों में हुक्का, बीड़ी, सिगरेट पीने का चलन है।

सांसी-आहार

सांसी समुदाय में प्याज, लहसुन खाने वालों को शाकाहारी तथा अंडा खाने वालों को मांसाहारी माना जाता है। इनका मुख्य भोजन गेहूँ है। ये आमतौर पर शाकाहारी होते हैं। यद्यपि कुछ लोग अंडा, मटन, चिकन, भेड़ा, खरगोश, तीतर तथा सूअर का मांस खाते हैं। चावल, गेहूँ, ज्वार, बाजरा, मक्का, चना, उड़द, मूंग मटर, मसूर, मोठ तथा अरहर इनके खाद्यान्न है। भोजन पकाने के लिए सरसों का तेल तथा वनस्पति घी का इस्तेमाल चलन में है। वे चावल की अपेक्षा रोटी पसंद करते हैं। सभी मौसमी सब्जियों का सेवन करते हैं। यद्यपि विगत दशकों में सांसी समाज में फलों की खपत बढ़ी है, फ़िर भी यह काफी कम है। वे दूध पसंद करते हैं।

उत्सवादि के अवसर पर ये लोग मिठाइयाँ खाते हैं। यद्यपि सांसी लोग मदिरापान को एक सामाजिक बुराई मानते हैं, फिर भी अक्सर मदिरा पान करते हैं। सांसी महिलाएँ भी ठर्रा तक पीती हैं। इन लोगों में बीड़ी, सिगरेट तथा हुक्का पीने का चलन है।

सँपेरा-आहार

अंडा-मछली खाने वाले मांसाहारी माने जाते हैं। सँपेरा जाति के लोग नियमित मांसाहारी होते हैं। वे मटन, चिकन, मछली, तीतर, खरगोश, सियार आदि का मांस खाते हैं। खाद्यान्नों में गेहूँ, जौ, चावल, ज्वार, बाजरा, मक्का, बंगाली चना, चना, उड़द, मोठ, मसूर तथा अरहर का उपयोग करते हैं। भोजन बनने के लिए सरसों का तेल इस्तेमाल किया जाता है। ये लोग मौसमी सब्जियाँ तथा आलू, गाजर, मूली, शकरकंद, अरबी, रतालू, प्याज तथा लहसुन इत्यादि खाते हैं। ये मौसम के फल भी खाते हैं यद्यपि इनकी मात्रा अत्यंत कम होती है।

ये लोग चाय पीते हैं। सँपेरा जाति नियमित मदिरा सेवी है। मदिरा बाजार से खरीदी जाती है। विगत वर्षों में इनके खान-पान में कुछ परिवर्तन हुआ है। अब ये लोग सब्जी तथा दाल का अधिक उपभोग करने लगे हैं। सँपेरा जाति चावल के बजाय रोटी अधिक पसंद करते हैं। पुरुष वर्ग बीड़ी, सिगरेट तथा हुक्का पीता है।

शोरगीर का खान-पान

ये लोग साधारणतया शाकाहारी हैं तथा कुछ लोग अंडा, मटन, चिकन, मछली आदि मांसाहार खाते हैं। सूअर तथा गोमांस का भक्षण वर्जित है। अधिकांश महिलाएँ शुद्ध शाकाहारी होती हैं। इनके भोजन में गेहूँ, मक्का, चावल, मूंग, चना, उड़द, मसूर का प्रमुख स्थान है। खाना पकाने के लिए वनस्पति घी, मूंगफली एवं सरसों का तेल इस्तेमाल किया जाता है। ये लोग आलू, प्याज तथा शकरकंद का सेवन करते हैं। चाय इनके दैनिक जीवन का नियमित पेय पदार्थ है। दूध तथा दूध से बने पदार्थों, विशेषकर मिठाइयों का उपभोग प्रचुर मात्रा में किया जाता है। उत्सव, त्योहार तथा पारिवारिक समारोह के अवसर पर इन पदार्थों का विशेष एवं भरपूर उपभोग किया जाता है।

साधारण तौर पर शोरगीर लोग मदिरा पान को प्रोत्साहन नहीं देते हैं, लेकिन पुत्र जन्म, विवाह आदि के अवसर पर इनके द्वारा मदिरा सेवन किया जाता है। वयस्क पुरुष बीड़ी, सिगरेट तथा हुक्का इत्यादि का सेवन करते हैं। समुदाय में विभिन्न प्रकार के मांसाहारी भोजन यथा अंडा इत्यादि खाने का चलन बढ़ रहा है।

13

वस्त्र एवं आभूषण

'परिधान' शब्द के व्यापक भाव में एक ऐसा शब्द है, जो मानव द्वारा आवरण, अंगच्छेदन, रंगों के माध्यम से अपने शारीरिक नैन-नक्श के रूपांतरण हेतु आविष्कृत विविध कलाओं तथा युक्तियों को व्यक्त करता है। मुख्य रूप से भौगोलिक परिस्थितियाँ तथा बदलते मौसम ने मनुष्य को स्वयं को आवृत करने के लिए प्रेरित किया होगा। यथा शीतकाल में ठिठुरना गर्मी में दाह तथा झुलसना या वर्षा में भीगने की समस्या के निवारण हेतु।

हरियाणवी परिधान

हरियाणा के लोगों की पारम्परिक पोशाक रंगीन होती है जो दिन प्रतिदिन बड़े नगरों की पोशाक की राह पर अग्रसर है, यद्यपि आम ग्रामीण समूह अपने परिधान से आसानी से पहचाना जा सकता है, जबकि शहरी लोग पैंट-कमीज पहनकर शेष भारत के लोगों जैसे दिखने लगे हैं।

साधारणतः राज्य के सामान्य ग्रामीण लोगों की पोशाक सादा है। उनके प्रतिदिन पहने जाने वस्त्र मोटे तथा सस्ते कपड़े के बने होते हैं। सिर पर पगड़ी अथवा दुपट्टा, कमीज, कुर्ता या अंगरखा (लंबा कुर्ता) अथवा मिरजई/कमराई (छोटा कुर्ता), धोती तथा जूते की जोड़ी पुरुषों का पूर्ण परिधान है। गर्मियों में पतली कपड़े की चादर तथा सर्दियों में खेस, कम्बल अथवा रजाई लपेटते हैं। शहरों में धोती का स्थान पैंट या पायजामा ने ले लिया है। विद्वतापूर्ण व्यवसायों से जुड़े लोग, कार्यालयों में कार्य करने वाले लोग, कालेज छात्र चाहे ग्रामीण क्षेत्र के हों अथवा शहरी क्षेत्र से संबंध रखते हों पश्चिमी शैली के वस्त्र धारण करते हैं। हालांकि हाल विगत में लोग आभूषण धारण करते थे, जो अब प्रचलन में नहीं है। तथापि, ग्रामीण तथा शहरी क्षेत्र के कुछ लोग अब भी अंगुली में अंगूठी और गले में चैन आदि धारण करते हैं।

राज्य में महिलाओं के परिधान में घाघरा अथवा लहँगा जो सामान्यतः सूती होता है, तथा एक कुर्ती (छोटी कमीज) के साथ रंगीन ओढ़ना सम्मिलित है। मुसलमान

तथा पंजाबी महिलाओं के बीच सलवार तथा ढीली कमीज के साथ चुन्नी अथवा दुपट्टा लोकप्रिय है। स्वतंत्रता प्राप्ति के पश्चात् महिलाओं के पहनावें में महत्वपूर्ण परिवर्तन आया है। कुर्ती के स्थान पर अब लम्बा कुर्ता तथा भारी भरकम घाघरे के स्थान पर सलवार आ गई है। अब साड़ी तथा सलवार और कमीज सामान्य चलन में हैं। महिलाओं में वस्त्रों के डिजाइन तथा आकृतियों में भी महत्वपूर्ण परिवर्तन हुआ है।

हरियाणा में भी अधिकतर महिलाओं ने भारी आभूषण पहनना लगभग छोड़ दिया है। वे साधारणतः अब कलात्मक और सुरुचिपूर्ण आभूषण पहनने लगी हैं, जिनसे उनके सौंदर्य में वृद्धि होती है। लेकिन, ग्रामीण महिलाएँ आज भी बाजू, कलाई तथा अँगुलियों में सोने तथा चाँदी के आभूषण पहने देखी जा सकती हैं, यद्यपि इन आभूषणों की संख्या काफी कम हो गई है।

हरियाणा के ग्रामीण समुदाय के कुछ पहचान चिन्ह हैं; जैसे—पगड़ी पहनना (8.54 प्रतिशत, राष्ट्रीय औसत 4.44 प्रतिशत); महिलाओं द्वारा आभूषण धारण किया जाना (7.32 प्रतिशत, राष्ट्रीय औसत 6.81 प्रतिशत); पुरुषों द्वारा आभूषण धारण किया जाना (4.88 प्रतिशत, राष्ट्रीय औसत 2.89 प्रतिशत) तथा टैटू गुदवाना (6.10 प्रतिशत)। पुरुष जाट के पहनावे में साधारणतः पगड़ी, कुर्ता अथवा कमीज, धोती और जूती अथवा पाटन (चमड़े से निर्मित) होते हैं। यह परिधान सूती, सिल्क अथवा सिंथेटिक फाइबर से बना हो सकता है। हिन्दू जाट सिर पर पगड़ी पहनते हैं जो दायीं और अथवा बायीं ओर हल्का तिरछापन लिए होती है और सिख जाट पटियाला शैली में पगड़ी बाँधते हैं। वे मोहनजोदड़ो मूर्ति द्वारा परिलक्षित शैली में चादर इत्यादि ओढ़ते हैं। वे ऋतु के अनुसार कमरी, अंगरखा, चादर, खेस, दोहर, शाल, लोई तथा कम्बल, रजाई, गद्दा (रजाई अथवा सौर और सौना) अथवा दरी का प्रयोग करते हैं।

झगला-टोपी तथा फरगल बच्चों की लोकप्रिय पोशाक है। महिलाओं के रंग बिरंगे परिधान में ओढ़न, ओमक, चुंदड़ी, दुबला, डुकनिया, सोपली, छामा, फुलकारी, शाल तथा चुन्नी; कमीज, समीज, कमरी, अंगी अथवा अंगिया, लहँगा, बोरडा घाघरा, घाघरी तथा डामन सम्मिलित हैं।

लेकिन अब जाट विशेषकर नई पीढ़ी प्रचार माध्यमों के प्रभाव के अधीन सभी प्रकार के आधुनिक वस्त्र धारण करने लगी हैं। पूर्व काल में पुरुष सदैव सफेद वस्त्र तथा महिलाएँ रंगीन वस्त्र पहना करती थीं, किंतु नई पीढ़ी के लड़के तथा लड़कियाँ इस प्रकार के कपड़े (शर्ट, टी-शर्ट, हाफ पैंट तथा फुल पैंट, जींस अथवा ग्रीन्स) पहनने लगे हैं कि उनके बीच लिंग भेद करना कठिन हो गया है। आमतौर पर लड़के

कमीज अथवा बुश-शर्ट तथा पायजामा, स्वेटर, कोट, पतलून पहनते हैं तथा उन्हें पगड़ी बाँधनी अथवा धोती पहननी आती ही नहीं है। लड़कियाँ शरारा और गरारा, जम्पर तथा सलवार, साड़ी तथा फ्रॉक भी पहनती हैं तथा बीस से पचास गज तक कपड़े से बने डामन को पहनकर खड़े होना (समारोह आदि अवसरों को छोड़कर) भी कठिन हो गया है। जाट लोगों का गणचिन्ह मोर है, जो उनकी हवेलियों पर सबसे ऊपर बातसूचक के रूप में देखा जा सकता है।

जहाँ तक आभूषणों का संबंध है पुरुष मुर्की, हँसली, हँसला, कलटना अथवा कथला, ताबीज और अँगूठी (सभी स्वर्ण निर्मित) धारण करते थे। अब केवल चेन तथा अँगूठी का चलन है। विवाहित महिलाएँ बोरला, मुँह का छाज अथवा सुखेमा, सिरौंठी, डांडी तथा बजनी (कानों में), कोका तथा नथ अथवा नथली (नाक में) उम्प (ऊपरी दाँत में) हँसली तथा कंठी (हार) माला, झालरा तथा हार (छाती पर), ताड़ (कोहनी के ऊपर बाजू में), चूड़ी, कडूले, कड़े, छन, पछेली, कंगन (कलाइयों में), हाथफूल तथा अँगूठी (बोरला से अँगूठी तक सभी स्वर्ण अथवा चाँदी से निर्मित), तगड़ी तथा पुल्लु (कमर पर), पाटी, नेवाड़ी, झांझन, कड़ी, हैथकड़ी तथा पाजेब, बांकड़े (टांगों में तथा टखने में) तथा बिछुए (पैर की अंगुली में) (तगड़ी से बिछुएँ तक सभी चाँदी से निर्मित) पहनती हैं तथा कुँआरी लड़कियाँ कान की बाली, कडूली (सोने अथवा चाँदी की), पाजेब तथा पासुरे (चाँदी निर्मित) पहनती हैं।

जाट लोगों का मानना है कि कमर से ऊपर के सभी आभूषण स्वर्ण निर्मित होने चाहिए तथा शेष सभी आभूषण चाँदी के होने चाहिए। एक विशेष आभूषण भी है जिसे चाँद (अर्द्धचन्द्र) कहा जाता है, जो लड़के के जन्म के अवसर पर उसके मामा द्वारा भेंट किया जाता है। अब चाँदी के आभूषणों का चलन समाप्त हो रहा है तथा सोने के एक या दो आभूषण धारण करने का प्रचलन बढ़ रहा है।

जैन लोगों की अपनी स्वयं की कोई विशेष वेश-भूषा नहीं है। वे क्षेत्र में सामान्य प्रचलन के वस्त्र धारण करते हैं। अन्य लोगों की तरह वे धोती, कुर्ता अथवा कमीज पायजामा पहनते हैं। पूर्व काल में सिर पर टोपी अथवा पगड़ी पहनी जाती थी, जो अब चलन में नहीं है। महिलाएँ विवाह से पूर्व सलवार-सूट और विवाह के पश्चात् साड़ी पहनती हैं। तथापि, जैन लोग परिधान के संबंध में भी अहिंसा के सिद्धान्त का पालन करते हैं। वे लोमचर्म, पंखदार, सिल्क तथा चर्मवस्त्र धारण करने से बचते हैं क्योंकि ये वस्त्र पशुओं तथा पक्षियों पर अत्याचार से तैयार किए जाते हैं। जैन मतावलम्बियों के जीवन पर जैन मत का गहरा प्रभाव है। जैन मत के अनुसार व्यक्ति को अपने साधनों के अनुसार वस्त्र धारण करने चाहिए तथा इसमें आडम्बर का कोई स्थान नहीं होना चाहिए, जैन लोग इसका अनुसरण करते हैं। तथापि वस्त्र

मलिन नहीं होने चाहिए तथा सौम्य होने चाहिए। विवाहित महिलाएँ अन्य हिंदू जातियों की भाँति माथे पर बिंदिया लगाती हैं तथा माँग में सिंदूर भरती हैं। वे अपने क्षेत्र में सामान्य प्रचलन के आभूषण यथा गले का हार, बोरला, कान की बाली, नथ, अँगूठी, कंगन आदि धारण करती हैं। वर्तमान काल में बोरला प्रचलन में नहीं है। जैन समुदाय का अपना स्वयं का ध्वज और प्रतीक चिन्ह है।

अहीर

अहीरों को कई नामों से पुकारा जाता है; जैसे—हीर, यादव, रावजी, राव साहिब इत्यादि जो जाति विशेष के लिए प्रयोग किए जाते हैं। अहीर लोग मथुरा के भगवान श्रीकृष्ण को अपना पूर्वज मानते हैं। अहीर समाज के तीन प्रमुख भाग हैं : (1) नंदवंश (2) यदुवंश तथा (3) ग्वालवंश। ये लोग हरियाणा, उत्तर प्रदेश, दिल्ली, राजस्थान तथा बिहार में प्रमुख रूप से बसे हैं। अहीर लोगों का मानना है कि अहीर अन्य राज्यों में भी बसे हुए हैं तथा वे आंध्र प्रदेश के कुछ राव एवं रेड्डी के भी अहीर होने का दावा करते हैं। हरियाणा में अहीर प्रमुख रूप से महेन्द्रगढ़ तथा गुड़गाँव में बसे हुए हैं।

अहीर लोग साधारणतः कुर्ता, धोती पहनते हैं तथा सिर पर खंडवा सिर पर बाँधने वाला कपड़ा अथवा पगड़ी धारण करते हैं। अहीर महिलाएँ पेटीकोट, लहँगा, कमीज तथा चुंदड़ी अथवा ओढ़नी धारण करती हैं।

लड़कियाँ सलवार तथा जम्फर अथवा सूट पहनती हैं तथा नई पीढ़ी के युवक कुर्ता-पायजामा अथवा शर्ट-पैंट पहनते हैं। अहीर महिलाओं के आभूषणों में पाजेब, कड़ी, चाल/कड़ा, नेवारी, पट्टी (चाँदी के बने) तथा तगड़ी (काले धागे से बनी) सम्मिलित हैं। विवाह, शिशु जन्म अथवा उत्सव आदि के विशेष अवसर पर वे बोरला, संगारपट्टी, हँसली, गलभरी, डोल, हार, झुमकी, भदकड़ी तथा भुजाली अथवा काटा, ताडा, कडूला, अंगूठी इत्यादि पहनती हैं।

बिश्नोई

बिश्नोई समुदाय का पहनावा उनकी विशिष्ट पहचान है। पुरुष सफेद रंग का कुर्ता और धोती अथवा तहमद पहनते हैं। ये लोग सिर पर साफा बाँधते हैं। बिश्नोई महिलाओं की पोशाक रंग बिरंगी विशिष्ट प्रकार की होती है, जिससे आसानी से उनके समुदाय की पहचान हो जाती है। वे एक लम्बा छींटदार लहँगा, कमीज तथा पीला पोमेचा (एक प्रकार का राजस्थानी ओढ़ना) पहनती हैं जिस पर कृत्रिम चाँदी

अथवा सोने के तार की कशीदकारी की गई होती है। वे अपने माथे पर बोरला भी धारण करती हैं। महिलाएँ ससुराल में सदैव पर्दा करती हैं। विधवा स्त्रियाँ बोरला धारण नहीं करती हैं। पुरुषों की धोती अथवा तहमद तथा महिलाओं का लहँगा टखनों तक नीचा होता है। मूलतः बिश्नोई राजस्थान के बीकानेर क्षेत्र के निवासी थे। अब बिश्नोई प्रमुख रूप से राजस्थान, उत्तर प्रदेश, मध्यप्रदेश, पंजाब और हरियाणा में पाए जाते हैं। हरियाणा में बिश्नोई समुदाय हिसार तथा सिरसा जनपदों में केन्द्रित हैं। सन् 1921 की जनगणना के अनुसार पूर्वतः पंजाब प्रान्त में बिश्नोई समुदाय की जनसंख्या 19,780 थी। हरियाणा में अब इनकी जनसंख्या लगभग नब्बे हजार है। इनमें से अधिकांश लोग अकालग्रस्त राजस्थान से यहाँ आकर बसे हैं। देश के विभाजन के समय बहावलपुर रियासत (अब पाकिस्तान में) से भारी संख्या में बिश्नोई लोग भारत आए थे। वे लोग आपस में तथा बाहरी लोगों से बागड़ी बोली में बात करते हैं। समस्त प्रयोजनों हेतु उनकी लिपि देवनागरी ही है।

राजपूत

राजपूत मूल रूप से राजस्थान से संबंध रखते हैं। वर्तमान काल में राजपूत पूरे हरियाणा राज्य में फैले हैं। तथापि, अलग-अलग जनपदों में उनकी जनसंख्या में अंतर है। राजपूत समुदाय दिल्ली, पंजाब, राजस्थान और उत्तर प्रदेश में भी मौजूद हैं। वे घर तथा बाहर सभी जगह हरियाणवी बोली बोलते हैं। बाहरी लोगों के साथ वे हिंदी भी बोलते हैं। पुरुष धोती, कमीज तथा विशिष्ट प्रकार की पगड़ी पहनते हैं। यह पगड़ी उन्हें विशिष्ट पहचान देती है। राजपूत महिलाएँ साड़ी, घाघरा, पूरी बाहों की कमीज तथा ओढ़ना पहनती हैं। ये महिलाएँ टीली, कोका, बालियाँ तथा काँटा आभूषण धारण करती हैं। टीली तथा कोका साधारणतः सोने के होते हैं तथा बालियाँ और काँटे सोने तथा चाँदी दोनों से बनाए जाते हैं। वे मीरान-वीबियाँ भी पहनती हैं तथा सिंग-ताबीज बाजू में पहनती हैं। पाँवों में गोरसोल-पट्टी (चाँदी निर्मित) पहनी जाती है। वधू सिर पर किसी एक तरफ चाँदी अथवा सोने से बना फूल पहनती हैं।

मेव

मेव लोग सामान्यतः तहमद, कमीज, फेहना तथा फेंटा धारण करते हैं। वे लोग खेस का उपयोग शरीर को ढकने के लिए करते हैं। मेव महिलाएँ खूसनी/कमीज, लूगड़ा तथा जनानी धारण करती हैं उनके गहनों में हँसली, पचेली, अँगूठी, पायजेब, पायल, छल्ला, गठिया, नेवरी, कड़े तथा ऐसे ही पाँव के अन्य गहने शामिल हैं। ये लोग अधिकतर चाँदी के गहने पहनते हैं। सम्पन्न मेव परिवार सोने के गहनों को

प्राथमिकता देते हैं। मेव महिलाएँ अकसर पाँच किलोग्राम भार तक के चाँदी के आभूषण पहने देखी जा सकती हैं। यह समुदाय परस्पर वार्ता के लिए मेवाई बोली का प्रयोग करता है जो राजस्थानी बोली है तथा भारत-यूरोपीय मूल की भारत-आर्य भाषा से सम्बद्ध है। मथुरा, भरतपुर, और अलवर में इस बोली पर ब्रज भाषा का स्पष्ट प्रभाव दिखता है, जबकि फरीदाबाद तथा गुड़गाँव में यह बोली ब्रज भाषा तथा हरियाणवी दोनों से प्रभावित दिखाई देती है। ये लोग बाहरी लोगों के साथ सरल हरियाणवी तथा हिन्दुस्तानी बोली में बात करते हैं तथा देवनागरी तथा उर्दू लिपि का उपयोग करते हैं। वे आपस में उर्दू लिपि का प्रयोग करते हैं।

बुड़ा ब्राह्मण समुदाय अपनी आबादी अंतरक्षेत्रीय स्तर पर होने का दावा करता है। हरियाणा में यह समुदाय पूरे राज्य में मौजूद है, लेकिन हिसार, फरीदाबाद, महेन्द्रगढ़ तथा रोहतक में इनकी जनसंख्या अपेक्षाकृत अधिक है। ये लोग घर में तथा बाहर हिंदी तथा हरियाणवी बोलते हैं तथा देवनागरी लिपि का प्रयोग करते हैं। पुरुष धोती, कुर्ता, कमीज और पायजामा पहनते हैं। वृद्धजन पगड़ी बाँधते हैं। कुछ लोग कंधे पर अंगोछा रखते हैं।

बांगली जाति के लोगों की अपनी कोई विशिष्ट पहचान नहीं है, परन्तु पुरुष भिक्षावृत्ति के लिए जाते समय लम्बा केसरिया लबादा (गाउन) पहनते हैं। अन्यथा पुरुष उवं महिलाएँ कोई विशिष्ट वस्त्र धारण नहीं करते हैं। पुरुष कुर्ता या कमीज तथा उसके साथ लुंगी या पायजामा पहनते हैं। महिलाएँ आमतौर पर सलवार तथा कमीज पहनती हैं। राज्य में इन्हें अनुसूचित जाति वर्ग में रखा गया है।

मीणा महिलाओं द्वारा धारण किए जाने वाले वस्त्र और आभूषण हरियाणा की अन्य महिलाओं के वस्त्राभूषणों से अलग है। महिलाएँ घाघरा, ब्लाउज तथा लूगड़ी अथवा ओढ़नी धारण करती हैं। पुरुष तीन वस्त्र पहनते हैं : धोती, कमीज तथा पगड़ी। इनके द्वारा पहनी जाने वाली पगड़ी भिन्न रंगों की होती है फिर भी कुछ रंग जैसे सफेद, गुलाबी, केसरिया तथा लाल अधिक लोकप्रिय हैं। समय के साथ साथ इनके पहनावे में भी काफी परिवर्तन हुआ है। नई पीढ़ी, पैंट, शर्ट, अंडरवियर पहन रही है तथा पगड़ी का चलन तेजी से समाप्त हो रहा है। इसी प्रकार महिलाओं ने भी लूगड़ी अथवा ओढ़नी अथवा चुन्नी के स्थान पर साड़ी पहनना प्रारंभ कर दिया है। कुछ महिलाएँ सलवार कमीज भी पहनती हैं।

मीणा समाज में महिलाओं के पहनावे में आभूषणों का महत्वपूर्ण स्थान है। कुछ आभूषण ऐसे हैं जो केवल विवाहित महिलाएँ ही पहनती हैं। साधारणतः महिलाएँ काँच और लाख निर्मित चूड़ियाँ पहनती हैं, हालाँकि इनके आभूषण सोना एवं चाँदी दोनों प्रकार के होते हैं। मीणा महिलाएँ पहले प्रत्येक पाँव में चाँदी की एक-एक चूड़ी

पहनती थीं, परंतु अब वे पाजेब पहनने लगी हैं। पाँवों में कड़ी का अर्थ है कि महिला विवाहिता है। महिलाएँ बाली और नथ भी पहनती हैं। अँगूठी का आकार भिन्न हो सकता है। अन्य आभूषणों में बोर, हँसली अथवा तगड़ी और कान की बालियाँ अथवा झुमकियाँ प्रमुख हैं। वे आभूषण व्यक्ति की आर्थिक स्थिति के अनुरूप सोने अथवा चाँदी के बने होते हैं।

मेघ

मेघों को आर्य-मेघ और भगत भी कहा जाता है। वे अब से चार-पाँच सौ वर्ष पूर्व जम्मू कश्मीर से आकर हरियाणा में आबाद हो गए थे। पुरुष पायजामा अथवा धोती और कमीज अथवा कुर्ता पहनते हैं। महिलाएँ सामान्यतः सलवार कमीज पहनती हैं।

वृद्ध कुर्ता धोती पहनते हैं, लेकिन नई पीढ़ी के लोग पैंट-शर्ट पहनते हैं। कुछ बुजुर्ग सिर पर पगड़ी अथवा साफा बाँधते हैं। बुजुर्ग महिलाएँ धोती, कुर्ता तथा ओढ़नी पहनती हैं। कुछ क्षेत्रों में वृद्ध महिलाएँ घाघरी पहनती हैं। युवा महिलाएँ साड़ी तथा ब्लाउज पहनती हैं। लड़कियाँ सलवार, कमीज पहनती हैं तथा चुन्नी ओढ़ती हैं।

वाल्मिकि

वाल्मीकि समुदाय के राज्य में सामान्यतः पहने जाने वाले वस्त्र धारण करते हैं अर्थात् पुरुष धोती-कुर्ता अथवा कुर्ता-पायजामा पहनते हैं तथा सर्दियों में खेस ओढ़ते हैं। महिलाएँ लहँगा-कुर्ता पहनती हैं तथा ओढ़नी ओढ़ती हैं। लड़कियाँ सलवार-कमीज पहनती हैं तथा सिर पर ओढ़नी रखती हैं। वृद्ध पुरुष पगड़ी भी बाँधते हैं।

साँसी

साँसी समुदाय के लोग हरियाणा, पंजाब, उत्तर प्रदेश, दिल्ली, राजस्थान तथा गुजरात में मौजूद हैं। हरियाणा में सांसी जन उन्नीस जनपदों में फैले हुए हैं। सन् 1981 की जनगणना के अनुसार राज्य में उनकी जनसंख्या 20,871 थी। साँसी लोग सांसी तथा हरियाणवी का प्रयोग घर में करते हैं, बाहर केवल हरियाणवी बोलते हैं। इनके द्वारा देवनागरी लिपि का उपयोग किया जाता है।

पुरुष धोती-कुर्ता तथा खांडा (पगड़ी) पहनते हैं। युवा वर्ग पैंट, पायजामा कमीज पहनता है। महिलाएँ जम्पर तथा सलवार पहनती हैं। वृद्ध जन पगड़ी भी पहनते हैं। लड़कियाँ चुन्नी ओढ़ती हैं। ये लोग अनुसूचित जाति वर्ग से संबंधित है।

जोगी

जोगी भी हरियाणा राज्य के सामान्य वस्त्र-धोती, पायजामा, कुर्ता, पगड़ी तथा कमीज पहनते हैं। महिलाएँ जम्पर, सलवार, कमीज तथा चुन्नी पहनती हैं। विवाहित महिलाएँ लहँगा, कुर्ता तथा ओढ़नी पहनती हैं। अधिकांश लोग गरीब हैं। पुरुष सफेद वस्त्र धारण करना पसंद करते हैं।

जोगी, पाढ़ा जोगी अथवा केवल पाढ़ा अथवा नाथ भी होते हैं। जोगियों में प्रमुखतः तीन वर्ग होते हैं नामतः कनफटे जोगी, पाढ़ा जोगी तथा जंगम जोगी। **'रोज'** के अनुसार जोगी दो प्रकार के होते हैं पहले प्रकार के जोगी नियमित हिंदू होते हैं जिनमें अनगढ़ जोगी तथा कनफटा जोगी होते हैं जो गोरखनाथ के अनुयायी हैं। वे भगवान शिव की पूजा करते हैं। वे बेशगी, गोसाईं तथा अन्य धार्मिक समुदायों के समान होते हैं। वे सभी हिन्दू होते हैं, लेकिन घरिस्ति अथवा धर्म निरपेक्ष जोगी, चाहे हिंदू हैं, रावल कहलाते हैं तथा गायन, भिक्षावृत्ति तथा भविष्य बतलाकर अपनी आजीविका चलाते हैं। दूसरे प्रकार के जोगियों में नीची जातियों के फकीर तथा भविष्य वक्ता होते हैं, जिनमें हिंदू तथा मुसलमान दोनों शामिल होते हैं तथा सामान्यतः जोगी कहलाते हैं।

चमार

वे राज्य के सभी जनपदों में फैले हैं। वे अपने घर और बाहर सभी जगह हिन्दी बोलते हैं। अम्बाला तथा करनाल में उनकी बोली ब्रज से प्रभावित है। उनकी लिपि देवनागरी है। पुरुष वर्ग कुर्ता-धोती, कमीज-पायजामा पहनता है। नई पीढ़ी पैंट-कमीज पहनती है। महिलाएं राजस्थानी वस्त्र घाघरा और चोली पहनती हैं। लड़कियां सलवार-कमीज पहनती हैं।

सँपेरा

सँपेरा, सँपेला अथवा सपाद जाति के लोगों की साझा उपाधि 'नाथ' है। स्थानीय लोग उन्हें सँपेरा अथवा सँपेला नाथ कहते हैं। इस समुदाय के दस उप-वर्ग बताए जाते हैं : गुलिया, जाट सँपेरा, ब्राह्मण सँपेरा, झींवर सँपेरा, सोग्गड़ सँपेरा, बिहाल सँपेरा, नकुले सँपेरा, सांडेनाथ सँपेरा आदि। उन्हें ऐसा इसलिए पुकारा जाता है क्योंकि उनके पूर्वज साँपों को सम्मोहित करने का काम करते थे। उनकी उत्पत्ति बहादुरगढ़ से 12 कि.मी. दूर गुलियांवाली बादली बतायी जाती है। सन् 1981 की जनगणना के अनुसार सँपेरों की हरियाणा में कुल

जनसंख्या 4,716 (2722 पुरुष तथा 1,994 महिला) थी। वे हरियाणवी बोलते हैं तथा उनकी लिपि देवनागरी है।

पुरुष लुंगी तथा कुर्ता पहनते हैं तथा महिलाएं धोती, कुर्ता, घाघरा, सलवार, जम्पर पहनती हैं। सपेला अनुसूचित जाति वर्ग में आते हैं। गरीब होने के कारण इन लोगों के पास महंगे आभूषण खरीदने की सामर्थ्य नहीं है। अधिकांश लोग श्रृंगार हेतु अपने शरीर पर गोदना गुदवाते हैं।

14

दलित वर्ग संस्कृति

प्रत्येक हिन्दू जाति पारम्परिक रूप से किसी विशिष्ट व्यवसाय के साथ सम्बद्ध है। लेकिन एक नियम के अनुसार उच्च जातियों को पड़िया लोगों के मुकाबले व्यवसाय चयन में विकल्पों की व्यापक श्रृंखला उपलब्ध है। उदाहरण के लिए, क्षत्रिय लोग अपनी जाति व्यवसायों के अतिरिक्त कृषि, उद्योग, प्रशासनिक कार्य, शिक्षा अथवा व्यवसाय का विकल्प चुन सकते हैं। ब्राह्मण तथा वैश्य भी ऐसा करने हेतु स्वतंत्र हैं। अन्य पिछड़ी जातियों तथा पड़िया लोगों के भी अपने परम्परागत व्यवसाय हैं, लेकिन एक अन्तर विद्यमान है। उनके व्यवसाय और विकल्प शारीरिक श्रम अथवा अत्यल्प वांछनीय और अपवित्र प्रकार के थे। पड़िया के दो प्रमुख संवर्गों के व्यवसाय सफाई और चमड़े का संसाधन थे। सफाई अथवा झाड़ बुहार में गलियों, नालियों तथा सीवर की सफाई; मानव तथा पशु मल को हटाना; मुरदाखोर सूअरों का पालन इत्यादि सम्मिलित था। चूंकि अधिकांश नगरों, उप-नगरों तथा गांवों में शौचालयों में 'फ्लश' व्यवस्था नहीं थी, अतः सफाईकर्मी को मानव मल बाल्टियों में भरकर अपने सिर पर रखकर ढोना पड़ता था। बाल्मीकियों की अनेक जातियां यह अपवित्र कार्य करती थीं। चमड़े के कार्य में मृत पशुओं का निस्तारण, उनकी चमड़ी उतारना तथा सिझाना और जूते इत्यादि चमड़े का सामान बनाना सम्मिलित था। उच्च जातियों के लोग इन कार्यों को अपवित्र कार्य मानते थे।

देश के अधिकांश भागों में पड़िया लोगों के लिए कपड़ा बुनाई का कार्य एक विकल्प के रूप में मौजूद था। ऊपरी तौर पर बुनकर कर्म में घृणास्पद सामग्री दिखाई नहीं देती हैं, लेकिन इस कार्य में ऊन, पशुओं के बालों से बने ब्रुश तथा करघों के चमड़ा निर्मित हिस्सों के साथ काम करना पड़ता था। यह प्रत्यक्ष रूप से कलुषित कार्य, माना जाता है तथा हरियाणा के धानकों (बुनकरों) को पड़िया लोगों में भी निम्न श्रेणी में स्थान दिया जाता था। इसके अतिरिक्त

पड़िया अपने स्वयं के उत्पादों का व्यापार कार्य अथवा कृषि मजदूर के रूप में कार्य कर सकते हैं। कृषि मजदूरों के रूप में उन्हें निराई, फसल कटाई, प्रतिरोपण इत्यादि जैसे कड़ी मेहनत के कार्य सौंपे जाते थे। हल चलाने, सिंचाई करने तथा बुवाई करने जैसे कौशल कार्य उच्च जाति के लोग स्वयं अपने लिए तथा अपने परिवार के लोगों हेतु सुरक्षित रखते थे। यह पंजाब और हरियाणा जैसे राज्यों में सत्य है जहां जोतभूमि अपेक्षाकृत छोटी हैं तथा भूमिस्वामी स्वयं अपने खेतों में काम करते हैं।

हरियाणा में अनुसूचित जातियों की जनसंख्या राज्य की कुल जनसंख्या का एक चौथाई भाग है। इसके परिणामस्वरूप, उनमें से बहुत थोड़े लोग ही अपने परंपरागत व्यवसायों से आजीविका चला सकते हैं। लेकिन, अधिकाधिक वांछनीय व्यवसाय उच्च जातियों के लिए आरक्षित होने के कारण, अधिकांश हरिजन पूर्ण कालिक अथवा अंशकालिक आधार पर कृषि मजदूरों के रूप में कार्य करते थे। पड़िया कार्यों की मजदूरी भी कम होती है। पड़िया कार्यों के लिए जजमानी भुगतान स्वच्छ कार्यों की तुलना में कमतर होता है। सफाईकर्मी जिन घरों में सेवा प्रदान करते हैं उनसे प्रतिदिन एक या दो चपाती प्राप्त करते हैं। यद्यपि यह उनकी परम्परागत मजदूरी का अंश है, लेकिन यह भिक्षावृत्ति के बराबर माना जाता था।

हरियाणा में भूमिधारी जातियों में जाट तथा अहीर प्रमुख हैं। लेकिन नीची जातियों के भूस्वामी होने की अपेक्षा नहीं की जाती थी। पड़िया लोगों को भी सम्पत्ति का अधिकार नहीं था। उनके भूस्वामी होने का प्रश्न ही नहीं था। वस्तुतः उनकी गरीबी ने उनका भूस्वामी होना असंभव बना दिया था, लेकिन यदि वे ऐसी क्षमता में होते तो भी ऐसा होने से रोकने के लिए सामाजिक प्रतिबंधों का सहारा लिया जाता था। यदि हल्के दबाव से काम नहीं चलता तो हिंसा का उपयोग किया जाता था। भूस्वामी होने की अभिलाषा करना बड़ी धृष्टता मानी जाती थी तथा जाति परम्परा का गंभीर उल्लंघन माना जाता था।

पड़िया लोगों को अन्य जातियों—सामान्यतः वर्चस्वधारी भूमिधारी जातियों—की भूमि पर बने मकानों के स्वामित्व की भी अनुमति नहीं थी। पड़िया बस्ती भी इन्हीं जातियों की भूमि पर होती थीं।

दलित वर्ग के घर साधारणतः मिट्टी, टट्टर आदि के बने होते हैं तथा इनकी छत फूंस के छप्पर की होती है। अतः, वे अक्सर निकटवर्ती खेत में

सिंचाई कूप का अथवा अपने स्वयं के कुएं का उपयोग करते हैं, चाहे उस कुएँ की स्थिति कितनी भी खराब है। इस प्रकार वे आर्थिक रूप से पूरी तरह भूस्वामियों पर आश्रित थे, जिनको दी गई सेवाओं के बदले उन्हें अन्न की प्राप्ति होती थी।

इस प्रकार भूख और बेदखली के भय से उनपर दबाव बनाया जा सकता था। इस हालत में वे लोग आसानी के साथ दोहन का शिकार हो जाते थे। हाल विकगत के वर्षों में पड़िया कृषि मजदूरों द्वारा अधिक मजदूरी की मांग के परिणामस्वरूप उन्हें उनके पूर्वजों के गृह से बेदखल कर दिया गया। ऊंची जातियों की व्यवस्था के कारण उन्हें शिक्षा के अधिकार से वंचित किए जाने से उनकी पीड़ा और बढ़ गई थी।

ब्राह्मणों द्वारा, किसी शूद्र के वेद सुन लिये जाने पर मामले में उसके कानों में पिघला सीसा भर देने की बेतुकी सजा निर्धारित की गई थी। वेदों के वाचन, अध्ययन तथा कंठस्थ करने हेतु भी शूद्रों के लिए इसी प्रकार अन्य दण्ड निर्धारित किए गए थे।

सामाजिक अधिकारों से इनकार

समाज में प्रत्येक जाति की एक पंचायत होती थी, जो अपने सदस्यों के व्यवहार पर महत्वपूर्ण नियंत्रण रखती थी। सामाजिक सिद्धान्तों को जातिधर्म अर्थात् जाति के सदस्यों के कर्तव्य के रूप में समझा जाता था। किसी व्यक्ति द्वारा जाति नियमों के किसी उल्लंघन पर उसे जातिच्युत और अधिकांश सामाजिक व्यवहार से बहिष्कृत किया जा सकता था।

इस प्रकार, पड़िया जातियों की भी अपनी जाति पंचायतें थीं। लेकिन, इन जाति पंचायतों के अतिरिक्त ग्राम पंचायत भी होती थी। इस ग्राम पंचायत के अधिकार क्षेत्र में सम्पूर्ण गांव के लोगों के परस्पर, अन्तरजाति तथा अन्तरग्राम विवाद शामिल थे। ग्राम पंचायत में महत्वपूर्ण भूस्वामियों के परिवारीजन सदस्य होते थे, जिसमें पड़िया लोगों के बोलने का कोई अवसर नहीं था।

हरिजनों को गांव की राजनीति से अलग रखना कई कारणों के आधार पर उपयुक्त विचारित किया गया था। वे आर्थिक रूप से इतने कमजोर थे कि उनका कोई राजनैतिक महत्व नहीं था। वे नासमझ, रीढ़विहीन तथा गैर-जिम्मेदार

माने जाते थे। कहा जाता था कि हरिजन भ्रष्टाचार में फंस सकते हैं, कि वे स्थानीय निकायों की कार्यप्रणाली में अधिक योगदान नहीं दे सकते हैं, तथा उनके द्वारा सार्वजनिक जीवन में न्यायनिष्ठा तथा दक्षता का स्तर नीचा किया गया है। ऐसे लोग ग्राम स्तर के विचार-विमर्श में कोई महत्वपूर्ण योगदान नहीं दे सकते हैं। आर्थिक तथा सामाजिक रूप से बहुत कमजोर होने के कारण उनके उग्र होने की भी संभावना नहीं थी। स्वाभाविक रूप से पड़िया लोगों का कोई राजनैतिक महत्व नहीं था। हाल के वर्षों में पड़िया लोग वैधानिक पंचायतों तथा अन्य निर्वाचित निकायों के सदस्य बने हैं। यह सब अनुसूचित जातियों तथा अनुसूचित जनजातियों के गारंटेड प्रतिनिधित्व की व्यवस्था से संभव हो सका है।

खेड़ों में निवास

पड़िया लोगों को उनके जाति कलंक, निकृष्ट व्यवसाय, मालिन आदतों तथा निम्न नैतिक स्तर के कारण साधारणतः सामान्य आबादी से अलग रखा जाता था। देश भर में, पड़िया लोगों की बस्ती, ऊंची जातियों के निवास से अलग बसाई जाती थीं। ये बस्तियां मुख्य गांव से बहुत दूर होनी आवश्यक नहीं थीं, परन्तु अधिकांश मामलों में गली आदि के रूप में स्पष्ट सीमा रेखा अवश्य होती थीं। यह विभाजन रेखा, मीटर में दूरी की दृष्टि से नहीं बल्कि दो बस्तियों के बीच सुस्पष्ट विभाजन चिन्ह का काम करती थी। बहुधा हरिजन बस्तियों में विभिन्न निम्न जातियों हेतु अलग-अलग स्थान निर्धारित होता था। उदाहरण के लिए चमड़ाकर्मी तथा सफाई कर्मी एक ही खेड़े में पृथक अनुभाग में रह सकते थे। कई बार इन अनुभागों के अग्रभाग भी विपरीत दिशा में हो सकते थे। ऐसा इसलिए था क्योंकि हरिजनों में भी श्रेणीबद्ध जाति व्यवस्था थी तथा एक दूसरे के साथ व्यवहार पर प्रतिबंध लगे हुए थे।

लेकिन अस्पृश्यता के आधार पर शेष गांव से पृथक्करण एक विशेष प्रकार का अलगाव होता है। कुछ क्षेत्रों में यह पृथक्करण इतना चरम पर होता था कि अस्पृश्य लोगों को ऊंची जाति की बस्ती में प्रवेश की अनुमति नहीं थी। वृद्ध हरिजन आज भी अग्रहाम अर्थात् ब्राह्मणों की बस्ती में प्रवेश नहीं करते हैं। यदि किसी हरिजन पट्टेदार को अपने ब्राह्मण भूस्वामी को अनाज सौंपना होता था, तो वह अग्रहाम के किनारे खड़ा होकर किसी व्यक्ति को बुलाकर, आमतौर पर स्वच्छ जाति के गैर ब्राह्मण को बुलाकर, अनाज सौंप देता था।

हरियाणा में अब यह रूख नरम हुआ है तथा हरिजनों के बच्चे मुख्य बस्ती में पढ़ने के लिए जाने लगे हैं, किन्तु बस्ती का पृथक्करण अब भी विद्यमान है, हालांकि कठोरता में परिवर्तन हुआ है।

वास्तव में, सफाईकर्मियों को गांव की गलियों की सफाई करनी होती थी तथा चमड़ाकर्मियों को मृत पशुओं का निस्तारण तथा ऊंची जाति के लोगों को जूतों की आपूर्ति करनी होती थी। इन सेवाओं के लिए, उन्हें गांव में प्रवेश की अनुमति होती थी। लेकिन, इन आवश्यक कार्यों ने अतिरिक्त सम्पर्क न्यूनतम स्तर पर रखा जाता था। इस पृथक्करण का सबसे बड़ा उद्देश्य पड़िया लोगों को दृष्टि से ओझल रखना होता था।

अंतहीन उत्पीड़न

विद्यमान आर्थिक अधिकार वंचन, संदूषण, निम्न मजदूरी के व्यवसाय, शिक्षा से इनकार, राजनीति से बहिष्कार और सबसे बढ़कर जाति कलंक तथा परिणामी पृथक्करण के आधार पर यह कहना आसान है कि पड़िया लोगों के विकास का मार्ग तिरस्कृत हरिजनों को इनके निम्न स्थान पर बनाए रखने को विस्तृत योजना के तहत प्रतिबंधों द्वारा अवरुद्ध किया गया था। कुछ ब्राह्मणवादी साहित्य में पड़िया लोगों हेतु वर्जित विशेषाधिकारों के अर्जन हेतु उनके प्रयास के लिए कल्पनातीत कठोर दण्ड की संस्तुति की गई है।

यह संभवतः इस तथ्य का संकेत है कि नीची जातियों में कुछ ऐसे महत्वाकांक्षी पुरुष एवं महिलाएं थीं जो सामाजिक वर्गीकरण के लिए खतरा पैदा कर रही थीं। जो भी है, यह स्पष्ट है कि ये प्रतिबंध काफी प्रभावी थे। पड़िया लोगों का उल्लेख तीन हजार वर्ष पुराने संस्कृत साहित्य में मिलता है। कुछ विद्वानों के अनुसार सिंधु घाटी की सभ्यता में काफी कठोर जाति अनुक्रम व्यवस्था विद्यमान थी। आर्य लोग, जो ईसा पूर्व 1500 में भारत आए थे, उनकी अपनी स्वयं की वर्गीकरण व्यवस्था थी। लेकिन, जब दो संस्कृतियों का परस्पर मिलन हुआ तब तिरस्कृत दस्यु लोगों के उद्भव का प्रमाण मिलता है जिसका विस्तृत वर्णन वैदिक साहित्य में उपलब्ध है, तथा माना जाता है कि यही लोग बाद में शूद्र बन गए थे।

लेकिन उस समय भी ऐसे कठोर प्रतिबंध विद्यमान थे, जैसे बाद में मौजूद थे, यह निश्चित रूप से नहीं कहा जा सकता है। यह निश्चित है कि समय व्यतीत होने के साथ-साथ पड़िया लोगों पर लगे प्रतिबंध कठोरतर होते चले

गए। पड़िया लोगों की स्थिति अत्यंत दयनीय थी तथा ईस्वी सन् 400 के आसपास तक इन पर लगे प्रतिबंध अलंघ्य हो चुके थे।

इसका यह अर्थ नहीं है कि कोई शूद्र व्यक्ति अथवा शूद्र व्यक्तियों का समूह अपनी सामाजिक प्रतिष्ठा बढ़ाने में सफल नहीं हुआ। हाल के मानवजाति विज्ञान साहित्य में इस बात पर जोर दिया गया है कि अति कठोर जाति व्यवस्था के भीतर कुछ लोगों ने उन्नति की थी। इन असाधारण परिस्थितियों में हरिजनों के समूह ने भूमिका स्वामित्व तथा राजनैतिक अधिकार प्राप्त किए तथा बाद में उच्च जातियों के मार्ग का उत्साहपूर्वक अनुकरण करते हुए अपनी नई स्थिति मजबूत कर ली, तथा ब्राह्मण वंशावली विज्ञानियों की सहायता से नई पहचान भी अर्जित करने में सफल हुए। ब्राह्मण का कार्य एक कल्पित वंशावली तैयार करना था, जिससे पड़िया समूह का सम्पर्क सर्वेश्वरवाद के किसी प्रतिष्ठित भगवान, जो बहुधा राम अथवा कृष्ण होते थे, के साथ स्थापित कर दिया जाए। उन्हें सुसंस्कृत करने के विचार ने इस प्रक्रिया को जन्म दिया है तथा दर्शाया है कि यह प्रक्रिया अति प्राचीन काल से आज तक जारी है। फिर भी, स्पष्ट है कि पड़िया लोग उच्च सामाजिक प्रतिष्ठा अर्जित करने के अपने उद्देश्य में बार-बार तथा बड़ी संख्या में सफल नहीं हो सके हैं।

हरियाणा में नीची जातियां

1971 की जनगणना के अनुसार हरियाणा में अनुसूचित जातियों की जनसंख्या 1.89 मिलियन (राज्य की कुल जनसंख्या का 18.9 प्रतिशत) थी जो 2001 की जनगणना के अनुसार 4.09 मिलियन (राज्य की कुल जनसंख्या का 19.35 प्रतिशत) हो गई। लेकिन हरियाणा में अनुसूचित जनजातियों की जनसंख्या नगण्य है तथा इनमें अधिकांशतः अनुसूचित जातियों से सम्बद्ध हैं। भारतवर्ष में अनुसूचित जातियों की जनसंख्या कुल जनसंख्या की 14.6 प्रतिशत है, जो हरियाणा से लगभग 4 प्रतिशत कम है। इस प्रकार अन्य राज्यों की तुलना में हरियाणा में अनूसूचित जातियों का प्रतिशत काफी ऊंचा है। इस संदर्भ में पंजाब सहित कुल चार राज्य हरियाणा से आगे हैं। पंजाब में अनुसूचित जातियों का प्रतिशत सर्वोच्च (24.7 प्रतिशत) है। हरियाणा अनुसूची में सूचीबद्ध जातियों की कुल संख्या 37 है। चमार और उनके सम्बद्ध अनेक समूहों की जनसंख्या कुल अनुसूचित जाति की जनसंख्या का 50 प्रतिशत है। सफाईकर्मियों की विभिन्न जातियों की जनसंख्या कुल अनुसूचित जाति की जनसंख्या का 25

प्रतिशत है तथा धानक लगभग 10 प्रतिशत हैं। दूसरे शब्दों में इन तीन प्रमुख जाति समूहों की जनसंख्या कुल अनुसूचित आबादी का 85 प्रतिशत भाग है। शेष 15 प्रतिशत भाग में 34 विभिन्न अनुसूचित जातियां हैं। इन छोटी जाति समूहों की प्रत्येक की जनसंख्या 20 हजार से कम है।

वस्तुतः 19 जातियों के एक हजार अथवा इससे कम सदस्य हैं। सन 1971 की जनगणना के अनुसार हरियाणा की कुल आबादी का लगभग 20 प्रतिशत भाग शहरों में रहता था, जो राष्ट्रीय औसत से अंशमात्र कम था। लगभग 20 प्रतिशत अनुसूचित जाति जनसंख्या शहरों में रहती है। छोटी जातियों की अपेक्षा बड़ी जातियां शहरों में अधिक रहती हैं। लगभग 20 प्रतिशत चमार शहरों में रहते हैं जबकि हरिजनों का प्रतिशत थोड़ा कम है तथा जातियां अधिकतर ग्रामीण क्षेत्रों में रहती हैं।

कुछ जातियां जैसे सिकलीगर, सिरकीबंद तथा नट यायावर हैं। वे अपने पारम्परिक व्यापार की तलाश में गांव-गांव घूमते हैं। इनमें से अधिकांश लोग अब शहर के निकट बस रहे हैं। इनके शहर के निकट बसने के पीछे मूल्यवान शहरी जमीन तथा मकान बनाने हेतु सरकारी सहायता का प्रलोभन संभव है। हरियाणा की अधिकांश अनुसूचित जातियां परंपरागत जाति व्यवसाय करती हैं। छोटी जातियों के मामले में यह अधिक सत्य है, क्योंकि इनकी कम जनसंख्या से इनके रोजगार के अवसर बढ़ जाते हैं। बाल्मीकि, जो दूसरी सबसे बड़ी जाति है, को भी अपने परंपरागत कार्य में पर्याप्त रोजगार उपलब्ध है।

चमार मुख्य अपवाद हैं। ये अपनी विशाल जनसंख्या के कारण अपने परंपरागत पेशे में रोजगार पाने में असमर्थ हैं। अतः इनका मुख्य पेशा कृषि मजदूरी हो गया है। विगत वर्षों में ये लोग कृषि मजदूरी से इतर भी रोजगार ढूंढने लगे हैं। वास्तव में परंपरागत पेशे में रोजगार के अभाव ने उनके लिए अन्य रोजगार संभावनाओं के द्वार, विशेषकर स्वतंत्रता प्राप्ति के पश्चात्, खुल गए हैं।

तथापि उनमें से कुछ लोग अब भी अपने परंपरागत पेशे से जुड़े हुए हैं तथा चमड़े का सामान बना रहे हैं, जिनमें जूते प्रमुख हैं। व्यस्ततम कृषि काल में लगभग सभी अनुसूचित जाति के लोग कृषि मजदूरी करते हैं। यह उनके लिए एक पूरक पेशे का काम करता है, क्योंकि भुगतान अन्न के रूप में होता है तथा मजदूरी की दर अच्छी फसल कटाई के साथ भुगतान ठेका आधार पर

किया जाता है क्योंकि भूमिधर को अपनी फसल जल्दी से जल्दी घर पहुंचाने की चिंता लगी रहती है। मजदूर लोग भी ज्यादा से ज्यादा समय काम कर अधिकतम कमाई करने के इच्छुक रहते हैं। देश के अन्य भागों की तरह हरियाणा की अनुसूचित जातियां अधिकतर भूमिहीन हैं।

अस्पृश्यता का निम्न स्तर

तथापि हरियाणा में अस्पृश्यता का स्तर अधिक रूढ़िवादी राज्यों यथा उत्तर प्रदेश, बिहार तथा दक्षिण भारत के अधिकांश राज्यों की तुलना में पारंपरिक रूप से कम गंभीर है। उदाहरण के लिए हरियाणा में हरिजनों के गांव में प्रवेश कर कभी प्रतिबंध नहीं रहा है। उन्हें ऊंची जाति के साथ बैठने से भी कभी नहीं रोका गया है तो भी कुछ प्रतीकात्मक दूरी अवश्य रखी जाती थी। हरिजन जमीन पर बैठते थे और अन्य लोग चारपाई पर बैठते थे। वे दोनों एक ही कमरे में बैठ और बात कर सकते थे। वास्तव में हरियाणा में पंजाब जैसी पद्धति है। राज्य में अस्पृश्यता का स्तर अपेक्षाकृत निम्न होने का संकेत है कि यहां हरिजनों को सदैव ही पृथक बस्तियों में नहीं बसाया जाता था। सामान्य व्यवस्था यह रही है कि हरिजन तथा सूअर पालने वाले लोग गांव के एक हिस्से में इकठ्ठा होकर रहेंगे तथा यह हिस्सा गांव के भीतर अथवा बाहर हो सकता है।

दरअसल, अधिकांश मामलों में हरिजन बस्तियां मुख्य बस्ती के निकट तथा कहीं-कहीं गांव के भीतर हैं। अन्य सभी अनुसूचित जातियां गांव के भीतर जहां तहां ऊंची जातियों के बीच बसी हैं। यहां जाट, धानक तथा चमार को एक दूसरे से सटे घरों में रहते देखा जा सकता है। इसका यह अभिप्राय नहीं है कि राज्य में अस्पृश्यता नहीं है हरिजनों को ऊंची जाति के मंदिरों में प्रवेश वर्जित था, उन्हें अपने पृथक कुएं का प्रयोग करना होता था, उनके साथ छू जाना अपवित्र माना जाता था तथा वे अनेक सार्वजनिक चाय दुकानों अथवा रेस्तराओं में बैठकर खा-पी नहीं सकते थे। हाल के समय तक उनके बच्चे ऊंची जाति के बच्चों के साथ स्कूल में नहीं पढ़ सकते थे। सम्पूर्ण देश में हरिजनों के साथ कई तरह की दूरी बनाकर रखी जाती थी। लेकिन, अन्य राज्यों के मुकाबले पंजाब में अस्पृश्यता कम थी तथा हरियाणा पंजाब का ही अंग था। लेकिन दोनों क्षेत्रों में कारण समान थे। उदाहरण के लिए पंजाब में सिख गुरुओं की शिक्षा ने सुधार कार्य को काफी प्रभावित किया।

इसके अतिरिक्त आर्यसमाज ने हरियाणा के गांवों को बहुत प्रभावित किया था। पंजाब के आर्य समाज का प्रभाव शहरों तक सीमित था, लेकिन हरियाणा में ग्रामों में इस सुधार आंदोलन का गहरा प्रभाव पड़ा था। हिसार में एक जाट प्रशासनिक अधिकारी ने कहा कि हरियाणा में ऊंची जातियों तथा हरिजनों के बीच संबंधों को प्रभावित करने में आर्य समाज की महत्वपूर्ण भूमिका थी। उस अधिकारी ने बताया कि स्वयं उसके परिवार में कम से कम पुरुष वर्ग अस्पृश्यता में कतई विश्वास नहीं करता है। उसने आगे बताया कि अन्य कई गांवों में भी यही प्रवृत्ति देखी जा रही है। सभी गांवों में ऐसा प्रभाव नहीं देखा गया था, लेकिन अधिकतर मामलों में उच्च प्रभावशाली परिवार प्रभावित हुए थे। हरियाणा कृषि विश्वविद्यालय में अनेक हरिजन छात्र उच्च जाति के छात्रों के साथ छात्रावास में रहते हैं। अनेक मामलों में छात्रों को यह पता नहीं होता कि उनका छात्रावास का साथी हरिजन है। यदि मालूम भी होता है तो कोई विशेष अंतर नहीं पड़ता है। कुछ छात्रों ने बताया कि हरियाणा में छात्र अपने नाम के साथ अंतिम नाम का प्रयोग नहीं करते हैं, तथा यदि करते भी हैं तो भी ये नाम जाति सम्बद्धता से मुक्त होते हैं। लोकप्रिय अंतिम नाम से बिना बताए ही पता चल जाता है कि यह व्यक्ति हरियाणावासी है। एक चमार छात्र ने बताया कि यद्यपि उसके पिता अब भी चमड़े का काम करते हैं, लेकिन इससे साथी छात्रों पर कोई प्रभाव नहीं पड़ता है। उसका परिवार अपेक्षाकृत सम्पन्न था तथा संभवतः यह उसके लिए सहायक सिद्ध हुआ। परंतु, यह महत्वपूर्ण है कि वह जाट छात्र के, साथ कमरे में रहता था तथा उसके साथ मेज पर खाना खा सकता है।

इन सभी घटनाओं से हरियाणा में अस्पृश्यता का स्तर अपेक्षाकृत निम्न होने का प्रमाण मिलता है। इसके बावजूद पड़िया लोग अथवा अनुसूचित जातियां अब भी दूषित एवं कलंकित जातियां मानी जाती हैं। अस्पृश्यता अधिक गंभीर नहीं होने के बावजूद पड़िया लोगों से एक सामाजिक दूरी बनाकर रखी जाती हैं। सारे सुधार आंदोलन मिलकर भी कुछ लोगों की इस सोच को नहीं बदल पाए कि हरिजन घटिया, गन्दी तथा बदनाम जाति है तथा सामान्य व्यक्ति की भांति व्यवहार किए जाने के योग्य नहीं है। पड़िया लोगों से कई प्रकार का विभेद किया जाता है भले ही कुछ जाट उदारवादी हैं। हरियाणा के हरिजन देश के अन्य भागों की तरह कई आर्थिक, सामाजिक तथा राजनैतिक अक्षमताओं से पीड़ित थे।

उदाहरण के लिए उनके पास खेती की जमीन नहीं है तथा किसान के संदर्भ में इसके दूरगामी परिणाम होते हैं। खेती की जमीन न होने के कारण वे जाटों तथा अहीरों पर आश्रित होते हैं। आंशिक रूप से जाति कलंक तथा आंशिक रूप से दरिद्रता एवं शिक्षाभाव के कारण हरिजनों के आर्थिक अवसर सीमित होते हैं। शिक्षा के मामले में अनुसूचित जातियां उच्च जातियों से बहुत पीछे थी। उदाहरणार्थ 1961 में उनकी साक्षरता दर 10 प्रतिशत थी जबकि कुल जनसंख्या की साक्षरता का प्रतिशत 24 था।

वस्तुतः 1971 में भी, हरियाणा में सरकारी सेवा के सभी संवर्गों में अनुसूचित जातियों का प्रतिनिधित्व देश में सबसे कम यहां तक कि पंजाब के मुकाबले भी पारंपरिक रूप से ग्राम पंचायत में उन्हें कोई प्रतिनिधित्व प्राप्त नहीं था। देश के अन्य भागों की तरह हरियाणा में भी हरिजनों की यही स्थिति थी।

राज्य सरकार द्वारा विशेषाधिकार

सम्पूर्ण भारत में हरिजनों के लिए विशेषाधिकार सामान्य हैं। चूंकि यह भारतीय संविधान में दिए गए कुछ विशिष्ट प्रावधानों से उद्‌भूत होते हैं अतः संघ के प्रत्येक राज्य का दायित्व है कि वह अपनी विशिष्ट स्थिति के अनुसार विशेषाधिकारों की व्यवस्था करे। भारत जैसे विविधतापूर्ण देश में विभिन्न राज्यों में संसाधनों, विकास आवश्यकताओं तथा प्राथमिकताओं, इसके अनुसूचित जाति समुदायों के आकार एवं स्थितियों की दशा भिन्न है। अतः प्रत्येक राज्य को अपनी स्वयं की आवश्यकताओं के अनुसार तैयार विशेष कार्यक्रम की आवश्यकता है। इसलिए प्रत्येक राज्य में अनुसूचित जातियों के लिए कार्यक्रमों का अलग पैकेज है। इनमें से कुछ कार्यक्रम पूर्णतया केन्द्र सरकार द्वारा प्रारंभ किए गए हैं तथा केन्द्र सरकार द्वारा दी गई वित्तीय सहायता से चलाए जाते हैं। ये कार्यक्रम पूरे देश में समान रूप से चलाए जा रहे हैं जैसे मैट्रिक (दसवीं) के पश्चात् छात्रवृत्ति; कन्या छात्रावास; गृह निर्माण सहायता तथा सफाई कर्मियों एवं चमड़ाकर्मियों के कार्य हालातों के सुधार हेतु विशेष निधि इत्यादि तथा प्रायोगिक परियोजनाएं जैसे सरकारी सेवाओं के लिए परीक्षा पूर्व प्रशिक्षण केन्द्र। राज्य द्वारा प्रायोजित योजनाओं में शिक्षा-सहायता, स्वास्थ्य एवं घर योजनाएं तथा आर्थिक उत्थान हेतु ऋण सम्मिलित हैं। इसके अतिरिक्त नौकरी आरक्षण, शैक्षणिक संस्थाओं में प्रवेश रियायतें, गारन्टेड प्रतिनिधित्व जैसे गैर-वित्तीय लाभ भी हैं।

शिक्षा का विशेषाधिकार

हरियाणा में अनुसूचित जातियों तथा पिछड़े वर्गों को उपलब्ध कराई जा रही शिक्षा-सहायता सर्वाधिक सार्थक विशेषाधिकार है। इसके सर्वाधिक सार्थक होने का सीधा कारण है कि इस सहायता का लाभ सभी छात्रों द्वारा उठाया जा रहा है। पात्रता अपेक्षाएं न्यूनतम रखी गई हैं। उदाहरण के लिए स्कूल स्तर तक प्रमुख अपेक्षा मात्र इतनी है कि छात्र प्रत्येक वर्ष उत्तीर्ण होता रहे। यदि छात्र अनुत्तीर्ण होता है तो छात्रवृत्ति आधी कर दी जाती है। लेकिन, छात्र के उत्तीर्ण होने पर छात्रवृत्ति बहाल कर दी जाती है। इस छात्रवृत्ति के लिए आय की शर्त है कि ऐसे बच्चे जिनके माता-पिता की आय 500 रुपए मासिक से अधिक है इस सहायता हेतु अयोग्य होंगे।

इस प्रकार, सभी अनुसूचित जाति के छात्र शिक्षा विभाग के माध्यम से सरकारी शिक्षा सहायता प्राप्त कर रहे हैं। इनके अतिरिक्त अन्य योजनाएं भी हैं जिनमें से कुछ योजनाओं को केन्द्रीय सरकार की पूर्ण वित्तीय सहायता प्राप्त है तथा अन्य योजनाओं में राज्य सरकार द्वारा भारी वित्तीय योगदान दिया जा रहा है। कक्षा 9 से 11 तक हरिजन छात्रों को मासिक छात्र वृत्ति प्रदान की जाती है। इन छात्रों की ट्यूशन फीस तथा परीक्षा फीस का भुगतान किया जाता है। परीक्षा में 50 प्रतिशत से अधिक अंक प्राप्त करने वाली कन्या छात्राएं कक्षा 9,10 तथा 11 हेतु विशेष, मेधा मासिक वृत्ति हेतु योग्य होती हैं। वर्ष 1973-74 में हरियाणा सरकार द्वारा 1.7 मिलियन रुपए की राशि साधारण छात्रवृत्ति योजना तथा पैंतालीस हजार रुपए की राशि विशेष मेधा छात्रवृत्ति हेतु उपलब्ध कराई गई थी। बीस हजार से अधिक छात्रों को इस योजना का लाभ प्राप्त हुआ था। इन छात्रवृत्तियों का वितरण राज्य स्तर पर न करके जिला स्तर पर किया जाता है।

केन्द्रीय सरकार द्वारा प्रायोजित मैट्रिक-पश्चात् छात्रवृत्ति की एक योजना हरियाणा में चल रही है, जिसके अंतर्गत कालेजों अथवा तकनीकी संस्थाओं में नामांकित समस्त अनुसूचित जातियों के छात्रों को छात्रवृत्तियों प्रदान की जा रही हैं। हरियाणा सरकार केन्द्रीय छात्रवृत्ति पाने वाले प्रत्येक छात्र को एक अतिरिक्त छात्रवृत्ति (मासिक) प्रदान कर रही है। सरकार इन छात्रों के शिक्षण शुल्क तथा परीक्षा शुल्क का भी भुगतान करती है। रहवासी अध्येताओं को प्रति माह एक अतिरिक्त राशि दी जाती है।

इस योजना से विशाल क्षेत्र में फैले छात्र बड़ी संख्या में लाभान्वित हुए हैं। हरियाणा सरकार ने अपने अनुभव के आधार पर इस व्यवस्था को चुस्त-दुरुस्त बनाया है तथा वर्तमान समय में यह योजना सुचारू रूप से चल रही है। स्कूल तथा कालेज अनुसूचित जाति के छात्रों से छात्रवृत्ति हेतु आवेदन आमंत्रित करते हैं तथा इन आवेदनों का सत्यापन एवं पास स्वयं शिक्षा संस्थाओं द्वारा किया जाता है। ये आवेदन शिक्षा विभाग द्वारा स्वतः अनुमोदित कर दिए जाते हैं, तथा कालेजों को धनराशि उपलब्ध करा दी जाती है। ये कॉलेज छात्रों को आवधिक रूप से छात्रवृत्ति की राशि वितरित करते हैं। कभी-कभी बाधा उत्पन्न होने पर छात्रों को उक्त छात्रवृत्ति की राशि वर्ष में एक या दो बार एकमुश्त रूप में प्रदान की जाती है, यद्यपि नियम के अनुसार सरकार को छात्रवृत्ति राशि का भुगतान प्रत्येक छमाही हेतु अग्रिम में करना होता है।

निस्संदेह कुछ छात्रों को कठिनाइयों का सामना करना पड़ता है, लेकिन कुल मिलाकर यह व्यवस्था कम से कम सैद्धान्तिक रूप में, सुचारू रूप से चल रही है तथा छात्रों को केवल स्थानीय कालेज स्तर पर अपनी समस्या का समाधान मिल जाता है, उन्हें राज्य सरकार के पास भागना नहीं पड़ता है। केन्द्र सरकार द्वारा 'परीक्षा पूर्व प्रशिक्षण केन्द्र' की एक महत्वपूर्ण योजना प्रायोजित की जा रही है। यह योजना स्टेनोग्राफर, सहायक तथा लिपिक आदि सरकारी पदों की प्रतियोगिता परीक्षा की तैयारी कर रहे अनुसूचित जाति के छात्रों को विशेष प्रशिक्षण प्रदान करने के लिए केन्द्र सरकार द्वारा प्रारंभ की गई थी। ऐसा सर्वप्रथम प्रशिक्षण केन्द्र सन् 1969 में अम्बाला में किया गया था। बाद में भारी मांग को देखते हुए रोहतक तथा भिवानी में दो ऐसे अन्य प्रशिक्षण केन्द्र प्रारंभ किए जा चुके हैं। इन केन्द्रों में छात्रों को 75 रु. प्रतिमाह की वृत्तिका प्रदान की जाती है, जबकि शिक्षण निःशुल्क है।

ये कार्यक्रम शिक्षा विभाग द्वारा चलाए जा रहे कार्यक्रमों के अतिरिक्त हैं। केन्द्रीय सरकार कालेजों तथा विश्वविद्यालयों, विशेषतः मेडिकल एवं इंजीनियरिंग कॉलेजों में अनुसूचित जातियों तथा अनुसूचित जनजातियों हेतु स्थान आरक्षण का निर्देश सभी राज्य सरकारों को देती है। अनुसूचित जाति के छात्रों के प्रवेश के सरलीकरण हेतु न्यूनतम योग्यता के स्तर में रियायत देने का सुझाव भी दिया जाता है। हरियाणा सरकार को भी ऐसे निर्देश प्राप्त होते हैं, जो प्रत्येक संस्था को अलग-अलग अग्रेषित कर दिए जाते हैं।

हरियाणा अनुसूचित जाति वित्त एवं विकास निगम हरियाणा हरिजन कल्याण निगम का मुख्य उद्देश्य अनुसूचित जाति के सदस्यों को विभिन्न आय उपार्जन योजनाओं के लिए वित्तीय सहायता उपलब्ध करवाकर उनके जीवन स्तर को ऊँचा उठाना है।

निगम द्वारा अनुसूचित जाति के उन परिवारों को, जिनकी आय ग्रामीण क्षेत्र में 11000 से कम (सालान) तथा शहरी क्षेत्रों में 11850 (वार्षिक) से कम हो, विभिन्न आय उपार्जन योजनाओं जैसे पशुपालन, हथकरघा, आटा चक्की, दरी बनाना, चमड़े के कार्य, खुदरा व्यापार, ज़मीन खरीदने के लिये, गिरवी रखी ज़मीन छुड़वाने के लिये, तिपहिया वाहन जीप, हल्के ऋण उपलब्द्ध करवाया जाता है। निगम द्वारा अधिकतम 10 हजार रु. का अनुदान तथा ऋण राशि का 25 प्रतिशत मार्जिन मनी के रूप में दिया जाता है, तथा मलिन धन्धों में संलिप्त परिवारों के पुनर्वास हेतु मार्जिन मनी 15% दी जाती है।

सरकार द्वारा चलाए गए अन्य अनुसूचित जाति व अनुसूचित जनजातियों के उत्थान हेतु विभिन्न योजनाऐं चला रखी हैं, जिनके द्वारा दलित जाति के हित में नये रास्ते खुल रहे हैं। आज के परिदृश्य में छुआ छूत जैसी धारणा कुछ रुढ़िवादिता से ग्रस्त गाँवों के बुर्जआ बौड़म योंगा पंडितों की हीन ग्रन्थि की मिसाल बन कर रह गई है। दलित जाति के लोग अब कोई हौवा नहीं बल्कि आम लोगों के साथ कंधे से कंधा मिला कर हर क्षेत्र में संघर्ष करते हैं, और अपनी प्रतिभा को साबित करके अपना स्थान बनाते हैं।

15

वंश सम्बन्ध

हल संस्कृति पर निर्भर, पूर्ण विकसित कृषक समुदायों की भांति, हरियाणा के परिवार पितृसत्तात्मक, पितृवंशात्मक तथा पितृस्थानिक हैं। जाति, वंश तथा समुदाय की परंपरा तथा सिद्धान्त परिवार में साथ रहते हुए पीढ़ी से दूसरी पीढ़ी तक होते हैं। एक ग्राम परिवार में पल रहे बच्चे का जीवन खुशहाल तथा भावनात्मक रूप से सुरक्षित होता है। क्योंकि पुत्रों को 'छोटे बादशाह' माना जाता है तथा परिवार द्वारा उन्हें पूर्ण स्नेह तथा स्वतंत्रता प्रदान की जाती है। तथापि पुत्रियों के साथ व्यवहार कुछ भिन्न होता है, क्योंकि पुत्रियों को परिवार पर दायित्वबोझ माना जाता है। अतः उनसे घरेलू कामकाज में मां का हाथ बँटाने तथा अपनी सामर्थ्य के अनुसार छोटे भाई-बहनों की देखभाल करने की उम्मीद की जाती है।

इतने स्नेह तथा लगाव के साथ पालन किए जाने पर बच्चे बड़े होकर स्वयं को व्यक्तिगत रूप में न देखकर परिवार की इकाई के रूप में देखते हैं। वे जाति अनुक्रम में अपने परिवार की स्थिति तथा आर्थिक स्थिति के माध्यम से अपनी विचारधारा तथा अपनी प्रतिष्ठा को धीरे-धीरे आत्मसात् कर लेते हैं। वे वंश समूहों में रहते हुए जाति निषेधों तथा जातिगत व्यवहार संहिता को मन में बैठा लेते हैं। बच्चों के व्यवहार के लिए, जाति के बुजुर्गों द्वारा, परिवार को उत्तरदायी ठहराया जाता है।

भूमि, भवन तथा पशुधन आदि सम्पत्ति परिवार के नाम में साझा रूप में होती है। परिवार के प्रत्येक पुरुष सदस्य का परिवार की सम्पत्ति में हिस्सा होता है। यह सम्पत्ति परिवार के वरिष्ठ पुरुष सदस्य के न्यासाधीन होती है। राज्य में अनेक परिवार संयुक्त परिवार अथवा खानदान हैं। विस्तृत परिवारों (खानदान) में पितामही-पितामह अपने विवाहित पुत्रों-पुत्रवधुओं तथा अपने पोते-पोतियों के

साथ रहते हैं। अनेक परिवारों में तीन पीढ़ियां साथ-साथ रहते देखी गई हैं। कुछ शिक्षित लोग इस व्यवस्था को लाभकारी तथा आवश्यक मानते हैं तथा वे विवाहोपरांत भी संयुक्त परिवार में रहना हितकर समझते हैं। सामान्यतः संयुक्त परिवार का अपना घर होता है। ऐसी स्थिति में विवाहित दम्पत्ति को किराये आदि का भुगतान नहीं करना पड़ता है। दूसरे, कुछ नौजवान लोग काम करने के लिए पास के उप-नगर अथवा नगर जाते हैं तथा सारा दिन वहीं काम पर बिताते हैं, जबकि उनकी पत्नी तथा बच्चे घर पर रहते हैं। घर के बुजुर्ग लोग इन परिवारों की देखभाल कर सकते हैं।

यदि परिवार के पास अपनी कृषिभूमि है तो साझा खेती अधिक लाभकर होती है। जब युवाजन अपने-अपने काम पर शहर चले जाते हैं, तब घर के बड़े लोग खेती की देखभाल कर सकते हैं। जमीन, घर, तथा अन्य सम्पत्ति एक प्रकार की संलग्नकारी शक्ति के रूप में काम करती है तथा विवाह और बाल-बच्चेदार हो जाने के बाद भी भाई-भाई को जोड़कर रखने का काम करती है। यही कारण है कि संयुक्त तथा विस्तृत परिवारों की संख्या एकल परिवारों की अपेक्षा अधिक है।

संयुक्त परिवार एकल परिवार से बड़े हों, ऐसा अनिवार्य नहीं था। कुछ एकल परिवार संयुक्त परिवारों से बड़े थे। परिवार का औसत आकार 7.65 था। जबकि प्रत्येक परिवार में औसतम सात सदस्य होते थे। लेकिन, कई परिवारों में 12, 13 अथवा 14 सदस्य तक थे। कुछ परिवारों में तो 15 या अधिक सदस्य भी थे। एकल परिवार में पांच सदस्य होते थे, लेकिन कुछ एकल परिवारों में सात सदस्य भी थे तथा कुछ एकल परिवार में तो बारह सदस्य थे।

खानदान

परिवार के पश्चात् खानदान आता है। खानदान एक पूर्वज से उत्पन्न पितृवंशी सम्बन्धियों का समूह है। कुछ पीढ़ियों के उपरान्त एक परिवार जब बहुत अधिक बड़ा हो जाता है तब उसमें से चार, पांच या अधिक परिवार बन जाते हैं। इन सभी परिवारों का संयुक्त नाम खानदान है। जब खानदान एक एकल सामाजिक इकाई के रूप में अप्रबंधनीय हो जाता है तब यह भी दो खानदानों में विभाजित हो जाता है और इसी प्रकार यह क्रम चलता रहता है। खानदान के सदस्यों में परस्पर व्यवहार ठीक संयुक्त परिवार की भांति होता है। बड़ों का सम्मान किया जाता है, वे परिवार के सदस्य माने जाते हैं। उदाहरण के लिए पिता के भाई का काका तथा

दादा के पुत्र को काका कहते हैं। चचेरे, फुफेरे, समेरे तथ मसौरे भाई बहनों को भाई और बहन माना जाता है। पूर्वकाल में रक्त सम्बन्ध बहुत मज़बूत होते थे, लेकिन बदली परिस्थिति में ये सम्बन्ध भी कुछ ढीले हो गए है।

ठोका अथवा गोत्र

तीसरी महत्वपूर्ण सामाजिक संस्था ठोका है। एक ही मूल से उत्पन्न अनेक खानदानों के संयोजन से यह संस्था बनती है। ठोका में बान्धव्य व्यवहार लगभग खानदान जैसा ही होता है। ठोका के मुखिया को अन्य छोटी इकाइयों के मुखिया की तरह सम्मान दिया जाता है। ठोकों के अपने विशिष्ट नाम होते हैं (साधारणतया अपने पूर्वजों के नाम पर) जैसे ठोका रामूवाला तथा रतनावाला इत्यादि। ठोका के आवासीय क्वार्टरों को पाना कहते हैं जिसको कुछ यूरोपीय समाजशास्त्रियों तथा नृविज्ञानियों ने गलती सं पृथक इकाई मान लिया है। भिन्न ठोकों के बीच सम्बन्ध साधारणतः मधुर होता है।

पर यदि संयोगवश कोई विवाद अथवा मतभेद उत्पन्न होता है तो उसका समाधान बुजुर्गों द्वारा अतिशीघ्र कर दिया जाता है। किन्तु, यदि ये झगड़े गंभीर रूप ले लेते हैं, तो इन्हें न्यायालय ले जाया जाता है। तथापि ऐसे अवसर बहुत कम आते हैं। पंचायती राज लागू होने के पश्चात् ठोकों ने गाँव में राजनैतिक घटक अथवा समूह के रूप में महत्वपूर्ण भूमिका अपना ली गई है। ठोका अब ताकतवर राजनैतिक इकाईयाँ बन चुके हैं तथा वे ग्राम पंचायत से लेकर उच्चतम स्तर तक चुनावों में अपना आदमी अथवा 'अपनी पंसद का आदमी' चुनवाने के लिए ताकतवर समूहों के रूप में कार्य करते हैं। इस कारण यह सामाजिक संस्था सुदृढ़ हो चुकी है, जो कभी अपने महत्व खोती जा रही थी।

जाटों में निश्चित और सुस्थापित गोत्र वर्गों के विपरीत अहीरों में गोत्र वर्ग का अस्पष्ट प्रभाव है, तथा इसका प्रभाव उनके सामाजिक संबंधों पर अधिक नहीं है। अहीरों के मिलन स्थलों के अध्ययन से पता चलता है कि व्यक्ति से व्यक्ति और परिवार से परिवार के सामाजिक संबंधों में गोत्र वर्गों का कोई प्रभाव नहीं है। वस्तुतः नौजवान अहीरों को अपने गोत्र अथवा खानदान वर्ग का पता ही नहीं है। सभी अहीर किसी भी गोत्र का होने के बावजूद स्वयं को अहीर जाति से संबद्ध मानते हैं। परिवारों के अपने अथवा दूसरे परिवारों के गोत्र संबंधी जानकारी नहीं है। खानदान अथवा गोत्र संबंध के विषय में प्रश्न किए जाने पर वे एक दूसरे की ओर ताकते नजर आते हैं। वे पांच विभिन्न

गोत्रों के नाम बताते हैं। तथापि, कुछ लोग तीन गोत्र विद्यमान होने की बात करते हैं।

कुल मिलाकर अहीर लोग तीन अथवा चार पूर्वजों के वंशज प्रतीत होते हैं। लेकिन, व्यवहार रूप में वे गोत्र आदि का कोई विचार किसी सामाजिक और समारोह अवसर पर नहीं करते हैं। विवाह, सगाई, मृत्यु इत्यादि के अवसर पर बिना गोत्र विचार किए सभी अहीर एक दूसरे की सहायता करते हैं। अहीर लोग साथ बैठते, हुक्का गुड़गुड़ाते तथा गप्पें लड़ाते हैं। जाटों की भांति अहीरों में गोत्र को लेकर कोई विभाजन की भावना नहीं है। कुल मिलाकर अहीरों में गोत्र का विषय एकदम अस्पष्ट है तथा इसका सामाजिक और आर्थिक जीवन पर कोई प्रभाव नहीं है।

वंश समूह

ग्राम दलों अथवा धड़ों की अवधारणा जैसी उत्तर भारतीय गांवों में जानी जाती है तथा डॉ. ऑस्करलूइस द्वारा वर्णित है, ग्रामों में समूहों पर केवल संबोधित रूप में लागू होती है। उत्तर भारत में ग्रामीण जीवन का वर्णन करते हुए डॉ. लूइस ने लिखा है, "जातियों के भीतर परस्पर गहरे लगाव वाले छोटे समूह मौजूद हैं, जो शक्ति और निर्णय क्षमता का स्रोत हैं तथा गांव के सामाजिक संगठन की खण्ड एवं उप-खण्ड प्रकृति में योगदान देते हैं। इसमें कोई संदेह नहीं है कि इस गांव में जाटों के इन समूहों की मौजूदगी का परिणाम ग्रामीण समुदाय के सामाजिक जीवन की खण्ड एवं उप-खण्ड प्रकृति है। साधारणतः एक समूह के सदस्य अपने स्वयं के समूह के सदस्यों का संग तलाशते हैं।

जाट समूहों के अपने स्वयं के नेता हैं जो सामान्यतः धनवान तथा प्रभावशाली लोग होते हैं। अनेक वर्षों से ये समूह इकाई रूप में थे, जो अपने प्रतिनिधि ग्राम पंचायत तथा ग्राम विकास समिति में भेजते थे जबकि गांव की चौपाल का उपयोग यदा-कदा सभी समूहों की बैठक हेतु किया जाता है। ये सदस्य बहुधा अपनी स्वयं की बैठकों में अपने समूह के सदस्यों के साथ बैठते हैं। जाट समूह अपनी पृथक पहचान के प्रति सचेत रहते हैं, जबकि अहीरों के मामले में ऐसा नहीं है। अहीरों के गोत्र अपनी पृथक पहचान के प्रति सजग नहीं है। गोत्र अथवा धड़ की विचारधारा विभाजक शक्ति नहीं है और न ही यह अहीरों की संगठन शक्ति है। वे अहीर के रूप में सोचते एवं कार्य करते हैं। समारोह के अवसर पर अहीर लोग एक दूसरे से मिलते तथा सहायता करते हैं। ग्राम की

सामाजिक-आर्थिक अनुक्रम में नीचे स्थान पर होने के कारण उनका ग्राम के सामाजिक अथवा राजनैतिक जीवन में विशेष प्रभाव नहीं है। गांव की पारंपरिक पंचायत में उन्हें शायद ही कभी बुलाया जाता है। यदि कोई झगड़े का ऐसा मामला पंचायत के सामने आता है, जिसमें अहीर कोई पक्ष है, तब उन्हें अपना पक्ष रखने के लिए पंचायत में बुलाया जाता है।

ब्राह्मणों में भी परिवार अपने पृथक गोत्र के विषय में अधिक सजग नहीं हैं। चूंकि कई गांव में ब्राह्मणों के पांच परिवारों का एक छोटा समूह है अतः उन्हें सभी ग्रामीण मामलों में एक एकल समूह माना जाता हैं वे ग्राम पंचायत में अपना प्रतिनिधि एक एकल समूह के तौर पर भेजते हैं। ये परिवार आपसी झगड़ों से ग्रस्त नहीं हैं। वे परिवारों के सबसे वृद्ध व्यक्ति को अपना नेता मानते हैं तथा सामान्यतः उनके परिवारों के सबसे वृद्ध व्यक्ति को ग्राम पंचायत की बैठक में आमंत्रित किया जाता है। जाटों के समूह आपस में जुड़े हुए नहीं हैं। इन समूहों के सदस्य अपने पृथक गोत्र के प्रति अधिक सजग हैं, लेकिन यह संगठन शक्ति के रूप में काम नहीं करती है। वास्तव में समूह के महत्वपूर्ण परिवारों के बीच प्रतिद्वंद्विता सामान्य बात है।

अहीर परिवार तथा गोत्र-संबंध

शिक्षा तथा पेशे की अस्थिरता ने संयुक्त परिवार की प्रथा को प्रभावित किया है, जो अहीरों में सामान्य विशेषता थी। आधुनिक कारणों से संयुक्त परिवार के बीच व्यक्तिगत संबंध भी प्रभावित हुए हैं। संयुक्त परिवार के भिन्न सदस्यों के हित और अपेक्षाएं भिन्न होने के कारण संयुक्त परिवार व्यवस्था को एक लम्बी अवधि तक कायम रखना एक अत्यंत दुष्कर कार्य है। भौतिक प्रगति के कारण आदर, प्रेम, भय की भावना का ह्रास हुआ है। व्यक्तिगत मामलों को प्राथमिकता देने के कारण परिवार में झगड़ों तथा विवादों में वृद्धि हुई है। इन सब बातों का परिणाम एकल परिवारों के रूप में सामने आ रहा है।

शिक्षित अहीर एकल परिवार व्यवस्था के पक्ष में हैं। विभिन्न परिवारों के बीच सहयोग की भावना में भी कमी आई है। पिता की सम्पत्ति का विभाजन सामान्यतः पुत्रों के बीच समानता के आधार पर किया जाता है, यद्यपि पुत्रियां भी सम्पत्ति में बराबर की हिस्सेदार (कानूनी तौर पर) होती हैं। आमतौर पर पुत्रियां अपना हिस्सा नहीं मांगती हैं। पिता की सम्पत्ति में अपना हिस्सा मांगने वाली पुत्री अपने भाइयों तथा अपने पैतृक गांव के लोगों की नजरों में अपनी

प्रतिष्ठा गंवा देती है। किन्तु, यदि उसका कोई भाई नहीं है तो पिता की सम्पत्ति का उत्तराधिकार उसको ही प्राप्त होता है। उत्तराधिकार की पद्धति के अनुसार परिवार के ज्येष्ठ पुत्र को अपने पिता की पदवी प्राप्त होती है। अहीरों का एक अन्य संवर्ग, जिसकी जनसंख्या अन्य संवर्गों से अधिक है, कृषक वर्ग है तथा वे अपने आपको जाट, राजपूत, गूजर जैसे अन्य कृषक वर्गों के बराबर मानते हैं, लेकिन वे स्वयं को ग्वाल अहीरों से श्रेष्ठ मानते हैं। ग्वाल अहीरों का प्रमुख व्यवसाय पशु पालन, दुग्ध उत्पादन, दुग्ध, मक्खन अथवा घी का विक्रय है।

ग्वाल अहीर उत्तर प्रदेश की सीमा पर तथा हरियाणा के फरीदाबाद एवं गुड़गांव जनपदों में पाए जाते हैं। पहले अहीर समुदाय में विभेद काफी तीव्र था, परन्तु अब यह कम हो गया है और सभी तीन वर्गों के बीच विवाह संबंध बनाए जाते हैं।

जाट गोत्र-सम्बन्ध

जाटों में राजनैतिक तथा सामाजिक विभाजन हैं जैसे दहिया तथा अहूलानिया अथवा हौलानिया राजनैतिक विरोधी समूह, देशवाली तथा बागड़ी, शिवगोत्री तथा कसबगोत्री, देशवाल (परवै) तथा पछादे, हेले तथा धे हैं। देशवाली, शिवगोत्री तथा हेले (हल्ला) स्वयं को असल होने का दावा करते हैं जबकि कसबगोत्री (कश्यपगोत्री), बागड़ी तथा धे (ढे) पश्चिम के अप्रवासी बताए जाते हैं। ये साधारणतः परस्पर विवाह-संबंध कायम नहीं करते हैं। यमुना नदी के पूर्व में बसे जाट 'परवै' तथा यमुना के पश्चिम में बसे जाट 'पछादै' कहलाते हैं। विगत काल में इनके परस्पर संबंध चाहे जैसे रहे हों पर सांस्कृतिकरण के प्रभाव से उनके परस्पर संबंधों में उल्लेखनीय सुधार हो रहा है।

लगभग 70 प्रतिशत जाट गृहस्थियां विस्तारित अथवा संयुक्त परिवार थे जिसमें अनेक भाई तथा चचेरे भाई भी साथ रहते थे तथा अलग घरों में रहने के बावजूद मिलकर खेतीबाड़ी करते थे। तथापि, पुत्रियों तथा बहनों के पति के उसी दायरे के भीतर रहने के प्रमाण नहीं हैं। जाट लोगों में रहने का प्रबंध सामान्यतः दो आवासों में किया जाता है। एक हिस्से में महिलाएं तथा बच्चे रहते हैं तथा दूसरे में पुरुष और पशु रहते हैं। यदि घर एक हो तब महिलाएं तथा बच्चे मकान के पिछले हिस्से में (साल) रहते हैं तथा पुरुष ड्योढ़ी अथवा बैठक अथवा पौली अथवा दहलीज पर रहते हैं, जिसके पार जाने की अनुमति किसी बाहरी व्यक्ति अथवा अजनबी को नहीं होती है।

बहुधा जाट परिवारों में साझा चूल्हा होता था, लेकिन जब-तब होने वाले झगड़ों के कारण विवाहित पुत्र अलग चूल्हा बना लेते थे तथा पिता की मृत्यु के पश्चात् चल अचल सम्पत्ति का बंटवारा हो जाता था। वे अपने पिता के जीवित रहने तक ही संयुक्त हैं तथा अपने पिता के माध्यम से ही अपने वंश अपने गोत्र की जानकारी पाते हैं। अपने पिता के माध्यम से ही उन्हें सम्पत्ति का उत्तराधिकार प्राप्त होता है, लेकिन घर की महिलाएँ अपने निजी स्वार्थ व हितों के चलते पुत्रों को विभाजित करा देती हैं। तथापि संयुक्त परिवार प्रथा के विखंडन हेतु आर्थिक तनाव, शिक्षा, परिवार के सदस्यों के पृथक हित, जनसंख्या वृद्धि, खेतों का विभाजन, आजीविका के सिकुड़ते साधन, स्वतंत्रता तथा व्यक्तिवाद की वृद्धिशील भावना, पेशे की अस्थिरता तथा बेहतर सुख सुविधाओं के लिए नगर पलायन जैसे कारण जिम्मेदार हैं।

इसके फलस्वरूप अपने से बड़ों तथा संबंधियों के प्रति आदर, परस्पर स्नेह, बड़ों के अधिकार का भय, बुरी संगत से परहेज माता-पिता तथा परिवार के अन्य सदस्यों की सेवा का दायित्व, देवर-भाभी, ननद-भाभी तथा साला-जीजा-साली के बीच मजाक, परस्पर सहायता तथा परिवारों के बीच सहयोग पर प्रतिकूल प्रभाव पड़ा है। आयु, अनुभव तथा लिंग हेतु आदर सामान्यतः कम होता जा रहा है। एकल परिवार बढ़ रहे हैं। पुरानी पीढ़ी, यद्यपि पेंशन के सहारे जीवनयापन कर रही है, लेकिन स्वयं को उपेक्षित महसूस कर रही है, जबकि युवा पीढ़ी के लोग अपनी शिक्षा के बावजूद, अपने गंतव्य से अनभिज्ञ, एक पतवारहीन जहाज के यात्री हैं।

जाट स्वामियों के सम्पूर्ण निकायों के सदस्य बराबर हैं; सभी अपने आप को गांव के अन्य निवासियों से श्रेष्ठ मानते हैं। आर्थिक एवं राजनीतिक दृष्टिकोण से वे अन्य लोगों पर ताकत का प्रयोग करने तथा आर्थिक दबाव बनाने की स्थिति में हैं, क्योंकि वे गांव के स्वामी हैं तथा अन्य सभी लोग उनकी मौन अनुमति से गांव में रह रहे हैं। ब्राह्मणों, व्यापारियों, दस्तकारों तथा सेवकों को अपनी हीन स्थिति के प्रमाणस्वरूप चूल्हा कर अथवा कूड़ी कर का भुगतान करना पड़ता था। इस कर अदायगी में स्वामित्व निकाय की पारंपरिक पंचायत (आधिकारिक पंचायत में अब जाट भी शामिल) की सहमति अथवा विशेष परिस्थिति में रियायत दे सकती थी। तथापि, अक्सर चमार, चूहड़ा, डोम, धोबी, नाई, तेली तथा जुलाहा आदि को इस कर से मुक्त रखा जाता था। गैर-जाट लोग, जाट लोगों की श्रेष्ठता को मान्यता प्रदान करते हुए जाटों के रिवाजों का

खासकर उनके विवाह संबंधी विनियमों का अनुसरण करने का प्रयास करते हैं।

ठेठ जाट गांव का नाम जाट स्वामियों के गोत्र बहुमत के नाम पर अथवा उनके प्राचीनतम ज्ञात पूर्वज के नाम पर रखा जाता है तथा इसी प्रकार पना, ठोला तथा थोक का नाम किसी पूर्वज के नाम पर होता है। स्वामित्व निकाय के सदस्य प्रायः सभी मामलों में समगोत्री होते हैं। अधिकांश मामलों में स्वामियों के बीच संबंध थोक, ठोला अथवा पट्टी के माध्यम से ग्राम के उभय पूर्वज तक खोजा जा सकता है तथा जाट वंश समुदाय होते हैं, जो कभी-कभी ग्राम के संयुक्त स्थापन के तथ्य से भी जुड़े होते हैं। यह भी देखा गया है कि कुछ अन्य जाट उदाहरणार्थ भांजा, भांजी, मित्र तथा अजनबी भी अन्य गांवों से बुलाकर इस गांव में बसाए गए थे तथा धीरे धीरे थोक इत्यादि के गोत्र में समाहित हो गए थे। थोक, ठोला तथा पाना, कुल मिलाकर, समारोह आदि के अवसर पर एक इकाई की भांति कार्य करते हैं। इन समारोहों में जन्म, सगाई, विवाह, मुकदमा, जाति पंचायत, ग्राम पंचायत, ब्लाक-समिति, राज्य तथा राष्ट्रीय चुनाव आयोजन शामिल हैं।

इसके अतिरिक्त सभी इकाइयों के एक या अधिक अपने हुक्का समूह हैं जो प्रतिदिन मिलकर बैठते हैं तथा सामाजिक केन्द्र का काम करते हैं। वे सहकारी आर्थिक क्रम में इकाइयों के रूप में काम करते हैं। इन कार्यों में ऋण प्रदान करना, भूमि किराए पर देना, भूमि संबंधी झगड़े निपटाना (विशेषतः ग्राम समुदाय की भूमि) इत्यादि शामिल हैं।

नाभिक गांव को टीका तथा ग्राम समूह को करनाल में थाप या टप्पा और ग्राम समूह द्वारा अधिवासित क्षेत्र को रोहतक, दिल्ली, पश्चिमी उत्तर प्रदेश तथा राजस्थान में खाप कहा जाता है।

पूर्व काल में नाभिक गांव को पूरे टप्पा अथवा खाप में उच्च पद प्राप्त था, लेकिन अब यह स्थान क्षेत्र के सबसे बड़े गांव को प्राप्त है, यद्यपि नाभिक गांव को आज भी पगड़ी गांव का दर्जा हासिल है। टप्पा अथवा खाप के अधीनस्थ गांव दीवाली के दिन प्रधान गांव को चौधरायत नामक अल्प शुल्क देते थे, पर अब यह प्रथा समाप्त हो गई है। वे दिन लद चुके जब जेलदार, सफेदपोश तथा लम्बरदार तथा स्थानीय पंचायतें सरकार के नामांकित पदधारियों के नाम पर रौब डालते थे। पहले दो पद समाप्त कर दिए गए हैं तथा लम्बरदार का काम लगान वसूली तक सीमित है। अब पिछड़े वर्गों के लिए पृथक लम्बरदार हैं।

पंचायतें वास्तव में हिंदू तथा सिख जाटों में सामाजिक तथा राजनीतिक प्रभुत्व तथा कार्रवाई का अनुकूल साधन रहे हैं, जैसा कि प्रत्यक्ष एवं अप्रत्यक्ष प्रमाण भी दर्शाते हैं। यद्यपि ये पंचायतें गैर सरकारी हैं तथा इनके पास कानूनी ताकत भी नहीं है फिर भी ये पंचायतें स्वतंत्रता प्राप्ति के पश्चात् सरकारी पंचायतों के साथ अपना अस्तित्व कायम रखे हुए हैं। अन्य समुदायों में भी ग्राम पंचायत सामान्य विशेषता के रूप में विद्यमान हैं, लेकिन पारंपरिक खाप अथवा क्षेत्रीय या जनजातीय तथा सर्वखाप पंचायत हरियाणा, दिल्ली, पश्चिमी उत्तर प्रदेश की अद्भुत विशेषता है।

जैन गोत्र-संबंध

जैन लोगों के लिए संयुक्त परिवार, परिवार व्यवस्था का सर्वाधिक सामान्य रूप है। लेकिन संयुक्त परिवार, बच्चों तथा अभिभावकों के बीच मतभेदों के कारण, टूटकर नाभिक परिवार विकसित हो रहे हैं। परिवार के सदस्यों में सहृदय एवं सच्चे निष्कपट संबंध हैं। समगोत्रीय तथा वैवाहिक संबंधियों के बीच हंसी मजाक के संबंधों की अनुमति है। यदा-कदा परिवारों में विवाद भी देखे गए हैं, पर वे अधिक गंभीर नहीं होते हैं।

सभी बालकों तथा मृतक की विधवा के पूर्वजों की सम्पत्ति में अधिकार मिलता है। बालिकाओं को सम्पत्ति में कोई अधिकार नहीं है, लेकिन वे कानूनी तौर पर अपने पिता की सम्पत्ति में हिस्सेदार हैं, खासतौर पर यदि उनका कोई भाई नहीं है। जैन बिरादरी में पिता की सम्पत्ति पर प्रथम अधिकार ज्येष्ठ पुत्र का होता है। परिवारों में हार्दिक सौहार्द्रपूर्ण संबंध विद्यमान हैं। किसी विवाद की स्थिति में मामला परस्पर समझौते द्वारा अथवा समुदाय के अन्य महत्वपूर्ण व्यक्तियों की सहायता से सुलझा लिया जाता है। जैन लोग सर्वसमानता में विश्वास करते हैं।

चूंकि यह एक धार्मिक समुदाय है अतः परस्पर विवाह की अनुमति है, लेकिन जाति अथवा उप-जाति से बाहर तथा गोत्र के भीतर विवाह की अनुमति नहीं है। समुदाय में ख्यात गोत्रसंबंध विद्यमान हैं।

जोगी गोत्र संबंध

जोगी लोगों में तीन प्रमुख सामाजिक समूह हैं—कनफटे जोगी, पाढ़ा जोगी तथा जंगम जोगी। कनफटे जोगियों को सर्वोच्च स्थिति प्राप्त है क्योंकि वे गद्दी के मालिक हैं। उनके पास पर्याप्त कृषि एवं आवासीय भूमि है, या कहें कि

एक प्रकार का रजवाड़ा है। वे इस भू-सम्पत्ति से अर्जित आय से अपना जीवनयापन करते हैं। पाठा जोगी, जिनका जोगी सामाजिक अनुक्रम में दूसरा स्थान है, कृषि व्यवसाय से जुड़े हैं।

यद्यपि संयुक्त तथा विस्तारित परिवार विद्यमान हैं, पर एकल परिवारों का चलन सामान्य है। पुत्रवधू अपने ससुर तथा जेठ से पर्दा करती है। इसी प्रकार देवर अपनी भाभी तथा जीजा अपनी छोटी साली से हँसी-ठिठोली कर सकता है। परस्पर संबंध सहृदय हैं, लेकिन कभी-कभी सम्पत्ति के बंटवारे को लेकर तब विवाद हो जाते हैं, जब युवावर्ग अपने बड़ों के अधिकार को चुनौती देता है। विवादों का निपटारा परस्पर समझौते, संबंधियों अथवा बिरादरी पंचायत/ग्राम पंचायत की मध्यस्थता से किया जाता है। परंपरागत रूप से ज्येष्ठ पुत्र, पिता की मृत्यु के उपरांत, परिवार का मुखिया बनता है, लेकिन कनफटे जोगियों में एक शिष्य को दीक्षित किया जाता है जो गद्दी तथा व्यवस्था संभालता है। 'गद्दी-का-राजा' के लिए विवाह वर्जित है, पर वास्तविकता इसके विपरीत है।

संयुक्त परिवार टूट रहे हैं तथा एकल परिवारों का उदय हो रहा है। महिलाओं को नीचा दर्जा दिया जाता है। उन्हें, कानून के अलावा, सम्पत्ति पर कोई अधिकार नहीं है। परिवार में कोई सक्षम पुरुष नहीं होने की स्थिति में महिलाएं कृषि कार्य करती हैं। वे विवाह, मुकलावा, दशोठन, भात, तथा अंतिम संस्कार आदि सामाजिक कार्यों में शामिल होती हैं।

मीणा

मीणा लोगों में संयुक्त परिवार की प्रथा विद्यमान है। आजकल पुत्र अपना विवाह होने पर अपने माता-पिता से अलग परिवार बसाना चाहते हैं। परिवार में आजकल पति, पत्नी तथा अविवाहित बच्चे होते हैं, किन्तु कुछ परिवारों में दादा-दादी, माता-पिता, विवाहित तथा अविवाहित बच्चे साथ-साथ रहते हैं। यहाँ कुछ सिद्धान्त और मूल्य होते हैं, जो परिवार की गरिमा बनाए रखने के लिए परिवार के प्रत्येक सदस्य को पालन करना अनिवार्य होते हैं। बुजुर्ग लोगों की उपस्थिति में युवा महिलाओं का बात करना अशिष्टता मानी जाती है। पुत्रवधू बुजुर्ग पुरुषों से पर्दा करती हैं। साधारणतः बुजुर्ग पुरुष सदस्य महिलाओं से पहले भोजन ग्रहण करते हैं।

परिवार का वरिष्ठतम सदस्य, जो अधिकांश एकल परिवारों में पिता ही होते हैं, परिवार के अन्य सदस्यों पर प्रभुत्व रखता है तथा उसको विशेष सम्मान

दिया जाता है। सभी घरेलू तथा गैर घरेलू निर्णय भी उसके द्वारा ही किए जाते हैं। आजकल शहरों में शिक्षित पुत्रों एवं पुत्रियों का अपने बड़ों के प्रति दृष्टिकोण परिवर्तित हो गया है। इस कारण परिवार के प्रमुख की भूमिका प्रतिकूल रूप से प्रभावित हुई है। जबकि दैनिक कार्यों में मीणा परिवार स्वयं निर्णय लेते हैं, पर विवाह, जन्म, मृत्यु आदि के अवसर पर सामाजिक विषयों पर विचार-विमर्श हेतु संबंधियों के साथ मिल बैठ कर निर्णय करते हैं।

परिवार में होने वाले विवादों का निपटारा अपने समुदाय के अग्रणी लोगों द्वारा किया जाता है। तथापि, आजकल विवादों का निपटारा न्यायालय के माध्यम से किया जाता है।

मीणा समुदाय में पिता की मृत्यु के पश्चात् उसकी सम्पत्ति का उत्तराधिकार पुत्रों को प्राप्त होता है। लेकिन, पिता की मृत्यु के बाद माता को भी सम्पत्ति के उत्तराधिकार के साक्ष्य उपलब्ध हैं तथा माता की मृत्यु के पश्चात् सम्पत्ति का बंटवारा पुत्रों के बीच समान रूप से कर दिया जाता है। ऐसा संभवतः इसलिए किया जाता है कि कोई महिला अपने पति की मृत्यु के पश्चात् अपने पुत्रों पर आश्रित न रहे। यह वृद्धावस्था में सुरक्षा का भी एक माध्यम है। सम्पत्ति में मां का हिस्सा उस पुत्र को प्राप्त होता है, जो उसकी देखभाल करता है, हालांकि यह हिस्सा मां की मृत्यु के उपरांत ही प्राप्त होता है। यद्यपि विवाहित पुत्रियों को भी अपने पिता की सम्पत्ति में हिस्सा कानूनी दृष्टि से अनिवार्य है, पर कोई पुत्री यह हिस्सा मांगती नहीं है। मृतक व्यक्ति का कोई पुत्र न होने की दशा में उसके भाई का पुत्र वारिस होता है। दत्तक पुत्र स्वयमेव सम्पत्ति का उत्तराधिकारी बन जाता है।

राजपूताना गजेटियर (1879) में मीणा लोगों में श्रेणीबद्ध विभाजन को मान्यता दी गई है। परिहार मीणाओं में कन्या शिशु वध की प्रथा विद्यमान है। यह प्रथा राजस्थान के भीलों में भी विद्यमान है, जो स्वयं के मीणा होने का दावा करते हैं, संभवतः इसलिए कि मीणाओं को भीलों से श्रेष्ठ माना जाता है। इस प्रवृत्ति ने, उनके उच्चतम संस्तर के मध्य बहुपत्नी प्रथा तथा कन्याशिशु वध की परिपाटी पर चलने वाले मीणा लोगों में विभाजन पैदा कर दिया है। परिहार मीणा एक पत्नी प्रथा के कट्टर समर्थक थे तथा मीणा जाति के अन्य वर्गों के साथ वैवाहिक संबंध नहीं रखते थे। इस वर्ग विभाजन के कारण मीणाओं के मुनि मगन सागर, (मीणा संत) ने 1944 में परिहार मीणाओं की एक सभा का आयोजन, इन विभाजनों को समाप्त करने का उद्देश्य लेकर किया था। इस

सभा में अंतर-समुदाय मतभेदों को भुलाकर समुदाय को मजबूत करने का संकल्प लिया गया। मीणा जाति में ग्यारह वर्ग हैं : (1) जमींदार-चौकीदार (2) पुराना बस्ती-नया बस्ती (3) उजला-मैला (4) प्रतिहार (5) रावत (6) चमरिया (7) भील मीणा (8) असली अथवा अदनी (9) ढेलिया (10) सुरतवाल (11) चौथिया। जमींदार अथवा जमींदारी मीणा वे लोग हैं जो प्राचीन काल में बस गए थे तथा कृषि को अपना पेशा बना लिया था।

कुछ मीणा वर्ग जैसे कि प्रतिहार, भील मीणा, सुरतवाल तथा अन्य, वस्तुतः मीणा जाति के भिन्न गोत्रों के द्योतक हैं। जबकि, मीणाजाति के भिन्न वर्गों में वर्ग अनुक्रम सुनिश्चित करना अत्यंत कठिन है, पर विवाह हेतु कन्या स्वीकार करना प्रमुख निर्धारक माना जा सकता है। ऐसे वर्ग जिनकी कन्याएं विवाह हेतु स्वीकार्य नहीं होती, वे वर्ग अपेक्षाकृत निम्न स्तर के माने जाते हैं। इस दृष्टि से ढेडिया मीणा, पड़िया मीणा तथा चमरिया मीणा लोगों में सबसे नीचे हैं। हालाँकि हरियाणा में, मीणाओं में श्रेणीबद्ध विभाजन उतने महत्वपूर्ण नहीं हैं जितने कि अन्य वर्गों के बीच हैं।

विभिन्न जातियों के हर परिवार में उनके अपने नियम होते हैं, जो परिवार के हर सदस्य पर समान रूप से लागू होते हैं। ये उन सदस्यों पर निर्भर करता है कि वे उनका पालन करें या विद्रोह का स्वर उठाएें। परन्तु एक परिवार की प्रतिष्ठा सदैव मिलजुल कर रहने में ही होती है।

16

भाषा और साहित्य

हरियाणा में प्रमुखतः हरियाणवी, हिंदी, पंजाबी, उर्दू तथा अंग्रेजी भाषाएँ बोली जाती हैं। इसके अतिरिक्त हरियाणा के लोग अनेक क्षेत्रीय बोलियों का प्रयोग करते हैं। हरियाणवी भारत के हरियाणा प्रान्त में बोली जाने वाली हिन्दी की बोली (उपभाषा) है। वैसे तो हरियाणवी में कई लहजे हैं, साथ ही विभिन्न क्षेत्रों में बोलियों की भिन्नता है। लेकिन मोटे भाग में इसे दो भागों में बाँटा जा सकता है। एक उत्तर हरियाणा में बोली जाने वाली, जो थोड़ी सरल होती है व जिसे हिन्दी भाषी व्यक्ति समझ सकते हैं तथा दूसरी दक्षिण हरियाणा में बोली जाने वाली ठेठ हरियाणवी, जो हिन्दी भाषी तो दूर, उत्तर हरियाणा के लोग भी कई बार समझ नहीं पाते हैं। इसके अतिरिक्त विभिन्न क्षेत्रों में हरियाणवी भाषा के कई रूप प्रचलित हैं। तथापि, उन सब बोलियों का आधार हिंदी है, जिसमें उर्दू तथा पंजाबी भाषा के शब्द भी शामिल हो गए हैं। उप-नगरों तथा नगरों में अंगरेजी भी घरेलू भाषा बनने की राह पर है, किन्तु अभी हिंदी मिश्रण के साथ बोली जाती है। ग्रामीण हरियाणा के सबसे बड़ी विशेषता स्वयं भाषा है अथवा कहें कि बोलने का ढंग है। हरियाणवी (अथवा बांगडू या जाटू) के नाम से लोकप्रिय बोली संभवतः कुछ गंवारू सी है, लेकिन सहज विनोद तथा सादगी भरी है। राज्य में देवनागरी, गुरुमुखी तथा फारसी लिपियों का प्रयोग किया जाता है। सन् 1947 में विभाजन से पूर्व, उर्दू सामान्य प्रचलन में थी, लेकिन विभाजन के समय मुसलमानों के पाकिस्तान जाने तथा सरकार की भाषा नीति में परिवर्तन के पश्चात् उर्दू का स्थान हिन्दी भाषा ने ले लिया। चूंकि राज्य की 89 प्रतिशत से अधिक जनसंख्या हिंदी का प्रयोग करती है, अतः राज्य सरकार ने इसे सरकारी भाषा का दर्जा प्रदान किया है। पन्द्रह अगस्त 1969 को जारी की गई अधिसूचना में समस्त सरकारी कार्य हिंदी भाषा में करने का निर्देश जारी किया गया था। निःसंदेह विभिन्न धर्मों, विभिन्न नस्लों तथा भिन्न भाषा तथा बोलियां

बोलने वाले लोगों के बीच हिंदी एक उपयोगी सम्पर्क सूत्र है।

हिन्दी वास्तव में प्राकृत एवं अपभ्रंश के माध्यम से संस्कृत का ही स्वरूप है। हिंदी को द्रविड़, तुर्की, फारसी, अरबी, पुर्तगाली तथा अंगरेजी भाषा से भी प्रभावित एवं समृद्ध है। हिंदी भाषा अत्यंत अभिव्यक्तिकारी भाषा है। काव्य और गीतों में हिन्दी के साधारण तथा शिष्ट शब्दों के प्रयोग से भावनाओं को अभिव्यक्ति प्रदान की जा सकती है। इसका उपयोग सटीक एवं उपयुक्त तार्किकता के लिए भी किया जा सकता है। भारत में 18 करोड़ से अधिक लोग हिंदी को अपनी मातृभाषा मानते हैं। अन्य 30 करोड़ लोग इसका प्रयोग दूसरी भाषा के रूप में करते हैं। भारत से बाहर अमेरिका में एक लाख, मारीशस में 6,85,170, दक्षिण अफ्रीका में 8,90,292,यमन में 232,760, उगांडा में 1,47,000, सिंगापुर में 5,000 नेपाल में 8 लाख, न्यूजीलैंड में 20,000 तथा जर्मनी में 30,000 लोग हिंदी भाषी हैं।

हिंदी 7वीं सदी में प्राकृत के विकृत स्वरूप अपभ्रंश के रूप में प्रारंभ हुई तथा 10वीं सदी तक स्थिर हो गई। साहित्य में हिंदी की अनेक क्षेत्रीय बोलियों का प्रयोग किया गया है। उन्नीसवीं सदी में खड़ी बोली का प्रयोग प्रारंभ होने तक 'ब्रज' लोकप्रिय साहित्यिक बोली थी।

राज्य का भूदृश्य तथा इसकी मिट्टी की उर्वरता में उल्लेखनीय विविधता है। पश्चिम में सिंधु नदी से पूर्व में यमुना तक फैले पंजाब के विशाल भूभाग का एक अंश हरियाणा विश्व की प्राचीनतम सभ्यता का क्षेत्र रहा है। इसी पावन भूमि पर भगवान श्रीकृष्ण ने भगवद्गीता के रूप में मानवजाति को अपना अमर संदेश दिया था।

हरियाणा में प्रमुखतः हिन्दी, पंजाबी, बांगड़ भाषाएं बोली जाती हैं। जींद क्षेत्र के लोग बांगड़ू का प्रयोग करते हैं। रोहतक तथा सोनीपत की बोली को जींद के लोग 'खादर' बताते हैं। बागड़ी फतेहाबाद, सिरसा तथा दक्षिण भिवानी में बोली जाती है, जो राजस्थान की बागड़ी से अलग है।

हरियाणवी बोलियाँ

राज्य में बोली जाने वाली बोलियों की संख्या काफी बड़ी हैं, लेकिन लगभग सभी बोलियों का आधार हिन्दी है। स्वयं हिंदी के कई रंग हैं तथा हरियाणा की बोलियां पश्चिमी हिन्दी से सम्बद्ध बताई जाती हैं। इस क्षेत्र की प्रमुख भाषा

हिंदुस्तानी, बांगरू, ब्रज भाषा, कन्नौजी, और बुंदेली हैं। इन भाषाओं में हिंदुस्तानी व्यापक रूप से विद्यमान है, अधिक महत्वपूर्ण है तथा व्यापक रूप से बोली व समझी जाती है। हिंदुस्तानी अन्य भाषाओं के साथ अधिमिश्रित है तथा आसानी से समझी जा सकती है।

हरियाणा में बांगरू, मेवाती तथा अहीरवाली तीन सबसे अधिक लोकप्रिय बोलियां हैं तथा ये तीनों ही, स्वरविज्ञान की दृष्टि से, हिन्दी की सौतेली बहन हैं। इन तीनों में बांगरु बोली अधिक व्यापक है। यह रोहतक, हिसार, महेंद्रगढ़, जींद और करनाल जनपदों में बोली जाती है। स्थानीय रंग तथा राजस्थानी पुर लिए मेवाती बोली मेव मुसलमानों में व्यापक रूप से बोली जाती है। मेव मुसलमान दक्षिण गुड़गांव तथा फरीदाबाद जनपदों में बसे हैं। हरियाणा के इस क्षेत्र में बोली जाने वाली मेवाती भाषा पर ब्रज भाषा का स्पष्ट प्रभाव है। अहीरवाली गुड़गांव जनपद, महेन्द्रगढ़ तथा रोहतक जनपद की झज्जर तहसील में बोली जाती है, जहां अहीरों का बाहुल्य है। तथापि, बांगरू, शेखावटी तथा मेवाती बोलियों के अनेक शब्द अहीरवाली बोली में पाए जाते हैं।

यह एक निर्विवाद सत्य है कि देश के विभाजन के पश्चात् पंजाबी बोलने वाले लोग भारी संख्या में आकर हिसार, करनाल तथा अम्बाला जनपदों से बस गए थे। उनके आगमन से हरियाणा की बोलियों में एक नया तत्त्व पैदा हो गया था।

मेवाती बोली की दो उप-बोलियां कठेरी तथा राठी हैं। कठेरी गुड़गांव जनपद के नूह तथा फिरोजपुर झिरका उप-प्रभागों में बोली जाती है, जबकि राठी महेन्द्रगढ़ जनपद के नारनौल में तथा रेवाड़ी के आसपास बोली जाती है। यद्यपि मेवाती कई रूपों में अहीरवटी के समान है, तदपि मेवाती बोली में उर्दू तथा फारसी शब्द प्रचुर मात्रा में पाए जाते हैं। ये उर्दू तथा फारसी के शब्द काफी बदले रूप में प्रयोग किए जाते हैं, चूंकि मेवलोग इन शब्दों का उच्चारण बेमेल तथा कर्कश लहजे में करते हैं। अहीरवटी बोली गुड़गांव जनपद, महेन्द्रगढ़, तथा रोहतक की झज्जर तहसील में बोली जाती है, जहां अहीर बाहुल्य क्षेत्र है। तथापि बांगरू, शेखावटी (निकटस्थ राजस्थान क्षेत्र की बोली) तथा मेवाती बोलियों के अनेक शब्द अहीरवटी बोली में शामिल हो गए हैं। अतः अहीरवटी बोली मेवाती तथा तीन अन्य बोलियों बांगरू, बागड़ी तथा शेखावटी के बीच पुल का काम करती है। व्याकरणविद की दृष्टि से मेवाती तथा अहीरवटी में कोई विशेष अंतर नहीं है। यह उस बोली तथा बांगरू के बीच एक पायदान है तथा इन दोनों के बीच

'मैं हूं' के लिए बांगरु में 'सू' तथा मेवाती में 'हुर्त' का प्रयोग मुख्य सम्पर्क बिन्दु है। तथापि, अहीरवटी पड़ोसी भाषाओं तथा बोलियों के शब्द ग्रहण करने में अधिक उदार प्रतीत होती है।

शेखावटी तथा अहीरवटी बोलियों में उनकी समानता के कारण भेद कर पाना कठिन हो जाता है। वास्तव में राज्य की तीन सर्वाधिक लोकप्रिय बोलियां बांगरू, मेवाती तथा अहीरवटी स्वरविज्ञान की दृष्टि से हिन्दी की सौतेली बहनें हैं। इन बोलियों की सबसे बड़ी खूबी यह है कि तीनों का व्याकरण कुल मिलाकर एक है, लेकिन शब्दावली बहुधा बिल्कुल भिन्न है। इस प्रकार अनेक मामलों में एक ही चीज के लिए प्रत्येक बोली में एक भिन्न शब्द है। उदाहरण के लिए हवा के लिए मेवाती में 'बाव', अहीरवटी में 'बाऊं' तथा ब्रज में 'बियार' शब्द मौजूद है। दीमक को ब्रज भाषा में 'उक्सा' मेवाती में 'दीमक' तथा अहीरवटी में 'दीवल' कहते हैं। दरअसल हरियाणा में भिन्न भाषाओं, बोलियों तथा उप-बोलियों का सम्मिश्रण देखा जा सकता है। हिसार तीन महत्वपूर्ण भाषाओं—पश्चिमी हिंदी, पंजाबी तथा राजस्थानी का संगम स्थल है। यहां पंजाबी भाषा की मालवी बोली, राजस्थानी भाषा की बागड़ी बोली और हरियाणवी के रूप में उद्भूत पश्चिमी हिन्दी की देसवाली बोली, जो राज्य की प्रधान बोली है तथा राज्य में व्यापक रूप से बोली तथा समझी जाती है, का संयम देखने को मिलता है। पूर्वी दादरी तथा दुजाना में इसे देसवाली कहा जाता है। तदपि करनाल तथा कुरुक्षेत्र जनपद बोलियों के संदर्भ में एक जटिल दृश्य प्रस्तुत करते हैं।

इन जनपदों के उत्तरी भागों में बोलियों में पंजाबी शब्दों तथा पंजाबी स्वराघाट का अधिमिश्रण है। पानीपत तथा केथल तहसीलों में जाट ऐसे अनेक शब्दों का प्रयोग करते हैं, जो संबंधित जनपदों के निकटवर्ती क्षेत्रों में मौजूद नहीं हैं। उनका उच्चारण तथा बोली की गुणवत्ता रोहतक के जाटों के समान है। कुरुक्षेत्र की थानेसर तहसील तथा करनाल के इन्द्री परगना में बोली जाने वाली भाषा में पंजाबी शब्दों तथा स्थानीय बोलियों का अनूठा मिश्रण है। केथल के निकटवर्ती क्षेत्रों में पंजाबी बोली जाती है जिसका स्पष्ट प्रभाव केथल की बोली पर देखा जा सकता है। पाकिस्तान से आकर यहां स्थायी रूप से बसे विस्थापितों के कारण भी स्थानीय बोलियों में महत्वपूर्ण परिवर्तन हुए हैं।

अम्बाला जनपद में हिन्दी तथा पंजाबी मिश्रित रूप में बोली जाती हैं। जींद जनपद का उप-प्रभाग नरवाणा सिख राज्य जींद का एक हिस्सा रहा है,

जिस कारण यहां की बोली में पंजाबी शब्दों का मिश्रण तथा पंजाबी लहजा देखा जा सकता है। यह विवादों से परे एक तथ्य है कि राज्य के विभिन्न भागों में पाकिस्तान आकर बसे पंजाबी भाषियों ने हरियाणा की बोलियों में एक नया तत्त्व समाविष्ट किया है। यहां के मूल निवासियों तथा पाकिस्तान से आए विस्थापितों के बीच परस्पर मुक्त व्यवहार के परिणामस्वरूप पंजाबी तथा स्थानीय बोलियों का सुखद मिश्रण तैयार हुआ है। दोनों समूहों द्वारा एक दूसरे के शब्दों तथा अभिव्यक्तियों के उन्मुक्त विनिमय से हरियाणा में बोली जाने वाली बोलियों को एक नया रंग नया आयाम मिला है।

राज्य में प्रयुक्त सभी बोलियों के संदर्भ में एक सुखद एवं दिलचस्प पहलू यह है कि उनकी शब्दावली में अन्तर के बावजूद उनके व्याकरण में विशिष्ट समानता है। इस प्रकार हिन्दी के राजस्थानी तथा पश्चिमी स्व की अपभ्रंश ये बोलियां राज्य की सांस्कृतिक पच्चीकारी को एक आकर्षण रंग प्रदान करती हैं। संचार तथा यातायात के साधनों के विकास और शिक्षा के प्रसार के साथ अंग्रेजी के अनेक शब्द ग्रामीण क्षेत्रों में जनसाधारण की शब्दावली का अविभाज्य अंग बन चुके हैं। अब एक अशिक्षित हरियाणवी भी अंग्रेजी के बहुत से शब्दों को इस प्रकार बोल और समझ सकता है, मानो वे उसकी मातृभाषा के नैसर्गिक अंग हैं। कप, प्लेट, चेयर, टेबल, स्कूल, बेंच, ब्रेड, पेन, पेन्सिल, चार्ट, चाक, कार्ड, बैंड, पास, फेल, क्लास, रिजल्ट, कार, बस, ट्रेन, ट्रेक्टर, स्कूटर, ट्राली, हैरो, ट्यूबबेल, कनेक्शन, स्विच, सप्लाई, बोल्ट, नट, एमएलए, एम पी, मिनिस्टर इत्यादि शब्द हरियाणा की बोलियों में रच, बस गए हैं तथा अभिन्न अंग बन गए हैं।

साहित्य

राजा हर्ष ने संस्कृत के बहुमूल्य रत्न 'प्रियदर्शी', 'रत्नावली' तथा 'नागानंद' कृतियों से हरियाणा को प्रसिद्धि दिलाई तथा महान कवि एवं लेखक बाण ने 'हर्षचरित' एवं 'कादम्बरी' जैसे महान कृतियों के योगदान से संस्कृत साहित्य को समृद्ध बनाया था। नाथ समप्रदाय के योगियों द्वारा भी साहित्य परंपरा में महत्वपूर्ण योगदान दिया गया था। उनमें पुराणनाथ का नाम विशेष उल्लेख के योग्य है, जिनका योगदान 'गोरक्ष सिद्धान्त संग्रह' तथा 'सिद्ध सिद्धान्त तथा पद्धति' के रूप में था। बारहवीं सदी में ठाकुर राम भद्र द्वारा 'भगवत् गीता सार' की रचना की गई और उसके कुछ समय पश्चात् नारनौल की श्री गुप्त ने

प्रसिद्ध 'भगवत पुराणम्' की रचना की थी। दसवीं सदी से सत्रहवीं सदी के मध्य कुछ उल्लेखनीय अपभ्रंश साहित्य भी लिखा गया था। दसवीं सदी में ही महान जैन विद्वान पुष्पदन्त, जो रोहतक के निवासी थे, ने अमर कृतियों 'आदि पुराण', 'उत्तर पुराण' तथा 'जोशर चरित' के रूप में अपना योगदान दिय था।

बारहवीं सदी में महान कवि श्रीधर ने 'वर्द्धमान चरित' तथा 'पाषाण चरित' की रचना की थी। सुल्तान अलाउद्दीन खिलजी (1296-1316) के शासनकाल में ठाकुर फेरू, जो विलक्षण व्यक्ति और सृजनशील मस्तिष्क के धनी थे, द्वारा युगप्रधानचतुष्पदिका, रत्नपरीक्षा, वास्तुसार, गणितसार, धातुपत्ति, द्रुअपरीक्षा इत्यादि महान कृतियों की रचना की गई थी। निस्संदेह ये कृतियां मध्यकालीन भारत के साहित्य कोष के अनमोल रत्न हैं तथा उनके लेखक अपने काल के महानतम साहित्यकार थे। पंद्रहवीं सदी में बुचराज नामक विद्वान ने कुछ विशिष्ट कृतियों तथा 'चेत प्रदगलधमाल', 'संतोषजयतिलक,' 'नेमिनाथबासंतु', 'नेमीश्वर ब्रह्मसा' तथा 'तन्दाना गीत' की रचना की थी। सोलहवीं सदी में कवि वल्लभ द्वारा 'कुकदमंजरी चम्पई' की रचना की गई। हांसी के एक महान साहित्यकार जिन वल्लभ सूरी ने 'सूक्ष्मार्थ सिद्धान्त', 'विचार श्रद्धाष्टि', 'श्रद्धाष्टक धर्मशिक्षा', 'प्रश्नोत्तर श्लोक' तथा 'श्रमग्रष्टक' जैसी रचनाओं से अपभ्रंश साहित्य को समृद्ध बनाया। सत्रहवीं सदी के पश्चात् संस्कृत साहित्य एक बार पुनः उन्नति के पथ पर अग्रसर हुआ। प्रसिद्ध लेखक सन्त निश्चल दास (1791-1863) ने 'ईश उपनिषद्' 'कठ उपनिषद्' तथा 'महाभारत' पर भाष्य रचना की थी।

उन्नीसवीं सदी के उत्तरार्द्ध में संस्कृत के कई विद्वानों ने अनेक संस्कृत कृतियों की रचना की थी। कुरुक्षेत्र में ग्राम डासना के श्रीधर ने भगवत्गीता पर अत्यंत साधारण तथा सार्थक भाष्य की रचना की थी। सन् 1890 में स्वामी हीरादास द्वारा भिवानी में 'दादूरामोदय' नामक प्रसिद्ध पुस्तक लिखी गई थी। इस काव्यात्मक कृति में महान संत कवि दादूराम के जीवन का वर्णन है।

छज्जू राम शास्त्री द्वारा संस्कृत साहित्य को प्रदान की गई सेवाएं भी उल्लेख के योग्य हैं। उनके द्वारा संस्कृत मासिक संस्कृत प्रचारकम् का सम्पादन किया गया तथा 'दुर्गाभ्युदयम', 'छज्जू रामनामम्', 'कुरुक्षेत्र महत्त्वम', 'मूलचन्द्रिका', 'सरला' तथा शिव कथामृतम्' पुस्तकों की रचना की गई। उन्हें 'संस्कृत साहित्य' नामक संस्कृत साहित्य के इतिहास की उनकी काव्यात्मक कृति के लिए भारतीय विद्या भवन, मुंबई द्वारा 'महामहोपाध्याय' की उपाधि प्रदान की गई थी।

भारत के राष्ट्रपति द्वारा 1971 में डॉ. राम गोपाल को संस्कृत साहित्य की उन्नति में उनके उल्लेखनीय योगदान हेतु 'सम्मान प्रमाणपत्र' प्रदान किया गया था। इस संबंध में भिवानी के विद्यामार्त्तण्ड द्वारा रचित 'साहित्योदय' उल्लेख के योग्य है। डॉ. बलदेव सिंह संस्कृत भाषा में एकांकी नाटक के सर्वप्रथम लेखक के रूप में प्रसिद्ध हैं। निस्संदेह, वैदिक काल से वर्तमान समय तक संस्कृत कृतियों का अबाध प्रवाह विद्यमान है।

उर्दू साहित्य

फारसी, अरबी तथा उर्दू साहित्य की प्रगति में हरियाणा का योगदान प्रशंसनीय है। अलाउद्‌दीन खिलजी के समकालीन पानीपत के सय्यद अलाउद्‌दीन पानीपती सल्तनत काल के फारसी तथा अरबी के सर्वप्रथम विद्वान थे। उनका फारसी तथा अरबी का ज्ञान अद्वितीय बताया जाता है। उनके द्वारा फारसी तथा अरबी दोनों भाषाओं में अनेक उल्लेखनीय पुस्तकें लिखी गई हैं। हांसी शेख जमालुद्‌दीन हांसवी तथा पानीपत के शेख शरफुद्‌दीन पानीपती ने 14वीं सदी में अनेक महत्वपूर्ण रचनाएं की थीं। शेख शरफुद्‌दीन द्वारा रचित प्रमुख पुस्तकें 'किताब-ए-मदन आलमी' तथा 'शर्ब-ए-मटब अलमोमिन' हैं। हांसी के शेख नूरुद्‌दीन तथा थानेसर के अहमद थानेसरी अरबी और फारसी के जाने माने विद्वान थे। अहमद थानेसरी फारसी के महान निबंधकार माने जाते थे।

बादशाह अकबर के आदेश पर शेख सुल्तान ने महाभारत महाकाव्य का फारसी भाषा में 'रज्मनामा' शीर्षक से अनुवाद किया था। उत्तर मध्यकाल हरियाणा में उर्दू साहित्य की प्रगति का साक्षी बना था। पानीपत उर्दू साहित्य का केन्द्र था। मोहम्मद अफजल (1539-1629), जो संभवतः उत्तर भारत के पहले उर्दू साहित्यकार थे, पानीपत के निवासी थे। मोहम्मद अफजल उर्दू काव्य तथा गद्य लेखन में समान अधिकार रखते थे। झज्जर के महबूब आलम उर्फ शेख जीवन मोहम्मद अफजल के समकालीन थे तथा उच्चस्तरीय लेखक भी थे। उनके द्वारा रचित पुस्तकें 'ख्वाबनामा-ए-पैगम्बर', 'मेहशरनामा' तथा 'दबीरनामा-ए-बीबी फातिमा खातून' उर्दू साहित्य की उत्कृष्ट रचनाएं हैं। लगभग उसी काल में फारसी की व्याकरण पुस्तक 'दास्तूर-उला अमले फारसू' के लेखक अब्दुल बास हांसवी ने बच्चों के लिए एक उर्दू पुस्तक 'निसाबे सिंह जबान' की रचना की थी। उनके द्वारा उर्दू-हिन्दी शब्दकोश 'ग्राए-बुल्लू-गात' का संकलन भी किया गया था। नानसौल के मीरजफर जटल्ली संभवतः उर्दू भाषा के प्रथम हास्यकवि थे।

उन्नीवीं सदी के अंतिम वर्षों में हरियाणा में इतिहास पर भी कुछ पुस्तकें लिखी गई थीं। रेवाड़ी के राव तुला राम के राव मान सिंह द्वारा 19वीं सदी के द्वितीयार्द्ध में अहीरों के इतिहास पर एक विद्वतापूर्ण कृति की रचना की गई थी। इस कृति में 1555 ईस्वी सन से 19वीं सदी तक के काल का रेवाड़ी राज्य का इतिहास वर्णित है। साधारण उर्दू में 'अहीरकुलदीपिका' नामक इस पुस्तक में उस काल के हरियाणा के राजनैतिक, सामाजिक और धार्मिक दशाओं का चित्रण किया गया है।

उर्दू भाषा तथा साहित्य के लिए अल्ताफ हुसैन हाली (1837-1914) का योगदान इस भाषा के इतिहास का अंग बनेगा। हाली ने एक प्रशंसनीय उर्दू कवि के रूप में अपना स्थान अर्जित किया है। वह विलक्षण प्रतिभाशाली व्यक्ति थे। उनके द्वारा उर्दू में अनेक काव्य तथा गद्य रचनाएं लिखी गई हैं। 'मुजम्मिन-ए-हाली', 'मकातिब-ए-हाली, 'मकालात-ए-हाली', 'मक्तुबात-ए-हाली' (2 भाग), 'मुसद्दस-ए-हाली', 'हयात-ए-सियादी' 'मुकद्दिमा-ए-शेर-ओ-शायरी', 'देबचा-ए-दीवाने-हाली', 'दीवान-ए-हाली', 'यादगार-ए-गालिब' उनकी प्रमुख कृतियां हैं। यद्यपि उनकी सभी कृतियां उच्च स्तर की हैं, उनकी 'मुकद्दिमा-ए-शेर-ओ-शायरी' वास्तव में युग प्रवर्तक रचना है। भारत सरकार ने, उर्दू साहित्य को प्रदान की गई उनकी अमूल्य सेवाओं को ध्यान में रखकर, 1904 में उन्हें 'शम्सुल-उलमान' की उपाधि प्रदान की थी। इसमें कोई शक नहीं कि वह आधुनिक उर्दू काव्य के जनक थे। उन्होंने, उर्दू काव्य को एक नई शैली एवं एक नई दिशा दी थी। अल्ताफ हुसैन हाली को बुलबुल-ए-हिंद भी कहा जाता है।

मौलवी वहीदुद्दीन ने एक कवि, समीक्षक, निबन्धकार, पत्रकार, भाषाविद् तथा व्याकरण विद् के रूप में उर्दू साहित्य को उल्लेखनीय सेवा प्रदान की है। वह सर सय्यद अहमद खान के निजी सहायक के रूप में कार्यरत थे। उन्होंने मुआरिफ, दि अलीगढ़ गजट, दि मुस्लिम गजट आफ लखनऊ तथा जमींदार जरनल्स आफ लाहौर जैसी अनेक पत्रिकाओं का सम्पादन किया था। उनके द्वारा भाषा और आलोचना पर कुछ निबन्ध भी लिखे गए थे जो उर्दू साहित्य का बहुमूल्य धरोहर हैं। उनके दस सर्वश्रेष्ठ निबंध 'इफदात-ए-सलीम' में संग्रहीत हैं। सलीम के लेखन पर हाली के व्यक्तिगत की स्पष्ट छाप देखी जा सकती है। उनके काव्य में मातृभूमि के प्रति गहरा प्रेम प्रकट किया गया है।

विशम्भर दास शर्मा ने अपने उर्दू काव्य तथा नाटकों से उर्दू साहित्य की

सेवा की है। उनके पिता गनपतसिंह तथा पितामह मुरलीधर खयाल हिन्दी के ख्यात कवि थे। शर्मा को उर्दू, फारसी, हिंदी, संस्कृत, हरियाणवी तथा अंगरेजी भाषाओं का बहुत अच्छा ज्ञान था। उनकी गजलों का एक संग्रह 1912 में प्रकाशित हुआ था। शागर चंद रौशन एक विद्वान व्यक्ति थे जिनके द्वारा काव्य और नाटकों के माध्यम से उर्दू साहित्य की सेवा की गई। उनकी कविताओं में राष्ट्रीयता, प्रेम तथा दर्शन का संगम था। 'कलाम-ए-रोशन', 'तूफान-ए-दिल', 'नारा-ए-कौम', 'चजलियत-ए-रोशन' तथा 'जवाहरात-ए-रोशन' उनकी प्रमुख रचनाएं थीं। उन्होंने कौमी फरिश्ता, श्रीमती अंजना तथा नूरजहां नाटकों के माध्यम से उर्दू साहित्य में उल्लेखनीय योगदान दिया था। अनूप चंद आफताब पानीपती (1897-1968) को राष्ट्रीयता का पाठ पढ़ाने वाले हरियाणा के प्रमुख उर्दू कवियों में शुमार किया जाता है। हरियाणा सरकार द्वारा 28 मार्च, 1967 को उन्हें राज्य कवि (उर्दू) का सम्मान दिया गया था। उनकी प्रमुख रचनाओं में 'ज्वाला-ए-आफताब', 'ख्यालात-ए-आफताब', 'जख्म-ए-वतन', 'आफताब-ए-वतन', 'कौमी तलवार', 'जज्ब-ए-आफताब', 'जज्बात की दुनिया', 'हब्बे वतन' तथा 'शमसीर-ए-वतन' प्रमुख काव्य कृतियां हैं। ऋषि का बोलबाला, कौमी आन, ड्रामा सती अंजना तथा हिंदुस्तानी सूरमा उनकी प्रमुख गद्यरचनाएं हैं।

डॉ. दौलत राम साबिर (1908-61) पानीपत के प्रतिष्ठित साहित्यिक व्यक्ति थे। उनके 'रामायण' तथा 'भारत संदेश' नाटकों ने उन्हें ख्याति प्रदान की थी। ख्वाजा अहमद अब्बास उच्च स्तर के प्रख्यात आधुनिक उर्दू लेखक है। उनका जीवन एक सच्चे देशभक्त का जीवन रहा हैं, उनकी एक पुस्तक 'इन्कलाब' उनकी राष्ट्रीयता तथा मातृभूमि के प्रति प्रेम का प्रतिमान है। हरियाणा सरकार द्वारा पुरस्कृत किए जाने के अतिरिक्त वे फीचर फिल्म के क्षेत्र में राष्ट्रपति का पदक प्राप्त कर चुके हैं। उनकी पहली उर्दू लघु कथा का अनुवाद विश्व की 16 भिन्न भाषाओं में किया गया है। इसके अलावा उनकी, उल्लेखनीय रचनाओं 'एक लड़की', 'मुसाफिर की डायरी', 'मैं कौन हूं' तथा 'पांव में फूल' का भिन्न भाषाओं में अनुवाद किया गया है तथा विश्वव्यापी ख्याति प्राप्त हुई है। वह एक सफल निर्माता, निदेशक तथा फिल्म कथा लेखक के रूप में नाम और प्रसिद्धि कमा चुके हैं। उन्हें सोवियत संघ द्वारा 'लेनिन शांति पुरस्कार' से नवाजा गया था।

हिसार के भगीरथ लाल जख्मी, सरस्वती शरण कैफ, महेन्द्र प्रताप चांद, नारायण दास तालिब पानीपती, नून आजमी, बावा गोपाल कृष्ण मगमूम, ज्वाला

प्रसाद शाही तथा बाल कृष्ण मुज्जार उर्दू के कुछ अन्य उल्लेखनीय साहित्यकार हैं। उर्दू साहित्य के विकास में हरियाणा का योगदान उल्लेखनीय रहा है। हरियाणा सरकार ने अपनी एजेन्सियों के माध्यम से हरियाणा के उर्दू साहित्यकारों को उनके महत्वपूर्ण योगदान के लिए पुरस्कृत किया है। कश्मीरी लाल जाकिर, राम सिंह शरार, बी-डी-कालिया, नौभार साबरी, राम लाल नभवी, आतिश बहावलपुरी, एन. डी. अजूजा तथा तलत इरफानी भी विशेष उल्लेख के पात्र हैं।

हिन्दी साहित्य

मोहम्मद अफजल जिनका वास्तविक नाम गोपाल था ने अपनी काव्य कृति 'विकट कहानी' द्वारा हिन्दी साहित्य में अपना योगदान दिया है। चौदहवीं सदी में फरीदाबाद के ईश दास ने अनेक हिंदी पुस्तकें लिखी थीं जिनमें, अंगद पैज, भरत मिलाप तथा सत्यवती प्रमुख हैं।

मध्यकालीन भारत के महान कवि सूरदास राज्य के फरीदाबाद जनपद के सीही ग्राम के निवासी थे। यद्यपि सूरदास हिंदी एवं संस्कृत के प्रकाण्ड विद्वान थे, लेकिन उन्होंने काव्य रचना ब्रज भाषा में की है। उन्होंने अपनी अमर कृतियों सूरसागर, साहित्यलहरी तथा सूर सरावली इत्यादि के माध्यम से हिंदी साहित्य का नए आयाम प्रदान किए हैं। साहित्य सृजन की दृष्टि से सोलहवीं सदी अत्यंत महत्वपूर्ण थी। हिंदी साहित्य विकास के पथ पर छलांगें भर रहा था, जबकि अनेक साहित्यधर्मी इस अवधि में अपनी सृजनशीलता का परिचय दे रहे थे।

हिंदी साहित्य की प्रगति सत्रहवीं सदी में भी कायम थी। इस सदी के लेखकों में करनाल के सुंदर दास का नाम आदर से लिया जाता है। हिंदी साहित्य के विद्वान उनकी सुंदर विलास, सुंदर सतसई तथा सुंदर श्रृंगार से भली भांति परिचित हैं। उनके समकालीन जैन कवि बनारसी दास स्वयं सतसई तथा सुंदर श्रृंगार से भली भांति परिचित हैं। उनके समकालीन जैन कवि बनारसी दास स्वयं प्रकाण्ड पंडित थे। 'अर्द्ध कथानक' तथा 'बनारसी विलास' उनकी प्रसिद्ध कृतियां हैं। घरोंडा के हृदय राम अपने समय के प्रख्यात कवि थे जिनकी रुक्मिणी मंगल, हनुमान नाटक, चित्रकूट विलास, धर्मचरित तथा बालचरित ने उन्हें प्रसिद्धि दिलाई थी। अगरोहा के राम दास ने सुदामा चरित तथा प्रभुजस पचीसी जैसी महत्वपूर्ण कृतियों से हिन्दी साहित्य को समृद्ध किया था।

इस काल के एक अन्य जैन कवि आनंदघन (1623-82) ने अपनी अनूठी

कृति 'आनंदघन-बहतरी सतावली' के रूप में हिंदी साहित्य में अपना योगदान दिया। इस कृति में जैन तीर्थंकरों के जीवन तथा उनके कार्यों पर प्रकाश डाला गया है। 18वीं तथा 19वीं सदी हिंदी साहित्य की प्रगति की साक्षी रही हैं। निर्गुण संत कवि गरीब दास ने अपनी श्रेष्ठ कृति हिसारबोध, बीजक तथा रामसागर से हिंदी साहित्य को समृद्ध बनाया। उनका जन्म 1717 में रोहतक जनपद में घुडानी गांव में हुआ था। वह अपने काल के हरियाणा के महत्वपूर्ण संत कवि हैं। उनकी कृति हिखारबोध में 24000 पद हैं तथा यह निर्गुण दर्शन की उच्च स्तर की शास्त्रीय कृति मानी जाती है। उकी सभी कृतियों में निर्गुण पंथ की विचारधारा तथा सिद्धान्तों का विस्तृत एवं ताकि प्रतिपादन प्रस्तुत किया गया है। गरीब दास की भाषा ब्रज भाषा, खड़ी बोली, पंजाबी, अरबी, फारसी, राजस्थानी तथा बांगरु का अधिमिश्रण है।

जैत राम के समकालीन तथा गरीब दास के शिष्य दयाल दास ने अद्वैत विषय पर आधारित विचार प्रकाश की रचना की थी। उनकी रचना की भाषा स्थानीय हरियाणवी बोली से प्रभावित प्रतीत होती है। राम चन्द की सीता चरित उल्लेखनीय रचना है तथा तुलसी ही रोहिणी और फतेहचंद की सूक्तावली भी अच्छी कृतियां हैं। आत्मा राम ने अपनी महत्वपूर्ण कृतियों से हिंदी साहित्य को समृद्धि प्रदान की है। उनका गद्य तथा पद्य लेखन, दोनों पर समान अधिकार था। उनकी पद्य रचनाओं में सत्वानावली, आत्मावली तथा अनेक पूजा प्रमुख हैं, जबकि गद्य रचनाओं में जैन तत्वदर्शक, अज्ञानतिमिर भाषार तथा नवतत्व को विशेष प्रसिद्धि प्राप्त हुई है।

संत निश्चल की गणना न केवल राज्य बल्कि राष्ट्रीय स्तर के साहित्यिक व्यक्तित्वों में की जाती है। संत निश्चल दास (1791-1863) का जन्म हिसार जनपद में जाट परिवार में हुआ था। उन्होंने सांख्य, न्याय, व्याकरण तथा वेदों की शिक्षा वाराणसी में प्राप्त की थी। निश्चल दास का संबंध दादू पंथ की उत्तराधि शाखा से था जिसका मुख्य केन्द्र हिसार जनपद में रतिया में था। निश्चल दास द्वारा अपने जीवनकाल में लगभग दस पुस्तकों की रचना की गई जिनमें विचार सागर, वृत्ति प्रभाकर तथा मुक्ति प्रकाश विशेष उल्लेखनीय हैं। दार्शनिक कृति विचार सागर हिंदी साहित्य को संभवत उनका सबसे बड़ा योगदान है। इस पुस्तक का अनुवाद तथा प्रकाशन अंगरेजी, संस्कृत, बांग्ला तथा मराठी भाषाओं में हो चुका है।

गोहान (रोहतक) के कृष्ण लाल शर्मा का उपन्यास चम्पा तथा अम्बाला के किशोरी लाल रचित कशमीर यात्रा कल्पना लेखन के क्षेत्र में विशिष्ट उल्लेख के योग्य हैं। वर्तमान काल के लघु कथा लेखकों में मुंशी प्रेमचंद के समकालीन विशम्भर नाथ कौशिक ने अपना नाम ऊंचा किया है। उनके द्वारा लगभग तीन सौ लघु कथाएं लिखी गई हैं। उनकी रचनाओं में बाल-विवाह, पर्दा प्रथा तथा अशिक्षित महिलाओं की समस्या अतयंत सजीव एवं मार्मिक ढंग से उठाई गई हैं। रक्षा बंधन और ताई ने उन्हें बहुत प्रसिध्द्वि दिलाई है। उनके कथा संग्रह मणिमाला, गल्प मंदिर, पेरिस की नर्तकी, प्रेम प्रतिमा तथा कल्लोल ने उन्हें हिन्दी साहित्य में प्रथम श्रेणी का लघु-कथा लेखक स्थापित किया है। उनके उपन्यास मां तथा भिखारिन और दुबेजी की चिट्ठियां' शीर्षक के अंतर्गत पत्र संग्रह (जो विनोद भाव में लिखे गए हैं) हैं।

19वीं सदी के अंत तथा 20वीं सदी के प्रारंभ काल में बाबू बाल मुकंद गुप्ता तथा माधव प्रसाद मिश्रा द्वारा हिन्दी साहित्य में विशिष्ट योगदान दिया गया है। बाल मुकंद गुप्ता (1865-1907) का जन्म रोहतक जनपद की झज्जर तहसील में गुरियां में हुआ था। उन्नीसवीं सदी के अंत में उनके द्वारा बांग्ला जैसी दूसरी भाषाओं की प्रसिद्ध कृतियों का अनुवाद हिन्दी में किया गया था जिनमें मोडेला भगिनी, हरिदास तथा रत्नावली नाटक प्रमुख हैं। बाद में उनके द्वारा शिवशंभु का चिट्ठा, दिल्ली भाषा, चिट्ठे और खत तथा अनेक लघु कृतियों खिलौना, खेल तमाशा, सर्पघात चिकित्सा इत्यादि का सृजन किया गया था। हिंदी पत्रकारिता के क्षेत्र में बाल मुकंद गुप्ता का योगदान अतुलनीय है। वे कलकत्ता से प्रकाशित प्रभावशाली हिंदी समाचारपत्र बंगवासी (साप्ताहिक) के सम्पादक भी रहे थे।

इसके अतिरिक्त उन्होंने हिंदुस्तान तथा भारत मित्र का भी सम्पादन किया था। वह एक अच्छे समीक्षक भी थे। वह साहित्यिक कृतियों के उचित, निष्पक्ष मूल्यांकन तथा आलोचना में विश्वास करते थे। उनकी तारा, अश्रुमति, तुलसी सुधारक तथा अधखिला फूल कृतियों ने हिन्दी साहित्य का विशेष नाम बना दिया है। माधव प्रसाद मिश्रा (1871-1907) का भी हिंदी पत्रकारिता के क्षेत्र में महत्वपूर्ण योगदान रहा है। वह अपने समय के महान पत्रकार माने जाते हैं। उनके द्वारा सुदर्शन तथा ब्राह्मण सहित अनेक समाचारपत्रों तथा पत्रिकाओं का सम्पादन कार्य किया गया था। इसके अलावा उनका योगदान राजनैतिक, सामाजिक,

आर्थिक तथा धार्मिक प्रसंग के विषयों पर जानकारी तथा विद्धतापूर्ण निबंधों के रूप में रहा है। उनके द्वारा लिखे गए समस्त निबंध 'माधव प्रसाद मिश्रा निबन्धावली' शीर्षक से प्रकाशित पुस्तक में संग्रहीत हैं।

शिव नारायण शास्त्री ने छत्र बोधिनी तथा स्त्री कर्तव्य शिक्षा की रचना की थी। करनाल जनपद के रतौली के छज्जूराम की विद्धतापूर्ण कृतियां पाणिनीय हिन्दी व्याकरण तथा कुरुक्षेत्र महात्म्य थीं। इसमें तनिक भी संदेह नहीं कि बीसवीं सदी हिन्दी साहित्य का स्वर्णकाल थी। साहित्य की समस्त शैलियां-काव्य, गद्य, नाटक, निबंध, लघु-कथा, उपन्यास तथा समीक्षा—में नई उपलब्धियां अर्जित की गई थीं।

इस संबंध में नेकी राम शर्मा (1896-1956) जो हरियाणा केसरी के नाम से लोकप्रिय थे, ने भी अभ्युदय तथा बेंकटेश्वर समाचार जैसी पत्रिकाओं के लिए व्यापक लेखन कार्य किया तथा भिवानी से प्रकाशित 'संदेश' पत्रिका का सम्पादन भी किया था। पुराने स्वतंत्रता सेनानी श्री राम शर्मा ने 'हरियाणा तिलक' पत्रिका का सम्पादन किया तथा हरियाणा के स्वतंत्रता सेनानी, हरियाणा का इतिहास और हरियाणा के नौ रत्न आदि की रचना की थी। एक अन्य प्रतिष्ठित लेखक भदन्त आनंद कौशल्यायन द्वारा हिन्दी सहित्य को अनुकरणीय सेवा हेतु हरियाणा सरकार द्वारा उन्हें सम्मानित किया गया था। 'बहादुर अनुचर' तथा 'भिक्षु के पत्र' उनकी श्रेष्ठतम कृतियां हैं। उन्होंने अपनी महत्वपूर्ण कृतियों के माध्यम से विदेशों में हिन्दी का प्रचार किया था। विष्णु प्रभाकर ने अपनी कहानियों, एकाकी नाटकों तथा देश और वर्तमान समाज की समस्याओं पर विद्धतापूर्ण लेखों के माध्यम से हिंदी साहित्य में अपना योगदान दिया है। उनके कथा संग्रह 'मेरी तेंतीस कहानियाँ' को अपार लोकप्रियता मिली है। कथा लेखक शरत चन्द्र की आत्मकथा 'आवारा मसीहा' उनकी सर्वश्रेष्ठ कृति मानी तथा व्यापक रूप से सराही गई हैं।

डॉ. जय भगवान गोयल द्वारा साहिब सिंह मगेन्द्र की पंजाबी पुस्तक को हिन्दी में प्रस्तुत करने से उन्हें प्रतिष्ठित विद्वान का दर्जा प्राप्त हुआ है। उनकी अन्य उल्लेखनीय कृतियां हैं : गुरुमुखी में हिंदी साहित्य, वीर कवि दशमेव, गुरु गोविन्द सिंह विचार और चिन्तन, मध्य युगीन काव्य। डॉ. जय भगवान गोयल द्वारा हिंदी साहित्य को उनके योगदान के परिणामस्वरूप हरियाणा साहित्य सम्मेलन तथा शिरोमणि गुरुद्वारा प्रबंधक कमेटी, अमृतसर द्वारा सम्मानित किए जाने का

अनूठा गौरव हासिल है। हरियाणा सरकार से सम्मान प्राप्त (1975-76) डॉ. जयदेव सिंह ने हरियाणवी भाषा में अनुसंधान को एक नई दिशा प्रदान की है।

आशा नंद वोहरा, डॉ. मनमोहन सहगल तथा डॉ. भीमसिंह मलिक ने भी विभिन्न क्षेत्रों में हिंदी साहित्य के प्रवर्तन हेतु अति उल्लेखनीय योगदान दिया है। डॉ. शशि भूषण सिंघल मूलतः एक समीक्षक के रूप में प्रसिद्ध हैं, तदपि उनके लघु कथा संग्रह 'ये युग वे सपने' तथा उपन्यास 'जानी अनजानी राहें' ने उन्हें भारी लोकप्रियता दिलाई है। डॉ. जय नाथ नलिन के साहित्यिक योगदान के लिए हरियाणा सरकार ने उन्हें सम्मानित किया है। यामिनी और धरती के बोल उनकी सर्वश्रेष्ठ कृतियां हैं तथा 'चिन्तन और कला' उनका कथा संग्रह है। यामिनी और धरती के बोल में उन्होंने, निराला के बाद, प्रयोगवाद में स्वयं को उन्हीं की पीढ़ी का लेखक सिद्ध किया है, जबकि 'साहित्य का आधार दर्शन' में वे स्वयं को आधुनिक काल का चिन्तक स्थापित करने में पूर्ण सफल हुए हैं। हिंदी साहित्य को उनकी उत्कृष्ट सेवाओं के लिए हरियाणा साहित्य अकादमी ने उन्हें 1982-83 में 'इस पार के बंधन' के लिए काव्य, 1983-84 में 'सिक्के असली और नकली' के लिए निबंध और 1986-87 में 'देवयानी' के लिए फिर से काव्य का पुरस्कार प्रदान किया है।

युवा कंधों पर परिपक्व मस्तिष्क लिए डॉ. बैजनाथ सिंघल ने अल्पायु में स्वयं को एक ख्यात तथा लेखक, गीतकार और समीक्षक के रूप में स्थापित कर लिया है। 'नई कविता' पर उनकी कृतियों तथा अनुसंधान पद्धति के विषय में अद्धितीय कृति ने उन्हें एक विवेकपूर्ण समीक्षक के रूप में स्थापित किया है तथा अनेक साहित्य पुरस्कार भी प्राप्त किए हैं। कथा-लेखक तथा समीक्षक के रूप में हिन्दी साहित्य को प्रदान की गई उनकी सेवाओं का मान्यता प्रदान करते हुए हरियाणा साहित्य अकादमी ने उन्हें 1981-82 में 'मूल्य मीमांसा', 1983-84 में दर्शन और साहित्य तथा 1985-86 में साहित्य मूल्य और प्रयोग हेतु पुरस्कृत किया है।

डॉ. हेमराज निर्मम द्वारा छह उपन्यास एक रेखाचित्र संग्रह तथा कुछ एकाकी नाटकों की रचना की गई थी। उनकी वसंत फिर आयेगा, टूटता बंधन और लाल बहादुर हरियाणा को दिए गए श्रेष्ठ उपहार हैं। फूल चन्द सुमन ने नई कविता को लोकप्रिय बनाने की दिशा में सराहनीय कार्य किया है।

स्व. ओम प्रकाश आदित्य हास्य-व्यंग्य के प्रसिद्ध कवि थे। उन्हें अपनी

रचनाओं 'तोता मैना', 'इधर भी गधे हैं', 'थर्ड डिवीजन' तथा 'सितारों की पाठशाला' से भारी लोकप्रियता हासिल हुई थी। अल्हड़ बीकानेरी तथा जैमिनी हरियाणवी स्वयं को श्रेष्ठ कवि सिद्ध कर चुके हैं। हास्य व्यंग्य की नई पीढ़ी में केवल कृष्ण पाठक, कृष्ण चन्द्र बधवा तथा रमेश शालीहास आदि कवि हैं। उदय भानु हंस (राज्य कवि) ने हिंदी साहित्य की सेवा में अपनी रुबाइयों के माध्यम से उल्लेखनीय योगदान दिया है। इसके अतिरिक्त वे श्रेष्ठ निबंधकार एवं पुस्तक समीक्षक भी हैं। उनकी कृति 'हिन्दी रुबाइयां' बहुत लोकप्रिय हुई है। उदय भानु हंस की धड़कन, सरगम, सन्त सिपाही, हिन्दी के प्रमुख कलाकार, निबन्ध रत्नाकर, साहित्य परिचय आदि श्रेष्ठ कृतियां हैं।

साहित्यिक उपलब्धियों के मामले में महिला लेखिकाएं भी पीछे नहीं रही हैं। अनेक महिला साहित्यकारों को हरियाणा सरकार और इनकी एजेन्सियों द्वारा सम्मानित किया गया है। इंदिरा स्वपन को 1981-82 तथा 1987-88 में क्रमानुसार उनके उपन्यास 'महाराष्ट्र का गौरव' तथा 'वैशाली सुन्दरी' के लिए पुरस्कृत किया जा चुका है। इसके अतिरिक्त हरियाणा साहित्य अकादमी ने 1981-82 में उर्मि कृष्णन को "मैं यायावर" के लिए, 1984-85 में डॉ. मंगोशनि को "आलोक पंत" के लिए 1986-87 में डॉ. पुष्पा बंसल को "काव्यशास्त्र कोण और दिशाएं" के लिए तथा 1987-88 में सरोज कृष्ण को उनके उपन्यास भंवर के लिए पुरस्कार प्रदान किया गया है। शकुन्तला नलिन, चांद सुमन, आशा शर्मा, कमला देवी गुप्ता, शकुन्तला रानी तथा नीरजा की सेवाएं भी सराहनीय हैं। कल्पना लेखन भी राज्य में दृढ़ता प्राप्त कर रहा है। सन् 1979-80 में राम राज्य के लिए सम्मानित डा. रतन चंद शर्मा ने शिवरी तथा चारूदत्ता जैसे श्रेष्ठ उपन्यासों की रचना की है। मोहन चोपड़ा ने 'बहनें' तथा 'नीड़ के आगे' उपन्यासों से हिंदी साहित्य को समृद्ध किया है। 1987-88 में एक बुद्ध और के लिए साहित्य अकादमी पुरस्कार से सम्मानित राकेश वत्स ने अनेक सुंदर कहानियां लिखी हैं।

पंजाबी साहित्य

हरियाणा में गुरुमुखी लिपि में पंजाबी साहित्य का इतिहास 18वीं सदी से प्रारंभ होता है। जब गुलाब सिंह ने अपनी लेखनी से भुवन सम्राट, मोक्ष पंथ और प्रबोध चंद्रोदय की रचना की थी। भाई संतोष सिंह को पंजाबी का महानतम कवि माना जाता है। उनका जन्म अम्बाला जनपद में बुरिया गांव में हुआ

बताया जाता है। भाई संतोष सिंह की प्रसिद्ध कृतियों में नामकोश, श्री गुरु नानक प्रकाश, गरब गंजनी, बाल्मीकि रामायण, आत्म पुराण तथा गुरु प्रताप सूरज सम्मिलित हैं। गुरु प्रताप सूरज उनकी सर्वश्रेष्ठ कृति मानी जाती है, जिसकी रचना सन् 1836 के आसपास की गई थी। इसमें दस में से नौ सिख गुरुओं का जीवन मार्मिक ढंग से वर्णित किया गया है। भाई संतोष सिंह पंजाबी, हिन्दी, संस्कृत तथा उर्दू भाषाओं के प्रकाण्ड विद्वान थे। लेकिन वह अपनी रचनाओं के लिए गुरुमुखी लिपि को प्राथमिकता देते थे।

बाद के समय में हिन्दी भाषा-भाषी नव राज्य हरियाणा में पंजाबी साहित्य की प्रक्रिया न रुकी, न मन्द पड़ी। दूसरी ओर, नई व्यवस्था के अन्तर्गत पंजाबी साहित्य और इसके लेखकों को सम्मान और प्रोत्साहन दिया गया जैसा कि हिन्दी और संस्कृत के संबंध में भी हुआ है। अनेक साहित्य-पुरोधाओं ने पंजाबी साहित्य को समृद्ध किया है। दयाल चन्द मिगलानी ने बलदेव दा वधिया तथा 'ननकाने दा चन्न' लिखकर सराहनीय कार्य किया है हरियाणा सरकार ने उन्हें उनके पंजाबी साहित्य को योगदान हेतु 1976-77 में सम्मानित किया था।

17

पुरातात्विक और मानवशास्त्रीय खोज प्राप्तियाँ

हिसार जनपद में भिवानी के निकट मीटाथल में पुरातत्त्वीय खुदाई द्वारा हाल के रहस्योद्घाटन तथा सरस्वती घाटी में किए गए अन्वेषणों से ईसा पूर्वी तृतीय सहस्त्राब्दि के दौरान हरियाणा में सभ्यता के उद्भव एवं विकास के प्रारंभिक चरणों की जानकारी प्राप्त होती है। अम्बाला में शिवालिक पाद पहाड़ियों तथा गुड़गांव जनपद में अरावली श्रृंखला के आसपास आगे सर्वेक्षणों संभवतः इस क्षेत्र में पूर्व ऐतिहासिक काल के दौरान मानव गतिविधियों के और अवशेष प्राप्त हो सकते हैं। हरियाणा क्षेत्र के इतिहास के प्राचीनतम ज्ञात चरण की विशेषता सोथी संस्कृति है, जिसको यह नाम राजस्थान के गंगानगर जनपद में स्थल प्रकार के आधार पर दिया गया है, जहां अवशेषों की पहचान सबसे पहले की गई थी। सोथी संस्कृति स्थल द्रसदवती तथा सरस्वती नदी के शुष्क तल के समांतर फैले हुए हैं, कुरुक्षेत्र के निकट सरसुती नाला, हिसार में तथा जींद जनपदों चिटांग नदी में चिन्हित किए गए हैं तथा चिटांग नदी के तल के किनारे भारी मात्रा में चिन्हित किए गए हैं।

इस क्षेत्र में अथवा इसके पूर्व में गंगा के मैदानी भाग में सोथी संस्कृति के विकास-चरणों के पूर्ववृत्त के अभाव से इसका स्रोत दूर पश्चिम में होने का संकेत मिलता है। वस्तुतः प्राचीनतम कृषक समुदाय बलूच पहाड़ियों अथवा उसके आगे पश्चिम से सिन्धु के मैदानों में ईसा पूर्व तृतीय सहस्त्राब्दि के प्रारंभ में आए थे तथा वे ईसा पूर्व तृतीय सहस्त्राब्दि के अंतिम चतुर्थांश से अधिक पूर्व हरियाणा क्षेत्र में आकर नहीं बसे थे। अधिकांश सोथी द्रसदवती तथा सरस्वती नदियों के समान्तर आगे बढ़े प्रतीत होते हैं, लेकिन आगे बढ़ते हुए उनमें से कुछ लोगों का सतलुज के किनारे अथवा उसके पार जाने से भी इनकार नहीं किया जा सकता है, क्योंकि चंडीगढ़ के निकट सारंगपुर में मिले बरतन कालीबंगा की अपेक्षा हड़प्पा के

पूर्व-प्रतिरक्षा चरण से अधिक मेल खाते हैं। संभवतः बलूची पहाड़ियों में दम्ब सादात II की क्वेटा संस्कृति में कृषि अर्थव्यवस्था के अभूतपूर्व प्रसार के वातावरण के क्षय ने जनसंख्या के अतिरेक को नई भूमि एवं व्यवसाय की खोज में भारी संख्या में सिंधु के मैदानों की ओर बढ़ने हेतु बाध्य कर दिया था।

आम्री समूह द्वारा निचली सिंधु घाटी में अधिवास संभवतः अंतिम केची बेग अवधि में प्रारंभ हुआ था। जैसा कि कोट दीजी में पूर्व-हड़प्पियों के भारी विस्थापन से अनुमान लगाया जा सकता है सरस्वती घाटी में सोथी लोगों का पूर्व दिशा में बढ़ना संभवतः हड़प्पन संस्कृति के विस्तार से सम्बद्ध नहीं है। क्वेटा, झोब अथवा लोरालाई घाटियों (मध्य तथा उत्तरी बलूचिस्तान) के साथ हरियाणा की सोथी संस्कृति के सिरैमिक उद्योग के तुलनात्मक अध्ययन से केची वेग, क्वेटा तथा पेरियानो घुंडाई बरतनों के सजावटी डिजाइनों, रंग योजना अथवा प्ररूप-विद्या में अनेक समानताएं दृष्टिगोचर होती हैं। लेकिन हरियाणा में सोथी बरतनों में अपेक्षाकृत कम रंग डिजाइन तथा प्रकार और कमतर आद्य बरतन हैं। इसके अतिरिक्त राजस्थान में कालीबंगा के विपरीत यहां फूलदानों के रंगों में काले रंग के साथ सफेद रंग का इस्तेमाल नहीं किया गया है। ये तथ्य इस क्षेत्र में इस प्रकार के बरतनेां हेतु कुछ पश्च-चरण का संकेत देते हैं। सोथी लोग छोटी किलेनुमा बस्तियों में मिट्टी से बने मकानों में रहते थे। कालीबंगा में पाए गए बरतनों पर चने के पौधे तथा टहनियों के चित्र उनके द्वारा उगाई जाने वाली फसलों का आभास कराती हैं। इसके अतिरिक्त वे बैल और बकरी पालते थे तथा कांस्य, ताम्र और पाषाण के औजार भी बनाते थे। उनके बरतन चाक पर बने होते थे जिनकी सतह खुरदरी होती थी तथा बरतनों के किनारे तथा गरदन पर काले रंग से ज्यामितीय तथा रेखीय डिजाइन और छाप पेंटिंग होती थी।

हरियाणा के इतिहास में बाद की अवधि में हडप्पा सभ्यता का प्रवेश हुआ जो निचली सिंधु घाटी में सजातीय सोथी समूहों के मध्य अचानक विकसित हुई प्रतीत होती है। ऐसा प्रकृति द्वारा प्रस्तुत चुनौतियों और पश्चिम एशियाई सभ्यता के विचारों द्वारा खोले गए नए विस्तार दृश्यों के प्रत्युत्तर में हुआ प्रतीत होता है। कोट दीजी में हिंसा तथा कालीबंगा एवं मीटाथल में सोथियों का विस्थापन हडप्पा सभ्यता के शांतिपूर्ण विस्तार की संभावना का विरोधी है। तथा संभवतः इसी खतरे के कारण सोथी लोग इस भूभाग में अपने गांवों को किला नुमा बनाते थे। सोथी लोगों का पीछा करते हुए सरस्वती घाटी में पहुंचे हड़प्पा लोगों ने अपना शासन स्थापित कर लिया तथा जींद के निकट राखी गढ़ी, भिवानी के निकट मीटाथल

और हिसार जनपद में फतेहाबाद के निकट बाननवाली में अपने व्यापार केन्द्र स्थापित कर लिए थे।

सुसंगठित हडप्पा-लोग समय व्यतीत होने के साथ-साथ, सोथी आबादी के मध्य अपने मजबूत गढ़ बनाने तथा उन्हीं घरों में साथ रहने में सफल हुए जैसा कि मीटाथल और अन्यत्र स्थानों पर हड़प्पा के साथ सोथी बरतनों के मिलने से प्रमाणित होता है। शायद, सुदूर एवं दुर्गम क्षेत्रों में सोथी लोग हड़प्पा लोगों के साथ कुछ समय तक स्वयं को बचाए रख सके थे। हड़प्पा सभ्यता के प्रभाव श्रमजीवी सोथियों ने शीघ्रतापूर्वक अपनाकर उनमें प्रवीणता प्राप्त कर ली प्रतीत होती है। बाद में हड़प्पा के लोग, जो सरस्वती के मैदानों में व्यवसाय से संतुष्ट नहीं थे, पूर्व दिशा में यमुना पर शिवालिक पहाड़ियों की ओर बढ़ने लगे। कांस्य निर्मित औजारों से जंगल एवं झाड़ियों को साफ कर दिया गया। कांस्य के ये औजार अब लोकप्रिय हो चुके थे जैसा कि मीटाथल और गंगा यमुना दोआब में प्रमाणित होता है। संभवतः राजस्थान में धातु की निकटवर्ती खान का पता इस समय तक लग चुका था।

इस विस्तार के फलस्वरूप जनसंख्या में भारी वृद्धि हुई जैसा कि हरियाणा के सम्पूर्ण क्षेत्र और गंगा-यमुना दोआब में भी अनेक बस्तियों के विकास से संकेत मिलता है। यह जनसंख्या मात्र स्थानीय संवृत्ति होने का आभास नहीं देती है। बरतनों में रंगों तथा सजावटी डिजाइनों की सहसा अधिकता सिंधु घाटी अथवा और आगे से अन्य जातियों के लोगों के आने की संकेतक है। इस काल में हड़प्पा नगरों का अपकर्ष पश्चिम एशिया तथा ईरान की उथलपुथल से पूर्णतया असम्बद्ध प्रतीत नहीं होता है जिसके कारण व्यापार बाधित हुआ तथा उनकी सभ्यता की जीवन-रेखा अव्यवस्थित हो गई। देश की भीतरी असुरक्षित हालात संभवतः बाद की हड़प्पिओं की छोटी बस्तियों की पद्धति में भी परिलक्षित होते हैं।

सरस्वती घाटी क्षेत्र में मिले साक्ष्यों के अनुसार आर्य लोगों ने पूर्व की ओर बढ़ते हुए कुरुक्षेत्र क्षेत्र पर अधिकार के साथ हड़प्पा के साथ संघर्ष प्रारंभ कर दिया। आर्य लोगों ने द्रसदवती क्षेत्र को छोड़ दिया जो हड़प्पा लोगों का गढ़ बना हुआ था। आर्य लोग कुरुक्षेत्र के पश्चात् हरियाणा के अन्य क्षेत्रों तथा गंगा के मैदानी भाग में भी फैल गए। ईसा पूर्व प्रथम सहस्त्राब्दि के मध्यकाल में हरियाणा में ऐतिहासिक युग का प्रारंभ हो गया था। इस अवधि में अनेक महत्वपूर्ण नगरों का उदय हुआ जिनमें असन्ध (करनाल जनपद में प्राचीन नाम असंदीवत) तथा

जगाधरी के निकट सुध (प्राचीन नाम श्रुघ्न) प्रमुख थे। इस काल में लोहा प्रचलन में आ गया था, आधुनिक लिपियों की जननी लिपि का उदय हो गया था तथा विनिमय व्यवस्था के स्थान पर सिक्कों का चलन प्रारंभ हो गया था।

इस प्रकार इस क्षेत्र में आर्यों के वास के साथ हरियाणा वैदिक सभ्यता का पालना बन गया था। ऋग्वेद के स्तोत्रों के अनुसार वैदिक काल में ऋषि, मुनि आप्या, सरस्वती तथा द्रसदवती नदियों के तटों पर यज्ञ की पवित्र अग्नि प्रज्वलित किया करते थे।

प्राचीन काल के साहित्य में हरियाणा की नदियों तथा क्षेत्रों का उल्लेख अनेक स्थानों पर मिलता है। दो भारत कुमारों (देवश्रवस तथा देवव्रत) ने आय्या, सरस्वती तथा द्रसदवती द्वारा सिंचित भूमि पर आहुति अर्पण की थी। ब्राह्मणों तथा महाकाव्यों द्वारा भी भारत दौसयन्ती द्वारा यमुना, गंगा एवं सरस्वती पर आहुति दिए जाने का उल्लेख किया गया है। इन स्तुति पाठों में जिस क्षेत्र का वर्णन किया गया है वह हरियाणा का कुरुक्षेत्र है। महाभारत के दिग्विजय पर्व में यह क्षेत्र कुलिंदास (सतलज, यमुना तथा गंगा के स्रोत के निकट) की सीमा से सुरसेना तथा मत्स्य (क्रमानुसार मथुरा तथा बैराटा क्षेत्र में) तक और रोहतक (रोहितक) की सीमावर्ती क्षेत्र से पांकाल (रोहिलखण्ड) तक फैला था। यह तीन भागों में बंटा हुआ था। इन भागों के नाम कुरु जंगल, कुरु वास्तविक तथा कुरुक्षेत्र थे। कुरु साम्राज्य तथा कुरु जनपद की जानकारी पाणिनि को थी। कासिका में कुरु देश के सभी तीन इकाइयों का उल्लेख किया गया है : कुरवास्क कुरुक्षेत्रम् का कुरु –कुरुक्षेत्रम, कुरवास्का कुरुजयगलम का कुरु–कुरुजंगल। बी.एस. अग्रवाल के अनुसार (क) वास्तविक कुरु राष्ट्र गंगा और यमुना नदियों के मध्य था, जिसकी राजधानी हस्तिनापुर थी (ख) कुरुजंगल वर्तमान रोहतक, हांसी तथा हिसार के बराबर था (ग) कुरुक्षेत्र उत्तर दिशा में स्थित था जिसका केन्द्र वर्तमान थानेसर, केथल एवं करनाल था।

अम्बाला जनपद में कोटला निहंग खान में प्राचीनतम पुरातत्त्वीय उपलब्धि यह थी कि खुदाई से सिंधु घाटी सभ्यता की ऐसी अनेक प्राचीन वस्तुएं प्राप्त हुई थीं, जो इस सभ्यता के गंगा के मैदानों की ओर विस्तार की पुष्टि करती हैं। हरियाणा में कई अन्य स्थानों पर पुरातत्त्वीय खुदाई में इस प्रकार की वस्तुएं हाल में प्राप्त हुई हैं। हाल में रोपड़ में हुई खुदाई में ईसा पूर्व 200 से इस्वी सन 1700 तक आबादी के पांच चरणों का पता चला है। रोपड़ में प्राचीन तथा एन बी पी बरतनों का मिलना भी वास्तव में अत्यंत दिलचस्प है।

बाद में बी.बी. लाल ने अमीन (कुरुक्षेत्र से पांच मील दूर), कुरुक्षेत्र में राजा कर्ण का किला, पेहोबा (प्राचीन काल में पृथुदका, कुरुक्षेत्र के निकट) तथा पानीपत इत्यादि में ईसा पूर्व 800 के बरतनों की खोज की थी। डी.बी. स्पूनर के अनुसार राजा कर्ण का किला नाम का प्राचीन टीला पूर्व-बुद्ध काल से भी पुराना हो सकता है। लेकिन स्पूनर ने वहां से प्राप्त सामग्री पर इतिहास का कोई चिन्ह न होने पर खेद व्यक्त किया।

अम्बाला में धर्म अशोक के प्रसिद्ध टोपरा शिलालेख यहां मौर्य साम्राज्य का गढ़ होने का साक्ष्य प्रस्तुत करते हैं। सुध (प्राचीन काल में श्रुघ्ना नाम से प्रसिद्ध) अनंकित सिक्कों का मिलना भी रुचि का विषय है। इन सिक्कों पर अधिकांशतः एक ओर कैत्य तथा दूसरी ओर सिंह अथवा हाथी का चित्र अंकित है। कनिंघम के अनुसार सुधा, मंडलपुर, बुरिया तथा जगाधरी क्षेत्र से दिल्ली के चौहान तथा तोमर राजाओं के सिक्के प्राप्त हुए हैं। ये सिक्के ठपाई विधि से बने हैं तथा ईसा पूर्व 500-1000 से संबंधित हैं। यह स्थान थानेसर से लगभग 40 किलोमीटर दूर है तथा यहां और खुदाई की आवश्यकता बताई गई है। महमूद गजनी कन्नौज के अपने अभियान के बाद इसी मार्ग से वापस लौटा था। तैमूर ने हरिद्वार को लूटने के पश्चात् लौटते हुए इस मार्ग को देखा था। बाबर दिल्ली फतह करने के लिए इसी रास्ते से होकर आगे बढ़ा था। रोपड़ में की गई टाल की खुदाई में हाथीदांत की बनी एक छोटी मुद्रा प्राप्त हुई है, जिसके ऊपर ब्राह्मी लिपि में 'भादपलकस' अंकित है तथा मौर्यकाल से सम्बद्ध है।

पाणिनि द्वारा भारतों का उल्लेख आयुधजीवी संघ के रूप में किया गया है। यह अवश्य कोई प्राचीन परम्परा होनी चाहिए, अन्यथा पाणिनि ने भारतों की अवस्थिति भारत के अदिक्य एवं प्राद्य प्रभागों की सीमापर कुरुक्षेत्र में बताई है। एक अन्य सूत्र के अनुसार कुरु राजसी सरकार के रूप में करते थे। ऐसा प्रतीत होता है कि ये भारत पाणिनि के काल में संघ के रूप में कुरुक्षेत्र के आसपास रहते थे।

बीरबल साहनी ने रोहतक में खोकराकोट टीला से कुछ शुंभ वस्तुएं प्रकाशित की हैं। इनमें वर्गाकार टेराकोटा मुद्रा (साधारण) तथा मिट्टी में पकी गोल मुद्रा शामिल हैं जिनका वर्णन निम्नानुसार किया गया है :–

आकार 24 × 24 मिलीमीटर

इनके ऊपर बाएं से दाएं निम्न शब्द अंकित हैं

(1) भद्र मित्र

(2) स्य द्रोणिघा (ते)

दूसरी ओर :– चिकना एवं उत्तल, इसमें दो छिद्र दिखाई देते हैं जिनमें संभवतः कोई डोरी संलग्न थी जो किसी वस्तु, संभवतः रोहतक भेजे गए किसी प्रलेख को सीलबंद करने के लिए थी।

इस सीलिंग का स्वामी राह में पड़ने वाली द्रोणि अथवा दून का प्रभारी अधिकारी था तथा यह प्राणि शिवालिक पहाड़ियों में देहरादून के सदृश होनी चाहिए। सी आर सिंघल ने अपनी पुस्तक शिबलियोग्राफी आफ इंडियन कॉइन्स में के.पी. जायसवाल की टिप्पणी उद्धृत की है, "भद्रमित्र स्पष्टतः दून का प्रभारी अधिकारी योधेय था तथा दूसरी पंक्ति को द्रोणिघा (ते) के स्थान पर द्रोणिपाल पढ़ा जाना चाहिए।" सन् 1936 में देहरादून जनपद के जौनसार-बाबर क्षेत्र में ग्राम पांज्या में लगभग 136 यौधेय सिक्के प्राप्त हुए थे। उस भंडार में पहले यौधेय सिक्कों का न होना काफी दिलचस्प था। जबकि ये सिक्के शैली तथा प्रकार में कुनिंदा सिक्कों से बहुत मिलते थे। इन हालात में रोहतक मुद्रा के भद्रमित्र को योधेय अधिकारी मानना संभव प्रतीत नहीं होता है।

अगोदका, अगाका जनपद अथवा अगोदक्द अगाकज इत्यादि अंकित अगाका सिक्के एलन द्वारा भारतीय सिक्कों के अनिश्चित संवर्ग में रखे गए हैं। एलन ने रोजर्स द्वारा बरवाला में ऐसे अनेक सिक्के खोजे जाने का उल्लेख किया है। पी. एल.गुप्ता ने यह सिद्ध करने का प्रयास किया है कि अग्रोहा (हिसार) में अग्र नामक एक जनजाति विद्यमान है तथा अगाका शब्द संस्कृत शब्द अग्रेय का प्राकृत स्वरूप है। सिक्कों का अगोदक सन 1328 ए.सी. के लेख में पाए गए अग्रोटका के समान है। हिसार से लगभग 13 मील दूर इस स्थल से अनेक प्राचीन वस्तुएं मिली हैं जिनमें पाषाण खण्ड, टेरा कोटा, बड़े आकार की ईंटें इत्यादि सम्मिलित हैं।

राजा कर्ण का किला में खुदाई कार्य

राजा-कर्ण-का-किला में खुदाई के दौरान एक पत्थर की गोली मिली है जिसका भार लगभग सात तोला है। डी.बी. स्पूनर ने इस गोली का वर्णन इस प्रकार किया है, "इस गोली पर अनेक पवित्र प्रतीक चिन्ह अंकित हैं, जिनमें एक डोरी से जुड़ा मछलियों का जोड़ा है, एक स्वस्तिक है, एक नन्दीपाद है जो खारवेला

लेखन में प्रारंभिक प्रतीक जैसा है, विकर्णों सहित एक आयत, शीर्ष पर जुड़े दो त्रिभुजों से बनी एक युक्ति, एक वृत्त, एक तीन शीर्ष युक्त तारा तथा एक अन्य आकृति जो चतुर्थ भुजा रहित स्वस्तिक जैसी है। इन प्रतीकों का सही प्रयोजन अज्ञात है। ऐसा आभास होता है कि यह अद्भुत गोली उस समय तोलने हेतु उपयोग में लाई जाती रही होगी, जब भारतीय बाजारों में इन प्रतीकों वाली मुद्रा चलन में रही होगी।

पलवल में यक्ष मूर्ति

एक अन्य पुरातत्त्वीय उपलब्धि पलवल में मिली यक्ष मूर्ति है, जिसका उल्लेख वी.एस अग्रवाल द्वारा 'जरनल आफ दि हिस्टोरिकल सोसायटी' में किया गया है। अग्रवाल के अनुसार यह लाल बलुआपत्थर से निर्मित विशाल यक्ष मूर्ति का सिर और धड़ है। यह मूर्ति सन् 1914 में गुड़गांव जनपद में पलवल में प्राप्त हुई थी तथा अब यह मूर्ति प्रान्तीय संग्रहालय लखनऊ में रखी है। मूर्ति के सिर पर एक शंक्वाकार पगड़ी है जिसमें सिलवटें पड़ी हैं, कानों में बड़े गोल कुंडल हैं, एक दोहरी चपटी अर्द्धचन्द्राकार कंठी, एक चपटा त्रिभुजाकार हार, कंगन तथा चार भारी पहुंचियां हैं। दायां हाथ कंधे की ओर उठा हुआ है तथा हाथ में शंख जैसी कोई शंक्वाकार वस्तु है जो टूटी हुई है। दाएं हाथ की कोहनी पर जोड़ का उभार है। पीछे की ओर हार के फुंदने लटके हैं। पगड़ी, कंठी तथा हार और कंगनों की शैली सभी इस मूर्ति के शुंग काल की होने का संकेत देते हैं। दाएं हाथ में थामी हुई वस्तु पूर्ण स्पष्ट नहीं है अतः कुबेर के रूप में पहचान करना सत्य से बहुत दूर है।

रूपड़ की खुदाई से प्राप्त कुछ अन्य रुचिकर टेराकोटा वस्तुओं का सचित्र वर्णन वाई.डी. शर्मा द्वारा 'एन्सिएंट इंडिया' में किया गया है, जिसमें उत्तर-मौर्य काल में इस क्षेत्र की प्लास्टिक कला आलोकित होती है।

थानेसर के एस एस ई से लगभग पांच मील दूर एक छोटे से गांव अमीन में एक प्राचीन काल का टीला है जिसकी लम्बाई (उत्तर से दक्षिण) लगभग 2000 फुट चौड़ाई 800 फुट तथा ऊंचाई 2530 फुट है। यह महाभारत के प्रसिद्ध युद्ध के समय सेना की स्थिति का पौराणिक स्थल (चक्रव्यूह स्थल) माना जाता है। अमीन शब्द अभिमन्यु (अर्जुन का पुत्र) का संक्षिप्त रूप प्रतीत होता है। यहां लाल बलुआपत्थर के दो आयताकार शिलालेख प्राप्त हुए थे, जो सूरज कुंड के पश्चिमी तट पर ठाकुरजी के मंदिर में सुरक्षित रखे हैं। अभी तक इन शिलालेखों का विस्तृत विवरण किसी विद्वान द्वारा प्रस्तुत नहीं किया गया है। इन स्तंभों पर चारों तरफ

उत्कीर्णन है तथा अर्गला हेतु कोई साकेट नहीं है। इसलिए ये किसी चबूतरे पर लगे प्रतीत होते हैं। डी.बी. स्पूनर के अनुसार इन स्तंभों पर लिखे लेख कुषाण अवधि के हैं, लेकिन लेख अतयंत संक्षिप्त हैं तथा केवल उनके दानदाताओं के नाम अंकित हैं।

लेकिन स्पूनर का यह कथन उस काल की कला से मेल नहीं खाता है। वास्तवमें, व्यक्ति के वस्त्र तथा आभूषणों का उत्कीर्णन शुंगकालीन कलाकारों का कार्य प्रतीत होता है। नंदा कुमारस्वामी ने भी इन स्तंभों को शुंग कालीन ठहराया है। इन स्तंभों का विवरण निम्न प्रकार है :

(क) बाईं ओर का स्तंभ :– इसमें एक पुरुष दर्शाया गया है (स्थानक मुद्रा में) जिसके सिर पर विशिष्ट शुंग पगड़ी, चार लड़ियों का हार तथा घुटनों तक की धोती है। यह धोती कायाबन्ध की सहायता से बांधी गई है। खड़ी मुद्रा में वह व्यक्ति कायाबंध का एक छोर अपने बाएं हाथ में पकड़ा हुआ है तथा दूसरा छोर नीचे लटका हुआ है। दायां हाथ सीने पर दायीं ओर कमल का फूल थामे दर्शाया गया है। उसने कानों में लम्बे कर्णकुण्डल पहन रखे हैं लेकिन नंगे पैर है। इस व्यक्ति की मुद्रा किसी समस्या पर चिन्तन करते यक्ष की प्रतीत होती है। उसकी भुजाओं का अग्रभाग वस्त्रावृत्त है जिससे उसके शरीर पर किसी आभूषण आदि पहने होने का कोई चिन्ह नहीं है। इस व्यक्ति के सिर के ऊपर दो पूर्ण खिले कमल हैं तथा स्तंभ को किनारे फूल पत्तियों का डिजाइन बने हैं।

(ख) दाई ओर का स्तंभ :– इस खण्ड में कुछ रति मुद्राएं दर्शाई गई प्रतीत होती हैं। इसमें एक पुरुष एवं महिला को नंगे पैर खड़े एक दूसरे के अति निकट दर्शाया गया है। महिला को उस काल की पोशाक शुंग कालीन पगड़ी पहने तथा पुरुष की ओर मुस्कान भरी दृष्टि के साथ निहारते दर्शाया गया है। उसकी बाईं भुजा इस पुरुष के गले में लिपटी उसके बाएं कंधे को स्पर्श कर रही है जबकि पुरुष का दायां हाथ महिला के बाएं कंधे पर रखा है। महिला ने तीन हार पहन रखे हैं जिनके मनके स्पष्ट दिखाई दे रहे हैं। उसके कानों में भारी कुण्डल हैं। महिला के स्तन काफी सुडौल प्रतीत होते हैं। इन दोनों व्यक्तियों ने घुटनों तक की धोती पहन रखी है। महिला की बांह में कोहनी से हथेली तक गहने पहने दिखाए गए हैं, राजस्थान की महिलाओं की बाहों में चूड़ियों का ऐसा दृश्य वर्तमान काल में भी देखा जा सकता है। महिला ने टांगों में भी छल्लेनुमा गहने पहन रखे हैं। महिला ने आजकल की मराठी शैली में धोती पहन रखी है। कमर पर कायाबंध है जिसके दोनों सिरे नीचे लटके हैं। उसकी बाईं टांग दाईं टांग के पीछे से घूमकर

किसी स्टूल अथवा डमरू पर टिकी है। उसकी दाईं बांह नीचे लटकी दिखाई पड़ रही है। पुरुष के हाथ में मदिरा का प्याला है जो सीने पर नजर आ रहा है। अग्रवाल द्वारा यक्ष मिथुन का वर्णन सत्य प्रतीत होता है।

थानेसर में राजा-कर्ण-का-किला के टीले पर हुई खुदाई में चांदी का एक बड़ा सिकका भी मिला है। सोनीपत से भारी संख्या में सिक्के मिले हैं। बहुत संभव है कि यह क्षेत्र भी मेनांदर के आक्रमण का शिकार बना हो जो मध्यमिका (उदयपुर रियासत का चित्तौड़ जनपद) तथा साकेत (अयोध्या) तक पहुंच गया था।

कुषाण राजाओं ने उत्तर भारत में मथुरा और बनारस तक फैले क्षेत्र में राज्य करते हुए हरियाणा का क्षेत्र भी अपने अधीन कर लिया था। थेह पोलार स्थल (करनाल जनपद) में वासुदेव के उन सिक्कों की अनुकृतियां प्राप्त हुई थीं, जो तीसरी अथवा चौथी सदी में पंजाब के शासकों द्वारा अपना लिए गए थे। सरस्वती नदी के दक्षिण तट पर थे पोलार (करनाल) एक प्राचीन स्थल है। कहा जाता है कि यह रावण के पूर्वज मुनि पुलस्त्य का निवास स्थान था।

थेह पोलार स्थल की एक खाई से कुछ तांबे के सिक्के प्राप्त हुए थे, जिन, पर कुषाण राजा की छवि अंकित प्रतीत होती है। इसके अलावा राजा-कर्ण-का-किला से प्राप्त पुरानी वस्तुओं में निम्नलिखित वस्तुएं शामिल हैं :—

(1) टेराकोटा मुद्रा जिसके एक तरफ भारतीय वृषभ अंकित है। इस वृषभ का मुंह बाईं ओर है। इसके ऊपर पांच महीन अक्षर अंकित हैं जो संभवतः स्रोस्त लिपि में है। इसका वर्णन स्पूनर द्वारा ऊपर नहीं किया गया है।

(2) स्पूनर ने बड़े आकार की ईंटों का उल्लेख किया है, जो कुषाण काल की बताई जाती हैं। इनका आकार $14 - 14\frac{1}{2}' \times 9 - 9\frac{1}{2}' \times 2\frac{1}{2}' - 3''$ है।

खुदाई में एक टेराकोटा व्रतानुष्ठित ताल टूटी दशा में प्राप्त हुआ है, लेकिन यह तक्षशिला, अहिछत्र तथा कौशाम्बी इत्यादि से प्राप्त इस प्रकार की वस्तुओं की समानता रखता है। कुरुक्षेत्र के व्रतानुष्ठित ताल के कोनों पर एक ऊंचे आसन पर एक संगीतकार विराजमान है, जबकि एक अन्य को झांझ बजाते दर्शाया गया है और दो अन्य बांसुरी तथा तबला वादन कर रहे हैं। एक अन्य संगीतकार महिला है जिसके हाथों में ऐसा संगीतवाद्य यंत्र है जिसके बारे में निश्चित रूप से कुछ नहीं कहा जा सकता है।

लाहौर संग्रहालय में संरक्षित एक भवन पाषाण शिलालेख (खरोष्ठि लिपि) कुरुक्षेत्र के निकट करनाल से प्राप्त हुआ बताया जाता है। स्टेन कोनो ने

शिलालेख अंकन को निम्नानुसार प्रस्तुत किया है :–

सीधी क्री (सा) वी (ना) यू (पुतरेना)

लापोतफेना ऐ पुका (रीनी काराविला)

यह क्रसकवि द्वारा निर्माण का संकेत देता है, क्रसकवि की पहचान अस्पष्ट है।

बुरियां, सुधा तथा जगाधरी की खुदाई में राजा अमोधभूति के कुनिन्द सिक्के प्राप्त हुए हैं, जो ईस्वी सन के प्रारंभिक काल में प्रसिद्ध कुनिन्द जनजाति का सरदार बताया जाता है। इसी प्रकार के सिक्के कुरुक्षेत्र में करनाल से भी प्राप्त हुए हैं। लगभग 75 वर्ष पूर्व रोजर्स ने अम्बाला जनपद के रोपड़ में एक अद्भुत सिक्का खोजा था जिसके ऊपर एक ही लेख एक तरफ ब्राह्मी लिपि तो दूसरी ओर खरोष्ठी लिपि में अंकित था। राजर्स द्वारा यह लेख 'राजा अजामित्र' पढ़ा गया था। उसने बताया कि इस सिक्के पर एक ओर हाथी की आकृति बनी थी तथा दूसरी ओर एक पुरुष व एक महिला की आकृति थी। रोजर्स के मतानुसार यह सिक्का उत्तर प्रदेश में प्रचुर मात्रा में पाए गए मित्र सिक्कों के समान कतई नहीं है। लेकिन रोजर्स द्वारा सिक्के का सचित्र विवरण प्रस्तुत नहीं किया गया है। विद्यमान सिक्का, वास्तव में शासकों की सूची में एक ओर ऐसा नाम जोड़ता है जिसके द्वारा अपनी मुद्रा प्रचलित की गई थी, जिस पर एक ओर ब्राह्मी तथा दूसरी ओर खरोष्ठि लिपि में अंकन था। ऐसा प्रतीत होता है कि अजामित्र कोई स्थानीय शासक था, जिसका शासन अधिक समय तक नहीं चल सका था।

मानवशास्त्रीय प्राप्तियां

जहां तक मानवशास्त्रीय खोज का संबंध है, राज्य में 82 छोटे बड़े समुदाय निवास करते हैं। इनमें से अधिकांश पूरे राज्य में विद्यमान हैं। मेघ, बांगली तथा चिड़ीमार जैसे समुदाय छोटे क्षेत्रों में सिमटे हैं। हरियाणा में अनुसूचित जनजातियां नहीं हैं, लेकिन अनुसूचित जातियों का अनुपात राष्ट्रीय औसत से अधिक है।

सन् 1947 में देश के विभाजन के समय भारी संख्या में लोग विस्थापित हुए थे। अधिकांश मुस्लिम समुदाय पाकिस्तान चले गए थे। पाकिस्तान से आए हिन्दू तथा सिख शरणार्थी हरियाणा में स्थापित हो गए। तथाकथित 'शरणार्थी' पंजाबी समुदाय पूर्वतः पंजाब (अब पाकिस्तान) के विभिन्न जनपदों से आए थे। इनमें खत्री, अरोड़ा सम्मिलित थे जिनको आज भी शरणार्थी नाम दिया जाता है। इसके

अलावा भाटिया, मेघ, बाजीगर इत्यादि जातियां भी आई थीं। इस समय कुछ जातियां, जो पहले अपनी अलग पहचान कायम रखे हुए थीं, अन्यों के साथ मिल गई तथा राजपूतों के दर्जे का दावा करने लगीं। राज्य में इस विलयन की प्रक्रिया के साथ विखंडन की प्रक्रिया भी चल रही थी। पहले समय में बाजीगर तथा नट एक साथ जुड़े थे लेकिन अब परस्पर असहमति के कारण दो पृथक जातियों के रूप में उदित हुई हैं। इसी प्रकार बंगाली तथा सपेरा और बहरूपिया एवं बैरागी भी अब पृथक समुदाय हो गए हैं।

जहां तक लोगों के जैविक ढांचे तथा सामाजिक संगठन के तत्त्वों का संबंध है, हरियाणा भारत का उत्तर पश्चिमी भाग है। 54 समुदाय अपनी पहचान क्षेत्रीय आधार पर करते हैं क्योंकि उनके वंश, गोत्र, खानदान के लोग राजस्थान, उत्तर प्रदेश, पंजाब, हिमाचल जैसे निकटवर्ती क्षेत्रों एवं राज्यों में रहते हैं। अधिकांश 52 समुदाय आप्रवासी हैं तथा लगभग 37 समुदाय अपने आव्राजन की बात कहते हैं।

18

धार्मिक केन्द्र

भारत के लोग श्रद्धा, आस्था और परमानंद हेतु विभिन्न धार्मिक स्थानों की तीर्थयात्रा करते हैं। ये तीर्थयात्राएं विभिन्न धर्म एवं जातियों से संबंध रखने वाले राज्य के लोगों को एक इकाई का रूप देती हैं। प्राचीन काल में महान संत और ऋषि-मुनि विभिन्न वर्ण तथा क्षेत्र के लोगों को आपस में जोड़े रखने के लिए पारंपरिक तीर्थयात्राएं करते थे। हरियाणा, हिंदुओं का महान धार्मिक महत्व का केन्द्र होने के कारण, प्राचीन काल से ही पवित्र तीर्थस्थल माना जाता है।

केवल हरियाणा से नहीं अपितु पूरे देश के कोने कोने से लोग यहां अपनी धार्मिक श्रद्धा के लिए यहां तीर्थयात्रा पर आते हैं। भारतीय सभ्यता, परम्परा, संस्कृति की शिशु शैया हरियाणा न केवल किंवदंतियों, मंदिरों, ऐतिहासिक एवं पुरातत्त्वीय रुचि की भूमि है, बल्कि कर्म की भी भूमि है। अतः, भारत के इतिहास में इसे गौरवपूर्ण स्थान प्राप्त है तथा यह उच्च सांस्कृतिक और ऐतिहासिक महत्व की भूमि रही है। द्रविड़ और आर्य जातियों का मिलन इसी भूमि पर हुआ था, पौराणिक सरस्वती नदी के तट पर वैदिक काल के विद्वानों ने एक नई संस्कृति का निर्माण किया था, जो बाद सम्पूर्ण भारतीय उप-महाद्वीप में पुष्पित एवं पल्लवित हुई। इसी पावन भूमि पर प्राचीन काल में महर्षि व्यास ने भारतीय संस्कृति एवं सभ्यता के वास्तविक व्यापकत्त्व को लेखनीबद्ध कर महान महाकाव्य की रचना की थी। हरियाणा की पवित्र भूमि पर भगवान श्रीकृष्ण ने असंकल्पित, किंकर्तव्यविमूढ़ तथा मोहासक्त अर्जुन को निष्काम कर्म का महान संदेश दिया था, वह संदेश जो आज भी सम्पूर्ण मानवता के लिए सत्य एवं श्रेष्ठ है और इस प्रकार यही वह भूमि है, जहां हिंदू दर्शन के ज्ञान का भंडार दिव्य एवं पावन गीता का जन्म हुआ था। इस धरती का कण-कण अत्यंत पावन है एवं धार्मिक महत्व रखता है।

इस राज्य के लगभग सभी उप-नगर एवं नगर विभिन्न ऋषियों एवं सन्तों की कर्म भूमि रहे हैं, जिनके द्वारा विभिन्न कालों में मानवजाति को दिव्य ज्ञान से परिचित कराया गया है। यह भूमि अति प्राचीन काल से देवों, ऋषियों, सुप्रसिद्ध शिक्षकों तथा दार्शनिकों की भूमि रही है। जैमिनी, सांख्य दर्शन के सृजनकार कपिल मुनि, च्यवन, भृगु, भारद्वाज, पिप्लाद तथा उदालक मुनि ने अपने निवास से इस देवभूमि को पावन किया है।

कुरुक्षेत्र

धर्मक्षेत्र कुरुक्षेत्र तीर्थयात्रा का महत्वपूर्ण केन्द्र है, जहां देश के कोने-कोने से लाखों श्रद्धालुजन तीर्थयात्रा पर आते हैं। ऐसा विश्वास किया जाता है कि महाभारत का प्रसिद्ध युद्ध इसी स्थान पर हुआ था। इसी स्थान पर भगवान श्रीकृष्ण ने अर्जुन को गीता का उपदेश दिया था। इस नगर के लगभग 13 किलोमीटर के दायरे में कोई 365 तीर्थस्थान हैं। कुरुक्षेत्र की रज में मनुष्य को मोक्ष प्रदान करने की शक्ति मानी जाती है। हिन्दू श्रद्धालु कुरुक्षेत्र को तीनों लोकों में सर्वश्रेष्ठ तीर्थस्थल मानते हैं। इसीलिए प्रत्येक हिंदू अपने जीवन में एक बार कुरुक्षेत्र दर्शन की इच्छा रखता है। कुरुक्षेत्र के निम्नलिखित महत्वपूर्ण स्थान हैं : ब्रह्म सरोवर अथवा कुरुक्षेत्र ताल, सन्निहित ताल, स्थानेश्वर ताल, ज्योतिसर, बाण गंगा, चन्द्र कूप तथा नाभि कमल।

सूर्य ग्रहण के अवसर पर देश के प्रत्येक कोने से लाखों श्रद्धालु ब्रह्म सरोवर में डुबकी लगाने पहुंचते हैं। कहा जाता है कि ब्रह्म सरोवर में डुबकी लगाने वाले श्रद्धालु को एक सहस्त्र अश्वमेध यज्ञ के पुण्यफल की प्राप्ति होती है। चन्द्रग्रहण के अवसर पर भी भारी संख्या में श्रद्धालु ब्रह्म सरोवर में स्नानार्थ पहुंचते हैं। इसी प्रकार सोमवती अमावस्या को सन्निहित ताल में स्नान अति पावन एवं पुण्यदायी माना जाता है। कुरुक्षेत्र में कुम्भ स्नान मानवजाति के लिए स्वर्ग का द्वार खोलता है। थानेसर नामक स्थान को ब्रह्माण्ड का स्रोत कहा जाता है।

कुरुक्षेत्र, प्राचीन काल में एक उप-नगर नहीं अपितु सरस्वती तथा दृसदवती नदियों के बीच का क्षेत्र था, जिसमें वर्तमान कुरुक्षेत्र के अलावा थानेसर, अमीन, पेहोवा, जींद, सफीदों, केथल इत्यादि भी सम्मिलित थे। धर्म और पावनता का प्रतीक कुरुक्षेत्र ने अपने दामन में अनेक तीर्थयात्रा के केन्द्र और पुरातन काल की महान घटनाओं तथा व्यक्तित्वों के प्रसंग समेट रखे हैं। अतएव, भारत के हर कोने

से लाखों लोग कुरुक्षेत्र के प्रति गहरी धार्मिक आस्था का भाव रखते हैं तथा सूर्यग्रहण एवं अन्य उत्सवों के अवसर पर हिन्दू धर्म के सभी पंथों के लोग कुरुक्षेत्र आकर स्वयं को धन्य मानते हैं।

जैसा कि पहले उल्लेख किया जा चुका है ब्रह्म सरोवर अथवा कुरुक्षेत्र ताल प्राचीनतम कुरुक्षेत्र तीर्थस्थल है। यह स्थान ब्रह्मा के यज्ञ की प्रथम वेदी बताया जाता है जबकि सन्निहित ताल समस्त तीर्थश्रृंखला का संयोजन बताया जाता है। स्थानेश्वर ताल का जल रोग निवारक गुणों से युक्त है तो ज्योतिसर में भगवान श्रीकृष्ण द्वारा अर्जुन को निष्काम कर्म का उपदेश दिया गया था। बाण गंगा, वह धारा है जो शरशय्या पर पड़े भीष्म पितामह की प्यास बुझाने के लिए अर्जुन द्वारा बाण से धरती का सीना चीरकर प्रकट की गई थी। चन्द्रकूप प्राचीन काल का पवित्र कुआं बताया जाता है जिसका जल प्राचीनकाल में, सूर्यग्रहण के समय दूध बन जाता था और नाभिकमल सृष्टि के रचयिता ब्रह्मा का उत्पत्ति स्थल है। यह कमल भगवान विष्णु की नाभि से उत्पन्न होने के कारण नाभिकमल कहा जाता है।

कुरुक्षेत्र जनपद के अन्य अनेक महत्वपूर्ण तीर्थ थानेसर (थानेश्वर), पेहोवा (पृथुदका), केथल (कपिस्थल) फरल (फाल्गु) तथा पुण्ड्री (पुंड्रिका) आदि हैं।

कुरुक्षेत्र सिखों का भी पावन स्थल है। सिखों के दस गुरुओं में से नौ गुरु कुरुक्षेत्र पधारे थे। इन सिख गुरुओं के कुरुक्षेत्र आगमन की स्मृति में अनेक गुरुद्वारों का निर्माण किया गया है। सुविख्यात गुरुद्वारा सिद्धवटी ब्रह्म सरोवर के उत्तर-पश्चिमी छोर पर निर्मित है, जहां गुरु नानक देव ने अपनी कुरुक्षेत्र यात्रा के दौरान निवास किया था। सन्निहित ताल के निकट अवस्थित गुरुद्वारा गुरु हरगोविन्द सिंह द्वारा कुरुक्षेत्र भ्रमण की स्मृति में बनाया गया है। स्थानेश्वर ताल के निकट बना गुरुद्वारा गुरु तेगबहादुर की स्मृति में बनवाया गया है। सिखों के दसवें गुरु गुरुगोविंद सिंह के कुरुक्षेत्र आगमन की स्मृति में कुरुक्षेत्र ताल के मुख्य तट पर राजघाट का निर्माण कराया गया है।

कुरुक्षेत्र अपनी धार्मिक पवित्रता के अतिरिक्त अपने आसपास के क्षेत्र सहित ऐतिहासिक और पुरातत्त्वीय दृष्टि से भी काफी समृद्ध है। केथल, पेहोवा, सिवान, थानेसर, थेह पोलर, अस्थिपुरा, भगवानपुरा, दौलतपुरा इत्यादि अनेक ऐतिहासिक महत्व के स्थल हैं। इनमें पेहोवा, थानेसर तथा केथल अधिक महत्वपूर्ण हैं।

वर्तमान काल में कुरुक्षेत्र नगर इसी नाम के जनपद का मुख्यालय है। सन्

1956 में संस्कृत विश्वविद्यालय के रूप में स्थापित कुरुक्षेत्र विश्वविद्यालय, जो बाद में सम्बद्ध विश्वविद्यालय बना दिया गया, शैक्षिक और सांस्कृतिक गतिविधियों का महत्वपूर्ण केन्द्र है। स्वामी श्रद्धानंद द्वारा संस्थापित विद्याविहार गुरुकुल वैदिक पद्धति से शिक्षा प्रदान कर रहा है तथा 'सादा जीवन उच्च विचार' के अनन्य उद्देश्यवाक्य के साथ धर्मनिष्ठा एवं शुचिता का आदर्श वैदिक वातावरण प्रस्तुत कर रहा है। पर्यटन विभाग ने इस उप-नगर के बाह्य भाग में स्थित ग्राम पीपली में 'पैराकीट' पर्यटन विश्रामस्थल विकसित किया है, जहां होटल, रेस्तरां, बार तथा गार्डन पार्टियों के लिए बड़े लॉन बनाए गए हैं।

इसके अलावा राज्य में ऐसे अन्य अनेक मनोहर स्थल हैं जो पवित्रता, पुरातनता की दृष्टि से महत्वपूर्ण हैं :–

आध बद्रिल

आध बद्रिल प्राचीन महत्व का स्थल है। यह शिवालिक की पाद पहाड़ियों में स्थित है तथा पावन नदी सरस्वती का उद्गम स्रोत माना जाता है। पुरातत्त्वीय खुदाई में यहां 11-12वीं सदी की बुद्ध की मूर्तियां और 9-10वीं सदी की शिव, पार्वती, गणेश की अनेक मूर्तियाँ प्राप्त हुई हैं।

बिलासपुर

जगाधरी में बिलासपुर नामक स्थान हरियाणा का प्रसिद्ध तीर्थस्थान है। बिलासपुर का संबंध महान महाकाव्य महाभारत के रचयिता महर्षि वेद व्यास से जुड़ा है। बिलासपुर तथा इसके आसपास अन्य पवित्र स्थल भी हैं। इनमें कपाल मोचन ताल अत्यंत प्रसिद्ध है। कहते हैं स्वयं ब्रह्माजी ने इसका निर्माण किया था। एक किंवदन्ती के अनुसार क्रोध के आवेश में ब्रह्मा का मस्तक काट गिराने के पाप मुक्ति के लिए भगवान शिव ने इस ताल में स्नान किया था। ऋण मोचन ताल, सूरज कुण्ड, व्यास कुण्ड तथा सिद्धेश्वर मन्दिर बिलासपुर के अन्य पवित्र स्थल हैं।

जगाधरी

जगाधरी एक प्राचीन नगरी है। यहां खुदाई में प्राप्त विभिन्न कालों से संबंधित प्राचीन सिक्के इस स्थान की प्राचीनता की पुष्टि करते हैं। इस नगरी का

प्राचीन नाम युगान्धारी था तथा संभवतः यह युगान्धारा की राजधानी थी। यह नगरी धातु उद्योग के लिए प्रसिद्ध है। जगाधरी के निकट एक पवित्र ताल 'पंच तीरथ' के लिए विख्यात है।

काल्का

अम्बाला जनपद में स्थित काल्का एक काफी प्राचीन नगरी है। महाभारत काल में एक नगरी बहुत महत्वपूर्ण थी। कहा जाता है कि इसका वर्तमान नाम वस्तुतः 'कालकूट' का विकृत स्वरूप है। कालकूट का उल्लेख पाणिनि तथा वेदव्यास द्वारा उनकी उत्कृष्ट कृतियों में किया गया है। एक अन्य विद्वान इस स्थान के नाम का संबंध देवी कालिका से बताते हैं। यहां काल्का-शिमला मार्ग पर 'कालिका देवी' का मंदिर भी स्थित है। संभवतः महाभारत काल के पश्चात् इस नगरी का महत्व कम हो गया था। लेकिन आधुनिक समय में इसको अपना खोया गौरव प्राप्त हो गया है।

शिवालिक पहाड़ियों के मध्य स्थित यह नगरी आकर्षक भूदृश्य तथा सुंदर प्राकृतिक दृश्य प्रस्तुत करती है। कालका नगरी चंडी मंदिर तथा मनसा मंदिर (ये दोनों मंदिर मनसा देवी को समर्पित हैं) के लिए प्रसिद्ध है। ऐतिहासिक दृष्टि से भी कालका अति महत्वपूर्ण है। कालका तहसील के मरहरवाला, राजपूत, नवनगढ़ इत्यादि गांवों में हिंदू देवी देवताओं की प्रारंभिक मध्य कालीन मूर्तियां प्राप्त हुई हैं।

पिंजौर

झज्जर तथा कौशल्या नदी के संगम पर स्थित पिंजौर प्राचीन काल में पांच पांडवों का निवास स्थल रहा था जो इसके ऐतिहासिक तथा धार्मिक महत्व का आधार है। पुरातन काल में इस स्थान को पंचपुरा कहा जाता था जो बाद में बिगड़कर पिंजौर हो गया। पिंजौर के भीमादेवी मंदिर तथा एक पुरानी बावली का संबंध पांडवों से बताया जाता है। कहा जाता है कि पांडव अपने वनवास के दौरान इस स्थान की प्राकृतिक सुंदरता से मुग्ध हो गए तथा अपने वनवास के कुछ वर्ष यहीं व्यतीत किए थे।

पांच पांडवों की स्मृति में इस गांव का नाम पंचपुरा रखा गया था। इस स्थान से कुछ महत्वपूर्ण मूर्तियों (विष्णु, गणेश, शिव-पार्वती, चामुण्डा, महावीर, पार्श्वनाथ इत्यादि) की प्राप्ति होने से प्राचीन काल में पिंजौर हिन्दुओं तथा जैनमतावलम्बियों का महत्वपूर्ण धार्मिक केन्द्र होने के दृष्टिकोण की पुष्टि होती है।

पाद पहाड़ियों में स्थित पिंजौर गार्डन्स मनभावन दृश्य प्रस्तुत करते हैं। इसके छतदार वाग में रंगीन पानी के फव्वारे, पिकनिक सुविधा तथा छोटा चिड़ियाघर बनाकर इसकी सुन्दरता और बढ़ा दी गई है।

सुध

अम्बाला जनपद में सुध की पहचान प्राचीन काल के श्रुधन के रूप में की गई है। इसका उल्लेख वैदिक तथा उसके बाद के साहित्य में मिलता है। चीनी यात्री ह्वेन सांग ने सातवीं सदी के प्रथमार्द्ध में इस नगरी का भ्रमण किया था तथा विस्तृत विवरण प्रस्तुत किया था। खुदाई के दौरान यहां चांदी तथा कांस्य के छापा निर्मित कुछ सिक्के तथा तोमर और चौहान शासकों के कुछ सिक्के प्राप्त हुए थे। यह नगरी 12 वीं सदी के पश्चात् अपकर्ष को प्राप्त हुई प्रतीत होती है।

भिवानी

भिवानी नगर का सम्बन्ध भगवान शिव की अर्द्धांगिनी देवी भवानी – गौरी भवानी के साथ बताया जाता है। यह परोपकारी न्यासों तथा बहुधा लघु काशी के नाम से पुकारा जाता है क्योंकि इस नगर में छोटे, बड़े कुल मिलाकर तीन सौ मंदिर हैं। भिवानी जनपद के तोशाम, मीटाथाल तथा औरंगाबाद काफी महत्वपूर्ण हैं। तोशाम पहाड़ी के उत्तर में पत्थर की एक छोटी चट्टान है, जिसके ऊपर एक भवन निर्मित है जिसे बारादरी अथवा पृथ्वीराज की कचहरी कहा जाता है।

सूरज कुंड फरीदाबाद

फरीदाबाद की स्थापना 1607 में जहांगीर के खजान्ची शेख फरीद द्वारा यहां से होकर गुजरने वाले राजमार्ग की सुरक्षा के उद्देश्यार्थ की गई थी। कुछ विद्वान इसकी स्थापना का श्रेय सुविख्यात सूफी सन्त बाबा फरीद को देते हैं। नगर में बाबा फरीद की मजार भी अवस्थित है।

फरीदाबाद एक प्रथम श्रेणी का औद्योगिक नगर होने के साथ-साथ ऐतिहासिक दृष्टिकोण से भी महत्वपूर्ण है। फरीदाबाद कॉम्प्लेक्स में सीही गांव का संबंध भक्ति आंदोलन के सुप्रसिद्ध कवि तथा भगवान श्री कृष्ण के महान भक्त सूरदास के साथ है। पुरातत्त्वीय खुदाई में यहां से प्राप्त वस्तुएं इस स्थान की प्राचीनता की कहानी कहती हैं। तथापि, फरीदाबाद इसके सूरजकुंड काम्प्लेक्स, बडखल लेक टूरिस्ट काम्प्लेक्स तथा मैग्पाई टूरिस्ट काम्प्लेक्स के कारण अधिक लोकप्रिय एवं

विख्यात है।

बडखल लेक टूरिस्ट काम्प्लेक्स बड़खल लेक के किनारे स्थित है, जिसको इसका नाम निकटवर्ती गांव बड़खल से मिला है। बड़खल लेक को शहर के कोलाहल से दूर शान्त वातावरण में स्थित पर्यटक स्थल की प्रतिष्ठा प्राप्त है।

सुरजकुंड दक्षिण दिल्ली से लगभग 8 किलोमीटर की दूरी पर स्थित है। इतिहासकारों के मतानुसार इसका निर्माण भगवान सूर्य के उपासक तोमर वंश के राजा सूरजपाल ने करवाया था। कुछ विद्वानों की राय में इसका निर्माण सूरजपाल की सुन्दर पुत्री के लिए करवाया गया था। सूरजकुण्ड की आकृति उदित होते सूर्य के समान है जो पूर्व दिशा की ओर झुका हुआ है। इसमें अर्द्धवृत्ताकार सीढ़ियों का पत्थर से बना तटबंध है, जो पहाड़ियों से आने वाले जल को रोकता है। इस कुंड की बाह्य परिधि पर मौजूद भग्नावशेष प्राचीन सूर्य मंदिर के हैं। यहां के वासी इस कुंड के जल में रोगोपचार शक्ति होने की बात कहते हैं। सूरजकुंड के निकट पहाड़ियों से घिरे मनोरम स्थल पर मयूर झील है। सूर्य ग्रहण के अवसर पर भारी संख्या में तीर्थयात्री यहां आकर कुण्ड में स्नान करते हैं तथा भगवान सूर्य की पूजा करते हैं।

बल्लभगढ़

आधुनिक काल का वल्लभगढ़, जो फरीदाबाद जनपद का उप-प्रभाग है, एक दरिद्र कृषक वल्लभसिंह द्वारा बसाया गया था। यह दरिद्र किसान भाग्य देवी की कृपा से उस समय अत्यंत धनवान हो गया, जब इसके खेत में सोने की मोहरों से लदे दो खच्चर घुस आए थे। बल्लभगढ़ प्राचीन नगरी है। बल्लभगढ़ में छायंसा तथा तिलपत में पुरातत्त्वीय खुदाई में पूर्व ऐतिहासिक काल तथा मध्यकालीन वस्तुएं प्राप्त हुई हैं। मान्यता के अनुसार छायंसा का सम्बन्ध पांडवों के साथ है तथा तिलपत अथवा तिलप्रस्थ उन पांच प्रस्थों में से एक बताया जाता है जो पांडवों द्वारा कौरवों से मांगे गए थे। किला, ताल और छत्र बल्लभगढ़ के महत्वपूर्ण ऐतिहासिक स्मारक हैं।

होडल

फरीदाबाद जनपद में स्थित एक प्राचीन स्थल है। इस नगरी का प्राचीनतम भाग इससे भी अधिक पुरानी बस्ती के मलबे के ढेर पर स्थित है। इसके तटों पर एक मंदिर तथा ताल आज भी काफी अच्छी दशा में हैं।

होडल से लगभग एक किलोमीटर दूर स्थित पांडुबन स्थित है जहां राधा-कृष्ण का मंदिर है। स्थानीय मान्यता के अनुसार इसका संबंध पांडवों से है। हिन्दू श्रद्धालु ताल एवं मंदिर को श्रद्धा एवं सम्मान की दृष्टि से देखते हैं।

पलवल

फरीदाबाद जनपद का एक उप-प्रभाग मुख्यालय पलवल की पहचान महाभारत के अप्लेवा के रूप में की गई है जो पांडवों के इंद्रप्रस्थ साम्राज्य का अंग था। इस नगरी के दक्षिण-पश्चिम में कुछ किलोमीटर दूर स्थित गांव अहरवान को भी महाभारत काल से सम्बद्ध बताया जाता है। एक किंवदन्ती के अनुसार पांडव बंधु अपने बनवास के प्रारंभिक काल में, राजा विराट के यहां जाने से पूर्व, यहां रहे थे। बताया जाता है कि वे यहां तीन माह तक रहे थे। अहरवान तथा एक अन्य गांव सौंध में पूर्व ऐतिहासिक काल के बरतन और मध्यकालीन वस्तुएं प्राप्त हुई हैं।

बताया जाता है कि यह नगरी उजड़ गई थी तथा राजा विक्रमादित्य द्वारा फिर से बसाई गई थी। इसके प्राचीनतम भाग में अनेक सदियों से जमा मलबे से निर्मित ऊंचा टीला भी सम्मिलित है। पांडवों के साथ जुड़ा एक पंचायती मंदिर, मुगलकालीन किला, जामा मस्जिद, शिहाब-उद्-दीन की ईदगाह, रोशनचिराग का मकबरा पलवल की प्रमुख ऐतिहासिक इमारतें हैं।

इस नगरी का ऐतिहासिक महत्व इस दृष्टि से और भी बढ़ जाता है कि विदेशी शासकों के विरुद्ध युद्ध छेड़ने (अंगरेजों के विरुद्ध) के आरोप में अंगरेज सरकार ने 9 अप्रैल 1919 को राष्ट्रपिता महात्मा गांधी को पलवल रेलवे स्टेशन से गिरफ्तार किया था। निस्संदेह, पलवल स्थित गांधी आश्रम समस्त राष्ट्रवादी भारतीयों के लिए एक तीर्थस्थल है।

गुड़गांव

गुड़गांव आध्यात्मिक शिक्षकों का गांव 'गुरु ग्राम' अथवा 'गुरु-गांव' का विकृत रूप है। एक किंवदन्ती के अनुसार युधिष्ठिर ने यह गांव अपने गुरु द्रोणाचार्य को पांडवों को शास्त्रास्त्र शिक्षा देने के लिए भेंट स्वरूप प्रदान किया था, जिसकी स्मृति स्वरूप एक ताल रेलमार्ग के पश्चिम में आज भी विद्यमान है।

यह भी बताया जाता है कि गुरु द्रोणाचार्य ने पांडवों तथा कौरवों को धनुर्विद्या सिखाई थी। जनपद में ऐतिहासिक महत्व के अन्य अनेक स्थल भी हैं।

सोहना

'सोहना' अथवा 'सोना' नगरी प्राचीनकाल में ऋषियों तथा मुनियों की निवास स्थली थी। सोहना शब्द सोना का विकृत रूप है। प्राचीन काल में यहां के निवासी भारी वर्षा के उपरांत निकटवर्ती नदियों की बालू से स्वर्णधूलि एकत्र करते थे, जिसके कारण इस स्थल को उक्त नाम मिला है।

यह नगरी अपने शिव कुंड (गर्म जल का कुण्ड) हेतु प्रसिद्ध है। इस कुण्ड के गर्म जल से त्वचा के अनेक रोगों का उपचार संभव है। स्नान सुविधा के लिए जलस्रोत के जल को कंक्रीट निर्मित सुन्दर तालों में पहुंचाया जाता है, जहां सैकड़ों लोग प्रतिदिन इस पवित्र जल में स्नान करते हैं।

खम्बा, दरगाह, नज्म-उल-हक तथा मकबरे जिन्हें स्थानीय लोग लाल तथा काला गुम्बज कहते हैं, इस नगरी के अन्य महत्वपूर्ण स्थल हैं। नगरी के दक्षिण-पश्चिम में चट्टान के ऊपर किले के भग्नावशेष, जो भरतपुर के जाटों द्वारा बनवाया गया था, आज भी देखे जा सकते हैं।

जींद

जींद विजय की देवी जयंती का विकृत स्वरूप है। इसका उल्लेख महाभारत में जयंती के नाम से किया गया है। किंवदन्ती के अनुसार पांडवों द्वारा जयंती देवी का मंदिर बनवाया गया था। इस मंदिर के आसपास जैन्तीनगर का विकास हुआ जो बाद में जींद हो गया।

जींद जनपद में हरियाणा के तीन प्रमुख तीर्थस्थल हैं, दो अन्य तीर्थस्थल पहोवा (प्राचीन काल में पृथुदका) तथा कुरुक्षेत्र अथवा थानेसर हैं। जयंती देवी के पूर्व की ओर भूतेश्वर महादेव मंदिर है तथा उससे थोड़ा आगे ऐतिहासिक स्थान पिंडतारक है।

कलायत

कलायत नगरी (जींद जनपद) वास्तव में कपिलायत का विकृत स्वरूप है। पारम्परिक रूप से इसे कपिल मुनि से सम्बद्ध बताया जाता है। कपिलायत हिन्दुओं के लिए प्राचीन पवित्र एवं अति महत्व का स्थान है। कहा जाता है कि कपिल मुनि ने इसी स्थान पर अपनी माता देवाहुति के समक्ष सांख्य दर्शन की व्याख्या की थी। यहां एक विशाल ताल के निकट दो प्रसिद्ध मंदिर (जिनका

निर्माण राजा सातवाहन द्वारा करवाया गया था जब उसका त्वचा रोग इस ताल की पावन मिट्टी से ठीक हो गया था) अति प्राचीन एवं महत्वपूर्ण हैं। इन मंदिरों का निर्माण बिना गारे की ईंटों का प्रयोग कर किया गया है, जो प्राचीन काल की वास्तुशिल्प का सुन्दर एवं अद्भुत नमूना है।

सफीदों

सफीदों, जिसको प्राचीन काल में सर्पदमन कहा जाता था, जींद जनपद की एक महत्वपूर्ण नगरी है। एक किंवदन्ती के अनुसार राजा जन्मेजय ने सर्पों के सर्वनाश हेतु यहां महायज्ञ का आयोजन किया था। तभी से दस स्थान को सर्पदमन कहा जाता था जो बाद में विकृत होकर सफीदों हो गया। हिन्दू लोग यहां के ताल में स्नान करना पुण्य कर्म मानते हैं।

करनाल

करनाल नगर को इसका नाम महाभारत के महान योद्धा कर्ण के नाम से मिला है। कर्ण पांडवों का सबसे बड़ा भाई था जो माता कुन्ती के गर्भ से, सूर्य भगवान की कृपा से विवाह पूर्व उत्पन्न हुआ था। कर्ण दुर्योधन का घनिष्ठ मित्र तथा पांडवों का विरोधी था। महाभारत के युद्ध में भीष्मपितामह तथा गुरु द्रोणाचार्य के वध के उपरान्त कौरव सेना का सेनापति कर्ण को बनाया गया था। नगर स्थित एक ताल को कर्णताल और एक नगर द्वार को कर्ण द्वार कहा जाता है। तथापि, मध्यकाल में मुसलमानों के आक्रमण के पश्चात् इस नगर का महत्व कुछ कम हो गया प्रतीत होता है।

अमीन जो अभिमन्युपुर का बिगड़ा हुआ स्वरूप है। महाभारत युद्ध के चक्रव्यूह का स्थल माना जाता है, जहां अर्जुन के पुत्र अभिमन्यु का वध चक्रव्यूह के भीतर राजा जयद्रथ द्वारा कर दिया गया था। गांव में 'अदिति' को समर्पित एक मंदिर है, जिसके पूर्व में एक सूर्यकुण्ड तथा पश्चिम में एक सूर्यमंदिर है। अमीन से लाल पत्थर के दो आयताकार शिलालेख प्राप्त हुए हैं, जो अति प्राचीन काल से सम्बद्ध बताए जाते हैं।

बहलोलपुर वह स्थान बताया जाता है जहां भीम और दुर्योधन का विख्यात गदा युद्ध हुआ था। महाभारत युद्ध में दुर्योधन अपनी पराजय के उपरान्त पाराशर ताल में जाकर छुप गया था। भगवान श्री कृष्ण के चुनौतीपूर्ण उपहास के कारण

वह अपने गुप्त स्थान से अनिच्छापूर्वक बाहर आया था तथा भीम के साथ गदा युद्ध में मारा गया था।

पानीपत

किंवदन्ती के अनुसार पानीपत पांच पाटों अथवा प्रस्थों में से एक था जो युधिष्ठिर ने शान्ति बनाए रखने हेतु न्यूनतम मूल्य के रूप में मांगे थे। इस क्षेत्र में बिखरे पुरातत्त्वीय महत्व के भग्न अवशेष तथा हड़प्पाकालीन बरतनों की प्राप्ति इस नगर की प्राचीनता की कथा कहती है।

नगर के प्रमुख ऐतिहासिक स्थलों में हजरत-बु-अली-शाह-कलंदर का मकबरा, इब्राहीम लोदी का मकबरा, इब्राहीम लोदी की पानीप युद्ध में जीत के याद में बनवाई गई काबुली बाग मस्जिद, चबूतरा-ए-फतेह मुबारिक तथा देवी मंदिर सम्मिलित हैं।

अम्बाला

अम्बाला की स्थापना 14वीं सदी में एक अम्बा राजपूत द्वारा की गई थी अतः इसका नाम अम्बाला प्रसिद्ध हुआ। इस नगर का नाम देवी भवानी अम्बा के नाम पर रखा गया भी बताया जाता है। यहां भवानी अम्बा का मंदिर भी विद्यमान है।

सीसगंज गुरुद्वारा, बादशाही बाग गुरुद्वारा तथा मंजी साहिब गुरुद्वारा अम्बाला के तीन ऐतिहासिक गुरुद्वारे हैं। इसके अलावा यहां दो लोकप्रिय मुस्लिम युद्धास्थल लखी शाह और तकवाल शाह तथा भवानी अम्बा का एक मंदिर भी मौजूद है।

केथल

केथल (वर्तमान काल में कुरुक्षेत्र जनपद का उप-प्रभाग) का स्थान प्रसिद्ध महाभारत नायक युधिष्ठिर द्वारा कौरवों पर पांडवों की विजय की स्मृति में की गई थी तथा इसका नाम कपिस्थल अर्थात् बंदरों का आवास रखा गया था क्योंकि पारम्परिक रूप से इस स्थल का संबंध बानरों के देव हनुमान के साथ जुड़ा है। यह नगरी बिदकियार झील के किनारे स्थित है। इस कृत्रिम झील के स्नान हेतु अनेक स्थान और सीढ़ियां बनाई गई हैं तथा यहां का दृश्य अत्यंत मनोरम है। केथल के पूरब में 'अंजनि-का-टीला' नामक एक टीला है, जो हनुमान जी जन्मस्थली बतायी जाती है। यहां महावीर हनुमान की माता अंजनि को समर्पित एक मंदिर भी है।

यहां से प्राप्त प्राचीन सिक्के, पुराने द्वार, स्तंभ, देवियों की मूर्तियां इत्यादि इस स्थान की प्राचीनता का बखान करती हैं।

अम्बाला में शेख साहिब-उद्-दीन का मकबरा, शाह विलायत का मकबरा तथा शेख तैयब की मस्जिद, शाह कमाल का मकबरा, समाधि शीतलपुरी भी ऐतिहासिक दृष्टि से महत्वपूर्ण हैं।

पेहोवा

अति प्राचीन नगर पेहोवा हिन्दुओं का एक अन्य तीर्थस्थल है। साधारणतः लोग यहां सोमवार को पड़ने वाली चैत्र अमावस्या की तिथि पर आते हैं। श्रद्धालु, अम्बाला में मनसा देवी मंदिर तथा कालका में काली देवी मंदिर आते हैं। महेन्द्रगढ़ जनपद में बाघोट ग्राम भगवान शिव के भक्तों का तीर्थस्थान है। भक्तगण शीतला माता के प्रति अपनी श्रद्धा व्यक्त करने के लिए गुड़गांव स्थित मसानी मंदिर जाते हैं। भगवान शिव के भक्तों हेतु गुड़गांव में सोहना नामक तीर्थस्थल है।

पेहोवा का इसका नाम राजा बेन के पुत्र पृथु से प्राप्त हुआ है। यहां दो प्रसिद्ध ताल हैं एक ब्रह्मा ताल और दूसरा सरस्वती ताल। किंवदंती के अनुसार भगवान ब्रह्मा ने इसी स्थान पर सृष्टि की रचना तथा चार वर्णों की रचना की थी। सुप्रसिद्ध ऋषि विश्वामित्र को भी इसी स्थान पर ब्रह्मर्षि की पदवी प्राप्त हुई थी।

नौवीं सदी से संबंधित दो शिलालेखों से पता चलता है कि प्राचीन काल में पेहोवा राजा भोज और उनके पुत्र महेन्द्रपाल के कन्नौज साम्राज्य के अधीन था। पेहोवा में भगवान शिव और कार्तिकेय के मंदिर हैं। मंदिर की सबसे बड़ी विशेषता इसमें शिवलिंग का न होना है। यहां शिवलिंग के स्थान पर भगवान शिव की पंचमुखी प्रतिमा है जो सम्पूर्ण भारत में अपने प्रकार की अकेली प्रतिमा है। मराठों ने अपने शासनकाल में देवी सरस्वती तथा युद्ध के देवता पृथुदकेश्वर के मंदिर बनवाए थे। गुरु नानक देव तथा गुरु गोविन्द सिंह की पावन स्मृति में बने दो गुरुद्वारे इस स्थान की शोभा और महत्व को बढ़ा रहे हैं।

थानेसर

थानेसर अथवा पौराणिक स्थानेश्वर कुरुक्षेत्र क्षेत्र में हिन्दू तीर्थयात्रियों के सर्वाधिक पावन स्थलों में से एक है। एक किंवदन्ती के अनुसार शिवलिंग का

पूजन सर्वप्रथम यहीं पर प्रारंभ हुआ था। कौरवों तथा पांडवों के पूर्वज कुरु महाराज ने यहीं सरस्वती नदी के तट पर तपस्या की थी तथा परशुराम ने क्षत्रियों का सर्वनाश किया था। वामनपुराण के अनुसार कुष्ठ पीड़ित राजा बेन थानेसर के तालाब में स्नान के पश्चात् रोगमुक्त हो गया था। यह स्थान प्राचीन काल से वैदिक ज्ञान का प्रमुख धाम रहा है। महाभारत युद्ध इसके निकट ही लड़ा गया था।

सातवीं शताब्दी में राजा हर्षवर्धन के द्वारा थानेसर को अपनी राजधानी बनाया गया था। प्रसिद्ध चीनी यात्री ह्वेन सांग कई वर्ष तक यहां रहा था तथा प्रसिद्ध संस्कृत कवि बाणभट्ट की राजा हर्षवर्धन से भेंट यहीं पर हुई थी। हर्षवर्धन शासनकाल में यह प्रगति और उन्नति के चरमोत्कर्ष पर था। परन्तु एक प्रसिद्ध धार्मिक और राजनैतिक केन्द्र रहने के पश्चात् यह सुल्तान महमूद के प्रारंभिक आक्रमणों का शिकार हुआ जिसके द्वारा सन 1014 ईस्वी में यहां लूटमार की गई, मंदिर ध्वस्त किए गए तथा यहां से इतका स्वर्ण भर कर ले गया जितना कि वह ले जा सकता था।

महेन्द्रगढ़

महेन्द्रगढ़ जनपद का जनपद मुख्यालय नारनौल है। यह एक अति प्राचीन नगर प्रतीत होता है, लेकिन इसका जन्म काल के संबंध में कोई निश्चित मत नहीं है। एक लोक कथा के अनुसार नारनौल का सम्बन्ध महाभारत काल से है। उस समय इसे नर राष्ट्र कहा जाता था। महाभारत के सभा पर्व में वर्णन है कि सहदेव नर राष्ट्र अथवा नारनौल जय करने के पश्चात् दिल्ली से दक्षिण में चम्बल की ओर चल पड़ा।

ढोसी पहाड़ी का संबंध पारम्परिक रूप से वैदिक काल के ऋषि च्यवन (भार्गव वंश के ऋषि) के साथ बताया जाता है। सिंहों से भरे एक विशाल वन के मध्य इसको नाहरनौल अथवा सिंह का भय दिया गया था, जो समय के साथ विकृत होकर नारनौल हो गया।

ढोसी को बहुत पवित्र स्थान माना जाता है तथा दूर-दूर से तीर्थयात्री धार्मिक उत्साह के साथ यहां पहुंचते हैं। ढोसी पहाड़ी को चोटी पर च्यवन ऋषि का मंदिर है। यहां च्यवन ऋषि का पावन चन्द्रकूप भी है। यहां सोमवती अमावस्या को मेला भी लगता है।

रोहतक

रोहितक अथवा रोहतासगढ़ का बिगड़ा स्वरूप रोहतक है, जो एक प्राचीन नगर है। महाभारत में इस स्थान का संबंध पांडव बंधुओं में से एक नकुल के अभियान से बताया गया है। नकुल को बहुधारक्य के योद्धाओं के कड़े प्रतिरोध का सामना करना पड़ता था। एक दंतकथा के अनुसार यह नगरी भगवान शिव के पुत्र कार्तिकेय को अत्यंत प्रिय थी। रोहतक के घरों की छत पर कार्तिकेय वाहन मयूर आज भी प्रतिष्ठित देखे जा सकते हैं।

रोहतक में अनेक मस्जिद भी हैं जिनमें दीनी मस्जिद अथवा अदीना मस्जिद सबसे प्राचीन है। यहां एक प्राचीन पौराणिक ताल गोकरण ताल है। इस परिसर में शिव, देवी तथा हनुमान के मंदिर के अतिरिक्त धर्मशाला और पार्क हैं। यह स्थान हरियाणवी संस्कृति का केन्द्र है।

अस्थल बोहर

रोहतक जनपद की नगरी अस्थल बोहर पुरातात्त्विक दृष्टि से बहुत महत्व रखती है। यह स्थान मठों के दृष्टिकोण से महत्वपूर्ण है। इस मठ के सन्त नाथ पंथ के अनुयायी हैं। यहां से ऐतिहासिक महत्व की कुछ वस्तुएं प्राप्त हुई हैं। नाथ पंथ के श्रद्धालु अपनी श्रद्धा व्यक्त करने भारत और नेपाल तक के यहां पहुंचते हैं।

झज्जर

हरिवंश पुराण में झज्जर नगरी का उल्लेख किया गया है। महाभारत युद्ध में भाग लेने के लिए द्वारिका से कुरुक्षेत्र जाते समय भगवान श्रीकृष्ण महावारिधि झील के किनारे विश्राम करने के उपरान्त झर्झरवती की ओर बढ़े थे। विद्वानों के अनुसार महेन्द्रवारिधि झील वर्तमान झज्जर के निकट महेन्द्रवारि नाम से जानी जाती है। हरिवंश पुराण में वर्णित झर्जरवती संभवतः आज का झज्जर है।

सिरसा

राज्य की प्राचीनतम नागरियों में से एक सिरसा को इसका नामक श्रीशा अर्थात् बबूल प्रजाति के वृक्ष से मिला है। इसका सर्वप्रथम उल्लेख प्रख्यात व्याकरणचार्य पाणिनि के अष्टाध्यायी में मिलता है, जहां इसका नाम शैरिषिका दिया गया है। कहा जाता है कि यहां इन वृक्षों की बहुतायत थी तथा इन वृक्षों को काटकर यह नगरी बसाई गई थी। महाभारत में इसका उल्लेख मिलता है।

सोनीपत

सोनीपत अथवा शोनप्रस्थ युधिष्ठिर द्वारा दुर्योधन से शांति मूल्य के रूप में मांगे गए पांच प्रस्थों में से एक था। एक अन्य मान्यता के अनुसार इसकी स्थापना अर्जुन की तेरहवीं पीढ़ी के वंशज राजा सोनी द्वारा की गई थी। तथापि, महाभारत में सोनीपत का कोई उल्लेख नहीं है, यद्यपि महान व्याकरणाचार्य पाणिनि ने अपने अष्टाध्यायी में इसका वर्णन किया है। चौधेय काल के सिक्कों की प्राप्ति इस नगरी की प्राचीनता का रहस्य खोलती है।

हरियाणा में सूर्यग्रहण पर पवित्र स्नान करने के लिये देश भर से लाखों श्रद्धालु कुरुक्षेत्र आते हैं। अग्रोह (हिसार के निकट) और पेहोवा सहित राज्य में अनेक तीर्थस्थल धर्मावलंबियों को अपनी ओर खींच लाते हैं। अग्रोहा अग्रसेन के रूप में जाना जाता है, जो अग्रवाल समाज और उसकी उपजातियों के प्रमुख पूर्वज माने जाते हैं। अतः अग्रोहा पूरे अग्रवाल समाज की जन्मभूमि है। पवित्र नदी सरस्वती (वेदों व हिन्दूधर्म धर्म की मान्यतानुसार ज्ञान तथा कला की देवी का नाम) के किनारे स्थित पैहोना को पूवर्जों के श्राद्ध व पिण्डदान के लिए एक महत्त्वपूर्ण स्थल माना जाता है। प्राकृतिक व अप्राकृतिक दोनों प्रकार की मृत्यु में आत्मा की शांति हेतु पैहोवा व धार्मिक क्रियाएँ की जाती हैं। विभिन्न देवताओं व संतों की स्मृति में आयोजित होने वाले मेले हरियाणा की संस्कृति का महत्त्वपूर्ण अंग हैं।

19

संग्रहालय तथा पुस्तकालय

संग्रहालय राष्ट्र की कला, इतिहास, विज्ञान, पुरातत्त्व विज्ञान, मानवजाति विज्ञान, मूर्तिकला, परिधान, आभूषण, कला तथा हस्तशिल्प कृतियों पर प्रकाश डालती वस्तुओं के प्रदर्शन मंजूषा होते हैं। यह वर्तमान पीढ़ी को उसके पूर्वजों की जीवन शैली तथा उनकी गौरवपूर्ण उपलब्धियों का स्मरण कराते हैं। हरियाणा चूंकि एक छोटा राज्य है, अतः यहां चंडीगढ़ संग्रहालय के अतिरिक्त थोड़े से संग्रहालय हैं।

चंडीगढ़ स्थित हरियाणा राज्य संग्रहालय में बड़ी संख्या में मूर्तियां, चांदी तथा तांबे के सिक्के संरक्षित हैं। ये वस्तुएं राज्य के विभिन्न भागों से प्राप्त हुई हैं तथा विभिन्न कालों से संबंधित हैं। हरियाणा सरकार का पुरातत्त्व एवं संग्रहालय विभाग 1979 से अग्रोहा में पुरातत्त्वीय खुदाई संलग्न है, जहां 'V' आकृति की खाई सहित प्रतिरक्षा दीवार, दो आयताकार श्रद्धास्थल एवं गोलाकार ढांचा दृष्टिगोचर हुआ है। अग्रोहा में मिली वस्तुओं से राज्य के सामाजिक तथा आर्थिक इतिहास पर आलोक पड़ा है तथा इसकी प्राचीनता ईसा पूर्व तीसरी सदी आंकी गई है।

गुरुकुल झज्जर स्थित हरियाणा प्रान्तीय पुरातत्त्व संग्रहालय राज्य का अन्य योग्य संग्रहालय है। पुरातत्त्वीय संग्रहालय, गुरुकुल झज्जर नामक यह संग्रहालय 1961 में आर्य समाज द्वारा संस्थापित किया गया था। यह यौधेय तथा कुषाण काल के सिक्कों तथा सांचों के साथ प्रारंभ किया गया था। बाद में खुदाई, अन्वेषणों और विभिन्न स्रोतों से प्राचीन सिक्के तथा विभिन्न हिंदू वंशों के सिक्के व सांचे, मनका, हस्तलिपियां, सिंधु घाटी के शास्त्रास्त्र, बरतन, मुस्लिम सिक्कों के सांचे, प्राचीन मूर्तियां, शिलालेख इत्यादि प्राप्त किए गए थे। इनमें से कुछ सिक्के रोहतक जनपद से प्राप्त हुए हैं इस क्षेत्र को यौधेय साम्राज्य का अंग रहा होने का पर्याप्त प्रमाण प्रस्तुत करते हैं। इन सिक्कों में से एक सिक्के पर 'यौधेय जनस्यजयः' अर्थात् यौधेय गणराज्य की जय अंकित है।

हरियाणा कृषि विश्वविद्यालय, हिसार के गांधी भवन में स्थित ग्रामीण प्राचीन संग्रहालय में सदियों पुरानी पारम्परिक ग्रामीण कला की वस्तुऐं संरक्षित की गई हैं। इस संग्रहालय में, राज्य के भिन्न भागों से संग्रहीत पुरानी वस्तुएँ रखी गई हैं। पड़ोसी राज्यों से भी प्राचीन वस्तुएं प्राप्त करने का प्रयास जारी है। यहां संरक्षित वस्तुओं में मटका, पूजा स्टैंड, चिलम, हुक्का, पुस्तक स्टैंड, लोटा, डोलची, चर्खा, दस्ताना, रसोई का सामान, वस्त्र, शय्या, आभूषण आदि प्रदर्शित किए गए हैं।

करनाल जनपद में नीलोखेड़ी स्थित विज्ञान मंदिर संग्रहालय एक विज्ञान संग्रहालय है, जिसकी स्थापना 10 जनवरी, 1958 को हुई थी। इस संग्रहालय में वनस्पति विज्ञान, प्राणि विज्ञान तथा भू-विज्ञान महत्व की वस्तुएं संरक्षित हैं। यहां बड़ी संख्या में आन्त्र कृमि, मानव भ्रूण, शरीर के भीतरी अंग, पशुओं के विच्छेदित प्रतिमान, विषैले तथा विषहीन सर्प, विभिन्न प्रकार की मछलियां तथा सागर जीव प्रस्तुत व प्रदर्शित किए गए हैं। स्थायी युगल और लाखों वर्ष पुराने वनस्पति के जीवाश्म विज्ञान के विद्यार्थियों को विशेष रूप से आकर्षित करते हैं।

गुड़गांव संग्रहालय में हरियाणा, पंजाब तथा हिमाचल प्रदेश की लोक कलाएं संरक्षित हैं। संग्रहालय में अधिकतर जनजातीय और उपेक्षित कला संग्रहीत है। यह संग्रहालय सेक्टर-4, अर्बन एस्टेट, गुड़गांव में स्थित है। यह प्रमुखतः कला और शिल्प संग्रहालय है।

कुरुक्षेत्र स्थित श्री कृष्ण संग्रहालय का प्रबंधन कुरुक्षेत्र विकास बोर्ड सोसाइटी द्वारा किया जाता है। संग्रहालय में भगवान श्रीकृष्ण से संबंधित प्राचीन और आधुनिक वस्तुएं रखी गई हैं। हाल में संग्रहालय के दायरे में महाभारत काल की वस्तुओं तथा उस काल की अन्य प्राचीन वस्तुओं का सम्मिलित किया गया है। इस धार्मिक संग्रहालय को मथुरा, ब्रज, वृन्दावन तथा द्वारिका इत्यादि के अतिरिक्त कुरुक्षेत्र एवं निकटस्थ क्षेत्रों से अनेक वस्तुएं प्राप्त हुई हैं। साइन्स एक्टिविटी कॉर्नर द्वारा बाल भवन, बरनाला रोड, सिरसा में सिरसा संग्रहालय संचालित है। इस विज्ञान संग्रहालय में प्रमुखतः वैज्ञानिक वस्तुएं, प्रदर्शनी वस्तुएं, पोर्टेबल प्लैनेटोरियम तथा कार्यशील वस्तुएं संरक्षित हैं। यह एक विज्ञान संग्रहालय है।

पुस्तकालय

पुस्तकालय ज्ञानार्जन के कोषगृह तथा जनसाधारण में ज्ञान के प्रसार में सहायक होते हैं। जहाँ एक ओर सार्वजनिक पुस्तकालय जन साधारण के बीच निरक्षरता एवं अज्ञान के अंधकार को दूर करने हेतु ज्ञान आलोक के विस्तार में

सहायक होते हैं तो वहीं दूसरी ओर स्कूलों, कालेजों तथा अन्य प्रोफेशनल संस्थाओं में विद्यमान पुस्तकालय अध्येताओं की ज्ञान पिपासा को शान्त करने तथा शैक्षिक उपलब्धियों का स्तर कायम रखने तथा और मजबूत करने में सहायक होते हैं। लोकोपकारी व्यक्तियों तथा सामाजिक संगठनों ने आम लोगों के लाभार्थ सार्वजनिक पुस्तकालय तथा वाचनालय स्थापित किए हैं। राज्य सरकार ने अपने बल पर तथा केन्द्रीय सरकार तथा इसकी एजेन्सियों की सहायता से डिग्री तथा पोस्ट-ग्रेजुएट कालेजों, विश्वविद्यालयों और प्रोफेशनल शिक्षा प्रदान करने वाले अन्य संस्थाओं में पुस्तकालय स्थापित किए हैं।

1966 में राज्य के गठन के समय ऐसा कोई पुस्तकालय नहीं था, जिस पर राज्य गर्व कर सके। तथापि, समय गुजरने तथा शिक्षा सुविधाओं के प्रसार के साथ पुस्तकालयों की संख्या में भी भारी वृद्धि हुई है। डिग्री तथा पोस्ट-ग्रेजुएट कालेजों में पुस्तकालयों, सार्वजनिक पुस्तकालयों, विश्वविद्यालय पुस्तकालयों, जनपद पुस्तकालयों, नगर निगम पुस्तकालयों, प्रोफेशनल कालेजों में पुस्तकालयों के अतिरिक्त राज्य में प्राथमिक विद्यालयों, मिडिल, हाई तथा हायर सेकेण्ड्री स्कूलों में छोटे पुस्तकालय उपलब्ध कराए गए हैं, जिनकी कुल संख्या के बारे में कुछ निश्चितपूर्वक नहीं कहा जा सकता है। सन् 1981 की जनगणना के अनुसार राज्य के विभिन्न जनपदों में सरकारी तथा पब्लिक लाइब्रेरीज की संख्या इस प्रकार थी : अम्बाला 23, भिवानी 13, फरीदाबाद 5, गुड़गांव 6, हिसार 17, जींद 5, करनाल 9, कुरुक्षेत्र 6, महेन्द्रगढ़ 11, रोहतक 7, सिरसा 8, तथा सोनीपत 6।

अम्बाला सिटी का आत्मा राम जैन सभा पुस्तकालय (1904 में संस्थापित) तथा कांशी राम जैन सभा पुस्तकालय अम्बाला सिटी (1906 में संस्थापित) सबसे पुराने पुस्तकालय हैं। इनके अतिरिक्त राज्य के अन्य प्रतिनिष्ठत पुस्तकालय निम्नानुसार हैं :– गुरु गोबिंद सिंह म्युनिसिपल लाइब्रेरी, अम्बाला सिटी; स्टेट सेंट्रल लाइब्रेरी, अम्बाला; गांधी स्मारक निधि लाइब्रेरी, अम्बाला केंट; हरियाणा सिविल सेक्रेट्रिएट लाइब्रेरी, चंडीगढ़; गांधी पीस फाउण्डेशन लाइब्रेरी, अम्बाला केंट; किरोड़ीमल लाइब्रेरी, भिवानी; अग्रवाल पब्लिक लाइब्रेरी, रेवाड़ी; लॉयन्स क्लब लाइब्रेरी, फरीदाबाद; कुरुक्षेत्र विश्वविद्यालय लाइब्रेरी, कुरुक्षेत्र, एम डी यूनिवर्सिटी लाइब्रेरी, रोहतक; हरियाणा एग्रीकल्चरल यूनिवर्सिटी लाइब्रेरी, हिसार।

समाचारपत्र तथा पत्रिकाएँ

समाचार पत्र और आवधिक पत्रिकाएँ चतुर्थ सम्पदा के अंग हैं। वे एक सभ्य

समाज में सूचना एवं जानकारी उपलब्ध कराने और जागरुकता पैदा करने में अत्यंत महत्वपूर्ण भूमिका निभाते हैं। स्वतंत्र प्रेस के बिना लोकतंत्र पंगु हो जाएगा। यद्यपि हरियाणा में समाचार पत्रों का इतिहास एक सौ वर्ष से अधिक पुराना है, फिर भी प्रेस की उपलब्धियां नगण्य हैं। बीसवीं सदी के प्रथम दो दशकों तक भी बहुत थोड़े नियमित समाचार पत्र थे। अधिकांश आवधिक पत्रिकाएं उर्दू में थीं, जो साप्ताहिक तथा मासिक अंतराल पर प्रकाशित होती थीं। इनमें सादिक-अल-मकबर (रेवाड़ी की धार्मिक पत्रिका) तथा गुड़गांव से प्रकाशित ज्योतिष मार्तण्ड प्रमुख थे। अन्य पत्रिकाएं महत्वहीन थीं, जो जाति आधार पर प्रकाशित होती थीं। इनमें रिवाड़ी से अहीर पत्रिका, रोहतक से जाटगजट तथा जाट सिपाही, हिसार से ठाकुर पत्रिका, जगाधारी से ब्राह्मण समाचार प्रमुख थे। अम्बाला का केंटोनर्मेट एडवोकेट अम्बाला के लोगों की पीड़ा एवं शिकायतें प्रस्तुत करता था।

तथापि, स्वतंत्रता प्राप्ति तथा 1966 में राज्य के गठन से परिदृश्य में क्रान्तिकारी परिवर्तन आ गया। राष्ट्रीय प्रतिष्ठा के समाचारपत्रों तथा स्थानीय समाचारपत्रों और आवधिक पत्रिकाओं ने हरियाणा के लोगों को अधिकारों तथा उत्तरदायित्वों के प्रति जागरुकता पैदा करने में महत्वपूर्ण भूमिका निभाई है। हरियाणा में प्रकाशित होने वाले अधिकांश समाचारपत्र तथा आवधिक पत्रिकाओं की भाषा हिन्दी है। तथापि, कुछ समाचारपत्र एवं पत्रिकाएं उर्दू तथा अंग्रेजी में भी प्रकाशित होते हैं। हरियाणा सरकार की प्रचार सामग्री अंगरेजी, हिन्दी तथा उर्दू में चौपन्ना, पुस्तिका तथा विवरणिका आदि के रूप में समय-समय पर प्रकाशित होने के अलावा विभिन्न क्षेत्रों में राज्य की उपलब्धियों से अवगत कराने हेतु मासिक तथा द्विमासिक पत्रिकाएं भी प्रकाशित की जाती हैं। हरियाणा के स्कूल तथा कालेज भी वार्षिक, अर्द्धवार्षिक अथवा त्रैमासिक पत्रिकाएं अथवा बुलेटिन प्रकाशित करते हैं जिनमें सामाजिक, नैतिक, आर्थिक, शैक्षिक, शोध संबंधी तथा सामान्य रुचि के विषय समाहित किए जाते हैं।

दैनिक समाचारपत्रों के अलावा हरियाणा में सप्ताहिक तथा पाक्षिक बुलेटिन भी प्रकाशित किए जाते हैं। कुछ पत्रिकाओं का प्रकाशन तीन से चार भाषाओं यथा हिन्दी, अंग्रेजी, पंजाबी, उर्दू, संस्कृत में किया जाता है। हरियाणा से प्रकाशित होने वाले समाचार पत्र एवं पत्रिकाओं को उनकी विषय-वस्तु के आधार पर वर्गीकृत किया जा सकता है : धार्मिक, साहित्यिक, राजनीतिक, शोधविषयक, कृषि, शिक्षा, उद्योग तथा मासिक पाक्षिक, त्रयमासिक, वार्षिक तथा द्विवार्षिक।

शिक्षित लोग तथा बौद्धिक वर्ग चंडीगढ़ से प्रकाशित 'ट्रिब्यून' तथा गुड़गांव से

प्रकाशित 'हिन्दू' पढ़ना पसंद करते हैं। इसके अलावा अन्य नगरों से प्रकाशित अंग्रेजी दैनिक भी पढ़े जाते हैं। युवा पीढ़ी हिंदी दैनिक जनसत्ता, नव भारत टाइम्स, हिन्दुस्तान, वीर अर्जुन तथा पंजाब केसरी आदि पढ़ते हैं, जो जालंधर, चंडीगढ़ तथा नई दिल्ली से प्रकाशित होते हैं। इन समाचार पत्रों में हरियाणा राज्य की गतिविधियों की जानकारी देने के लिए 'एक्सक्लूसिव' (अतिरिक्त)।

पुरानी पीढ़ी के लोग उर्दू दैनिक प्रताप, मिलाप, हिंद समाचार, तेज इत्यादि पढ़ते हैं। इन समाचार पत्रों में भी हरियाणा के 'एक्सक्लूसिव' पृष्ठ जोड़े जाते हैं। इसके अलावा राज्य में क्षेत्रीय समाचार पत्रों एवं पत्रिकाओं का प्रकाशन किया जाता है।

इसके अतिरिक्त कुछ पत्रिकाऐं ऐसी भी हैं, जो हरियाणा में चल रही विकासात्मक गतिविधियों के विषय में पर्याप्त जानकारी मुहैया कराती हैं तथा अनुसंधान के क्षेत्र में काफी कार्य कर रही हैं और छात्रों तथा अध्येताओं के लिए बहुत सहायक हैं – हरियाणा स्टडीज़, हरियाणा लेबर जर्नल (त्रयमासिक), हरियाणा रिव्यू (मासिक), कुरुक्षेत्र यूनिवर्सिटी रिसर्च जर्नल, सम्भावना, हरियाणा साहित्य एकेडमी जर्नल आफ एन्डोलोजिकल स्टडीज और हरियाणा साहित्य अकादमी द्वारा प्रकाशित हरिगंध।

साहित्यिक और सांस्कृतिक संस्थाएं

सभ्यता के उदय काल से आज तक हरियाणा सांस्कृतिक धरोहर का अबाध एवं अनन्त स्रोत रहा है। हरियाणा की यह सांस्कृति धरोहर अत्यंत प्राचीन, व्यापक तथा रंगीन और देश में अग्रणी रही है। इतिहास, परम्परा तथा आधुनिक अनुसंधान से यह स्पष्ट है कि हरियाणा संस्कृति, साहित्य और कला का आदर्श था। हरियाणा सरकार अपनी भिन्न एजेन्सियों तथा कुछ अन्य निजी संस्थाओं के माध्यम से कला एवं संस्कृति की धरोहर हरियाणा की जनता के समक्ष प्रस्तुत करने का प्रयास कर रही हैं।

कुरुक्षेत्र विश्वविद्यालय, कुरुक्षेत्र तथा एम. डी. यूनिवर्सिटी, रोहतक के छात्र कल्याण विभाग पहले क्षेत्रीय तथा फिर विश्वविद्यालय स्तर पर 'युवा-उत्सव' आयोजित करते हैं। इन 'युवा-उत्सवों' में लोक संगीत, हरियाणवी गीत, रागिनी, हरियाणवी नृत्य, हरियाणवी कथा और हरियाणवी नाटक सम्मिलित किए जाते हैं।

हरियाणा सांस्कृतिक कार्य विभाग भी राज्य की सेवा में किसी से पीछे नहीं

है। राज्य के जीवन एवं संस्कृति के असंख्य पहलू दर्शाने वाले विशेष 'शो' की व्यवस्था इस विभाग का प्रमुख उद्देश्य है। यह विभाग हरियाणा के कलाकारों को संरक्षण प्रदान करता है तथा कला एवं संस्कृति के प्रोत्साहन में संलग्न विभिन्न सांस्कृतिक संगठनों को सहायता उपलब्ध कराता है। कला एवं संस्कृति की विविध संस्थाओं में प्रशिक्षण प्राप्त कर रहे छात्रों को छात्रवृत्तियां प्रदान की जाती हैं। इसके अतिरिक्त यह विभाग विदेशी दलों के साथ सहयोग कर राज्य के भिन्न नगरों में नृत्य, नाटक और अन्य शो की व्यवस्था करता है।

हरियाणा साहित्य अकादमी, उर्दू अकादमी, प्रादेशिक हिंदी साहित्य सम्मेलन, हरियाणा तथा हिन्दी साहित्य परिषद्, हरियाणा कुछ ऐसी प्रख्यात संस्थाएं हैं, जो राज्य में हिन्दी, हरियाणवी, संस्कृत, उर्दू और पंजाबी साहित्य की सेवा में संलग्न हैं। हरियाणवी साहित्य अकादमी राज्य सरकार द्वारा एक स्वायत्त संस्था के रूप में 1979 में प्रतिष्ठापित एक अग्रणी संस्था है। इसके प्रमुख कार्य है : (i) उच्च साहित्यिक मानदण्ड स्थापित करना, सभी भाषाओं की साहित्यिक गतिविधियों को प्रोत्साहित तथा समन्वित करना और हरियाणा की सांस्कृतिक परम्परा को प्रोत्साहन देना; (ii) हिन्दी में विश्वविद्यालय स्तर की पुस्तकों का प्रकाशन।

अकादमी के दो विभाग हैं जो भिन्न योजनाओं को कार्यान्वित करते हैं : (i) साहित्यिक विकास विभाग तथा (ii) ग्रन्थ अकादमी विभाग। राज्य में साहित्यिक गतिविधियों को प्रोत्साहित करने हेतु निम्न योजनाएं निष्पादित की जा रही हैं :–

(1) **पुस्तकों का प्रकाशन :** हरियाणवी लोक साहित्य, कला, संस्कृत एवं इतिहास पर प्रकःश डालने हेतु अकादमी द्वारा हिन्दी, संस्कृत, पंजाबी तथा उर्दू में 52 पुस्तकें प्रकाशित की जा चुकी हैं। इनमें 29 काव्य संग्रह, कल्पना, निबंध एवं नाटक; 9 हरियाणवी साहित्य पर शोध-प्रबंध; 14 हरियाणा के विद्वानों एवं साहित्यकारों द्वारा रचित पुस्तकें हैं।

(2) **पुस्तक प्रतियोगिता :** अकादमी द्वारा, अपने गठन के वर्ष 1979 से अब तक हिंदी, हरियाणवी, संस्कृत तथा पंजाबी में लगभग 100 पुस्तकों को पुरस्कृत किया जा चुका है।

(3) **पुस्तकों का प्रकाशन हेतु अनुदान सहायता :** अकादमी ने 150 से अधिक पुस्तकों के प्रकाशनार्थ तीन लाख रुपए से अधिक अनुदान सहायता राशि का वितरण किया है।

(4) **स्वैच्छिक संगठनों को वित्तीय सहायता :** राज्य में साहित्यिक समारोहों

के आयोजक स्वैच्छिक संगठनों को अकादमी द्वारा एक लाख रुपए से अधिक वित्तीय सहायता मंजूर की जा चुकी है।

(5) **साहित्यिक समारोह, लेखक सम्मेलन तथा कवि सम्मेलन आयोजन :** लेखक सम्मेलन के आयोजनार्थ अनुकूल साहित्यिक वातावरण तैयार करने हेतु उदारतापूर्वक वित्तीय सहायता उपलब्ध कराई जाती है। वर्ष 1987-88 में ऐसे समारोहों के संबंध में एक लाख रुपए की राशि व्यय की गई थी।

(6) **साहित्यिक पत्रिकाओं का प्रकाशन :** अकादमी ने राज्य में साहित्यिक गतिविधि को बढ़ावा देने के लिए साहित्यिक पत्रिका 'हरिगंधा' का प्रकाशन प्रारंभ किया गया है। यह पत्रिका साहित्य से जुड़े लोगों से कविताओं, लघु कथाओं, एकांकी नाटकों, साहित्यिक निबंधों का स्वागत करती है। यह पत्रिका उदीयमान लेखकों की रचनाओं को भी प्रोत्साहन देती है।

(7) **हरियाणा साहित्य एकेडमी जर्नल आफ एण्डोलॉजिकल स्टडीज़ :** अकादमी द्वारा इस पत्रिका का प्रकाशन प्राचीन भारतीय इतिहास एवं संस्कृति संबंधी सामग्री प्रकाश में लाने हेतु किया जाता है। तथापि, हरियाणा तथा पड़ोसी क्षेत्रों से संबंधित सामग्री को अधिमान दिया जाता है।

(8) **भिन्न साहित्यिक सम्मेलनों को शिष्टमंडल योजना :** यह अकादमी देश के अन्य राज्यों में होने वाले साहित्य सम्मेलनों में भाग लेने हेतु राज्य का प्रतिनिधिमंडल भेजती है।

(9) **साहित्यकार सम्मान :** अकादमी प्रत्येक वर्ष हिन्दी, पंजाबी, संस्कृत तथा हरियाणवी प्रत्येक भाषा के एक साहित्यकार को सम्मानित करती है।

(10) **हिन्दी लघु-कथा प्रतियोगिता :** अकादमी राज्य में लघु-कथा लेखन को बढ़ावा देने के लिए प्रत्येक वर्ष लघु-कथा लेखन प्रतियोगिता आयोजित करती है। प्रतियोगिता में प्रथम, द्वितीय एवं तृतीय स्थान प्राप्त करने वाले लेखकों को क्रमशः 500 रु.; 400 रु. तथा 300 रु. का पुरस्कार दिया जाता है।

हरियाणा साहित्य अकादमी हिन्दी एकांकी नाटकों के मंचन में विशेष रुचि लेती है। अकादमी द्वारा एक पुस्तकालय स्थापित किया गया है, जिसमें हरियाणा के लेखकों के प्रत्येक अनुसंधान और शोध-प्रबंध की एक प्रति संरक्षित की जाएगी। अनेक महत्वपूर्ण संदर्भ पुस्तकें यहां उपलब्ध करा दी गई हैं। यह

अकादमी हरियाणा में साहित्य के विकास की राह में हर बाधा को दूर करने हेतु प्रतिबद्ध है।

अकादमी के अतिरिक्त लेखक वर्ग व्यक्तिगत स्तर पर भी भाषा और साहित्य की प्रगति हेतु प्रयासरत है। हिम्मत सिंह सोढी, तारा सिंह कोमल, रमेश आजाद तथा सरदार हरभजन सिंह अपनी साहित्यिक कृतियों से पंजाबी साहित्य को लोकप्रिय बनाने हेतु अथक प्रयास कर रहे हैं। डॉ. ईश्वर सिंह तांग ने गुरुमुखी लिपि पर अनुसंधान कार्य में डॉक्टर की उपाधि प्राप्त करने के अलावा अपने उपन्यास 'मकड़ी दे जाले' तथा काव्यसंग्रह 'पतझड़ दी पीड़ा' के माध्यम से जीवन के विभिन्न रंगीन पहलुओं का चित्रण करने का प्रयास किया है।

कृष्ण कुमार मदहोश, त्रिलोचन सिंह आंखी, कुलदीप सिंह कोमल, आत्मजीत सिंह, हरमेन्द्र सिंह, राज शर्मा, सुखेन्द्र पाल मियांबी, रमेश कुमार, जी. डी. चौधरी, रतन सिंह ढिल्लों, जसबीर सिंह कपूर, एस.एस. अर्शी, सुबेग सद्धार नई पीढ़ी के ऐसे लेखक हैं, जो पंजाबी साहित्य के विकास और उसको समृद्ध बनाने में सच्चे प्रयास कर रहे हैं।

राज्य के अभिलेखागार

हरियाणा राज्य अभिलेखागारों को सरकार द्वारा हाल में पृथक अस्तित्व प्रदान किया गया है। अब तक इसकी देखभाल का उत्तरदायित्व पुरातत्त्व विज्ञान, पुरालेखागार तथा संग्रहालय निदेशालय के जिम्मे था। यह संयुक्त निदेशालय पुरातत्त्व विभाग के आयुक्त और सचिव के समग्र प्रशासन के अधीन था। आयुक्त और सचिव ने अंतरराष्ट्रीय पुरातत्त्व परिषद् जैसे अंतरराष्ट्रीय संगठन में राज्य का प्रतिनिधित्व किया था तथा 1972 में मास्को में उत्पन्न इसके अधिवेशन और भारतीय ऐतिहासिक अभिलेख आयोग जैसे राष्ट्रीय संगठनों के सम्मेलन में भाग लिया था।

अभिलेखों का विभाजन

हरियाणा सरकार के पुरातत्त्व विभाग ने संयुक्त पंजाब के अभिलेखों के विभाजन तथा हरियाणा राज्य से संबंधित अभिलेख इस विभाग को सौंपे जाने हेतु अभिवेदन किया था। भारत सरकार ने इस संबंध में आदेश पारित कर दिए हैं तथा यह विभाग अब सरकार के निर्णय को लागू करवाने तथा पंजाब सरकार से अभिलेख प्राप्त करने का प्रयास कर रहा है।

निजी प्रलेख

यह विभाग पंजाब सरकार पुरालेखागारों से अभिलेखों के प्रापण हेतु सभी स्तरों पर पत्राचार में व्यस्त होने के साथ ही इस बीच विभाग ने अन्य क्षेत्रों में भी प्रयास किया है। जैसा कि सुविदित है, पुरालेखागार सरकारी तथा व्यक्तिगत/संस्थागत दोनों प्रकार के अभिलेख/पत्राचार संरक्षित करते हैं, बशर्ते कि वे ऐतिहासिक, प्रशासनिक, राजनैतिक अथवा सामाजिक महत्व रखते हैं।

सर्वेक्षण के उपरान्त, इस विभाग ने निजी अभिलेखों के निम्नांकित संग्रह अर्जित किए हैं :-

(1) हबीबुल्ला प्रलेख (2) श्रीमती शांति देवी माथुर से अर्जित प्रलेख संग्रह (3) राम भगत गर्ग प्रलेख (4) दीवान कृष्ण मोहन प्रलेख (5) पेप्सू प्रजा मंडल प्रलेख (6) डॉ. डी. सी. बंसल प्रलेख (7) हरियाणा तिलक 1948-72।

सरकारी अभिलेख

इस पुरालेखागार ने निजी प्रलेखों के अतिरिक्त 'अहदे नवाबी झज्जर' के पुराने अभिलेख भी प्राप्त किए हैं। इन श्रृंखलाओं के अन्य अभिलेख प्राप्त करने हेतु प्रयास जारी हैं।

पुस्तकालय

इस विभाग में एक छोटा पुस्तकालय है। पुस्तकालय में रखी सभी पुस्तकें भेंट स्वरूप प्राप्त हुई हैं। इन पुस्तकों में अनेक दुर्लभ प्रकाशन भी हैं, जैसे सरकार के भाषा सम्बन्धी दस्तावेज, सन् 1900 से पूर्व अवधि की सरकारी रिपोर्ट्स इत्यादि। इस विभाग का सौभाग्य है कि भारतीय राष्ट्रीय पुरालेखागार ने अपने समस्त समूल्य एवं मूल्य रहित प्रकाशन इस विभाग को भेंट स्वरूप देने का निर्णय किया है। इन पुस्तकों में अधिकांशतः भारतीय राष्ट्रीय पुरालेखागार की अभिरक्षा में रखे सम्पादित मूल प्रलेखों का संग्रह है। अनेक प्रलेख राज्य के इतिहास से संबंधित हैं।

फोटोस्टेट प्रतियां

इस विभाग ने उन प्रलेखों की प्रतिलिपि, फोटोप्रति, जीरोक्स अथवा माइक्रोफिल्म

प्राप्त करने का निश्चय किया है जो मुद्रित पुस्तक के रूप में प्राप्त करना संभव नहीं है। यद्यपि प्रलेख की प्रतियां प्राप्त करने हेतु प्रतिलिपिकरण एक सस्ती विधि है लेकिन कुछ ऐसे प्रलेख होते हैं जिनका प्रतिलेखन संभव नहीं है यथा मानचित्र, मुद्रा, पुराने अथवा रंगीन अलंकृत प्रलेख (फरमान, सनद, पुस्तक इत्यादि)। ये फोटोस्टेट अथवा माइक्रोफिल्म के रूप में प्राप्त किए जाते हैं। यह विभाग वर्ष 1808, 1832-38 के हरियाणा के मानचित्र, 1857 से पूर्व अवधि के रोहतक, हिसार तथा दिल्ली का मानचित्र की फोटोस्टेट प्रतियां प्राप्त कर चुका है। आशा की जाती है कि इन मानचित्रों तथा प्रलेखों की सहायता से हरियाणा के इतिहास पर नया प्रकाश डाला जा सकेगा।

20

मेले और उत्सव

हरियाणा मेलों तथा उत्सवों का प्रदेश है। सप्ताह, माह अथवा ऋतु का मुश्किल से कोई भाग ऐसा होगा, जब किसी न किसी मेले अथवा उत्सव का आयोजन नहीं किया जाता है। लगभग सम्पूर्ण राज्य हिंदू मंदिरों, गुरुद्वारों, मकबरों, मस्जिदों, चर्चों तथा अन्य स्मारकों से भरा पड़ा है, जहां जाति और धर्म के लोग अपनी श्रद्धा व्यक्त करने पहुंचते हैं। देव स्थानों पर इन श्रद्धालुओं का एकत्र होना एक मेला का रूप धारण कर लेता है। महेन्द्रगढ़ जनपद में नारनौल के निकट ढोसी पहाड़ियों में सोमवती अमावस्या के अवसर पर बड़ा मेला लगता है। गुड़गांव जनपद में इस्लामपुर में भादों महीने की नवमी को गुग्गा पीर के सम्मान में गुग्गा नौमी मेला लगता है।

हरियाणा के लोग सदैव शक्ति के पुजारी रहे हैं। इसलिए राज्य में भगवान शिव और देव मंदिरों की बहुतायत है। अम्बाला में प्रतिवर्ष अप्रैल नवरात्रों के दौरान मनसा देवी तथा काली देवी के मंदिरों पर मेलों का आयोजन होता है। यमुना नगर तथा कुरुक्षेत्र में बैसाखी मेला बड़ी धूमधाम तथा उत्साह के साथ मनाया जाता है। रोहतक के निकट लाखन माजरा में गुरुद्वारा मंजी साहिब में होला मोहल्ला का आयोजन भक्ति भाव तथा धर्म-उत्साह के साथ किया जाता है।

मुसलमान गुड़गांव जनपद की फिरोजपुर झिरका तहसील में खेड़ी शाह चौक में बड़े उर्स का आयोजन करते हैं। अम्बाला शहर में हर साल साधौरा में शाह कुमाइस मेला तथा तकवाल शाह के सम्मान में मेला आयोजित किया जाता है। मुसलमान गुड़गांव के अलावा करनाल तथा हिसार में भी आयोजन करते हैं। कुरुक्षेत्र में शेख चेहली के मकबरे, पानीपत में बु-अली-शाह-कलंदर के मकबरे पर तथा हांसी में चहार कुतब पर मेलों का आयोजन करते हैं।

इन धार्मिक मेलों के अलावा राज्य वाणिज्यिक महत्व के अन्य मेलों का

आयोजन किया जाता है। हिसार तथा रोहतक जनपदों में पशु मेलों का आयोजन होता है। इन मेलों में पशुओं के क्रय-विक्रय हेतु भारी भीड़ जुटती है, जहां भिन्न कार्यक्रमों, खेलों तथा मनोरंजन कार्यक्रमों का आयोजन भी किया जाता है।

सूरजकुण्ड मेला

सूरजकुंड मेला हरियाणा के सर्वाधिक महत्वपूर्ण मेलों में से एक है। यह मेला वल्लभगढ़ तहसील में लकड़पुर गांव में श्रावण माह (जुलाई-अगस्त) के प्रत्येक शनिवार को लगता है। भारी संख्या में हिंदू श्रद्धालु जलाशय में स्नान करते हैं। किंवदन्ती के अनुसार एक छोटे राज्य के अमंगपाल का सेनापति कुष्ट रोग का शिकार हो गया। एक साधु के आदेश पर उसने इस जलाशय में भरे वर्षाजल में स्नान किया तथा रोगमुक्त हो गया। सेनापति सूरज ने इस स्थान पर एक जलाशय का निर्माण करवाया था तथा यहां मेला लगना प्रारंभ हो गया।

एक अन्य किंवदन्ती के अनुसार राजा अनंगपाल का कोई पुत्र नहीं था। उसके द्वारा एक यज्ञ का आयोजन किया गया, जिसमें समस्त देवताओं का आह्वान किया गया। सूरज अर्थात् सूर्य देव को वापस लौट जाने हेतु अनुरोध किया गया क्योंकि उनका ताप कोई सहन नहीं कर पा रहा था। इस यज्ञ के लिए इस कुंड का उपयोग हवन कुंड के रूप में किया गया था।

सूरजकुण्ड शिल्प मेला राष्ट्रीय महत्व का मेला बन चुका है। यह हरियाणा के उन दो मेलों में एक है, जिसका वर्णन भारत के मेला और उत्सवों के राष्ट्रीय कैलेण्डर में किया जाता है। दूसरा मेला कुरुक्षेत्र में आयोजित किया जाने वाला गीता जयन्ती उत्सव है।

शिल्प मेला प्रतिवर्ष 1 से 15 फरवरी तक आयोजित किया जाता है। यह मेला देखने लगभग पांच लाख व्यक्ति पहुंचते हैं, जिनमें पचास हजार के करीब विदेशी पर्यटक होते हैं।

इस मेले का आयोजन सूरजकुंड मेला प्राधिकरण द्वारा किया जाता है, जिसमें केन्द्रीय पर्यटन मंत्रालय की शीर्ष एजेन्सी के अधीन विकास आयुक्त, हथकरघा एवं हस्तशिल्प, शिल्प संग्रहालय (नई दिल्ली) तथा हरियाणा पर्यटन निगम सदस्य रूप में सम्मिलित होते हैं।

सूरजकुंड शिल्प मेला 1987 में प्रारंभ हुआ था। दिल्ली के निकट होने के कारण सूरजकुंड को आदर्श स्थल विचारित किया गया था। यहां न केवल मुक्त

ग्रामीण परिवेश है बल्कि विस्तार की संभावना भी मौजूद है।

मेला की पूरी अवधि के दौरान दिवस कलाकार मेला मैदान के भीतर लोगों का मनोरंजन करते हैं। 'नाट्यशाला' नामक विशेष रूप से डिजाइन किए गए ओपन एयर थियेटर में शास्त्रीय कलाकार आगन्तुकों का मनोरंजन करते हैं। सात क्षेत्रीय सांस्कृतिक केन्द्रों के कलाकार भी यहां अपनी कला का प्रदर्शन करते हैं।

सूर्यग्रहण मेला कुरुक्षेत्र

सूर्यग्रहण के अवसर पर कुरुक्षेत्र में विशाल मेला लगता है। ग्रहण के समाप्त होने तक उपवास रखा जाता है, जिसके पश्चात् पावन नदियों अथवा जलाशयों में स्नान किया जाता है। गरीबों को दान दिया जाता है तथा पूर्वजों के लिए प्रार्थना की जाती है। अंधविश्वासी लोग ढोल बजाते हैं तथा अन्य माध्यमों से शोर करते हैं ताकि राहु एवं केतु नामक राक्षस भाग जाएं। तीर्थयात्रा के दौरान सरस्वती नदी के जल से भरे कुरुक्षेत्र के थानेसर स्थित ब्रह्मसरोवर में स्नान अति पुण्यदायी माना जाता है।

कुरुक्षेत्र को धर्मक्षेत्र भी कहा जाता है क्योंकि यहां धर्म और अधर्म के बीच हुए युद्ध में धर्म की विजय हुई थी तथा कौरवों का सर्वनाश हुआ था। मृत कौरवों का अंतिम संस्कार यहीं किया गया था। सूर्यग्रहण के अवसर पर देश के कोने-कोने से लगभग पांच लाख श्रद्धालु स्नानार्थ पहुंचते हैं। इसी प्रकार चन्द्रग्रहण के अवसर पर लगभग दो लाख श्रद्धालु यहां स्नान करने आते हैं। श्रद्धालु देवी-देवताओं के प्रति अपना सम्मान प्रकट करने विभिन्न श्रद्धा स्थलों, मंदिरों में जाते हैं। इस अवसर पर धार्मिक ग्रन्थों की कथा श्रवण, भजन गायन, कीर्तन आयोजन के अलावा पूर्वजों का श्राद्ध किया गया है।

वनखण्डेश्वर मेला

वनखण्डेश्वर मेला का लोकप्रिय नाम बूढ़ा बाबा मेला भी है। इस मेले का आयोजन माघ (जनवरी-फरवरी) माह में फरीदाबाद जनपद में पलवल नगरी में किया जाता है। यहां पुरुष, महिलाएं तथा बच्चे पूजा करते हैं। एक किंवदन्ती के अनुसार पलवल पूर्व काल में घने जंगलों से घिरा था तथा जंगलों से होकर गुजरने से पहले लोग भगवान शिव की मूर्ति की पूजा करते थे। जंगल के देवता, वनखंडेश्वर से उनके संरक्षण की याचना की जाती थी।

मुसलमानों ने शिवजी की मूर्ति को नष्ट कर दिया तथा याजकों को मुसलमान बना दिया जो अभी तक मुसलमान हैं। सामान्य धारणा है कि यहां की मिट्टी में त्वचा रोग उपचार की क्षमता विद्यमान है। एक अन्य कहानी के अनुसार यहां के एक व्यापारी को बहुत बड़ा लाभ हुआ था तथा उसके द्वारा ही मंदिर एवं जलाशय का निर्माण करवाया गया था।

बाबा मस्तनाथ मेला

बाबा मस्तनाथ मेला का आयोजन बाबा मस्तनाथ की स्मृति में किया जाता है। यह मेला फाल्गुन सुदी 7 (फरवरी-मार्च) को लगता है। लोग बोहर (रोहतक) में संत की समाधि पर पूजा करते हैं। यह मेला खेड़ा साध (रोहतक) में लगता है जहां लोग समाधि पर तथा मंदिर में पूजा करते हैं।

बाबा नरसिंह दास तथा बाबा गणेश दास मेला

बाबा नरसिंह दास तथा बाबा गणेश दास नामक महान सन्तों का जन्म महेन्द्रगढ़ क्षेत्र में कांती नामक गांव में हुआ था। कहा जाता है कि नाभा के राजा हरि सिंह के लम्बे समय तक कोई संतानोत्पत्ति नहीं हुई। बाबा नरसिंह दास के आशीर्वाद से राजा को एक पुत्र तथा एक पुत्री की प्राप्ति हुई। राजा के पुत्र को सन्त द्वारा टिकला नाम दिया गया था। वह आगे चलकर टीका सिंह नाम से नाभा का शासक बना था। राजा हरिसिंह ने गांव के लोगों के हितार्थ इस बाबा का एक मंदिर तथा समाधि का निर्माण मारबल पत्थर से करवाया और एक जलाशय का निर्माण भी करवाया। मंदिर और जलाशय दोनों दर्शनीय हैं तथा मंदिर में एक छोटा विश्राम गृह भी है। इस क्षेत्र के लोग बाबा की पूजा करते हैं तथा बसंत पंचमी (फरवरी-मार्च) को समाधि पर बड़ा मेला लगता है।

दूसरे बाबा गणेश दास भी बहुत प्रसिद्ध थे तथा उनकी समाधि पर संक्रान्ति के अवसर पर बड़ा मेला लगता है। बाबा नरसिंह दास की समाधि की गणना पूर्व नाभा राज्य के अति महत्वपूर्ण मंदिरों में की जाती थी।

बाबा रामेश्वरदास मंदिर यात्रा

महेन्द्रगढ़ के निकट बामनवास प्रमुखतः बाबा रामेश्वरदास मंदिर के लिए विख्यात है। यह मंदिर ग्राम बामनवास की भूमि पर निर्मित है, जबकि मंदिर की

मुख्य दीवार राजस्थान के गांव टिब्बा बसई की सीमा चिन्हित करती है।

बाबा रामेश्वरदास द्वारा एक विशाल मंदिर का निर्माण करवाया गया था। सन् 1963 से इस मंदिर का निर्माण कार्य समय-समय पर निरंतर चलता रहा है। परिणामस्वरूप, यह मंदिर इस क्षेत्र का विशालतम मंदिर है। मुख्य मंदिर के दायीं ओर सुन्दर शिव मंदिर है जिसके परिसर में नन्दी की विशाल प्रतिमा (25 फुट लम्बी तथा 15 फुट ऊंची और 20 फुट चौड़ी) स्थापित की गई है। इस मंदिर में भगवान शिव की अन्य मूर्तियों के अलावा लगभग 10 फुट ऊंचा अद्भुत शिवलिंग संस्थापित किया गया है।

मंदिर के मुख्य प्रवेश द्वार पर हनुमान की प्रतिमा अति विशाल (लगभग 40 फुट ऊंची) है।

प्रत्येक वर्ष राम नवमी के दिन यहां बड़ा मेला लगता है, तब लाखों श्रद्धालु मंदिर पहुंचते हैं। इस मंदिर की मुख्य विशेषता है कि यहां पैसों का दान स्वीकार नहीं किया जाता है।

बाबा शामी दयाल मेला

भिवानी जनपद में चर्खी दादरी में भाद्रपद माह (अगस्त-सितंबर) में बाबा शामी दयाल की समाधि पर एक बड़ा मेला लगता है। यह मेला आठ दिन चलता है तथा फोगट जाट भारी संख्या में इस मेले में पहुंचते हैं। बाबा शामी दयाल का मंदिर तथा समाधि श्यामेश्वर ताल के तट पर अवस्थित है।

यह मंदिर नगरी का प्राचीनतम मंदिर बताया जाता है। एक किंवदंती के अनुसार बिहलान द्वारा इस नगरी की स्थापना के समय संत शामीलाल की समाधि मौजूद थी। राजा ने स्वप्न में सन्त को इस स्थान पर मंदिर बनाने की इच्छा प्रकट करते देखा गया तथा कहा कि मंदिर बनने पर यह क्षेत्र अधिक समृद्ध हो जाएगा। बिहलान ने संत की इच्छानुरूप वहां मंदिर का निर्माण करवा दिया। यह स्थान जाटों के लिए (फोगट गोत्र के जाटों के लिए) पवित्र स्थान है। विशाल श्यामेश्वर ताल, पत्थर के घाट तथा मंदिर इस स्थान की प्राचीन भव्यता की कथा सुनाते प्रतीत होते हैं।

कहा जाता है कि इस मंदिर का निर्माण लाला सीता राम द्वारा 1687 में लगभग एक लाख रुपए की लागत से करवाया गया था।

बलदेव छठ मेला

यह मेला फरीदाबाद जनपद का महत्वपूर्ण धार्मिक मेला है, जो भगवान श्रीकृष्ण के अग्रज बलराम अथवा बलदेव की जयंती के अवसर पर उनके (बलदेव) द्वारा प्रलम्बासुर राक्षस के वध की स्मृति में आयोजित किया जाता है। बलदेव द्वारा प्रलम्बासुर के वध के उपरान्त पलवल नगरी बसाई गई थी।

महाराजा भरतपुर ने इसी स्थान पर एक मंदिर बनवाया तथा भगवान बलदेव की मूर्ति मंदिर में स्थापित करवा दी गई। एक अनुमान के अनुसार बलदेव छठ मेला के अवसर पर लगभग एक लाख श्रद्धालु यहां पहुंचते हैं। लोग बलदेव मंदिर में पूजा करते हैं, एक जुलूस बनाकर झांकियां निकाली जाती हैं तथा कंस का पुतला जलाया जाता है। यह मेला चार दिन होडल नगरी तथा तीन दिन वल्लभगढ़ नगरी में चलता है। जिसमें क्रमशः लगभग 15,000 तथा 70,000 लोग भाग लेते हैं। यह मेला ग्राम छपरौला तथा भंडारी (दो दिन) (पलबल तहसील) और ग्राम पाली, धौज एवं फतेहपुर टिग्गा (एक दिन) (बल्लभगढ़ तहसील) में चलता है।

बासोड़ा उत्सव

बासोड़ा उत्सव चैत्र माह (मार्च-अप्रैल) में मनाया जाता है तथा इसका शाब्दिक अर्थ बासी भोजन होता है। यह उत्सव प्रमुख रूप से सोनीपत और इसके निकटवर्ती क्षेत्र में मनाया जाता है। उत्सव की पूर्व संध्या को घरों में दलिया अथवा खीर बनाई जाती है तथा बिना खाए रख दी जाती है। अगले दिन प्रातःकाल में महिलाएं 'माता' को समर्पित चबूतरों पर देवी की पूजा करती हैं। तदुपरान्त यह बासी भोजन (पूंडगी) परिवार के सदस्यों को खिलाया जाता है।

बावन द्वादशी

बावन द्वादशी अम्बाला जनपद में पूर्ण धार्मिक उत्साह के साथ मनाई जाती है। रात्रि के समय, रामायण और महाभारत के दृश्यों की झांकियां शहर के बाजारों से एक जलूस के रूप में निकाली जाती हैं, जिसके आगे गायक मंडलियां गायन करती हुई चलती हैं।

दिन के समय सभी प्रकार के स्टालों से सजा मेला लगता है। मेला आने वाले अधिकांश श्रद्धालु भगवान विष्णु की मूर्ति क्रय करते हैं। बावन द्वादशी (भादों माह शुक्ल पक्ष में बारहवें दिन) भगवान वामन की स्मृति में मनायी जाती है। हिन्दू पुराणों के अनुसार वामनावतार भगवान विष्णु का पंचम अवतार है।

भगवती बाला सुन्दरी मेला

भगवती बाला सुंदरी मेला चैत्र सुदी 7(मार्च-अप्रैल) को देहरा तथा शाहबाद (तहसील थानेसर) में आयोजित किया जाता है। देहरा मेला को मेला देवी बाला सुंदरी अथवा मेला देवी भवानी कहा जाता है। श्रद्धालु देवी का पूजन करते हैं तथा पैसे कपड़े और आभूषण आदि अर्पित करते हैं। इस मेले में हिन्दू तथा सिख दोनों शामिल होते हैं।

भूमेश्वरी देवी मेला

भूमेश्वरी देवी का मेला और उत्सव का आयोजन रोहतक जनपद की तहसील झज्जर में बेरी नामक स्थान पर वर्ष में दो बार चैत्र सुदी 8 (मार्च-अप्रैल) तथा असूज सुदी 8 (सितम्बर-अक्टूबर) को किया जाता है। एक किंवदन्ती के अनुसार देवी भूमेश्वरी की मूर्ति पहाड़ों से लाकर बेरी में स्थापित की गई थी। नव-विवाहित जोड़े पुत्र प्राप्ति होने पर यहां देवी दर्शन-पूजन हेतु आते हैं।

चेत्र अमावस्या मेला

पेहोवा मेला, पेहोवा नगरी में आयोजित किया जाता है, जो कुरुक्षेत्र से 26 किलोमीटर की दूरी पर स्थित है। पेहोवा सड़क मार्ग के माध्यम से कुरुक्षेत्र, अम्बाला और केथल से जुड़ा है। पेहोवा रोड रेलवे स्टेशन निकटतम रेलवे स्टेशन है, जो पेहोवा नगरी से 8 कि.मी. दूर है। यह मेला वार्षिक आधार पर आयोजित किया जाता है। लोग दूर दराज के क्षेत्रों से चलकर यहां सरस्वती नदी में स्नान करने आते हैं, जो ज्ञान की नदी कहलाती है।

चामुण्डा देवी मेला

एक मान्यता के अनुसार इस क्षेत्र का राजा नौन करन चामुण्डा देवी का भक्त था। उसने पहाड़ी के तल पर चामुण्डा देवी के मंदिर का निर्माण करवाया था। यह मंदिर नगर के मध्य स्थित है। राजा नौन करन के 'पतन के पश्चात् यह क्षेत्र मुगलों के अधीन हो गया। मुगलों ने चामुण्डा देवी' के मंदिर के ऊपर जामा मस्जिद नामक एक बड़ी मस्जिद का निर्माण कराया। स्वतंत्रता प्राप्ति के पश्चात् लोगों ने इस स्थान की खुदाई प्रारंभ की तथा जीर्ण दशा में मंदिर दिखाई दिया।

यह मंदिर अब सबसे महत्वपूर्ण मंदिर माना जाता है तथा राम नवमी के दिन नगर के लोग यहां विशेष पूजा अर्चना हेतु आते हैं। इस अवसर पर विशाल मेला

आयोजन होता है। नारनौल का संबंध महाभारत काल से है, जब यह नर राष्ट्र के नाम से जाना जाता था।

च्यवन ऋषि मेला

नारनौल से लगभग 8 किलोमीटर की दूरी पर ग्राम थाना तथा कुलताजपुर के निकट ढोसी पहाड़ी अवस्थित है। यह पहाड़ी देशभर में प्रसिद्ध हो चुकी है क्योंकि एक मान्यता के अनुसार प्राचीन काल में च्यवन ऋषि ने यहां रहकर अनेक वर्षों तक घोर तपस्या की थी। इसी पहाड़ी पर च्यवन ऋषि का मंदिर बना हुआ है। च्यवन ऋषि की स्मृति में सोमवती अमावस्या के दिन यहां बहुत बड़ा मेला लगता है।

यह स्थान अत्यंत पावन और एक तीर्थ माना जाता है। पहाड़ी के ऊपर एक शिव मंदिर, जलाशय तथा एक कुआं विद्यमान है। इस जलाशय तथा कुएँ का जल गंगा और यमुना के जल के समान पवित्र माना जाता है। दूर-दूर से लोग यहां च्यवन ऋषि की मूर्ति के दर्शन एवं पूजन करने आते हैं। श्रद्धालु जलाशय में स्नान कर स्वयं को भाग्यशाली तथा पापों से मुक्त मानते हैं। इस जलाशय पर पुरुषों एवं महिलाओं के स्नान हेतु पृथक घाट निर्मित हैं। श्रद्धालुजन को ग्राम थाना होते हुए ढोसी पहाड़ी की चार सौ सत्तावन सीढ़ियां चढ़नी होती हैं। लोग खुरा (समतल सीढ़ियां) के माध्यम से ग्राम कुलताजपुर होकर भी ढोसी पहाड़ी जाते हैं तथा शिव कुंड में स्नान करते हैं। सीढ़ी मार्ग के किनारे 5-6 फुट लम्बी दीवार भी है। इस दीवार के सहारे पहाड़ी के ऊपर आसानी से पहुंचा जा सकता है। ढोसी पहाड़ी पर 'पंच तीरथी' तथा 'सूरज कुंड' अन्य धार्मिक महत्व के स्थल हैं।

पहाड़ी की चोटी पर दो मंदिर हैं, जिनमें से एक मंदिर लगभग 290 वर्ष पुराना है। मुख्य मंदिर में च्यवन ऋषि, सुकन्या, कृष्ण तथा राधा की मूर्तियां स्थापित हैं। इन मूर्तियों के अतिरिक्त शेष शय्या पर विराजमान भगवान विष्णु की अष्टधातु की मूर्ति मंदिर की शोभा बढ़ा रही है।

मंदिर से थोड़ी दूर एक गुफा आज भी विद्यमान है, जहां च्यवन ऋषि तपस्या करते थे।

देवउठानी ग्यारस उत्सव

देवउठानी ग्यारस उत्सव कार्तिक माह में मनाया जाता है। यह उत्सव प्रमुख

रूप से महिलाओं का उत्सव है। यह उत्सव अषाढ़ (जून-जुलाई) की नवमी तिथि सें शयन पर गए देवों को जगाने हेतु मनाया जाता है। महिलाएं दिन में उपवास रखती हैं तथा सायंकाल में एक चुनी हुई जगह पर एकत्र होती हैं तथा पीतल आदि के बरतन बजा कर देवों को जगाती हैं। इसके पश्चात् वे अपना उपवास समाप्त करती हैं तथा इस अवसर पर बनाए गए विशेष व्यंजनों का सेवन करती हैं।

गुग्गा नवमी

गुग्गा नवमी अम्बाला में बहुत लोकप्रिय है। मेलों में गुग्गा (सर्पों के देवता) की पूजा विशेष आकर्षण का केन्द्र होती है। कुछ स्थानों पर इसको गुग्गा की थड़ी भी कहा जाता है। सर्प पूजा के अधीन गुग्गा सम्प्रदाय का वर्गीकरण करने का सबसे बड़ा कारण यह मान्यता है कि गुग्गा में सर्पदंश का उपचार करने की अद्भुत शक्ति है। मान्यता के अनुसार भादों माह की नवमी को गुग्गा धरती पर अवतरित हुए थे। इस घटना की स्मृति में इस तिथि को उनकी समाधि पर मेला लगता है।

जो लोग मेला में भाग नहीं लेते हैं, वे सर्पों के बिल की खोज कर उन्हें कच्ची लस्सी पिलाते हैं तथा सेवियां खिलाते हैं। गुग्गा को गुग्गा पीर तथा जाहिरपीर भी कहा जाता है। मान्यता है कि गुग्गा ने अपने जीवन के अंतिम काल में इस्लाम धर्म अपना लिया था।

गुरुद्वारा दशमी तथा नौमी पादशाही

कहा जाता है कि मुख्य बाजार स्थित गुरुद्वारा में सिखों के नौवें तथा दसवें गुरु पधारे थे। यह गुरुद्वारा उस स्थान पर बना है जहां सिखों के नौवें गुरु का अंतिम संस्कार किया गया था। मेले के दिन गुरु ग्रन्थ साहिब का अखण्ड पाठ किया जाता है।

हजरत लखी शाह का उर्स

पंखा मेला के नाम से लोकप्रिय यह धार्मिक मेला ताज-उद्-दीन-चिश्ती, जो बाद में हजरत लखी शाह के नाम से मशहूर हुए, की याद में अम्बाला में जून माह में हजरत के मकबरे पर आयोजित किया जाता है। इस अवसर पर एक जलूस निकाला जाता है, श्रद्धालु कुरान की आयतें गाते हैं, मिठाइयां, फल, पंखे, और चादर चढ़ाते हैं। सन्त की तारीफ में कव्वाली गाई जाती हैं।

होला मेला

होला मेला का आयोजन चैत बदी 1 (मार्च-अप्रैल) को सिरसा के निकट डेरा जीवन नगर में आयोजित किया जाता है जिसमें नामधारी पंथ के अनुयायी भारी संख्या में भाग लेते हैं। इस अवसर पर मात्र ग्यारह रुपए की लागत पर सादा विवाह सम्पन्न कराया जाना इस मेले का विशिष्ट आकर्षण है।

डेरा जीवन नगर सिरसा से पश्चिम में 30 किलोमीटर की दूरी पर अवस्थित है। यह नामधारी पंथ का महत्वपूर्ण केन्द्र है। पूर्व काल में चीचल नामक इस गांव का नाम एक नामधारी संत स्व. प्रताप सिंह की माता जीवन कौर के नाम पर जीवन नगर रखा गया है। नामधारी पंथ के अनुयाइयों की भारी संख्या शेखूपुरा, सियालकोट तथा गुजरांवाला जनपदों से विभाजन के पश्चात् यहां आकर बस गई हैं।

जल झोलनी मेला

जल झोलनी मेला का आयोजन सोनीपत जनपद में गोहाना में भादों के महीने में आयोजित किया जाता है, जब भगवान श्रीकृष्ण की शोभायात्रा निकाली जाती है तथा सांध्य समय मूर्ति का विसर्जन जल में किया जाता है। यह नगर पूर्व काल में पृथ्वीराज का दुर्ग बताया जाता है जो बाद में मुहम्मद गोरी द्वारा नष्ट कर दिया गया था। यहां शाह जिया-उद्-दीन की मजार पर सालाना मेला लगता है। शाह जिया-उद्-दीन मुहम्मद गोरी के साथ भारत आया था। यहां जैन अर्हत पारसनाथ के दो मंदिर हैं, जहां वार्षिकोत्सव का आयोजन किया जाता है।

जन्माष्टमी

जन्माष्टमी एक सुप्रसिद्ध हिन्दू त्यौहार है। यह भगवान श्रीकृष्ण का जन्म दिन है, जो भगवान विष्णु के आठवें अवतार थे। भगवान श्रीकृष्ण का जन्म भादों (अगस्त-सितम्बर) के कृष्ण पक्ष की आठवीं रात्रि को ठीक उस समय हुआ था जब चन्द्रमा रोहिणी नक्षत्र में प्रवेश करता है। सामान्यतः यह माना जाता है कि भगवान श्रीकृष्ण का जन्म लगभग तीन हजार वर्ष पूर्व उत्तर प्रदेश के मथुरा जनपद में हुआ था।

इस महोत्सव के आयोजन का एक स्थान श्री गौरी शंकर मंदिर है, जो नगर के बीच बिचला बाजार में अवस्थित है। भिवानी में यह उत्सव भादों बदी 1 से 9 तक चलता है। लोग भगवान के दर्शनों हेतु मंदिर पहुंचते हैं। दर्शनार्थियों की

संख्या रात्रिकाल में अधिक हो जाती है, जब मंदिर में बिजली की रोशनी में झांकियों की सुन्दरता देखते ही बनती है।

भिवानी के स्थानीय लोगों के अतिरिक्त पड़ोसी जनपदों हिसार, रोहतक, गुड़गांव, संगरूर, जींद तथा नरवाणा क्षेत्र विशेषकर चुरु, महेन्द्रगढ़, झुंझनू (राजस्थान) तथा दिल्ली के लोग उत्सव में भाग लेने पहुंचते हैं। दर्शनार्थियों में महिलाओं की संख्या अपेक्षाकृत अधिक होती है। उत्सव के दौरान लगभग एक लाख श्रद्धालु भगवद्दर्शन के लिए मंदिर पहुंचते हैं।

मंदिर का संचालन तथा व्यवस्था सेठ किरोड़ी मल चैरिटी ट्रस्ट द्वारा किया जाता है जिसमें पांच सदस्य होते हैं। यह ट्रस्ट इस मंदिर की व्यवस्था के अलावा कुछ अस्पताल, शिक्षा संस्थाओं, धर्मशालाओं, पुस्तकालयों, सार्वजनिक पूजा स्थलों की व्यवस्था करता है तथा गरीब लोगों की सहायता करता है।

कार्तिक सांस्कृतिक उत्सव

कार्तिक सांस्कृतिक उत्सव हरियाणा के प्रमुख उत्सवों में एक है। इस उत्सव का आयोजन कार्तिक (अक्टूबर-नवम्बर) माह 10 दिन तक फरीदाबाद जनपद में वल्लभगढ़ में अठारहवीं सदी में निर्मित राजा नाहर सिंह के भव्य महल में किया जाता है।

राजा नाहर सिंह का महल एवं किला पुनरुद्धार एवं पुनर्नवीकरण के माध्यम से पुनः जीवन्त बना दिया गया है। गुप्त बैठक कक्ष, महल की जटिलताएं बदल कर बांसुरी और तबले की मधुर ध्वनि, घुंघरूओं की आवाज, लोक रंगमंच, शास्त्रीय प्रदर्शन, जादूगर तथा कठपुतली प्रदर्शन, भव्य मनमोहक परिधान, शास्त्रीय व्यंजन, कौशलपूर्ण शिल्प, आतिशबाजी, ऊंट, हाथी की सवारी तथा उत्सवमय वातावरण सृजित कर दिया गया है।

कार्तिक उत्सव में लोक नृत्य थियेटर प्रदर्शन, एक सौ से अधिक राजस्थानी कलाकारों द्वारा 'प्रकाश और अग्नि' नृत्य, फ्रांस के नर्तक दल "आवंत-गार्दे" का प्रदर्शन तथा क्षेत्रीय व्यंजनों और सुन्दर हस्तशिल्प से सजे बाजार प्रमुख विशेषताएं हैं।

मामू भांजा का उर्स

सोनीपत में प्राचीनतम मुस्लिम श्रद्धास्थल "दरगाह मामू भांजा" मौजूद है

जिसका निर्माण 1200 से अधिक वर्ष पहले उस स्थान पर करवाया गया था जहां पैगम्बर मुहम्मद के वंशज को दफन किया गया था। यह स्थान नगर के पुराने भग्नावशेषों के निकट एक ऊंचे स्थान पर मौजूद है।

इस दरगाह में हजरत इमाम नसीद्दीन (अब्दुल्ला का बचपन का नाम) तथा उसके भांजे इब्राहीम की साझा कब्र बनी हुई है। इस श्रद्धास्थल की एक अद्भुत विशेषता यह है कि इसकी खोज तथा निर्माण एक हिन्दू गौड़ ब्राह्मण शासक द्वारा करवाया गया था जो इसका सर्वप्रथम मतावलंबी बना था और उसके वंशज आज तक इस परम्परा का निर्वाह अबाध रूप से कर रहे हैं।

वार्षिक उर्स का आयोजन मुहर्रम के 9, 10 तथा 11वें दिन किया जाता है। मकबरे के निकट मस्जिद का निर्माण राजा बलबन द्वारा करवाया गया था। यह श्रद्धास्थल लगातार जीर्ण हो रहा है।

यह श्रद्धास्थल प्राचीन मंदिर वास्तुकला जैसा दिखाई देता है तथा कब्र के ऊपर शिवलिंग गिलाफ से आवृत्त है। इस श्रद्धास्थल पर सभी जाति धर्म के लोग पहुंचते हैं, जिनमें अस्सी प्रतिशत श्रद्धालु हिन्दू होते हैं। यह हिन्दू तथा मुसलमानों के बीच सहनशीलता एवं भाईचारे बेमिसाल उदाहरण है।

मार्कण्डेय मेला

ऋषि मार्कण्डेय को समर्पित मेला हरपोली, अम्बाला में आसोज पूर्णमासी (सितम्बर-अक्टूबर) के दिन लगता है। श्रद्धालुगण ऋषि मार्कण्डेय मंदिर में पूजा करते हैं तथा मार्कण्ड नदी में स्नान करते हैं।

मसानी/शीतला माता मेला

मसानी मेला गुड़गांव जनपद का सबसे बड़ा मेला है। यह मेला साल भर सप्ताह में दो दिन सोमवार एवं मंगलवार के दिन लगता है। सावन के महीने में केवल अनुसूचित जातियों जैसे सपेरा तथा सांसी जाति के लोग मेले में पहुंचते हैं, अन्य जातियां साधारणतः इस महीने में नहीं आती हैं। मेला चैत के महीने में अपने चरम पर होता है यद्यपि उसके बाद के महीनों में श्रद्धालु की पर्याप्त संख्या होती है। तदुपरांत असोज (आश्विन) के नवरात्रों में मेला पुनः अपने चरम पर होता है। यह मेला गुड़गांव नगर के निकट गुड़गांव ग्राम में लगता है। इस मेले का नाम चेचक की देवी मसानी के नाम पर रखा गया है। यहां एक मंदिर है,

जिसे शीतला माता का मंदिर कहा जाता है। यह मंदिर गांव की आबादी से बाहर स्थित है। यहां निकट ही गुड़गांव रेलवे स्टेशन है तथा पक्की सड़के बनी हुई हैं जहां से दिल्ली, जयपुर, आगरा सभी दिशाओं को गमन किया जा सकता है।

वर्तमान मंदिर का निर्माण भरतपुर के सिपाहसालार जवाहर सिंह द्वारा दिल्ली विजय के उपलक्ष में कराया गया था। मंदिर के साथ एक जलाशय का निर्माण हो गया है। कुछ लोग जवाहर सिंह के स्थान पर भरतपुर के सूरजमल का नाम लेते हैं।

देवी की मूर्ति मिश्र धातु से निर्मित है जिस पर स्वर्ण पालिश है तथा इसका भार लगभग छह किलोग्राम है। उत्सव प्रत्येक सोमवार की प्रातः प्रारंभ होकर मंगलवार की सायं समाप्त होता है। श्रद्धालु यहां अपनी श्रद्धा व्यक्त करने तथा अपने बच्चों की चेचक से रक्षा के लिए प्रार्थना करने आते हैं। इस पूरी प्रक्रिया को 'जात देना' अथवा 'कबुलियत' कहा जाता है। श्रद्धालुगण देवी के सम्मान में भजन, कीर्तन करते हुए रात्रि जागरण करते हैं। श्रद्धालुओं का एक वर्ग यहां बच्चों के मुंडन संस्कार के लिए आता है। नव विवाहित युगल भी अपने सुखी विवाहित जीवन की कामना के साथ देवी दर्शन के लिए आते हैं।

मेव रावण मेला

यह मेला एक धार्मिक मेला है तथा लाक्षणिक रूप में मनोरंजन मेला है जिसका आयोजन गुड़गांव जनपद में फिरोजपुर झिरका में चैत्र माह (मार्च-अप्रैल) में तीन दिन तक चलता है। इस मेले का सम्बन्ध मेवों के रावण के साथ बताया जाता है। इस मेले में लगभग 8-10 हजार श्रद्धालु भाग लेते हैं जिनमें (मेव जाति के लोग) का बाहुल्य होता है। मल्लयुद्ध, बाजीगरों के करतब, नाटक प्रदर्शन तथा कठपुतली प्रदर्शन इत्यादि इस मेले के प्रमुख आकर्षण हैं।

फाल्गु मेला

फाल्गु मेला ऋषि फाल्गु के सम्मान में आयोजित किया जात है। ऋषि फाल्गु का उल्लेख महाभारत में उपलब्ध है। फराल नामक स्थान पर लगने वाले इस मेले में भारी संख्या में श्रद्धालु पहुंचते हैं। फराल केथल तहसील में पुण्ड्री कस्बे से करीब दस किलोमीटर दूर है। कुरुक्षेत्र मेले की भांति यह मेला भी ऐसे स्थान पर लगता है जहां सामान्यतः कोई नगरीय सुविधाएं उपलब्ध नहीं हैं। इन दोनों मेलों की एक अन्य समानता इनका वार्षिक मेला नहीं होना है। कुरुक्षेत्र मेला सूर्यग्रहण

के अवसर पर लगता है तो फाल्गु मेला श्राद्ध के दिनों में अमावस्या (यदि सोमवार को पड़ती है) को लगता है।

पीर मेला

यह धार्मिक मेला बैसाख पूर्णमासी (अप्रैल-मई) को पलवल तहसील में कुशाक गांव में दो दिन लगता है। एक मान्यता के अनुसार इस इलाके में राज रोड का शासन था। वह अपनी अधीन जनजातीय गूजरों को उनके गाय भैंसों से अवमुक्त करना चाहता था। गूजर यमुना तट पर रहने वाले एक सिद्ध महात्मा के पास गए। उस महात्मा ने उन्हें एक धनुष बाण दिया तथा राजा की सेना पर चलाने को कहा। गूजरों ने ऐसा ही किया, जिसके परिणामस्वरूप राजा के सिपाही परस्पर लड़कर नष्ट हो गए।

इसके पश्चात सिद्ध महात्मा ने लोहे की एक छड़ प्रक्षेपित की और कहा 'जहां पड़ेगा कटाक वहां बसेगा कुशाक'। उस स्थान पर कुशाक गांव बसाया गया। गूजर उस सिद्ध महात्मा को कुशाक गांव से लाए, लेकिन वह महात्मा कुछ समय पश्चात् समाधिस्थ होकर इस नश्वर जगत से प्रयाण कर गया। हिन्दू और मुस्लिम दोनों उसके अनुयायी हो गए तथा मुसलमान उस महात्मा को पीर कहने लगे। यह मेला उसी महात्मा के सम्मान में लगता है। इस मेले में लगभग 15000 लोग भाग लेते हैं। लोग इस अवसर पर यमुना नदी में स्नान करते हैं।

रामदेव मेला

रामदेव मेला सिरसा जनपद में वार्षिक आधार पर अनेक स्थानों पर आयोजित किय जाता है। माघ सुदी 10 (जनवरी-फरवरी) को कागदना, लुडेसर, एलनाबाद में, माघ सुदी-9 को कुरंगनवली और भादों की बदी-10 (अगस्त-सितम्बर) को माघ तथा बदी-10 (जनवरी-फरवरी) को अर्द्धवार्षिक आधार पर मंडी अबवाली में आयोजित किया जाता है। यह मेला राम देव जी महाराज को समर्पित है जो बीकानेर रियासत में रुनिचा के तंवर राजपूत वंश के संत बताए जाते हैं।

शाह कुमाइश मेला

शाह कुमाइश के सम्मान में एक धार्मिक मेला फरवरी में अम्बाला जनपद में सधौरा में आयोजित किया जाता है। यह मेला सन 1556 में बैराम खां द्वारा प्रारंभ

किया गया था। श्रद्धालु शाह कुमाइश के मकबरे पर अपनी श्रद्धा अर्पित करते हैं। भक्ति गीत संगीत, ढोल, कुश्ती इस मेले के प्रमुख आकर्षण हैं।

शहीदी मेला

सन 1857 के स्वतंत्रता संग्राम नायक राव तुला राम नामक अहीर की शहादत की याद में रामपुरा (रेवाड़ी तहसील) में सितम्बर माह में लगने वाला दो दिन का शहीदी मेला महेन्द्रगढ़ जनपद का महत्वपूर्ण मेला है।

राव तुला राम ने सन 1857 में अंग्रेजी शासन के खिलाफ विद्रोह में प्रमुख भूमिका निभाई थी। उसने अंगरेजों के विरुद्ध हथियार उठाए थे तथा 7 अक्टूबर 1857 को रामपुरा के निकट एक संक्षिप्त संघर्ष किया था।

शारदा देवी मेला

अम्बाला जनपद में चैत सुदी अष्टमी (मार्च-अप्रैल) को तलोकपुर में मां शारदा देवी का मेला लगता है। अम्बाला जनपद के अलावा निकटवर्ती हिमाचल प्रदेश के श्रद्धालु मेले में भाग लेने आते हैं। भक्तगण देवी का पूजन कर प्रसाद वितरित करते हैं।

सोमवती अमावस मेला

केथल जनपद के फराल गांव में सोमवती अमावस्या को बड़ा मेला लगता है। सोमवती अमावस्या का अर्थ सोमवार के दिन पड़ने वाली अमावस्या है। हिन्दू श्रद्धालु इस दिन उपवास करते हैं। हिंदू तथा सिख तीर्थयात्री नदियों में स्नान करते हैं तथा मंदिर जाते हैं।

इस जनपद के अन्य मेला हजरत नौ बहार मेला (गुहला) तथा खोली वाली देवी का मेला है।

21

रीति-रिवाज

जन्म, विवाह और मृत्यु जैसी जीवन-चक्र की घटनाएं समग्र मानव जाति के लिए एक समान हैं, किन्तु राष्ट्रीय और क्षेत्रीय प्रभावों, धर्म रीतियों आदि के कारण ये घटनाएं एक विशिष्ट स्वरूप धारण कर लेती हैं। इसलिए, विश्व और भारत में अन्य समाजों की भांति, हरियाणा में भी जन्म, विवाह, मृत्यु और मृत्यु-उपरांत समारोहों जैसी जीवन-चक्र की घटनाओं से संबंधित अपने विशिष्ट प्रकार के रीति रिवाज हैं। पुनश्च भिन्न जातियों तथा समुदायों में ऐसे कार्यों के संबंध में अलग रीति-रिवाज होते हैं। इस दृष्टिकोण से उन सभी को अलग-अलग देखना बेहतर होगा।

अहीर

अहीरों में शिशु जन्म, विवाह तथा मृत्यु के दौरान प्रमुख जीवन-चक्र कर्मकाण्ड किए जाते हैं। गर्भावस्था की अवधि में कोई अनुष्ठान नहीं किया जाता है। पुत्र जन्म के अवसर पर अनुष्ठान अधिक उत्साह के साथ किया जाता है, तथा वे थाली बजाकर अपनी प्रसन्नता व्यक्त करते हैं। अनुसूचित जाति की महिला शिशु का 'नाल' काटती है तथा जन्मस्थल पर मिट्टी में दबा देती है तथा शुद्ध घी का दीपक जला कर रखती है और दुष्ट आत्माओं से शिशु की रक्षा के लिए लोहे की कील गाड़ देती है। इस अवसर पर किए जाने वाले विशिष्ट आयोजनों में कुआं पूजन तथा नामकरण संस्कार प्रमुख हैं। पंडित के साथ परामर्श से निर्धारित शुभ दिन को महिला के भाई तथा माता-पिता अपनी पुत्री तथा परिवार के अन्य सदस्यों के लिए वस्त्र और मिठाइयां आदि लाते हैं। वे इस अवसर पर एक विशेष ओढ़नी लाते हैं, जिसे पीलिया कहा जाता है तथा जिसको महिला कुआं पूजन के समय धारण करती है। इस अवसर पर लड्डू बांटे जाते हैं तथा ग्राम के लोगों को भोज दिया

जाता है। इस जशोठन कहा जाता है।

नाइन और अनुसूचित जाति की महिला को उनकी सेवाओं के बदले खाद्यान्न, एक जोड़ी वस्त्र तथा कुछ नकद राशि भी दी जाती है। महिला के पति की मां अथवा बहन महिला और उसके शिशु की देखभाल करती हैं तथा बदले में उपहार प्राप्त करती हैं। पुत्र जन्म के मामले में उपहार कीमती होता है तथा यह चूची धुलाई कहा जाता है। शिशु जन्म के छठे दिन ब्राह्मण की सहायता से यज्ञ किया जाता है तथा ब्राह्मण द्वारा शिशु का नामकरण किया जाता है। यह नामकरण संस्कार कहा जाता है।

नामकरण संस्कार के दिन भोज व्यवस्था की जाती है, जिसमें सम्बन्धियों तथा मित्रों को विशेष भोजन परोसा जाता है। रात्रि काल में महिलाएं लोकगीत गाती हैं तथा नृत्य करती हैं। प्रसूतिका महिला एक माह के पश्चात् गृहस्थी का कार्य प्रारंभ करती है, जिसकी शुरुआत अन्य महिलाओं के साथ मिलकर कुएं से जल लाकर की जाती है।

अहीर समुदाय में मृत्यु के पश्चात् अवयस्क को दफन करने तथा वयस्क का दाह संस्कार करने की परम्परा विद्यमान है। किसी व्यक्ति की मृत्यु होने पर शव स्नान कराया जाता है तथा उसको नए वस्त्र पहनाए जाते हैं। सामान्यतः ज्येष्ठ पुत्र पिता की चिता को अग्नि प्रदान करता है। मृत्यु के दिन से गणना कर तेरहवें दिन तेरहवीं की जाती है। समस्त संबंधी और मित्रगण मृतक परिवार के घर आते हैं तथा परिवार जनों को सांत्वना तथा मृतक की आत्मा की शान्ति हेतु प्रार्थना करते हैं। तेरहवें दिन ब्राह्मण मृतक की स्मृति में हवन सम्पन्न करवाता है।

अरोड़ा

अरोड़ा समुदाय में जन्म, विवाह तथा मृत्यु के समय जीवन-चक्र के कर्मकाण्ड किए जाते हैं। प्रसव पूर्व अनुष्ठान नहीं किए जाते हैं, लेकिन प्रसव पूर्व एवं प्रसवोत्तर पाबंदियों पर अमल किया जाता है। शिशु के जन्म के पश्चात् तेरह अथवा चालीस दिन तक सूतक (प्रसवोत्तर प्रदूषण) लागू रहते हैं। मां के स्नान तथा पूजा करने के साथ ही उसका शुद्धिकरण सम्पन्न हो जाता है। उसके रसोई प्रवेश हेतु 'चौकी-चामा' किया जाता है। पुत्र जन्म के अवसर पर भोज व्यवस्था की जाती है। केवल पुत्र के मामले में नामकरण किया जाता है। हिन्दू अरोड़ाओं में पुत्र का मुंडन प्रथम, तृतीय अथवा पांचवें वर्ष में किया जाता है। कुछ परिवारों में

मुंडन साधारण तरीके से किया जाता है। समुदाय के कुछ वर्गों में पुत्री का भी मुंडन संस्कार होता है। कुछ मामलों में यज्ञोपवीत संस्कार भी किया जाता है।

विवाह संस्कार के कार्य वर तथा वधू दोनों के निवास पर सम्पन्न किए जाते हैं। इसमें 'रोका', 'ठाका', 'चुन्नी चढ़ाना' 'सगन' विवाह पूर्व समारोह होते हैं तदुपरान्त 'बारात', 'फेरे' तथा 'डोली' होती है। वधू के पिता द्वारा भोजन की व्यवस्था की जाती है। विवाह के पश्चात् वर के माता-पिता द्वारा स्वागत भोज दिया जाता है। वास्तविक विवाह हिन्दू अरोड़ाओं में पवित्र अग्नि और सिख अरोड़ाओं में गुरु ग्रन्थ साहिब के सात फेरों से सम्पन्न होता हैं विवाह का समापन वर के निवास स्थान पर होता है।

अरोड़ा समुदाय में मृत व्यक्ति का दाह संस्कार किया जाता है तथा प्रदूषण अवधि तेरह दिन की होती है जो आजकल कुछ मामलों में 7-10 दिन कर दी गई है। फूल चौथे दिन चुने जाते हैं तथा हरिद्वार में पावन गंगा में प्रवाहित किए जाते हैं। क्रिया, रस्म पगड़ी अथवा उठाला सामान्यतः तेरहवें दिन किया जाता है। वृद्ध व्यक्ति के स्वर्गवास पर संबंधियों तथा मित्रों को भोज भी दिया जा सकता है। 'बरसी' के अवसर पर मृत व्यक्ति को याद किया जाता है। जीव-चक्र संबंधी धार्मिक अनुष्ठान की अवधि, इनके अत्यंत खर्चीले होने के कारण, कम होती जा रही है।

बनिया

बनियों में सामान्यतः प्रसव पूर्व कोई अनुष्ठान नहीं किया जाता है, लेकिन कुछ लोग 'सातवां पूजन' (गर्भधारण के पश्चात् सातवाँ महीना) करते हैं। इस अवसर पर पंडित जी द्वारा पूजा सम्पन्न कराई जाती है तथा गर्भवती माता के मात-पिता और भाई उपहार लाते हैं। उपहारों में मिठाई, फल, सुहाग, सिंदूर तथा कांच की चूड़ियां शामिल होती हैं।

गता महिलाओं को शिशु जन्म बाद ग्यारहवें दिन स्नान कराया जाता है। पुत्र जन्म की घोषणा कांस्य निर्मित थाली बजाकर की जाती है। महिला को शिशु के जन्म के पश्चात् छठे दिन स्नान कराया जाता है। प्रसूतिका को पीने के लिए अजवायन का पानी दिया जाता है। उसकी ननद घर के दरवाजे पर दोनों तरफ 'सतिया' (स्वस्तिक चिह्न) बनाती है। द्वार पर आम के पत्तों का तोरण बांधा जाता है। सफाईकर्मी इस अवसर पर अपना उपहार प्राप्त करता है। जन्म के दसवें दिन

'दसूठन' किया जाता है। 'कुआं पूजा' होती है। महिलाएं गांव के कुएं पर जाकर पूजन करती हैं, तथा मिठाइयां आदि वितरित करती हैं। शिशु का नामकरण भी इसी दिन किया जाता है। एक पंडित घर के शुद्धिकरण हेतु यज्ञ करता है। भोज की व्यवस्था की जाती है, जिसमें समस्त संबंधियों एवं मित्रों को आमंत्रित किया जाता है। सूतकों की अवधि नौ दिन की होती है। यह दसवें दिन यज्ञ के पश्चात् समाप्त होती है। गता और सरलियाओं में यह अवधि ग्यारहवें दिन समाप्त होती है।

इसी दिन नवजात का नामकरण भी किया जाता है। यह संस्कार गौड़ ब्राह्मण द्वारा सम्पन्न कराया जाता है। पुत्र अथवा पुत्री दोनों का मुंडन संस्कार होता है, लेकिन सरलिया पुत्रियों का मुंडन संस्कार नहीं करवाते हैं। लोग मुंडन संस्कार के लिए गुड़गांव वाली माता/बेरी वाली माता अथवा हरिद्वार जाते हैं। मुंडित केश मंदिर के निकट जलाशय अथवा नदी में प्रवाहित कर दिए जाते हैं। तथापि, गता बनिए मुंडित केश अपने घर की दीवार में संरक्षित रखते हैं, जिनका उपयोग कई बार घाव के उपचार हेतु किया जाता है। औपचारिक मुंडन संस्कार समारोह केवल पुत्र के मामले में आयोजित किया जाता है। इस अवसर पर पिता अपनी माता, बहनों तथा दादी को उपहार भेंट करता है। महिला के माता-पिता नवजात शिशु के माता-पिता तथा पितामही-पितामह के लिए वस्त्रादि लाते हैं। इस अवसर पर अनुष्ठान हेतु पंडित को आमंत्रित किया जाता है। कुछ परिवारों में कुछ लड़कों द्वारा जनेऊ धारण किया जाता है। दसा तथा बीसा बनियों में जनेऊ समारोह सामान्यतः विवाह के अवसर पर सम्पन्न होता है, लेकिन सरलिया बनियों में जनेऊ समारोह नहीं होता है।

बीसा बनियों में किसी व्यक्ति की मृत्यु होने पर बारह दिन का शोक मनाया जाता है तथा तेरहवें दिन तेरहवीं की जाती है। गताओं और सरलियाओं में यह तेरहवें अथवा सत्रहवें दिन होता है। मृतक के परिवार में मृत्यु के दिन खाना नहीं बनाया जाता है। संबंधी और पड़ोसी उस परिवार को भोजन उपलब्ध कराते हैं। दस दिन तक सब्जी में अथवा दाल में हल्दी नहीं डाली जाती है। व्यवसाय कार्य तीन दिन के लिए बंद कर दिया जाता है।

मृतक का दाह संस्कार किया जाता है, किन्तु दस वर्ष तक के बच्चों को दफन किया जाता है। तीसरे दिन मृतक के फूल (अस्थि अवशेष) एकत्रित किए जाते हैं, उन्हें दूध से साफ कर गंगा अथवा यमुना नदी में प्रवाहित किया जाता है। गता बनिए फूल तीसरे अथवा चौथे दिन एकत्र करते हैं जबकि सरलिया चौथे

दिन ही एकत्र करते हैं। दसही (दसवें दिन) को मृतक के परिवार के पुरुष सदस्य तथा उनके संबंधी अपनी दाढ़ी, मूंछ कटवाते हैं तथा महिलाएं अपने केश धोती हैं। मृत पुरुष के ससुराल पक्ष के लोग अथवा मृत महिला के माता-पिता द्वारा भोज दिया जाता है। क्रिया (मृत्यु प्रदूषण की समाप्ति का संकेतक संस्कार) सामान्यतः तेरहवें दिन तथा अति वृद्ध व्यक्ति की मृत्यु के मामले में सत्रहवें दिन की जाती है, जिसमें तेरह अथवा सत्रह ब्राह्मणों को भोजन खिला कर उन्हें दान दक्षिणा दी जाती है। भोज की व्यवस्था मृतक के पुत्र द्वारा की जाती है। 'पगड़ी दिखाना' के दिन विधवा को धनराशि तथा वस्त्रादि अर्पित किए जाते हैं। 'बुरा गेरना' (चूड़ियां) इसी दिन विधवा को दी जाती हैं। इसी दिन परिवार का मुखिया घोषित किया जाता है। पुत्र की पगड़ी (जो क्रिया करता है) ससुराल पक्ष द्वारा दी जाती है। वृद्ध व्यक्ति की मृत्यु के अवसर पर मिष्ठान्न वितरण किया जाता है, ढोलक बजाया जाता है तथा बैण्ड बाजा बजवाया जाता है। कनागत (पूर्वजों की पूजा) किए जाते हैं। मृत्यु के पश्चात् ग्यारहवें माह में बरसी की जाती है। इस अवसर पर पंडित पूजा करता है तथा उसको नकद दक्षिणा एवं वस्त्रादि दान दिया जाता है। उसको पूजा का भोजन खिलाया जाता है। कुछ लोग चौबरसी (चतुर्थ मृत्यु पुण्यतिथि) करते हैं।

बावरिया समुदाय में जन्म के समय नामकरण संस्कार किया जाता है। माता पर प्रसवोपरांत पाबंदिया लगाई जाती हैं। बचपन में मुंडन संस्कार (केवल पुत्र का) कराया जाता है। विवाह संस्कार के कार्य वर तथा वधू दोनों के घर सम्पन्न किए जाते हैं। विवाह और इससे जुड़े कार्य सार्वजनिक स्थान जैसे मंदिर तथा समुदाय के पूजा स्थलों पर सम्पन्न किए जाते हैं। विवाह संबंधी मुख्य भोज वधू के माता-पिता द्वारा दिया जाता है। तथापि, वर के माता-पिता भी अपने घर पर इस प्रकार के भोज की व्यवस्था करते हैं।

मृत व्यक्ति का दाह संस्कार किया जाता है तथा अस्थियां गंगा में प्रवाहित की जाती हैं। अधिकांश बावरिया पूर्वज पूजा करते हैं। उपभोज्य, गैर-उपभोज्य तथा सेवा कार्यों की महंगाई के कारण बावरिया सहित समस्त ग्रामीण लोग धार्मिक कृत्यों में कमी के लिए मजबूर हैं।

बाजीगर

बाजीगर समुदायों में जीवन-चक्र के संस्कार जन्म, विवाह एवं मृत्यु के समय

किए जाते हैं। प्रसव पूर्व अनुष्ठान नहीं किए जाते।

शिशु के जन्म के पश्चात् प्रसवोत्तर प्रदूषण की अवधि 41 दिन की होती है। 'चौकी चढ़ाना' (प्रसवोत्तर प्रदूषण की समाप्ति तथा प्रसूतिका का रसोई प्रवेश) मां के स्नान तथा देवी माता की पूजा के साथ सम्पन्न होता है। इससे पूर्व छठे दिन छठी होती है। मां पर प्रसवोत्तर पाबंदियां लगाई जाती हैं तथा उसको गृहस्थी का भारी कार्य नहीं करने दिया जाता है। पुत्र जन्म के अवसर पर भोज व्यवस्था की जाती है।

नामकरण तथा मुंडन केवल नर बच्चे का किया जाता है। कन्या का नामकरण परिवार के सदस्य स्वयं अनौपचारिक ढंग से कर देते हैं। विवाह संबंधी कुछ कार्य वर तथा वधू द्वारा अपने-अपने घर पर किए जाते हैं। विवाह परम्परा में मंगनी, बारात, वर स्वागत, फेरा, डोली होते हैं। वधू के माता-पिता द्वारा बारात को भोज दिया जाता है। विवाह संबंधी सर्वाधिक महत्वपूर्ण कार्यपंडित के मंत्रोच्चारण के बीच पवित्र अग्नि के फेरे होते हैं। विवाह का समापन वर के घर होता है।

इस समुदाय के लोग मृत व्यक्ति का दाह संस्कार करते हैं तथा प्रदूषण अवधि तेरह दिन की होती है। दाह संस्कार के तीसरे दिन फूल चुनकर हरिद्वार गंगा जल में प्रवाहित किए जाते हैं। वयोवृद्ध की मृत्यु के अवसर पर समुदाय के सदस्यों तथा संबंधियों को भोज दिया जाता है। कुछ लोग मृतक का श्राद्ध करते हैं।

भाट

भाट समुदाय में प्रसव-पूर्व संस्कार नहीं होता, लेकिन प्रसव-पूर्व पाबंदियां अवश्य होती हैं, जैसे कि गर्भवती स्त्री को भारी वजन नहीं उठाना चाहिए, गोधूलि बेला के पश्चात् बाहर नहीं जाना चाहिए, ग्रहण के समय बाहर नहीं निकलना चाहिए। जन्म प्रदूषण की अवधि सामान्यतः सात से ग्यारह दिन की होती है। महिला को एक सप्ताह के बाद गर्म जल से स्नान कराया जाता है। घर की सफाई करने के पश्चात् ब्राह्मण द्वारा हवन किया जाता है तथा घर में गंगा जल छिड़का जाता है। इसके पश्चात् ब्रह्मभोज का आयोजन (याजक, संबंधी, मित्र तथा परिचितों को भोज) किया जाता है। तब सूतक समाप्त माने जाते हैं। प्रसूतिका को एक से सवा माह का विश्राम दिया जाता है। इस अवधि में वह गृहस्थी का कोई भारी कार्य नहीं करती है।

नामकरण तथा मुंडन संस्कार अनौपचारिक रूप से किए जाते हैं। सामान्यतः, शिशु के जन्म की तिथि और समय के आधार पर पंडित शिशु के नाम का पहला अक्षर बताता है। मुंडन संस्कार किसी देवी के मंदिर पर किया जाता है जैसे कि अम्बाला में मुल्लाना नामक स्थान पर देवी मंदिर है। इसी प्रकार राज्य के विभिन्न क्षेत्रों में भिन्न स्थान हैं। जनेऊ संस्कार किया जाता है।

विवाह संस्कार में वाग्दान, मंढा (भोज), घुड़चढ़ी वर के घर पर सम्पन्न किए जाते हैं तथा सगाई, मेंढा, फेरा और कन्यादान वधू के घर सम्पन्न होते हैं। वधू के माता-पिता द्वारा बारात के भोज की व्यवस्था की जाती है। विवाह का समारोह वर के घर होता है।

मृत व्यक्ति का दाह संस्कार किया जाता है, लेकिन पांच वर्ष तक की आयु के बच्चे को दफनाया जाता है। फूल यमुना नदी अथवा हरिद्वार में गंगा जल में प्रवाहित किए जाते हैं। शोकावधि तेरह दिन की होती है। तेरहवीं को युवा व्यक्ति की मृत्यु के मामले में तेरह ब्राह्मणों तथा वृद्धजन की मृत्यु के मामले में ब्राह्मणों तथा समुदाय के भोज की व्यवस्था की जाती है। घर में व्यक्ति की मृत्यु के पश्चात् चार दिन तक समस्त व्यवसाय कार्य बंद रहते हैं।

बिश्नोई

बिश्नोई समुदाय में मुख्य अनुष्ठान जन्म, विवाह, तथा मृत्यु से संबंधित हैं। हवन तथा पहल (मंत्र द्वारा शुद्धिकृत जल) प्रत्येक संस्कार का प्रमुख अंग हैं। गैना (बिश्नोई समुदाय के याजक) इन समारोहों को सम्पन्न करवाते हैं।

प्रथा के अनुसार बिश्नोई कन्या का प्रथम प्रसव उसके माता-पिता के घर होना चाहिए। पुत्र जन्म की स्थिति में बाहर के लोगों को सूचना चांदी के आभूषण से थाली पीटकर दी जाती है। प्रसवोरांत प्रदूषण की अवधि तीस दिन होती है, तथा इस अवधि में मां तथा शिशु को एक पृथक कमरे में रखा जाता है। समस्त बिश्नोई समुदाय शिशु जन्म के अवसर पर 'सूतक' का पालन करते हैं। शुद्धिकरण के दिन मां और शिशु दोनों को प्रातःकाल स्नान करवा कर नए वस्त्र पहनाए जाते हैं। गैना 'हैम' (पवित्र अग्नि) प्रज्वलित करने से पूर्व पवित्र ग्रन्थ से पाठ करता है। इसके पूर्ण होने के पश्चात् वह नए मिट्टी के घड़े का जल शुद्ध करता है। इस शुद्ध किए गए जल को पहल कहा जाता है। याजक मंत्रोच्चारण के साथ इस जल की कुछ बूंदें शिशु के मुख में डालता है और इस प्रकार नवजात शिशु बिश्नोई

समुदाय का अंग बन जाता है। शिशु को मात्र जन्म के आधार पर बिश्नोई नहीं माना जाता है शिशु को विश्नोई बनाने के लिए यह आयोजन अनिवार्य होता है। याजक द्वारा शिशु की माता और अन्य संबंधियों को तीन-तीन अंजलि जल पीने के लिए दिया जाता है। शुद्धिकरण समारोह के साथ मुंडन समारोह भी संपन्न किया जाता है। स्थानीय शब्दावली में यह समारोह 'चुल्लू लेना' कहलाता है।

बिश्नोई लोगों में, वर की बारात कन्या के द्वार पर पहुंचने पर वर का समारोहपूर्वक स्वागत किया जाता है। सर्वप्रथम कन्या की माता वर की आरती उतारती है तथा चांदी के सिक्के से वर के मस्तक पर थोड़ा सा दही लगाकर कुमकुम से लाल रंग का तिलक लगाती है। इस समारोह को 'दही देना' कहते हैं। इसके पश्चात् सात विवाहित महिलाओं द्वारा हल्दी का तिलक लगाया जाता है। बिश्नोई लोगों का विवाह का अपना ढंग है तथा उनकी पद्धति में अग्नि के फेरे नहीं लगाए जाते हैं। वर तथा वधू अग्नि के समक्ष आसन पर विराजमान होते हैं तथा उनका मुख उत्तर दिशा की ओर होता है। याजक उनका गठबंधन मंत्रोच्चार के साथ करता है। इस क्रिया के बीच में वर तथा वधू परस्पर बैठने का स्थान परिवर्तन करते हैं। इस समय भी कन्या की माता नव विवाहित युगल की आरती करती है। संस्कार के अन्त में वर तथा वधू दोनों अग्नि में घी की आहुति देते हैं तथा याजक से पहल प्राप्त करते हैं।

जम्भोजी ने अपने एक सबद में मृतक का दाह नहीं करने का संकेत दिया है। अतः बिश्नोई लोग मृतक का दाह संस्कार करने के स्थान पर उसको कब्रगाह में दफन करते हैं। शव को स्नान कराने के पश्चात् इसे कब्रगाह ले जाया जाता है। शव को कब्र में रखा जाता है, जिसका सिर तथा पैर क्रमशः उत्तर एवं दक्षिण दिशा में रखे जाते हैं। मृतक के स्पर्श से प्रदूषण होता है अतः शवयात्रा में भाग लेने वाला प्रत्येक व्यक्ति स्नान करता है। मृतक के परिवार का प्रत्येक सदस्य तीन दिन तक भूमि पर शयन करता है। चौथे दिन परिवार के सदस्य घर की छत पर कौऐ को भोज अर्पित करते हैं क्योंकि मान्यता के अनुसार मृतक की आत्मा कौऐ के रूप में दिखाई पड़ती है। उसके पश्चात् यदि मृतक वृद्धजन है 'खर्च' और 'काज' प्रारंभ होता है। इस पर हजारों रुपए का व्यय होता है। संध्या के समय गैना समूह द्वारा 'जामा' किया ज़ाता है। अगले दिन सुबह हवन किया जाता है तथा प्रत्येक व्यक्ति को पहाइस दिया जाता है। इसके साथ शुद्धिकरण कार्य सम्पन्न होता है। तथापि, शोकावधि अगले मुख्य समारोह तक जारी रहती है।

ईसाई

ईसाइयों में दीक्षा कार्य एक से बारह वर्ष तक की आयु में होता है। इसको दीक्षा कहा जाता है। बच्चे की आयु बारह वर्ष होने के पश्चात् पुष्टि संस्कार होता है। इस समारोह में बच्चा अंतरात्मा से ईसाई धर्म स्वीकार करने की पुष्टि करता है। इसके पश्चात् पवित्रीकरण संस्कार होता है। जब भी कोई व्यक्ति पाप करता है वह चर्च जाकर अपने पाप को स्वीकार करता है।

एक अन्य संस्कार होता है जो पादरी द्वारा रोगी व्यक्ति की ओर से किया जाता है। इसे रोगी का अभिषेक कहा जाता है। गंभीर बीमारी की स्थिति में पादरी रोगी को तेल से स्नेहन करता है अर्थात तेल लगाता है तथा सम्पूर्ण समुदाय के साथ प्रभु से रोगी के रोगमुक्त होने की प्रार्थना करता है। ईसाइयों के विवाह संस्कार में वर तथा वधू समस्त उपस्थित समुदाय के समक्ष एक दूसरे के साथ विवाह बंधन में बंधने की सौगंध लेते हैं। इसके अलावा एक और संस्कार होता है, जिसमें व्यक्ति आजीवन पादरी के रूप में जीवन यापन की सौगंध लेता है। अन्त में पवित्रीकरण संस्कार होता है। विवाह भी इनके लिए संस्कार होता है। विवाह के समापन हेतु कोई विशेष विधान नहीं है।

सामान्यतः किसी व्यक्ति की मृत्यु होने पर उसको दफन किया जाता है, किन्तु दाह संस्कार के उदाहरण भी मौजूद हैं।

देहा

देहा समुदाय में प्रसवोत्तर प्रदूषण अवधि सवा माह की होती है। हलवा अथवा पूरियां और मीठे चावल बनाकर तथा बकरे अथवा सूअर की बलि देकर 'छठी' मनाई जाती है। इस दिन कुम्हार के चाक तथा कुएं का पूजन किया जाता है। इस हेतु कोई पंडित नहीं बुलाया जाता है। प्रसूतिका सवा महीने तक गृहस्थी का कामकाज नहीं करती है। बच्चे का नाम माता-पिता द्वारा रखा जाता है।

मुंडन गुड़गांव अथवा ननेरा (दिल्ली) बुधिया माता अथवा रोहतक में किया जाता है। मुंडित केश वहीं जलाशय में प्रवाहित कर दिए जाते हैं। इस अवसर पर जलाशय से एक मुट्ठी कीचड़ निकाला जाता है। विवाह संस्कार वर तथा वधू दोनों के घर सम्पन्न होता है। वधू के माता-पिता द्वारा दावत दी जाती है। विवाह का समापन वर के घर पर होता है।

मृतकों का दाह संस्कार किया जाता है लेकिन दस वर्ष तक की आयु के बच्चों को दफनाया जाता है। वृद्ध व्यक्ति की मृत्यु पर तेरहवीं का आयोजन किया

जाता है। युवा व्यक्ति की मृत्यु पर तेरहवीं का आयोजन नहीं किया जाता है। मृत्यु के अवसर पर पांच लोग (पंचायत) मिलकर हवन करते हैं तथा पांच लोग ज्येष्ठ पुत्र को परिवार के मुखिया की मान्यता प्रदान करते हैं। ज्येष्ठ पुत्र के सिर पर पगड़ी बांधी जाती है। इस अवसर पर सभी संबंधी उपस्थित होते हैं तथा सामूहिक भोज दिया जाता है। महीना, छमा तथा बरसी का आयोजन किया जाता है। वे कनागतों में अपने पूर्वजों की पूजा करते हैं। कनागत के दिन पक्का खाना (खीर, पूड़ी, सब्जी) बनाया व खाया जाता है तथा कुत्ते को भी खिलाया जाता है। फूल जल में मुख्य रूप से दिल्ली में यमुना नदी अथवा हरिद्वार में गंगा नदी में प्रवाहित किए जाते हैं।

जैन

जैन समुदाय में भी प्रसव पूर्व कोई समारोह का आयोजन नहीं किया जाता है। प्रसव सामान्यतः पति के घर होता है, लेकिन सुविधा के लिए प्रसव पिता के घर भी हो सकता है। पुत्र जन्म की स्थिति में जन्म के तुरंत बाद कांसे की थाली बजाई जाती है तथा सामान्यतः यह कार्य नवजात की बुआ करती है। यह पड़ोसियों को सूचना देने के लिए होता है। इसी दिन बुआ अपने संबंधियों के घर जाती है तथा घर के प्रवेश द्वार पर दोनों तरफ अपने हाथों का मेहंदी का छापा लगाती है। शिशु के पिता द्वारा इन दोनों कार्यों के लिए उपहार दिए जाते हैं। जन्म प्रदूषण की अवधि नौ दिन होती है। उस अवधि में बाहर के लोग इस परिवार से कोई भोजन तथा पेय स्वीकार नहीं करते हैं। जन्म के छठे दिन छठी होती है। सायंकाल के 'बहायायी माता' का पूजन किया जाता है।

मान्यता के अनुसार ये बहायायी माता रात्रिकाल में बच्चे का भविष्य लिखती हैं। नौवें दिन माता तथा शिशु को स्नान कराया जाता है। घर को भी भली प्रकार साफ किया जाता है। मिठाइयां बनाई जाती हैं तथा संबंधियों को भोज दिया जाता है। याजक घर की शुद्धि के लिए हवन करता है। यह शुद्धिकरण 'शुचिकरण' कहलाता है। शुचिकरण के दिन ही नामकरण भी किया जाता है। भविष्यवक्ता परिवार के सदस्यों की उपस्थिति में बच्चे का भविष्य बताता है तथा पुरोहित हवन करता है। तब बच्चे का नाम रखा जाता है। कुछ परिवारों में हवन के पश्चात् परिवार के सदस्य जैन मंदिर जाते हैं तथा तीर्थंकर की पूजा करते हैं और बुआ बच्चे का नाम रखती है। बालक तथा बालिका दोनों के लिए छठी, शुचिकरण तथा नामकरण किया जाता है। मुंडन संस्कार केवल बालक के लिए पहले, तीसरे

अथवा पांचवे वर्ष में किया जाता है। पुरोहित परिवार की देवी की पूजा करता है तथा नाई बालक का मुंडन करता है। बालक के केश परिवार की देवी को अर्पित किए जाते हैं।

जैन समुदाय में विवाह संस्कार में सबसे पहले तिलक समारोह होता है। इस अवसर पर कन्या के पिता द्वारा प्रस्तावित वर तिलक किया जाता है तथा आभूषण, वस्त्र, रोकड़ दी जाती है तथा वर के माता-पिता कन्या के सौंदर्य प्रसाधन का सामान देते हैं। इस समारोह को रोकना भी कहा जाता है। शुभ तिथि से 5-7 दिन पूर्व वर तथा कन्या के घर विवाह कार्य प्रारंभ हो जाते हैं। रात्रिकाल में महिलाओं का गीत-संगीत (रतजगा) तथा बान (लड़का तथा लड़की के शरीर पर बेसन, हल्दी, जौ के आटा का मिश्रण अर्थात् उबटन लगाया जाता है) प्रमुख कार्यक्रम होते हैं। वर की सेहराबंदी होती है तथा कन्या हेतु गौर पूजा (कन्या की पूजा तथा उसको आभूषण प्रदान किए जाते हैं) की जाती है। पुराने समय में विवाह कार्यक्रम तीन दिन तक चलता था, जो अब केवल एक दिन का रह गया है। विवाह समारोह कन्या के घर होता है जहां कन्या द्वारा वर के गले में जयमाला डाली जाती है तथा वर द्वारा कन्या को जयमाला पहनाई जाती है।

विवाह के प्रमुख समारोह कन्यादान, पाणिग्रहण तथा सप्तपदी होते हैं। परिवार के देवी देवताओं का पूजन वर के घर किया जाता है। विवाह के अंतिम समारोह के सम्पन्न होने के साथ विवाह संस्कार का समापन हो जाता है।

मृतक के अंतिम संस्कार में शव को स्नान करवा कर नए वस्त्र पहनाए जाते हैं। शव को एक शवयात्रा के रूप में श्मशान घाट ले जाते हैं। शरीर के पूर्ण रूप से दहन के पश्चात् लोग घर लौटते हैं। तीसरे दिन श्मशान घाट जाकर मृतक के अस्थि अवशेष एकत्रित किए जाते हैं तथा गंगा (सामान्यतः गढ़ मुक्तेश्वर, उत्तर प्रदेश) में प्रवाहित किए जाते हैं। मृत्यु प्रदूषण जिसे पातक कहा जाता है बारह दिन की अवधि का होता है। इस अवधि में परिवार के सदस्य तथा निकट संबंधी अस्वच्छ माने जाते हैं। तेरहवें दिन, घर की सफाई की जाती है तथा पुरोहित द्वारा हवन के माध्यम से घर की शुद्धि की जाती है। इस अवसर पर पुरोहित को भोजन खिलाया जाता है, नए वस्त्र और दक्षिणा दी जाती है तथा उनके प्रस्थान के पश्चात् ही परिवार के सदस्य भोजन करते हैं। इसी दिन परिवार के सदस्य मंदिर जाते हैं, उपाश्रय की पूजा करते हैं, जहां सन्यासी द्वारा इस लौकिक जीवन की गमनागमन प्रकृति के विषय में व्याख्यान दिया जाता है। जैन समुदाय में तेरहवें दिन अथवा बरसी के अवसर पर भोज देने की परंपरा नहीं है।

जाट

जाट समाज में महिला के प्रथम बार गर्भवती होने के साथ ही उसको यह शुभ समाचार अपने माता-पिता को देने हेतु मायके भेज दिया जाता है, जो उसे 'मीठा बोहिया' (मिठाइयां आदि) देकर वापस भेजते हैं। सूर्य तथा चन्द्र ग्रहण के दौरान उसको खाना, सोना वर्जित होता है बस प्रभु से प्रार्थना करनी होती है। उसको किसी व्यक्ति की अर्थी देखने की भी अनुमति नहीं होती है। उसको प्रसव पूर्व 7वें, 8वें तथा 9वें माह में अपने मायके जाने की अनुमति नहीं होती है।

पुत्र जन्म पर थाली बजाई जाती है तथा पुत्री जन्म पर पतनाले के नीचे मिट्टी का खाली बरतन फोड़ा जाता है। शिशु जन्म के पश्चात् तीसरे दिन मां को स्नान कराया जाता है तथा बच्चे को जन्म के तुरंत बाद नाइन द्वारा नहलाया जाता है। इस दौरान मां को हल्का आहार दिया जाता है जैसे हल्दी और अदरक युक्त दूध तथा बच्चे को जन्मघुट्टी दी जाती है तथा नर शिशु को केवल एक या दो बार शेर की चर्बी चटाने के बाद गाय अथवा बकरी का दूध दिया जाता है। सूतक अवधि, जो सामान्यतः पंद्रह दिन की होती है, के दौरान शिशु एवं मां को एक पृथक कमरे में रखा जाता है जिसके बाहर अग्नि लगातार प्रज्वलित रखी जाती है। एक लोहे के औजार पर नीम तथा बबूल की पत्तियां बांधकर शिशु की खाट पर रखा जाता है ताकि दुष्टात्माओं का उस पर कोई प्रभाव न पड़े। इस अवधि में मां को अस्वच्छ माना जाता है तथा उसके कमरे में दाई के अलावा किसी को अंदर जाने की अनुमति नहीं होती है।

तद्रपि, जन्म के पश्चात् छठी रात्रि से पूर्व रात के समय महिलाओं का गीत-संगीत अब भी बरकरार है। एक मान्यता के अनुसार बहमाता (भाग्य की देवी) रात्रि के समय बच्चे का भाग्य लिखती हैं। माता को इस दिन स्नान करवा कर नए वस्त्र पहनाए जाते हैं तथा पड़ोस में बांकली अथवा मिठाइयां बांटी जाती है। पुराने वस्त्र दाई को दे दिए जाते हैं। सूतक की अवधि समाप्त होने पर पूरे घर को गाय के गोबर से लीपा जाता है, घर में गंगाजल छिड़का जाता है, पुराने मिट्टी के बरतनों के स्थान पर नए बरतन रखे जाते हैं तथा धातु के बरतन धो-मांजकर चमकाए जाते हैं।

पुरोहित हवन करता है तथा बच्चे का नामकरण करता है। बुआ अथवा बहन चूड़ियां धोती हैं तथा पुरोहित की भांति अपनी दक्षिणा प्राप्त करती है। गांव के सेवक बच्चे को खिलौना देते हैं तथा बदले में उपहार प्राप्त करते हैं। गांव की

महिलाएं गीत गाती हैं, संबंधियों तथा मित्रों से 'रूपिया-पोतड़ा' प्राप्त किए जाते हैं। गांव और संबंधियों के बीच मिष्ठान्न वितरण किया जाता है। इसी दिन मां गांव की महिलाओं के साथ कुआं पूजन करती है। मां के माता-पिता पीलिया भेजते हैं जिसमें मां तथा परिवार की अन्य महिलाओं के सूट तथा बच्चे के वास्ते खिलौने व आभूषण होते हैं। चांदी/सोने का अर्द्धचन्द्र शुभ माना जाता है।

शिशु जन्म के एक माह पश्चात् माता नए वस्त्र धारण कर पक्षियों को मीठे चावल, जौ, गेहूं तथा बाजरा डालकर तालाब अथवा कुएं से जल लाती है। इसके पश्चात् वह गृहस्थी का सामान्य काम काज प्रारंभ कर देती है। मातृत्व काल में शिशु तथा मां को स्नान कराने, कपड़े धोने वाली दाई तथा नाइन को पुत्र जन्म के उपलक्ष्य में सुन्दर पुरस्कार दिए जाते हैं। तथापि, आजकल मातृत्व सेवाएं अस्पताल में प्राप्त की जाती हैं तथा वहीं नर्स और दाई यह पुरस्कार भी प्राप्त करती हैं।

जाट समाज में 7-8 वर्ष तक की आयु के बच्चे बिना किसी समारोह के दफना दिए जाते हैं तथा शोक की अवधि कुछ दिनों की होती है। आसन्न मृत्यु व्यक्ति को शय्या से नीचे उतारकर गोबर से लिपे तथा दूब घास बिछे फर्श पर लिटा दिया जाता है। शोक अवधि तेरह दिन की होती है। एक कहावत के अनुसार 'जाट मरा तब जानिये तेरहवीं हो जाय।' आजकल मुंडन संस्कार का चलन समाप्त हो गया है। मृत व्यक्ति के शव को मुख्य शोकाकुल व्यक्ति द्वारा स्नान कराया जाता है, नए वस्त्र पहनाए जाते हैं तथा एक चादर ओढ़ाई जाती है। स्वर्ण अथवा चांदी का टुकड़ा, गंगाजल तथा तुलसी के पत्ते मृतक के मुख में डाले जाते हैं। मृतक की विधवा अर्थी पर अपनी चूड़ियां तोड़ती है तथा उलटे फेरे (बागड़ी जाट) लेती हैं।

सफेद कफन में लिपटा शव (महिलाओं के लिये लाल या पीला क़फन) श्मशान भूमि पर ले जाया जाता है। चार निकट संबंधी अर्थी को कंधा देते हैं तथा मृतक का सिर आगे की ओर रखा जाता है। साथ में घी, सामग्री, जल से भरा मिट्टी का नया घड़ा, गाय के गोबर का सुलगता उपला तथा पूला भी ले जाते हैं। महिलाएं शवयात्रा में शामिल नहीं होती हैं। शव को चिता पर रखा जाता है। मृतक का सिर उत्तर दिशा की ओर रखा जाता है। शव के वस्त्र तथा कुन छोड़ कर अन्य सभी आवरण हटा दिए जाते हैं। कुन को सीने पर फाड़ दिया जाता है, कमीज के बटन खोल दिए जाते हैं, मुख को अनावृत्त कर दिया जाता है, तथा चेहरे व सीने पर घी व सामग्री अर्पण की जाती है। ज्येष्ठ पुत्र अथवा उसकी

अनुपस्थिति में निकटतम संबंधी चिता को अग्नि देता है दाएं से बाएं चलते हुए चिता के चारों ओर जल छिड़कता है तथा सिर के पास पहुंचकर पूरा घड़ा खाली कर देता है और चिता में से एक बाही (बांस का लम्बा डण्डा) निकाल कर मस्तक को तीन बार स्पर्श कर ऊँची आवाज में रूंधे गले से कहता है

"हे पिता अथवा भ्राता आप हमें छोड़कर चले गए।"

दाह संस्कार सूर्यास्त से पहले किया जाता है। निकट संबंधी अथवा पड़ोसी परिवार मृतक के परिवार को भोजन उपलब्ध कराते हैं जिसको कड़वी रोटी अथवा नमक रहित दलिया कहा जाता है। यह चलन अब समाप्त हो गया है।

मृत्यु के तीसरे दिन फूल अथवा अस्थि अवशेष चुने जाते हैं तथा परिवार के पुरुष सदस्य अथवा परिवार के पुरोहित द्वारा गंगा विसर्जन हेतु ले जाए जाते हैं। कुरुक्षेत्र के 100 मील के दायरे में रहने वाले जाट इस परंपरा का पालन नहीं करते हैं। मृतक के घर की शुद्धि के लिए मृत्यु के 10, 11 तथा 12वें दिन महा ब्राह्मण अथवा अचारज द्वारा विभिन्न धार्मिक कृत्य किए जाते हैं तथा उनको नकद अथवा वस्तु रूप में पारिश्रमिक प्रदान किया जाता है। आर्य समाज के प्रभाव से यह परंपरा समाप्त हो गई है। संतानहीन मृतक के मामले में 'तहन्नी' मृत्यु के तेरहवें दिन अन्यथा एक दिन पूर्व किंतु किसी भी हाल में मंगलवार तथा शनिवार और त्योहार के दिन नहीं तथा किसी भी हालत में तेरह दिन से आगे नहीं बढ़ाई जा सकती है। हवन कराया जाता है तथा दावत दी जाती है, पर दुर्घटना के मामले में दावत नहीं दी जाती है। परिवार के पुरोहित को तेरहवें दिन अन्न, धन तथा रोकड़ा दिया जाता है फिर हर माह हरसोदी अथवा बरसी, छमाही और बरसौठी तक दिया जाता है, लेकिन वैतरणी धेनु दान करने की परंपरा समाप्त हो गई है। परिवार के मृत पूवजों के सम्मान में भादों की पूर्णिमा तथा क्वार (आश्विन) की अमावस्था तक तिथि अनुसार परिवार पुरोहित को भोजन खिलाकर 'कनागत' अथवा 'श्राद्ध' सम्पन्न किया जाता है। मृत्यु के 13वें दिन एक विशाल भोज का आयोजन किया जाता था, जो अब अधिक चलन में नहीं है।

मीणा समुदाय के रीति-रिवाज

मीणा लोगों का धर्म-परिवर्तन मुसलमान बनाए जाने के बावजूद वे उन परंपराओं का पालन करते हैं, जो हिन्दुओं की विशिष्टताएं हैं। पुत्र जन्म के अवसर पर मीणा लोग हर्षोल्लास प्रकट करते हैं। महिलाएं गीत गाती हैं तथा

मिठाइयां बांटी जाती हैं। शिशु जन्म के 10वें अथवा 40वें दिन नामकरण संस्कार किया जाता है जिसमं बच्चे के नाम का चयन किया जाता है तथा कुछ लोग जन्म कुंडली भी बनवाते हैं। तीन वर्ष की आयु में मुंडन संस्कार होता है।

विवाह सामान्यतः माता-पिता द्वारा तय किए जाते हैं। विवाह से पूर्व अनेक प्रारंभिक परंपराओं का पालन किया जाता है। कन्या तथा वर की कुंडली मिलाई जाती है। अंतिम सहमति के रूप में कन्या के परिवार द्वारा नियुक्त पक्ष के माध्यम से वर परिवार को 'टीका' अथवा 'वाग्दान' प्रस्तुत किया जाता है। वर के मस्तक पर तिलक किया जाता है। पक्षाध्यक्ष को उपहार देकर विदा किया जाता है।

विवाह हिन्दू धर्म के रीति-रिवाजों के अनुसार किया जाता है। जीवन साथी के चयन में कुछ नियमों का पालन करना होता है : (1) जीवन साथी उसी जाति/उप-जाति का होना चाहिए (2) जीवन साथी उसी गोत्र का नहीं होना चाहिए तथा कम से कम दो गोत्र अवश्य बचाए जाने चाहिए (माता तथा पितामही का गोत्र) (3) कन्या वर से कम आयु की होनी चाहिए (4) छोटे भाई अथवा छोटी बहन का विवाह बड़े से पहले नहीं हुआ हो।

विवाह हेतु कन्या की आयु 15-18 वर्ष तथा वर की आयु 18-20 वर्ष होनी चाहिए। मीणा समुदाय में जीवन साथी खोजने हेतु कुछ मानदण्ड इस प्रकार हैं : (1) पारिवारिक स्थिति तथा समाज में परिवार की प्रतिष्ठा (2) परिवार पर चोरी, सेंधमारी तथा लूटमार का दाग नहीं लगा होना चाहिए (3) कन्या के भाई तथा पिता होने चाहिए (4) परिवार का आकार बड़ा होना चाहिए (5) परिवार की आर्थिक स्थिति मजबूत होनी चाहिए, भूस्वामी होना विशेषता मानी जाती है।

इसके अतिरिक्त कुछ अन्य बातों पर भी विचार किया जाता है। माता-पिता की सहमति, दादी-दादा तथा मातुल परिवार के सदस्यों की सहमति, लड़के अथवा लड़की के माता-पिता का परिवार में प्रभुत्व। लड़का रोकने के लिए लड़की के परिवार के सदस्य लड़के का टीका करते हैं तथा 1-101 रुपए की राशि लड़के को दी जाती है। लड़के के परिवार से लड़की को कुछ कपड़े, एक नारियल तथा मिठाइयां दी जाती हैं। सगाई समारोह लड़का अथवा लड़की किसी एक के घर सम्पन्न हो सकता है। राज्य के मीणा तीन प्रकार से विवाह करते हैं। पहली पद्धति में सगाई तथा विवाह, सभी परंपराओं का पालन करते हुए। अधिकांश मीणा इसी पद्धति के अनुसार विवाह करते हैं। परिवार अपनी हैसियत के अनुसार

दहेज अथवा वधू मूल्य देते हैं।

दूसरे प्रकार के विवाह में बड़े भाई की विधवा के साथ छोटे भाई का विवाह है। इस प्रकार के विवाह में किसी विशेष परम्परा पालन की आवश्यकता नहीं होती है, लेकिन विधवा के समक्ष किसी एक देवर अथवा परिवार के सदस्य की ओर से प्रस्ताव रखा जाता है। वे लोग एक छोटा समारोह आयोजित करते हैं जिसमें होने वाला पति वस्त्र, चूड़ियां तथा सिंदूर भेंट करता है। इस प्रकार के विवाह को 'देवर के पल्ले लगाना' कहा जाता है। तीसरे प्रकार का विवाह विधवा का पुनर्विवाह है, विधवा विवाह को स्थानीय रूप से नाता विवाह कहा जाता है। ऐसे गरीब परिवार जो विवाह समारोह का खर्च वहन नहीं कर सकते हैं, कम खर्च पर नाता विवाह के माध्यम से वधू पा लेते हैं। इस प्रकार के विवाह साधारणतः दूर के परिवारों में किए जाते हैं।

महिला की मांग में सिंदूर उसके विवाहित होने का प्रतीक है। विवाह के पश्चात् पत्नी पति के साथ रहती है। युगल मृत्युपर्यन्त विवाह बन्धन में विश्वास रखते हैं, पर पति द्वारा पत्नी का अधित्याग करने अथवा तलाक देने के मामले भी मौजूद हैं। ऐसे मामले प्रमुख रूप से निरंतर व्यभिचार अथवा संतानहीनता के करण जन्म लेते हैं। अधित्याग अथवा तलाक के मामले में बच्चे पति के पास रहते हैं। शिशु, खासकर दुधमुंहे बच्चे को मां की अभिरक्षा दिया जाता है तथा बड़ा होने पर मां को वह बच्चा सुपुर्द करना होता है। मीणा समुदाय में बहुपत्नी प्रथा विद्यमान है, लेकिन पहली पत्नी की स्थिति अन्य की अपेक्षा श्रेष्ठ होती है।

तथापि, मीणा समुदाय में लोग एक पत्नी प्रथा के प्रबल पक्षधर हैं। विवाह के पश्चात् गौना समारोह होता है, जिसमें विवाहित कन्या को प्रथम बार पति के साथ भेजा जाता है। यह समारोह उन विवादों के संदर्भ में अधिक महत्व रखता है, जो अल्प आयु में सम्पन कर दिए जाते हैं। विवाहित जीवन साथियों को वयस्क हो जाने पर ही साथ रहने की अनुमति दी जाती थी तथा इस अवसर पर गौना समारोह आयोजित किया जाता था।

परिवार में किसी व्यक्ति की मृत्यु होने पर मृतक के शव को यथासंभव शीघ्र श्मशान घाट ले जाते हैं। शव को चिता पर रखने से पहले स्नान कराया जाता है तथा नया कपड़ा ओढ़ाया जाता है। मृतक यदि महिला है तो समस्त आभूषण आदि उतार दिए जाते हैं। इस अवसर पर समस्त संबंधी, जाति के लोग तथा पड़ोसी मौजूद होते हैं। दाह संस्कार के पश्चात् शोकाकुल लोग स्नान करते हैं तथा

घर वापस लौटते हैं। तीसरे दिन निकट संबंधियों द्वारा अस्थिसंचय किया जाता है। इनका विसर्जन पावन नदी अथवा ताल में किया जाता है। श्राद्ध 10वें अथवा 12 वें.दिन किया जाता है। ग्यारहवें दिन ग्यारह ब्राह्मणों को भोजन कराया जाता है। मृतक के उपयोग की वस्तुएं मृत्यु के पश्चात् 12वें दिन वितरित की जाती हैं। मृत्यु के पश्चात् 12 दिन की अवधि तक सपिण्ड अथवा निकट संबंधी अशुद्ध माने जाते हैं। बारहवें दिन के इस समारोह से उनकी शुद्धि होती है।

आजकल सामाजिक नियंत्रण के रूप में अनेक परिवर्तन हुए हैं। समुदाय के लोग परिवार में वृद्धजन की मृत्यु होने की स्थिति में मृत्यु-भोज के लिए दबाव नहीं डालते हैं। विगत दशक में मृत्यु भोज में मीणा आबादी के सभी 12 ग्रामों को आमंत्रित किए जाने का एक भी मामला नहीं हुआ है।

डकौत

यह समुदाय गोत्रों में विभाजित है। ये ब्राह्मणीय गोत्र हैं। सगोत्र विवाह पर सख्त पाबंदी है। एक व्यक्ति अपने ही गांव में विवाह नहीं कर सकता है। विवाह वार्ता द्वारा तय किए जाते हैं। साधारणतः लड़का तथा लड़की के परिवारों के बीच नाई पारंपरिक माध्यम का काम करता है। विवाह तय होने के पश्चात् एक निर्धारित तिथि को कन्या के पिता वर के घर जाकर वर के मस्तक पर केसर का टीका लगाते हैं। यह समारोह विवाह निश्चित होने का प्रारंभन माना जाता है। टीका समारोह के पश्चात् वाग्दान समारोह का आयोजन किया जाता है। कन्या के माता-पिता वर के पिता को विवाह की तिथि के प्रस्तावयुक्त 'पीली चिठ्ठी' (हल्दी एवं तेल लगी विवाह चिठ्ठी) भेजते हैं। वर के पिता द्वारा इस प्रस्तावित तिथि की पुष्टि कर दी जाती है अथवा किसी अन्य नई तिथि की मांग की जाती है।

वर की बारात के कन्या के घर की ओर प्रस्थान से पूर्व वर के परिवार द्वारा कन्या के घर तथा कन्या के परिवार द्वारा वर के घर 'बटना' (उबटन) भेजा जाता है। कन्या अपने घर में इस बटने के साथ स्नान करती है तथा वर इस बटने के साथ स्नान करने के पश्चात् बारात लेकर रवाना होता है। यह समारोह बटना मलना कहलाता है तथा यह विवाह के दिन सम्पन्न किया जाता है।

बारात के कन्या के घंर प्रस्थान से ठीक पूर्व वर घोड़ी पर सवार होकर अपने स्थानीय क्षेत्र का चक्कर लगाता है। इसमें भूमिया तथा अन्य स्थानीय देवी देवताओं का पूजन भी सम्मिलित होता है। इसको घुड़चढ़ी कहा जाता है।

सर्वाधिक महत्वपूर्ण धार्मिक कृत्य सप्तपदी कन्या के घर सम्पन्न होता है। पहले तीन फेरों में कन्या आगे चलती है, जबकि अगले चार फेरों में वर आगे चलता है।

डकौत समुदाय में एक पत्नी परंपरा विद्यमान है जेठ के साथ विवाह की अनुमति नहीं है जबकि देवर के साथ विवाह की अनुमति दी जा सकती है। आजकल यह प्रवृत्ति एक दुर्लभ एवं विरल बात है। कुछ दशक पूर्व बाल विवाह सामान्य रूप से विद्यमान थे। लेकिन, अब विवाह हेतु आयु में बृद्धि हो गई है। विवाहित महिलाएं विवाह के प्रतीक रूप में अपनी मांग में सिंदूर लगाती हैं। दहेज का लेन-देन नकद और वस्तु रूप में किया जाता है।

प्रसवपूर्व पाबंदियों का पालन किया जाता है। प्रसवोत्तर प्रदूषण तथा प्रसवोत्तर पाबंदियां विद्यमान हैं। डाकौत समुदाय में नामकरण संस्कार होता है। बालक के मामले में मुंडन तथा जनेऊ समारोह आयोजित किए जाते हैं। वे ब्राह्मण होते हैं लेकिन जन्म, विवाह तथा मृत्यु संबंधी संस्कार सम्पन्न करवाने हेतु पुजारी ब्राह्मण को आमंत्रित करते हैं। मृतकों का दाह संस्कार किया जाता है।

वे शव को एक अर्थी पर रखकर श्मशान भूमि तक ले जाते हैं। इस अर्थी को चार व्यक्ति मिलकर उठाते हैं। श्मशान भूमि पर एक चिता बनाई जाती है तथा शव को चिता पर रख दिया जाता है। इसके पश्चात् सम्बन्धी और मित्रगण चिता पर लकड़ियाँ रख देते हैं तथा चिता तैयार हो जाती है। ज्येष्ठ पुत्र चिता में अग्नि प्रज्वलित करता है। शव दाह के उपरान्त ज्येष्ठ पुत्र अथवा चिता को अग्नि देने वाला व्यक्ति अर्थी को कंधा देने वाले व्यक्तियों के साथ श्मशान भूमि जाकर अस्थि अवशेष एकत्र कर उन्हें मिट्टी अथवा धातु के बर्तन में रखता है। इस क्रिया को "फूल चुगना" कहा जाता है। ये अस्थि अवशेष यमुना नदी में अथवा हरिद्वार गंगा नदी में विसर्जित कर दिए जाते हैं।

22

लोक साहित्य और लोक कथाएँ

हरियाणा का रंगपटल अनेकानेक लोक-साहित्यों तथा लोक-कथाओं से परिपूर्ण है। अधिकांश लोक-साहित्य चारणों, भाटों द्वारा गाथाओं के रूप में गाकर सुनाए जाते हैं। इनमें से अनेक लोक साहित्य नृत्य, रंगमंच प्रदर्शन तथा संगीत वाद्यवृन्दों की संगत में गाए जाते हैं। अधिकांश शौर्य गाथाएं संगीत वाद्यवृन्दों के बगैर गाए जाते हैं। हरियाणा की सर्वाधिक लोकप्रिय शौर्य गाथाओं में सूफी कवि मलिक मुहम्मद जायसी द्वारा लिखित महाकाव्य गाथा पद्मावत, हीर-रांझा की प्रेम कथा, चांद-किरन, शकुन्तला, जानी चोर, राजा भोज, रघुबीर, जमाल, राजा भर्तृहरि, हरिश्चन्द्र, महाभारत की द्रौपदीचीर हरण कथा कीचक विराट पर्व, सत्यवान-सावित्री, नल-दमयन्ती, सेठ तारा चन्द, चेत सिंह, शाही लक्कड़वाला, भूप पूरन पुरंजन, पूरन मल, मीरा बाई तथा अंतिम लेकिन किसी से कम नहीं आल्हा ऊदल और पृथ्वीराज रासो सम्मिलित हैं।

आल्हा-ऊदल का लोक-साहित्य

अंगरेजों के शासन काल में सर जार्ज ए ग्रियरसेन ने आल्हा-ऊदल की शौर्य गाथा को लिखित रूप में प्रस्तुत करवाया और बाद में इसका अनुवाद अंगरेजी भाषा में करवाया गया जो 'दि ले आफ आल्हा' (The Lay of Alha) शीर्षक के तहत प्रकाशित हुआ।

पुराने समय में प्रत्येक राजपूत राजतंत्र का अपना दरबारी चारण होता था, जो अपने स्वामी के कारनामों को अभिलेखबद्ध करता था और उसके पूर्वजों का गुणगान करता था। इन सभी महाकाव्यों में चंदबरदाई का 'पृथ्वीराज रासो' सबसे अधिक प्रसिद्ध हुआ है। चंदबरदाई अपने स्वामी दिल्ली के पृथ्वीराज चौहान के साथ सन 1192 के 'महायुद्ध' में वीरगति को प्राप्त हुआ था, जिसके पश्चात्

भारत मुसलमानों की अधीनता में चला गया था। इस महाकाव्य में उनहत्तर पुस्तकों में एक लाख छन्द हैं तथा टोड ने इसके लेखक के काल में उस अवधि के सम्पूर्ण इतिहास के रूप में इसका सटीक वर्णन किया है। यह काव्य तथा ऐसी अन्य कृतियों की रचना उस काल के शिक्षित व्यक्तियों द्वारा की गई थी, जो काव्यशास्त्र तथा काव्य रचना के पारम्परिक नियमों से भली प्रकार परिचित थे। ऐसे इतिवृत्त हस्तलिपि में सावधानीपूर्वक संरक्षित रखे गए थे तथा आज भी उस रूप में विद्यमान हैं। यह कृति (आल्हा) कुछ भिन्न प्रकार की है। इसकी कोई पाण्डुलिपि आज तक कहीं नहीं देखी गई है। इस गाथा में राजा परमाल का गुणगान किया गया है, जो इतिहास में गुमनाम है तथा राजा परमाल की राजधानी महोबा चांद और पृथ्वीराज की मृत्यु के ग्यारह वर्ष पश्चात् राजसी नगर के रूप में अपना अस्तित्व गंवा चुकी थी। इसके लेखक का नाम अज्ञात है। इस विषय में परंपरागत रूप में इसका रचयिता परमाल की बहन का पुत्र जगनायक बताया जाता है, लेकिन यह कथन प्रामाणिक एवं अधिक महत्वपूर्ण नहीं है। जो भी है, यह काव्य हिंदुस्तान का अपने प्रकार का सर्वाधिक लोकप्रिय काव्य है। यह शिक्षित लोगों की सम्पदा नहीं है, बल्कि उन अशिक्षित चारणों की जागीर है, जो उत्तर भारत में दिल्ली से बिहार तक फैले हुए हैं। ये 'आल्हा गाने वाले' अपने पूर्वजों से पीढ़ी दर पीढ़ी मिले 'आल्हा-खण्ड' को गाकर अपनी आजीविका चलाते हैं। इन स्थितियों में समय के साथ-साथ काव्य का मूल पाठ तथा उसकी भाषा में परिवर्तन हुआ है। अब लिखित रूप में उपलब्ध होने के पश्चात् इसमें एकरूपता है तदपि इसमें पिस्टल, बम, सैपर्स तथा माइनर्स जैसे अंगरेजी शब्द घुस गए हैं।

यह काव्य गत शताब्दी (उन्नीसवीं सदी) के साठ के दशक के अंत तक लिखित रूप में उपलब्ध नहीं था।

"मौलिक आल्हा-खण्ड, निन्संदेह, जैसा कि इसके नाम से प्रतीत होता है, दिल्ली के पृथ्वीराज के कारनामों के विषय में बारहवीं सदी का चांद का महान हिन्दी काव्य की एकल पुस्तक है।"

इन कथाओं के बारे में जानना वाकई दिलचस्प होगा जो संस्कृत के महान महाकाव्यों तथा राजा विक्रमादित्य के साहस एवं पुनर्जन्म के विषय में कथाओं के पश्चात् सम्पूर्ण मध्य तथा निचले दोआब और बुंदेलखण्ड में समस्त हिन्दू सभाओं का लोकप्रिय गायन है। आल्हा और ऊदल की स्मृति उनके महोबा के निवासियों द्वारा संरक्षित है, जहां बनाफर वंश उनको अपना पूर्वज होने का दावा करता है तथा

जहां उनके आमोद प्रासाद के भग्नावशेष सुन्दर मदन सागर झील के आगे पहाड़ी की चोटी पर सिर उठाए खड़े देखे जा सकते हैं।

चारणों द्वारा इनका गायन अलग-अलग अवसरों पर किया जाता है (यद्यपि ये सभी एक जगह बद्ध हैं) जिससे अपरिष्कृत श्रोतावर्ग की दिलचस्पी बरकरार रहती है।

चंद के काव्य में दिल्ली का दृष्टिकोण प्रस्तुत किया गया है जबकि 'आल्हा-खण्ड' में महोबा तथा कन्नौज का दृष्टिकोण प्रस्तुत किया गया है। चंद की कहानी कुछ शब्दों में बयान की जा सकती है :– महोबा का परमाल सामेता पर आक्रमण से लौटते हुए घायल सैनिकों को काटकर दिल्ली के पृथ्वीराज को क्रोधित कर देता है। आल्हा और ऊदल के महोबा से बाहर होने के कारण पृथ्वीराज सिरसा में मलखान पर आक्रमण कर उसका वध कर देता है तथा उसकी सेना को परास्त कर देता है। इस बीच दो माह के लिए युद्ध विराम हो जाता है। इस दौरान परमाल आल्हा तथा ऊदल को वापस बुला लेता है। युद्ध पुनः प्रारंभ हो जाता है, ऊदल वीरगति को प्राप्त होता है, आल्हा लापता हो जाता है, परमाल जान बचाकर भाग जाता है तथा महोबा पराधीन हो जाता है। दोनों कथाओं में सिरसा में युद्ध होने तथा मलखान की मृत्यु होने के अतिरिक्त यह कथा आल्हा-खण्ड से अलग है। आल्हा-खण्ड में आल्हा और ऊदल कन्नौज से वापस लौटते हैं, लेकिन अन्य संदर्भ में महोबा के पतन की कथा भिन्न है। यह तथ्य हमारी वर्तमान कविता की संक्षिप्त विषय-वस्तु से स्पष्ट हो जाएगा :–

यह बारहवीं सदी के तीन प्रमुख राज्यों के भाग्य और शत्रुता पर आधारित कथा है (1) पृथ्वीराज चौहान का दिल्ली राज्य (2) जयचंद राठौर का कन्नौज राज्य (3) परमाल चंदेल का महोबा राज्य। (यहां नाम वही दिए गए हैं जो कविता में वर्णित हैं तथा ऐतिासिक तथ्यों के आधार पर नहीं हैं। जयचन्द वस्तुतः गहरवार प्रतीत होता है)। चौहान, राठौर तथा चंदेल तीनों राजपूत वंशों के नाम हैं। इन तीनों में कन्नौज का राजा जयचन्द सबसे शक्तिशाली था। मुसलमान इतिहासकार पूर्व दिशा में बनारस तक उसका साम्राज्य फैला हुआ बताते हैं तथा इस कविता में उसको बिहार, असम, बंगाल तथा उड़ीसा का अधिपति बताया गया है। वह राजपूताना के अधिकांश भाग पर आधिपत्य कर चुका था तथा महोबा का परमाल उसके अनेक जागीरदारों में से एक था।

पृथ्वीराज चौहान, जो दिल्ली का प्रथम एवं अंतिम चौहान राजा था, को भारत

में आज भी उसके वीरतापूर्ण कार्यों तथा सच्चे योद्धा का साहस रखने वाले राजा के रूप में मान्यता प्राप्त है। उसने जयचन्द का आधिपत्य न केवल अस्वीकार कर दिया, बल्कि स्वयं को प्रतिद्वंद्वी अधिपति घोषित कर दिया। इस प्रकार दिल्ली और कन्नौज की प्रतिद्वंद्विता तथा उनके बीच ईर्ष्या में वृद्धि हो गई। जयचन्द ने अपनी पुत्री संयोगिता के विवाह हेतु स्वयंवर के आयोजन की घोषणा कर दी। पृथ्वीराज को भी आमंत्रित किया गया था। परन्तु वह स्वयंवर में उपस्थित नहीं हुआ तथा जयचन्द की सेना के सामने से संयोगिता को जबरन उठा कर ले गया। इसका परिणाम दिल्ली और कन्नौज के बीच युद्ध के रूप में सामने आया, जो कई वर्ष तक चलता रहा और जिसका अंतिम परिणाम दोनों साम्राज्यों के पतन के रूप में सामने आया। इसके साथ ही भारतवर्ष मुसलमानों की अधीनता में चला गया।

परमाल अथवा परमारदी जो अंतिम चंदेल राजा था, सन् 1185 ईस्वी में महोबा की गद्‌दी पर बैठा था तथा उस समय बेतवा नदी के पार उरई की जागीर माहिल परिहार के अधीन थी। माहिल परिहार की बहन माल्हना का विवाह परमाल के साथ हुआ था। माहिल ने न केवल खुले रूप में परमाल के साथ मधुर संबंध बनाए था बल्कि परमाल तथा माल्हना का विश्वस्त सलाहकार था, लेकिन परिहार होने के नाते चंदेल वंश के विरुद्ध अपने वैर भाव को दिल से नहीं निकाल सका था। वह एक बेईमान तथा गद्‌दार था, तथा जब भी अवसर मिलता वह परमाल के दुश्मनों के साथ मिलकर परमाल के विनाश का षडयंत्र रचता था।

परमाल, जैसा कि ऊपर बताया गया है, ने जयचंद का अधिपत्य स्वीकार कर लिया था। वास्तव में यदि हम अपनी कविता की सामग्री को सत्य मान कर चलें, वह जयचंद की ओर से एक वायसराय प्रतीत होता है, जिसको उसकी अनुपस्थिति में समस्त निर्णय लेने का अधिकार था। उसको इस कविता में एक पौरुषहीन कायर की संज्ञा दी गई है तथा साम्राज्य का वास्तविक शासक माल्हना को बताया गया है जो अपने षड्यंत्रकारी भाई की सलाह मानने हेतु सदैव तत्पर रहती थी।

बनाफरों की उत्पत्ति के संबंध में अनेक किंवदन्तियां हैं। इस कविता के अनुसार महोबा में वंश के संस्थापक बिहार में बक्सर के चार सरदार दसराज, बचराज, रहमाल तथा टोडर थे, जो मारू के राजकुमार करिंघा द्वारा आक्रमण के समय नगर में मौजूद थे। उन्होंने मजबूती के साथ द्वार की रक्षा की तथा करिंघा को परास्त कर दिया। तब परमाल ने उन्हें अपनी सेवा में नियुक्त कर लिया। उनके विवाह सम्पन्न हुए। दसराज को दो पुत्र आल्हा और ऊदल पैदा हुए। बचराज को दो पुत्र मलखान तथा सुलखान उत्पन्न हुए। इन बालकों के जन्म के

संबंध में कुछ रहस्य है। एक कथा के अनुसार उनकी माताएं क्रमशः देवी अथवा दीवलदे और ब्रह्मा थीं जो ग्वालियर के राजा दलपत की पुत्री थीं। एक अन्य कथा, जो अधिक रूमानी है, के अनुसार इनकी पत्नियां ग्वाल (अहीर) जाति की थीं। कहा जाता है कि एक बार दसराज तथा बचराज शिकार पर गए थे। वहां उन्होंने दो जंगली भैंसों को आपस में लड़ते देखा। अहीरों की दो लड़कियों ने अपने रास्ते में रुकावट देखी तो दोनों आगे बढ़ी तथा दोनों ने भैसों को सींगों से पकड़कर अलग कर दिया तथा आगे चल पड़ीं। दसराज तथा बचराज ने परस्पर विचार कर तथा यह सोचकर कि ऐसी साहसी एवं बलिष्ठ युवतियों से विवाह कर अति बलिष्ठ संतान पैदा होगी, दोनों भाइयों ने उन दोनों युवतियों से वहीं विवाह कर लिया। यह कहानी सत्य थी अथवा नहीं, व्यापक रूप से प्रचारित हो गई तथा यह विश्वास कि बनाफर युवक शुद्ध राजपूत नहीं थे, कविता में युद्ध का कारण बताया गया है। उन दोनों पत्नियों के जन्म की वास्तविकता चाहे जो रही हो, लेकिन रानी माल्हना के साथ उनके अति मधुर संबंध थे। रानी माल्हना उनके साथ बहनों जैसा व्यवहार करती थी। ये चार लड़के, रहमाल तथा टोडर प्रत्येक के एक पुत्र राजमहल में ब्रह्मा परमाल के पुत्र के साथ बड़े हुए तथा ये सातों एक दूसरे के साथ भाइयों जैसा व्यवहार रखते थे। यह सब उल्लेख सर्ग II में दिया गया है।

तीसरे सर्ग में ऊदल और सुलखान के जन्म से पूर्व महोबा के द्वार पर बनाफरों से मिली अपनी हार का बदला लेने के लिए करिंघा उन पर अचानक नगर के निकट दसपुरवा में उनके घर पर धावा बोलता है। करिंघा नींद में सोए दसराज तथा बचराज की हत्या कर देता है तथा उनका बहुमूल्य खजाना लूट लेता है जिसमें नौ लखा हार (नौ लाख रुपए मूल्य का हार) भी शामिल था। ऊदल जब बारह वर्ष का था तब उसने पहली बार इस घटना के बारे में सुना था और उसने उसी समय अन्य बनाफर लड़कों के साथ प्रतिशोध लेने की शपथ ली थी। राजा परमाल की सहायता से उन्होंने सेना तैयार की, मारु पर आक्रमण किया, करिंघा उसके पिता जाम्बे तथा उसके परिवार के सदस्यों को मौत के घाट उतार दिया। उन्होंने करिंघा के राज्य को नष्ट कर दिया तथा करिंघा द्वारा महोबा से लुटी गई समस्त सम्पदा वापस ले आए। यह अभियान बनाफरों को शूरवीर योद्धाओं के रूप में प्रतिष्ठापित करता है। चौथे सर्ग के सातवें सर्ग तक आलहा, मलखान, ब्रह्मा और ऊदल के विवाह का वर्णन किया गया है। इसके अनुवर्ती सर्गों में दो प्रकरण हैं पहले प्रकरण में परमाल की विवाहित पुत्री को अपने माता-पिता के घर जाने के आमंत्रण के पश्चात् माहिल के उकसावे पर युद्ध का उल्लेख है। दूसरे प्रकरण में

आल्हा के पुत्र इन्दल को एक जादूगरनी राजकुमारी तोता बनाकर बुखारा शहर ले जाती है तथा इन्दल उस तोता रूप से पुनः बाहर आकर उस राजकुमारी से विवाह कर लेता है। यहां कविता का प्रथम अंश समाप्त होता है।

दसवें सर्ग में आल्हा को देशनिकाला दे दिया जाता है। पृथ्वीराज तथा जयचन्द के बीच तनावपूर्ण स्थिति होती है। पृथ्वीराज माहिल द्वारा उकसाए जाने पर जयचन्द के जागीरदार परमाल को अधीनता स्वीकार करने तथा कर भुगतान का संदेश भेजता है। कायर परमाल अनुपालन हेतु उद्यत हो जाता है, लेकिन आल्हा और ऊदल इतना तीव्र विरोध करते हैं कि उनकी भर्त्सना के कारण परमाल उन्हें देश से निर्वासित कर देता है। वे कन्नौज के राजा जयचन्द के पास जाकर आश्रय मांगते हैं। जयचन्द कुछ संकोच के पश्चात् इस आधार पर कि उन्हें जागीरदार द्वारा देश निकाला दिया गया वह उन्हें अपनी सेवा में नियुक्त कर लेता है। ग्यारहवें सर्ग में बनाफरों के नए कारनामों के विषय में बताया गया है। यहीं वे राजा जयचन्द द्वारा, अपने भतीजे तथा राज्य के उत्तराधिकारी लाखन का विवाह बूंदी के राजा की पुत्री के साथ करने के संबंध में, बूंदी के राजा के विरुद्ध घोषित युद्ध का संचालन करते हैं तथा विजयी होते हैं। इसके अनुवर्ती सर्ग में जयचन्द ऊदल तथा लाखन को कर वसूली के लिए बिहार, असम, बंगाल तथा उड़ीसा के राजाओं के पास भेजता है। ऊदल सफलतापूर्वक कार्य सम्पन्न करता है तथा इस प्रवास के दौरान ऊदल और लाखन सशपथ भाई बन जाते हैं।

इस बीच पृथ्वीराज ने महोबा पर अपना दावा छोड़ा नहीं है। परमाल, इससे काफी पहले, मलखान को सिरसा का जागीरदार बना देता है जो दिल्ली से महोबा की ओर सीधे मार्ग पर एक महत्त्वपूर्ण रणनीतिक स्थल है। माहिल पृथ्वीराज को सूचना देता है कि आल्हा और ऊदल को देश निकाला दिया जाने के बाद महोबा अब महायोद्धाओं से वंचित है तथा यदि पृथ्वीराज सिरसा पर अधिकार कर ले तो महोबा का रास्ता साफ हो सकता है। पृथ्वीराज तयनुसार अभियान प्रारंभ कर देता है। परमाल द्वारा बिना सहायता के छोड़ा हुआ सिरसा पर पृथ्वीराज का अधिकार हो जाता है तथा अत्यंत बहादुरी के साथ प्रतिरक्षा करते हुए मलखान वीरगति को प्राप्त होता है। पृथ्वीराज महोबा कूच कर देता है। इस आक्रमण का समाचार ऊदल को मिलता है जो लखन को साथ लेकर कन्नौज से चुपचाप निकल जाता है तथा घेराबंदी तोड़ देता है। यह समस्त उल्लेख सर्ग 13 तथा 14 में किया गया है।

पंद्रहवें तथा सोलहवें सर्ग में ऊदल तथा लाखन कन्नौज वापस लौट जाते हैं तथा पृथ्वीराज नई सेना के साथ महोबा पर चढ़ाई कर देता है। नगर पतन के कगार पर होता है, तब माल्हना आल्हा को पत्र लिखकर वापस लौटने तथा महोबा को बचाने की अनुनय-विनय करती है। आल्हा को महोबा से कलंक और अपमान के साथ निष्कासित किया गया था, इस बात को याद करके पहले वह इनकार कर देता है लेकिन अपनी मां के भर्त्सना और ललकार भरे वचनों के दंश से आहत होकर ऊदल, लाखन तथा जयचन्द की फौज लेकर जागीर की रक्षा करने निकल पड़ता है। वे बेतवा के युद्ध में पृथ्वीराज को निर्णायक रूप से परास्त करते हैं तथा पृथ्वीराज दिल्ली लौट जाता है। इस प्रकार महोबा मुक्त हो जाता है तथा कविता का द्वितीय भाग समाप्त हो जाता है। यहां अठारहवां सर्ग जोड़ा गया है, जिसका मुख्य कहानी से कोई लेना-देना नहीं है। इस सर्ग में बताया गया है कि इंदल की भांति ऊदल को किस प्रकार राजकुमारी जादूगरनी तोता बनाकर कैद कर लेती है तथा वह किस प्रकार वहां से मुक्त होता है। यह सर्ग गलत जगह जोड़ा गया है तथा यह पहले आना चाहिए था क्योंकि इस सर्ग में मलखान को जीवित और युद्ध में भाग लेते बताया गया है।

कविता के तीसरे तथा अंतिम भाग में अठारहवें सर्ग से तेईसवें सर्ग तक की कहानी है। इसमें अंतिम विध्वंस और उसके कारणों का उल्लेख किया गया है। छठे सर्ग में हमें परमाल के पुत्र तथा राज्य के वारिस ब्रह्मा का विवाह पृथ्वीराज की पुत्री बेला के साथ होने के बारे में बताया गया है। यह सिरसा पर आक्रमण से काफी पहले की घटना थी तथा उस समय दिल्ली और महोबा शांतिपूर्वक रह रहे थे। विवाह सम्पन्न होने पर पृथ्वीराज ने अपने घर की रीति के अनुसार पुत्री को पति के साथ भेजने से पहले एक वर्ष पिता के घर गुजारने की प्रथा बतायी तथा इस पर सहमति कायम हो गई। एक वर्ष व्यतीत होने पर महोबा दरबार ने पृथ्वीराज को अपने वादे की याद दिलाई तथा बेला को अपने पति के घर भेजने को कहा। यह एक उल्लेखनीय तथ्य है कि कोई भी लड़की की एक बार शादी हो जाने पर, चाह वह कहीं भी रह रही हो, झगड़ा होने की दशा में अपने पति का ही पक्ष लेगी। इस प्रकार बेला भले ही दिल्ली में रह रही थी लेकिन उसकी पूर्ण सहानुभूति महोब के साथ थी तथा वह महोबा की ओर से सक्रिय दुरभिसंधि में सम्मिलित होती थी। जब पृथ्वीराज को यह संदेश भेजने का प्रश्न उठता है तो ऊदल संदेशहर बनने की इच्छा व्यक्त करता है, लेकिन ब्रह्मा स्वयं जाने का हठ करता है तथा सेना के साथ दिल्ली चल देता है। पृथ्वीराज बेला को भेजने से मना

कर देता है तथा ब्रह्मा की सेना पर आक्रमण करता है किन्तु परास्त हो जाता है। याहिल के उकसावे पर वह कुचक्र रचता है तथा बेला को भेजने के नाम पर वह अपने सेनापति चौनरा को महिला वेश में भेजता है तो पृथ्वीराज के पुत्र तथा बेला के भाई ताहर ब्रह्मा की हत्या का प्रयास करते हैं तथा उसको गंभीर रूप से घायल कर देते हैं। यह समाचार महोबा पहुंचता है तथा ऊदल और लाखन एक बड़ी फौज के साथ बदला लेने चल देते हैं। वे छलबल से बेला के महल तक पहुंच जाते हैं तथा बेला की सहमति से उसको अपने साथ ले जाते हैं। भीषण युद्ध के पश्चात् वे उस शिविर में बेला के साथ पहुंचते हैं जहां ब्रह्मा अपने घावों से दम तोड़ रहा है। तब वह अपने भाई ताहर से प्रतिशोध की शपथ लेती है, जो उस कुचक्र का मुख्य प्रणेता था। बेला महोबा पहुंचकर तथा राज्य के उत्तराधिकारी की पत्नी की मान्यता पाकर वह ब्रह्मा के वस्त्र एवं शस्त्रास्त्र धारण करती है तथा घोड़े पर सवार होकर, फौज के साथ दिल्ली चल देती है तथा युद्ध में ताहर को परास्त कर उसका सिर धड़ से अलग कर देती है। वह अपने भाई का सिर लेकर महोबा पहुंचती है तथा ब्रह्मा को अपने भाई का कटा सिर भेंट करती है। ब्रह्मा कहता है कि वह अब शांतिपूर्वक मृत्यु का वरण कर सकेगा और तत्काल अपनी अंतिम सांस लेता है। बेला अपने पति की चिता पर सती होने का निर्णय करती है लेकिन वह चाहती है कि यह चिता पृथ्वीराज के स्वामित्व में दिल्ली के निकट चंदनवाटिका से लाई गई चंदन की लकड़ी की बनी होनी चाहिए। ऊदल और लाखन चल पड़ते हैं तथा कड़े संघर्ष के बावजूद चंदन की लकड़ी काट लाते हैं। तथापि चंदन की यह लकड़ी ताजा होने के कारण आंच नहीं पकड़ती है तब बेला का अनुरोध पर वे पुनः दिल्ली जाते हैं, बलपूर्वक दिल्ली प्रवेश करते हैं तथा पृथ्वीराज के सिंहासन कक्ष के चंदन के स्तंभ काट कर ले जाते हैं।

चिता सजा दी जाती है तथा ब्रह्मा का शव चिता में रख दिया जाता है और बेला चिता में प्रवेश कर जाती है। उसके अनुरोध पर ऊदल चिता को अग्नि देने वाला होता है कि पृथ्वीराज बड़ी सेना के साथ पहुंच जाता है। वह घोषणा करता है कि वह ऊदल बनाफरों को अग्नि में चिता की अनुमति नहीं दे सकता है तथा वह मांग करता है कि चिता में अग्नि परमाल परिवार के सदस्य द्वारा ही दी जानी चाहिए। ऊदल इनकार कर देता है तथा सेनाएं युद्धरत हो जाती हैं जिसे महोबा का महायुद्ध कहा जाता है। युद्ध के दौरान बेला के केशों में अग्नि प्रकट होती है तथा चिता प्रज्वलित हो जाती है। इस प्रकार बेला ब्रह्मा के साथ सती हो जाती है। युद्ध अत्यंत भीषण था। दोनों पक्षों के हजारों सैनिक मारे जाते हैं। पृथ्वीराज के

शेष पुत्र तथा श्रेष्ठ सेनापति खेत रहते हैं तथा ऊदल, लाखन और महोबा के सभी महायोद्धा मारे जाते हैं केवल आल्हा और उसका पुत्र इंदल जीवित बचते हैं। महोबा का एक भी सैनिक जीवित नहीं बचता तथा पृथ्वीराज अपने बचे खुचे सैनिकों के साथ दिल्ली लौट जाता है। यह समाचार महोबा पहुंचता है जहां सेना के तमाम सूरमाओं की पत्नियां स्वयं को विधवा पाती हैं। आल्हा की पत्नी सुनवा तथा ऊदल की विधवा फुलवा के साथ वे सभी विलाप करती युद्धभूमि पहुंचकर शवों के ढेर में अपने पति की खोज करती हैं। सुनवा को उसका पुत्र इंदल जीवित मिल जाता है तथा उत्तेजना के क्षणों में आल्हा का नाम लेकर पूछती है कि वह कहाँ है? पुत्र की उपस्थिति में अपने पति को नाम लेकर पुकारना राजपूतों में घोर वर्जित था। आल्हा यह सुनता है तथा हमेशा के लिए उसको त्याग देता है। वह इंदल के साथ रहस्यमय 'कजरी-बन' की ओर चला जाता है तथा वह वहां आज भी महोबा के शत्रुओं से प्रतिशोध की प्रतीक्षारत है। सुनवा, फुलवा तथा अन्य सभी विधवाएं ब्रह्मा की चिता के अग्निकुंड में प्रवेश कर सती हो जाती हैं।

महोबा में केवल माल्हना तथा उसका पति, कायर परमाल जीवित बचते हैं। माल्हना आश्चर्यजनक दार्शनिक का पत्थर, घर का खजाना लेती है तथा इसको नगर की झील में फेंक देती है तथा स्वयं भी उसी में समा जाती है। व्यग्र परमाल अन्नजल त्याग मृत्यु को प्राप्त होता है तथा महोबा का नाम इतिहास से मिट जाता है।

इस प्रकार राजपूती शौर्य गाथा समाप्त होती है। पृथ्वीराज के अतिरिक्त इस युद्ध में माहिल जीवित बचता है। यह एक महान गाथा है जो घटनाओं तथा विपरीत चरित्रों से भरी है। ग्रामीण चारण भारतीय शूरवीर सेनापति का आदर्श चरित्र हमारे समक्ष रखने में सफल हुए हैं—धीर वीर आल्हा अर्थात् क्रोध को वश में रखने वाला, लेकिन क्रोधित होने पर अजेय, ऊदल—बहादुर और प्रचंड प्रेमी लेकिन फिर भी ब्रह्मचारी जो अपने गर्म मिजाज के बावजूद, एक प्रेमी है, बहादुर एवं स्वामिभक्त मलखान तथा लाखन एक सच्चा वीर जो महानतम नायकों के आसन का अधिकारी है। महिलाएं भी प्रशंसा की पात्र हैं। बेला के हालात में उसका प्रतिशोध भयंकारी है। रानी माल्हना के भाग्य में अपने विश्वासघाती भाई का विश्वास है, लेकिन फिर भी महोबा का प्रमुख आश्रय है। वह अपने अयोग्यपति के स्थान पर स्वयं महोबा की रक्षार्थ आगे आती है। कविता में उसके दुर्भाग्य का वर्णन नहीं है, लेकिन यह कल्पना अत्यंत सहन है कि यह वीर राजपूत नारी ही हो सकती है जो अपने पति की चिता की ओर बिना लड़खड़ाए आगे बढ़ सकती है।

लोक-कथाएं

लोक साहित्य भारत के भिन्न भागों में लोगों के लिए एक समृद्ध धरोहर के रूप में उपलब्ध है। जबकि प्राचीन तथा आधुनिक इतिहास में अनुसंधानकर्ताओं का लक्ष्य सम्राटों, राजाओं के अनुक्रमण तथा राजनीतिक परिवर्तनों पर केन्द्रित रहा है; आम जन की संस्कृति, संकुल परम्पराओं, सामाजिक मान्यताओं पर अधिक ध्यान नहीं दिया गया है। समाजशास्त्रियों तथा नृविज्ञानियों को लोगों के रीति-रिवाज तथा मान्यताओं और समय के साथ उनमें हुए परिवर्तनों पर-पर्याप्त ध्यान देना चाहिए। समाजशास्त्रियों ने लोक साहित्य के अध्ययन की उपेक्षा की है, जो लोगों की पृष्ठभूमि का विश्वसनीय स्रोत एवं संकेतक है। तीर्थयात्राओं, मेलों के माध्यम से लोकसाहित्य का सदैव ही सुगम प्रचार होता रहा है। यायवर चारण, साधु और फकीरों ने भी उनका प्रसार किया है। दक्षिण भारत के मंदिरों में देव दर्शन को जाने वाले उत्तर भारत के श्रद्धालु अपने साथ अपनी लोक कथाएं, गीत, पहेलियां तथा कहावतें लेकर जाते हैं तथा दक्षिण भारतीय श्रद्धालु उत्तर भारत की तीर्थयात्रा में सही क्रम दोहराते हैं और उनमें एक अप्रत्यक्ष एकीकरण है। धर्मशालाएँ व सराय (तीर्थशक्तियों के विश्राम तथा परस्पर मिलन का स्थान) लोक कथाओं, पारम्परिक गीतों और पहेलियों के समाशोधन गृह का काम करते हैं। यही कारण है कि हम विभिन्न क्षेत्रों के भारतीय लोक साहित्य में लगभग समान पद्धति देखते हैं।

सन् 1959 में टी. बेनफे ने यह स्वीकार किया था कि यूरोप की परी कथाओं पर (अधिकांश पर) भारतीय मौलिकता की सुस्पष्ट छाप है। वही कहानियाँ कुछ अलग घुमावों अथवा पेचों के साथ हमारे पास पहुँची हैं जिन्हें हमारे बच्चों ने लपककर निगल लिया।

लोक साहित्य स्वयं में धार्मिक प्रथाओं, मान्यताओं, खान-पान, पहनावा तथा आस्थाओं को समाहित कर लेता है, तथा उसके द्वारा क्षेत्र और इसके लोगों की संस्कृति-समष्टि का दृश्य प्रस्तुत करती हैं। जनजातीय कहानी में श्वेत अश्व पर आरुढ़ सैकड़ों अन्य अश्वारोहियों के साथ शिकार पर जाते राजा की कहानी नहीं होती है। उनकी कहानी में राजा घास काटते तथा घास का गठ्ठर अपनी गायों के लिए लाता बताया जाएगा। वर्तमान लोक कथाओं में बड़े महल, नौकर-चाकर, मंत्री दरबारी सब राजा के दरबार में तथा महल में मौजूद होंगे। इसका यही अर्थ है कि समय और स्थान के परिवर्तन से लोक कथाओं में भी अन्तर होता है।

जिस प्रकार ग्रामीण तथा शहरी क्षेत्रों में जीवन भिन्न होता है अथवा दुनिया की अच्छाइयों एवं बुराइयों से भरा होता है, इसी प्रकार लोक साहित्य में भी विविधता होती है क्योंकि लोक साहित्य जीवन का ही प्रतिदर्श होता है। लेकिन दुर्भाग्य से भारत में ये सुंदर लोक कथाएं विलोपन के कगार पर थीं जब कुछ अग्रणी व्यक्तियों, जिनमें अधिकांश विदेशी मिशनरी और यूरोप के विद्वान सम्मिलित थे, ने उन पर ध्यान दिया तथा भारत के भिन्न भागों से उन्हें संग्रहीत किया। वर्तमान काल की दादी माएं उनके बारे में बहुत कम जानती हैं। वस्तुतः, फिल्म उद्योग तथा फिल्मी गीतों ने अपना मारक रूप दिखाते हुए लोक कथाओं को विलोपन के अति निकट पहुंचा दिया है।

23

संस्कृति का वैश्वीकरण

हरियाणा पूर्व-ब्रिटिश काल तथा ब्रिटिश काल के पश्चात् काफी आगे बढ़ चुका है। अपने सृजन (1966) से हरियाणा ने प्रत्येक क्षेत्र में लम्बे डग भरे हैं। राज्य की कुल जनसंख्या का लगभग अस्सी प्रतिशत भाग विभिन्न आकार के लगभग सात हजार ग्रामों तथा खेड़ाओं में निवास करता है। ग्रामों की बनावट तथा आकार स्थान-स्थान पर भिन्न होता है। प्रत्येक क्षेत्र की अपनी अलग विशेषता होती है। गांव में रहने वाली जाति और समुदाय भी इसको विशेष लक्षण प्रदान करते हैं। जाट बहुल गांव राजपूत बहुत गांव से भिन्न होगा। ब्राह्मण गांव तथा गुज्जर गांव में अंतर स्पष्ट किया जा सकता है। फिर भी गांवों की कुछ सामान्य विशेषताएं होती हैं जिन पर अवस्थिति, जाति, गोत्र, उप-जाति अथवा खानदान का कोई प्रभाव नहीं होता है।

तथापि, वर्तमान काल में ग्रामीण लोगों में परिवर्तन की बयार का प्रभाव स्पष्ट दिखने लगा है। गांव अब कुछ दशकों पहले जैसे नहीं रह गए हैं। परिवर्तन पूर्णतया भौतिक रूप में है। गांव का बाहरी रूप बदल गया है लेकिन गांव के जीवन की महक अभी बरकरार है। ग्रामीणों के जीवन की जड़ें उनके युगों पुराने रीति-रिवाजों तथा परम्पराओं में जमी हैं। लोग अपनी जनजाति, जाति अथवा उप-जाति से गहरे जुड़े होते हैं। उनके सामाजिक संबंध, विवाह, खान-पान तथा अन्य संव्यवहार पूर्ववत है।

लोकतंत्र, धर्मनिरपेक्षता अथवा समाजवाद का प्रभाव सुस्पष्ट नहीं है। सहनशीलता, उदारता, सादगी तथा सहजता ने ग्रामीण जीवन को उल्लासमय बना रखा है। अब नैगम परिवार जीवन का जमाना बीत चुका है संयुक्त परिवार भी नहीं रहे, जिनके चलते ग्राम एक संस्थात्मक प्रणाली में कार्यरत होते थे। अन्ततः ऊदल और विजय सिंह की करुणगाथा है जो पूर्ववर्ती पाठ में मौजूद नहीं है लेकिन वाटरफील्ड द्वारा

तीसरे सर्ग में वर्णित है। उसकी मृत्यु तथा ऊदल द्वारा नर्मदा नदी के गहरे पानी में उसका प्रवाह आपको भावों में बह जाने के लिए बाध्य कर देगा। गौण चरित्रों का उल्लेख भी सुंदर ढंग से किया गया है। विरोधाभास के दृश्य अपनी पराकाष्ठा पर है, एक ओर कमजोर संकोची परमाल है, तो दूसरी ओर शातिर, कुचक्री महिला, दोनों ही कायर हैं, लेकिन कितने भिन्न हैं। दूसरी तरफ चौनरा एक बेईमान तथा षड़यंत्रकारी ब्राह्मण, जो कायराना हत्या का दो बार का अपराधी है, एक शूरवीर योद्धा है, जिसे अपनी मृत्यु का भय नहीं है तथा युद्ध में जब मृत्यु से सामना होता है तो हँसकर मौत को गले लगाता है।

इस गाथा की कमजोर कड़ियाँ भी हैं। विश्व में इस प्रकार की अन्य गाथाओं की भाँति इसमें भी पुनरावृत्तियाँ है। एकल युद्ध तथा सामान्य युद्ध का वर्णन बार-बार किया गया है जिनमें केवल योद्धाओं के नाम परिवर्तित होते हैं। इन्हें पहली अथवा दूसरी बार रुचिपूर्वक पढ़ा जा सकता है, लेकिन बार-बार वही पढ़कर पाठक को ऊब होने लगती है। इस कारणवश, वाटरफील्ड ने अपने अनुवाद में इसका एक बार पूर्ण विवरण दिया है कि "मैंने अपने पाठ में उन सभी संदर्भों का विलोपन कर दिया है तथा उन्हें स्मृति के आधार पर आपूर्ति हेतु छोड़ दिया है।"

चारणों को भूगोल जानकारी बहुत लोचदार है तथा उनके द्वारा वर्णित कुछ स्थानों की पहचान की जा सकती है। हमें उनकी अतिशयोक्ति को मंजूर करना चाहिए। कविता में सैनिकों की संख्या सैकड़ों हजार बताई जाती है तथा बिना किसी हिचकिचाहट के हजारों को वीरगति प्राप्त बता दिया जाता है। यह कल्पना करते हुए कि ये युद्ध हुए तो अवश्य होंगे हम इस निष्कर्ष पर पहुँच सकते हैं कि ये युद्ध इतने बड़े नहीं रहे होंगे जितने कि गाए जाते हैं।

महिलाएं पुरुषों के समान परिश्रम करती हैं। सड़कों, परिवहन तथा विद्युत जैसी आधुनिक सुविधाओं से कृषि कार्यों के कमरतोड़ परिश्रम में कुछ कमी आई है। ट्रैक्टर, ट्यूबवैल थ्रेशर आदि के आविष्कार से कृषि कार्य अपेक्षाकृत सुविधापूर्ण हुआ है। फिर भी किसान का जीवन अधिक तनावग्रस्त हो गया है। परिश्रम से राहत के साथ साथ गांव की शान्ति तथा नीरवता भंग हुई है तथा संयुक्त जीवन का विलोपन हुआ है।

तदपि इसमें कोई शक नहीं कि हरियाणा एक छोटा किन्तु प्रगतिशील राज्य है, जहां विविध विकास कार्यों का व्यापक प्रभाव दृष्टिगोचर होता है। हरियाणा के लड़कों और लड़कियों में शिक्षा की लोकप्रियता बढ़ी है। हरियाणा की 91.46 प्रतिशत जनता ने परिवार नियोजन का स्वागत किया है, जबकि राष्ट्रीय औसत

76.39 है। पेयजल के लिए हैण्ड पम्प तथा नलों का उपयोग किया जाता है। उपले तथा मिट्टी का तेल प्रमुख ईंधन हैं। सौर ऊर्जा का उपयोग अपेक्षाकृत तीव्र गति से विकास कर रहा है। नलकूपों द्वारा सिंचाई के मामले में हरियाणा शेष भारत के बहुत आगे है (हरियाणा 47.56 प्रतिशत, राष्ट्रीय औसत 12.92 प्रतिशत)। नहर सिंचाई की स्थिति भी यही है (हरियाणा 43.90 प्रतिशत, राष्ट्रीय औसत 20.32 प्रतिशत)।

हरियाणा, विकास के संबंध में एक अग्रणी राज्य है। राज्य के अधिकांश समुदायों का विकास कार्यक्रमों के प्रति सकारात्मक रुख रहा है। रेल तथा सड़क मार्ग राज्य के लगभग प्रत्येक कोने तक पहुंच चुके हैं। हरियाणा कृषि विकास का गतिशील क्षेत्र रहा है। यह हरियाणा के अधिकांश ग्रामों में भौतिक समृद्धि के रूप में देखा जा सकता है। हरित तथा श्वेत क्रान्तियों का योगदान अनेक समुदायों की सम्पन्नता में साफ देखा जा सकता है। बहुलक समुदाय खाद्यान्न के केन्द्रीय भण्डार में अपने योगदान पर गर्व कर सकते हैं, जो उच्च पैदावार की बीज प्रजातियों, रासायनिक खादों, कृमिनाशकों तथा तकनीकी जानकारी के अतिरिक्त गायों तथा भैंसों की उत्तम संकर प्रजातियां तैयार किए बिना संभव नहीं था। शिल्पी समुदायों के अनेक लोगों ने अपने पारम्परिक कौशल को आधुनिक बनाया है तथा लघु स्तर के उद्योगों से अपनी आय में वृद्धि करने में सफलता पाई है।

तथापि, हरियाणा जबकि कृषि-क्षेत्र में सफलता की सीढ़ियां चढ़ना प्रारंभ कर चुका है, इसको पारम्परिक हरियाणवी समाज में संरचनात्मक परिवर्तन के क्षेत्र पर्याप्त गति प्राप्त करनी होगी, विशेषतः महिलाओं की स्थिति के संबंध में विशेष प्रयास करना होगा, क्योंकि राज्य में महिलाओं की हैसियत अपेक्षाकृत नीची है। हरियाणा की ग्रामीण महिला का घूंघट देश में संभवतः सबसे लम्बा घूंघट होता है। यद्यपि वे कृषि कार्य में भरपूर हाथ बंटाती हैं, लेकिन इसके बावजूद यह घूंघट उनके पिछड़ेपन तथा निम्न प्रतिष्ठा का प्रतीक है। राज्य में महिला साक्षरता की दर बहुत नीची है जबकि कन्याभ्रूण हत्या की दर ऊंची है। हरियाणा के छोटे समुदायों को विकास प्रक्रिया से परिचित कराया जाना तथा विकास परिवर्तन के प्रभाव का अहसास कराया जाना शेष है।

वैश्वीकरण हेतु उत्तरदायी कारक

सन 1803 में अंगरेजों के आगमन से हरियाणा में परिवर्तन का एक नया झोंका आया था। सर्वप्रथम हरियाणा के कृषक वर्ग पर स्थानीय जमींदारों, तालुकदारों

तथा भूस्वामियों की दमनकारी पकड़ ढीली हुई। दूसरे, अंगरेजों ने जन शिक्षा के प्रयोजनार्थ आधुनिक शिक्षा प्रारंभ की। अंग्रेजों के आगमन से पूर्व सैनिक पद्धति आंशिक रूप से राज्य की आवश्यकता पर निर्भर थी। राज्य स्थानीय भू-स्वामियों के समर्थकों तथा स्थानीय भू-स्वामी का उपयोग अपनी स्वयं की सेना के लिए और जोतदारों से अपना हिस्सा वसूल करने हेतु करता था। अंगरेजों ने सीधे अपने नियंत्रण के अधीन सैन्य पद्धति का विकास करने हेतु भर्ती, प्रशिक्षण तथा संगठन का कार्य प्रारंभ किया तथा इनको भुगतान सीधे राज्य द्वारा किया जाने लगा। इस प्रकार उन्होंने स्थानीय भूमि नियंत्रकों के अधीन समस्त संगठित स्थानीय सैन्य शक्ति को समाप्त कर दिया।

अंगरेजों ने अपने नियंत्रण के लिए प्रत्येक क्षेत्र में स्थानीय सैन्य बलों का विखंडन कर दिया तथा स्थानीय भू निंयत्रकों के किलों तथा किलेनुमा घरों को प्रणालीबद्ध ढंग से नष्ट कर दिया। भूमि के क्रय, विक्रय तथा बहुधा राजस्व के बकाया वसूली हेतु विक्रय करने को स्वीकृति दिए जाने तथा स्थानीय सैन्य बलों तथा भूमि नियंत्रण के बीच गठजोड़ टूटने के साथ ही एक ओर राज्य तथा जमींदार के रूप में पदनामित व्यक्ति अथवा समूह के बीच और दूसरी ओर जोतदारों एवं नए तरह के मध्यस्थों के बीच नया गठजोड़ विकसित होना प्रारंभ हो गया।

इसके शीघ्र पश्चात् बाजारों में विक्रय हेतु कृषि उत्पादन का विस्तार प्रारंभ हुआ। कुछ संदर्भों में भारतीय कृषि में वाणिज्यिक तत्त्व सदैव विद्यमान थे। भारत ने शहरों तथा शिल्पकारों, न्यायालय तथा विलासिता उपभोग, ग्रामीण तथा शहरी दोनों क्षेत्रों में सेवाकर्मियों को समर्थन दिया था, जिन सभी को कृषि से उत्पन्न कच्चे माल तथा खाद्यान्न की जरूरत थी। अंगरेजी शासन काल में उन्नीसवीं सदी के अंत तक भारतीय कृषि में वाणिज्यिक तत्व की उल्लेखनीय वृद्धि हो चुकी थी। पौधारोपण का कार्य अंगरेजों के नियंत्रणाधीन था तथा उससे होने वाला लाभ अंगरेजी फ़र्मों को प्राप्त होता था। पश्चिम भारत में निर्यात गुणवत्ता की कपास की खेती की जाती थी तथा कपास का निर्यात ब्रिटिश मिलों को किया जाता था। पंजाब में पैदा होने वाला गेहूं यूरोप के देशों को निर्यात किया जाता था तथा भारतीय बाजारों में बिक्री हेतु उपलब्ध कराया जाता था। उन्नीसवीं सदी में दक्षिण भारत में डेल्टा प्रदेश में चावलों के उत्पादन में वृद्धि हो रही थी तो उत्तर भारत चीनी उत्पादन का महत्वपूर्ण क्षेत्र बन रहा था।

लेकिन बाद के भूमि सुधारों के तहत अंग्रेजों ने भू-स्वामित्व बड़े भू-स्वामियों अथवा तालुकदारों से व्यक्तिगत जोतदारों को अंतरित कर दिया, यद्यपि अनुवर्ती

समझौते के तहत भूमि पर लगान राशि बढ़ा दी, जिसका विरोध हरियाणा के किसानों द्वारा किया गया। लेकिन इस सम्पूर्ण कार्रवाई का उद्देश्य जाति सेनाओं तथा सैन्य नायकों, जो राजा अथवा युगलिया सुल्तान के कार्यकारी जागीरदार थे, का गठजोड़ समाप्त करना था। एक सीमा तक, इस कार्रवाई से समाज में लोकतंत्र स्थापित होने के साथ-साथ समतावाद भी स्थापित हुआ था।

शिक्षा

सन 1857 के स्वतंत्रता संग्राम में पराजित होने के बावजूद इस संघर्ष के कारण उत्पन्न हुए बलों से भारत के लोगों को बहुत लाभ पहुंचा था। अंग्रेजों को अपनी नीति की समीक्षा करनी पड़ी तथा उन्होंने सन 1857 के पश्चात् की अवधि में इस देश पर शासन करने हेतु अपनी कार्यनीतियों, विधियों और तकनीकों में परिवर्तन किया। वस्तुतः वे भविष्य में ऐसी किसी भी महाविपत्ति से बचने के उपाय कर रहे थे। अंग्रेजों की नीतियों से भारत मानों नींद से जाग गया, सही मायनों में इसे भारतीय पुनर्जागरण कहना उचित होगा। इसके परिणामस्वरूप भारत में आधुनिकता का प्रारंभ हुआ। इस नई परिवर्तन की बयार के झोंकों का प्रभाव हरियाणा क्षेत्र पर भी पड़ा। हरियाणा ने भी इन नए राजनीतिक घटना क्रमों से लाभ उठाया। आधुनिक शिक्षा इसका एक अंग थी।

अंग्रेजी तथा हिंदी और अन्य क्षेत्रीय भाषाओं में दी जाने वाली आधुनिक शिक्षा ने स्थिति को सुधारने में महत्वपूर्ण भूमिका निभाई। नई शिक्षा के माध्यम से लोगों को शेक्सपियर तथा डिकन्स के विचार जानने पढ़ने का अवसर प्राप्त हुआ बल्कि वे लॉक और रूसो से भी परिचित हुए। उन्हें अमेरिका, रूस तथा एशियाई देशों के इतिहास का अध्ययन करने और उनके उत्थान और पतन की जानकारी प्राप्त करने का अवसर प्राप्त हुआ। इस जानकारी के माध्यम से हरियाणा तथा शेष भारत के लोगों को यह समझने में सहायता मिली कि इन देशों में पतन के कारण क्या थे? वे अन्य स्वतंत्र राष्ट्रों की भांति क्यों नहीं बन सके थे? और इसी विचारशीलता के आधार पर उनमें राष्ट्रीय जागरुकता का अहसास पैदा हुआ। दुर्भाग्य से हरियाणा के लोग देश के अन्य राज्यों के लोगों की तरह भाग्यशाली नहीं थे, क्योंकि सन् 1870 तक आधुनिक शिक्षा का कोई अच्छा स्कूल तक यहां मौजूद नहीं था। सन् 1870 में सरकार की दृष्टि इस क्षेत्र में इस अभाव की ओर गई और फलस्वरूप यहां अनेक स्कूल खुल गए। इस क्षेत्र में पहला इंटर कालेज सन् 1926 में खोला गया था। आधुनिक स्कूली शिक्षा से लोगों में राजनैतिक जागरुकता पैदा

हुई। इन स्कूलों से उत्तीर्ण होकर निकले छात्रों, यद्यपि वे संख्या की दृष्टि से बहुत कम थे, ने राष्ट्रीय जागरुकता पैदा करने में महत्वपूर्ण भूमिका निभाई। इनमें से कुछ ने अच्छे आधुनिक साहित्य का सृजन किया तथा समाचारपत्रों एवं पत्रिकाओं के लेख लिखे। इन अध्येताओं में एक दीनदयालु शर्मा (झज्जर के सामाजिक-धार्मिक सक्रिय कार्यकर्ता) ने सदी के अंतिम वर्षों में बहुत महत्वपूर्ण भूमिका अदा की थी। उन्होंने दो समाचारपत्र प्रारम्भ किए (1) हरियाणा समाचार तथा (2) रिफा-ए-आम, जो उनके गृहनगर झज्जर से प्रकाशित किए जाते थे। बाबू मुरलीधर ने एक महत्वपूर्ण राष्ट्रीय साप्ताहिक 'खैर-अन्देश' का प्रकाशन अम्बाला से प्रारंभ किया। यद्यपि ये समाचारपत्र उपयोगी थे लेकिन अधिक समय तक जारी नहीं रह सके।

मध्यवर्ग की भूमिका

बाबू बाल मुकुन्द गुप्ता (1864-1907) एक अन्य महान साहित्यसेवी थे जिनके द्वारा वायसराय कर्जन (1899-1905) के प्रतिक्रियावादी शासन की आलोचना में "शिवशम्भु के चिठ्ठे और खत" शीर्षक के अंतर्गत पूरी लेखमाला प्रकाशित की गई थी। यह भारतवर्ष में शासन के विरुद्ध किसी भी भाषा में लिखा गया संभवतः सबसे शक्तिशाली आक्रमण लेख था।

इसी प्रकार उनके द्वारा इस्ट बंगाल के ले. गवर्नर फुलर के कुकृत्यों की जमकर खबर ली थी। फुलर के कुकृत्य 1905 के बंगाल विभाजन के समय हिन्दुओं तथा मुसलमानों के बीच वैमनस्य फैलाने तथा शान्तिपूर्ण छात्रों तथा आन्दोलनकारियों पर कहर बरपाने के संबंध में थे।

उनके अतिरिक्त अन्य अनेक साहित्यकारों ने भी यही काम किया। इन लेखकों ने न केवल हरियाणा अपितु सम्पूर्ण उत्तर भारत में हिन्दी तथा उर्दू भाषा में अपने जोरदार लेखों के माध्यम से देशवासियों में राजनीतिक जागरूकता और राष्ट्रीय चेतना जगाने का काम अंजाम दिया था।

इस क्षेत्र में राष्ट्रीय जागरुकता पैदा करने में मध्यवर्ग की भूमिका भी अत्यंत महत्वपूर्ण थी लेकिन, दुर्भाग्यवश उनका योगदान बहुत अधिक नहीं था, क्योंकि यह वर्ग स्वयं कमजोर था। इसके अनेक कारण थे, जिनमें असंतोषजनक आर्थिक विकास सबसे प्रमुख कारण था। यहां कोई बड़े नगर अथवा उपनगर नहीं थे, जहां मध्य वर्ग को सम्पन्नता की सीढ़ी चढ़ने के अवसर हो सकते थे।

तथापि, इस क्षेत्र में साहित्यकारों के उद्भव की तरह कुछ विद्वान लोग इस

कमजोर एवं न्यूनविकसित मध्य वर्ग से निकल कर सामने आये, जो आश्चर्यजनक था। इन लोगों में अम्बाला के बाबू मुरलीधर का नाम सूची में सर्वोपरि है। उनके पास मध्यवर्ग के कार्यकर्ताओं का एक अच्छा दल था जिसकी सहायता से 'हिन्दू सभा', 'रिफा-ए-आम', 'इंडियन एसोसिएशन' जैसी संस्थाएं प्रारंभ की गई थीं। इन संस्थाओं ने अपनी विविध गतिविधियों के माध्यम से देश के लोगों में जागरूकता पैदा करने का महत्वपूर्ण कार्य अंजाम दिया।

हिन्दू सुधार आन्दोलन

हरियाणा में राजनीतिक–राष्ट्रीय जागरूकता पैदा करने में आर्य समाज की भूमिका सर्वाधिक महत्वपूर्ण प्रतीत होती है। यह आन्दोलन 10 अप्रैल 1875 को मुंबई में महान वैदिक विद्वान और सामाजिक कार्यकर्ता स्वामी दयानंद सरस्वती (1824-83) द्वारा भारत में विशेषकर हिन्दुओं में एक स्वस्थ समाज के निर्माण तथा सामाजिक बुराइयों को समूल नष्ट करने के उद्‌देश्य के साथ प्रारंभ किया गया था। यह महान समाजसुधारक 1880 में हरियाणा आए तथा कई दिन तक रेवाड़ी में रहे थे। उन्होंने कुछ अनुयायी बनाए तथा आर्य समाज की शाखा स्थापित की। कुछ समय पश्चात् रोहतक में भी आर्य समाज की एक शाखा का गठन किया गया। इसके अनुवर्ती काल में लाला लाजपत राय (जो पंजाब के वासी (जन्म 1865, जगरांव) थे, तथा 1880 में यहां आ बसे थे) ने हिसार में अपने मित्रगण चूड़ामणि, चन्दू लाल, हीरालाल तथा रामजीलाल के साथ मिलकर आर्य समाज की शाखा की स्थापना की थी।

कुछ समय के पश्चात् आर्य समाज का संदेश अम्बाला, करनाल और गुड़गांव जनपदों में फैल चुका था। अगली सदी में आर्यसमाज और अधिक लोकप्रिय हुआ। सन 1920 तक आर्य समाज इस क्षेत्र के लगभग समस्त उप-नगरों तथा बड़े गांवों तक विस्तारित हो चुका था। इस की सदस्यता संख्या भी कई गुना बढ़ चुकी थी। तदनुरूप इस संगठन का कार्यक्षेत्र भी विस्तृत एवं व्यापक हो गया। आर्य समाज के कार्यकर्ताओं ने सामाजिक बुराइयों, अज्ञान, निरक्षरता और कट्टरता के विरुद्ध गंभीर संघर्ष किया। समाज ने अपनी राजनैतिक गतिविधियां भी प्रारंभ कर दी थीं। राजनैतिक गतिविधियों के प्रेरणा शक्ति समाज के संस्थापक स्वामी दयानंद स्वयं थे। महर्षि दयानंद ऐसे सर्वप्रथम समाज सुधारक थे, जिनके द्वारा देश की राजनैतिक स्वतंत्रता हेतु जोरदार तर्क दिये गए थे। उनका कहना था "स्वराज्य सदैव सर्वश्रेष्ठ है" तथा एक विदेशी सरकार, चाहे वह धार्मिक पक्षपात, नस्ली

पूर्वाग्रह से मुक्त और न्यायवादी तथा सहानुभूति रखने वाली हो, देश के हित में कदापि नहीं हो सकती है।

राजनीतिक भाषण आर्य समाज एक आधुनिक संगठन था। इस संगठन ने अपने गुरु का संदेश, जो राजनैतिक व्यवस्था के संबंध में था, प्रत्येक संभव माध्यम से लोगों तक पहुंचाने का प्रयास किया। इसके परिणामस्वरूप सैकड़ों व्यक्ति इस प्रयास में सम्मिलित हुए तथा हरियाणा क्षेत्र के कोने-कोने में राष्ट्रवाद की बयार चलने लगी।

आर्य समाज अपने सुधार कार्य को करते हुए हिन्दू कट्टरवादिता पर आक्रमण करता था। इसका परिणाम सनातन धर्म सभा के रूप में सामने आया। पंडित दीनदयालु शर्मा के प्रयासों के फलस्वरूप 22 अगस्त 1886 को हरियाणा के एक छोटे उप-नगर झज्जर में सनातन धर्म सभा की शुरूआत हुई। इसके पश्चात् 1890 में सभा की गतिविधियां भिवानी तक फैल गईं। अगले ही वर्ष सभा ने हिसार में अपना प्रभाव स्थापित कर सभी की शाखाऐं जगह स्थापित कर दी। लगभग इसी समय सिरसा में भी एक सभा शाखा स्थापित हुई थी। सन 1892 में करनाल में सभा की शाखा स्थापना के पश्चात् इसका प्रभाव क्षेत्र कुरुक्षेत्र, सफीदों, खोड़ी, पलवल, केथल, पानीपत, रोहतक, बेरी, गुड़गांव तथा अन्य अनेक उप-नगरों तक फैल गया। सनाातन धर्म सभा ने अपने धार्मिक कार्यों के अतिरिक्त विधवा विवाह, बाल विवाह उन्मूलन, मदिरा त्याग तथा अन्य बुराइयों को त्यागने जैसे सुधार कार्य भी प्रारंभ किए, जो वस्तुतः आर्य समाज के साथ प्रतिद्वंद्विता के चलते अनिवार्य भी थे।

इस अवधि के दौरान हिन्दू संगठनों की भांति मुसलमानों ने भी अपने सामाजिक तथा धार्मिक उत्थान के लिए सामाजिक-धार्मिक सुधार समितियों की स्थापना की थी। इन सभी संस्थाओं में कोलकाता में सन 1877 में मुस्लिम नेता अमीर अली द्वारा स्थापित सैंट्रल मोहम्मडन एसोसिएशन हरियाणा में सर्वाधिक शक्तिशाली संस्था थी। यद्यपि इसके प्रमुख केन्द्र केवल दो स्थानों (अम्बाला और हिसार) पर थे, परंतु इसके सक्रिय कार्यकर्ता अन्य नगरों, उप-नगरों तथा बड़े गांवों में भी मौजूद थे। अंजुमन-ए-इस्लामिया की शाखाएं अनेक नगरों में मौजूद थीं।

सिख संगठन

हिन्दुओं तथा मुसलमानों की तरह हरियाणा के सिख इस अवधि में सामाजिक सुधार आंदोलनों से कोई सहायता नहीं पा सके थे। 'सिंह सभा' सिखों का

एकमात्र संगठन था, जो उनके हितार्थ कार्यरत था तथा दुर्भाग्य से यह संगठन भी कुछ उप-नगरों से आगे नहीं पहुंच सका और वहां भी इसके प्रभाव में आने वाले लोगों की संख्या काफी कम थी।

अन्य सामाजिक संगठनों की भूमिका

सभी सामाजिक-धार्मिक-राजनैतिक संगठनों का एकमात्र लक्ष्य अंगरेजों द्वारा भारतीयों के दोहन, दमन, उत्पीड़न, अमानवीय व्यवहार को उजागर करना तथा इस असहाय स्थिति से निपटने के उपाय व सुझाव देना और अन्ततः राष्ट्र को स्वराज के लिए तैयार करना था। महानगरों में रहने वाले दादाभाई नौरोजी, आर-सी-दत्त सरीखे महान नेताओं ने भारत में अंगरेजों के कुशासन तथा दरिद्रता का खुलासा करने में बहुत बड़ा योगदान दिया था। तथापि, उनकी पहुंच तथा प्रभाव हरियाणा के बड़े नगरों में रहने वाले अंगरेजी भाषा के जानकार मध्यवर्ग तक सीमित थी, जो हरियाणा की जनसंख्या का 0.5 प्रतिशत भाग था। फिर भी हरियाणा के हिन्दी लेखकों ने इन्हीं विषयों पर जनता की भाषा में लिखकर लाखों लोगों को जागरूक बनाया। वे अपने शोध-प्रबंध सीधी भाषा एवं सरल शब्दों में देहाती मुहावरों के साथ इस प्रकार प्रस्तुत करते थे कि जनसाधारण उन्हें आसानी के साथ समझ सकता था।

ये लेखक अपनी भाषा शैली तथा भावाभिव्यक्ति से लोगों के मर्म को स्पर्श करते थे तथा राष्ट्रवादी तत्त्व के साथ ओजपूर्ण राजनैतिक सन्देश देते थे। इस क्षेत्र में उदित हुए नेताओं ने देश के अन्य भागों के नेताओं की भांति तथाकथित परोपकारी अंग्रेज सरकार का कच्चा चिठ्ठा खोलना प्रारंभ कर दिया।

हिसार के एक अर्द्ध-शिक्षित नेता चन्दू लाल ने अपने उपायुक्त को ठीक रास्ते पर लाने का मन बनाया। यह उपायुक्त म्यूनिसिपल कार्यों में बिना कारण अनुचित हस्तक्षेप करने का आदी था। हारकर चन्दू लाल ने 1888 में हड़ताल करवा दी। इस हड़ताल से पूरे प्रशासन में ऊपर से नीचे तक मानो भूचाल आ गया था। अम्बाला प्रभाग के आयुक्त के मौके पर आना पड़ा तथा इस अर्द्ध-शिक्षित देहाती नेता के सामने झुकना पड़ा।

उपरोक्त तथा अन्य अनेक कारणों के परिणामस्वरूप हरियाणा कृषि, शिक्षा, खेल-कूद, व्यवसाय, उद्योग, बिजली, सिंचाई, विज्ञान तथा प्रौद्योगिकी के संबंध में आधुनिक बन चुका है। आज एक आम हरियाणवी हुक्के की जगह सिगरेट के कश खींचता है, पश्चिमी शैली के वस्त्र पहनता है, टी.वी., रेडियो, समाचारपत्र से

जानकारी प्राप्त करता है। हरियाणा के लोग स्वादिष्ट व्यंजनों के जबर्दस्त शौकीन हैं। वे वैवाहिक संबंधों के लिए अब 'नाई' का आश्रय लेने के स्थान पर समाचार पत्र में विज्ञापन प्रकाशित कराते हैं।

तदपि संस्कृत में यह परिवर्तन अलग-अलग क्षेत्रों में, अलग-अलग जातियों में आर्थिक स्थिति के अनुसार भिन्नता लिए हुए हैं। विभिन्न विकास कार्यक्रमों प्रति अहीरों का दृष्टिकोण सकारात्मक है। अहीर लड़कों की शिक्षा को महत्व देते हैं तथा कृषि कार्य के बदले नौकरी को प्राथमिकता देते हैं। अहीर अपनी लड़कियां भी पढ़ने के लिए स्कूल भेजते हैं। लड़कियों में शिक्षा का प्रतिशत कम है, लेकिन शिक्षा के क्षेत्र में परिवर्तन सकारात्मक है। अहीर समुदाय के लोग आधुनिक औषधियों का प्रयोग करते हैं, लेकिन उनके बच्चों में स्वास्थ्य सुधार के लिए देवता की पूजा और परमसत्ता के संबंध में पारम्परिक मान्यताएं विद्यमान हैं।

शिक्षित तथा समझदार अहीर परिवार, यदि परिवार में एक पुत्र है, परिवार नियोजन को अपनाते हैं। गांवों में बिजली तथा पेय जल सुविधा उपलब्ध है तथा लोग इन सुविधाओं का लाभ उठाते हैं। विगत कुछ वर्षों में संचार के माध्यमों के प्रयोग का चलन काफी बढ़ गया है। रेडियो, टेलीविजन तथा समाचारपत्र अधिकांश परिवारों में सूचना के पसंदीदा माध्यम हैं तथा लोग इन माध्यमों का उपयोग शैक्षिक एवं मनोरंजन के प्रयोजनार्थ करते हैं।

अहीर बैकिंग सुविधाओं से अवगत हैं तथा बैंकिंग सुविधाओं पर विश्वास भी करते हैं। यद्यपि बैंकिंग सुविधाएं सभी गांवों में उपलंब्ध नहीं हैं तथा अभी भी कुछ गांव साहूकारों के कर्ज पर आश्रित हैं। यह जाति राजनीति में बढ़चढ़ कर भाग लेती है। ये लोग विभिन्न दलों में तथा विभिन्न स्तरों पर (स्थानीय स्तर से राष्ट्रीय स्तर तक) राजनीति में भाग लेते हैं।

जाट अपने दिमाग की गर्मी तथा हठधर्मी के लिए विख्यात हैं। शहरीकरण तथा वैश्वीकरण के प्रति जाटों का रवैया सकारात्मक है। यद्यपि नवीनतम जनगणना रिपार्ट में जातिवाद ब्योरा नहीं दिया गया है, तदपि जाट शिक्षा के क्षेत्र में विशेषतः महिला शिक्षा के मोर्चे पर अग्रणी-प्रतीत होते हैं। जाट लड़के तथा लड़कियां कृषि कार्य को बहुत मेहनत का काम मानने लगे हैं तथा कृषि के बदले नौकरी को प्राथमिकता देते हैं। वे बेहतर सुविधाओं और भविष्य के लिए शहरों में जाकर बसने लगे हैं। जाट लोग अंग्रेजी, आयुर्वेदिक, होम्योपैथिक तथा यूनानी दवाओं का इस्तेमाल करते हैं लेकिन पुरानी पीढ़ी की महिलाएं कुछ बीमारियों के लिए टोने-टोटके तथा तांत्रिक उपचार की तलाश करती देखी जा सकती हैं। वे देवी और

देवताओं की पूजा करती हैं। तथा झाड़-फूंक जैसी चीजों पर विश्वास करती हैं।

अब हरियाणा के गांव पुराने आराम से घर पर बैठे रहने वालों के गांव नहीं रह गए हैं, बल्कि गांवों में पर्याप्त गतिशीलता देखी जा सकती है। हरियाणा इस मामले में देश का अग्रणी राज्य है। वे स्व-रोजगार की योजनाओं में रुचि नहीं लेते, परन्तु राज्य तथा केन्द्र की विविध योजनाओं के अंतर्गत उपलब्ध कार्यों पर निश्चित रूप से रुचि लेते हैं। विगत वर्षों में जन माध्यमों तथा संचार के उपयोग में भारी वृद्धि हुई है। हरियाणा के गांवों में अब हर परिवार में रेडियो अथवा ट्रांजिस्टर उपलब्ध है तथा सम्पन्न परिवारों में टेलीविजन सेट मौजूद हैं। वीडियो, टेप रिकार्डर, कूलर तथा रेफ्रिजरेटर अब असामान्य बात नहीं रह गई है। अब ग्रामीण लोग आडियो-विजुअल मशीनों पर गीत, नाटक, फिल्म, कृषि दर्शन, देहाती कार्यक्रम तथा समाचारों का आनन्द लेते हैं। कुछ जवान लड़के, लड़कियों ने पुराने जमाने के रीति-रिवाजों को धता बताकर फिल्म उद्योग में पदार्पण किया है, तथा एक दर्जनों हरियाणवी फिल्में बनाई हैं। हल, ट्रैक्टर तथा ट्यूबवेल पर काम करते किसान से ट्रांजिस्टर का अटूट नाता जुड़ चुका है। तथापि कुछ मुख्य गांवों को छोड़कर शेष गांवों में टेलीफोन सेवाएं उपलब्ध कराया जाना शेष है। ऊर्जा का मुख्य स्रोत लकड़ी, उपले, बायो-गैस, कुकिंग गैस, इलेक्ट्रिक ओवन्स, वाशिंग मशीन, सोलर कुकर तथा हीटर भी ग्रामीण दिनचर्या में प्रवेश कर चुके हैं। उच्च पैदावार के बीज, रासायनिक तथा देशी खाद, कृमिनाशी, जीवनाशी तथा जन्तुनाशी, अपतृणनाशी के प्रयोग का चलन बढ़ा है, लेकिन परम्परावादी किसान गोबर की खाद अथवा कम्पोस्ट खाद का उपयोग करते हैं। कृषि कार्य में मशीनों का उपयोग बढ़ने के साथ बैलों के स्थान पर ट्रैक्टर तथा अन्य उपकरण आ गए हैं, जिनके लिए अधिकतर किसान बैकों से ऋण पर आश्रित होते हैं। बैंकों की ग्रामीण शाखाएं महत्वपूर्ण सेवा उपलब्ध करा रही हैं।

पुराने समय में किसान लोग सीधे महाजन या साहूकार के ऋण तले दबे होते थे। अब वे अनुसूचित बैंकों के माध्यम से पूंजीपतियों के कब्जे में हैं। ये अनुसूचित बैंक मनमाना साधारण दर अथवा चक्रवृद्धि दर पर ब्याज वसूली करते हैं तथा ऋण के बदले उनकी जमीन, मकान तक बंधक रखते हैं। सरकार को ग्रामीण क्षेत्रों में राज्य केन्द्र-सहकारी बैंक स्थापित करने होंगे। किसानों के लिए ब्याज की न्यूनतम दर निर्धारित की जानी चाहिए तथा बैंकों की कथित गड़बड़ियों पर रोक लगाई जानी चाहिए। तथापि, जाट लोग 'जवाहर रोजगार योजना' और 'इंदिरा महिला कल्याण योजना' के माध्यम से स्थिति को सुधारने का प्रयास कर रहे है।

अब शिक्षा और शहरीकरण के बिस्तार के साथ नई पीढ़ी की अधिकांश लड़कियों ने पुराने जमाने के वस्त्र पहनना बंद कर दिया है। वे आजकल रेडीमेड वस्तुएं खरीदने लगी हैं। पुराने समय का खूबसूरत पारम्परिक कसीदा 'फुलकारी' अब विलुप्त होने के कगार पर है क्योंकि लड़कियां स्कूल और कालेज जाने लगी हैं।

जाट सिख समुदाय के संबंध गांव में अन्य जातियों के लोगों के साथ मधुर एवं सौहार्द्रपूर्ण होते हैं। विभिन्न विकास संबंधी कार्यक्रमों के प्रति उनका रवैया सकारात्मक है। उनका शिक्षा के प्रति अनुकूल रवैया है तथा माता-पिता अधिक से अधिक अपने बच्चों को स्कूल भेजना चाहते हैं। वे स्कूल अथवा कालेज की शिक्षा के संबंध में लड़कों तथा लड़कियों में कोई अन्तर नहीं करते हैं। उनका रवैया परिवार नियोजन के प्रति भी बहुत अनुकूल है। वे छोटे नियोजित परिवार को आज के जमाने की आवश्यकता महसूस करते हैं। वे लोग बैंकिंग सेवाओं का भरपूर उपयोग करते है। समुदाय के अधिकांश परिवार विद्युत उपभोग करते हैं।

जैन समुदाय सर्वाधिक शहरीकृत और वैश्वीकृत वर्गों में एक है तथा लड़कों तथा लड़कियों को उच्चतर शिक्षा उपलब्ध करवाता है। उनमें से कुछ तो अध्ययन हेतु विदेश भी जाते हैं। जैन समुदाय के सदस्य आधुनिक चिकित्सा प्रणाली पर विश्वास करते हैं तथा आवश्यकतानुसार उसका उपयोग करते हैं। इस समुदाय का परिवार नियोजन के प्रति अनुकूल एवं सकारात्मक रवैया है तथा यह समुदाय परिवार नियोजन के साधनों एवं उपायों का प्रयोग करता है। अधिकांश लोग मीडिया तथा संचार सुविधाओं का लाभ उठाते हैं तथा उनके घरों में रेडियो, टेलीविजन आदि उपलब्ध हैं। उनमें से कुछ लोग वायुसेवा का भी प्रयोग करते हैं। वे स्कूटर, कार आदि रखते हैं तथा अधिकांश आधुनिक सुख-सुविधाओं का लाभ प्राप्त करते हैं। जैन समुदाय विस्तार एजेन्सियों, राजनीतिक दलों तथा स्वेच्छिक एजेन्सियों के जरिये बाहरी जगत की जानकारी रखते हैं।

अरोड़ा समुदाय में लड़कों एवं लड़कियों के लिए औपचारिक शिक्षा महत्वपूर्ण मानी जाती है। इस समुदाय की साक्षरता दर काफी ऊंची है। वे आधुनिक एवं पारम्परिक दोनों प्रकार की चिकित्सा प्रणालियों में विश्वास और उनका उपयोग करते हैं। वे सरकारी अस्पतालों, डिस्पेंसरियों तथा निजी डाक्टरों द्वारा उपलब्ध कराई जाने वाली चिकित्सा सेवाओं का लाभ प्राप्त करते हैं। छोटी-मोटी बीमारी में वे घर की बनी पारम्परिक दवाओं का इस्तेमाल करते हैं जैसा कि अन्य समुदायों द्वारा किया जाता है। अरोड़ा समुदाय छोटे परिवार के सिद्धान्त के लाभों को बखूबी समझता है तथा परिवार नियोजन के मामले में अनुकूल एवं सकारात्मक रवैया

अपनाता है। वे लोग परिवार नियोजन की आधुनिक विधियां अपनाते हैं जिनमें नलीबंदी, नसबंदी, कण्डोम तथा इस प्रकार की अन्य निर्धारित विधियां सम्मिलित हैं। वे मनोरंजन के लिए रेडियो सुनते हैं, टेलीविजन देखते हैं, तथा सिनेमा हाल जाते हैं। सूचना एवं जानकारी के प्रसार के माध्यम मास मीडिया, समाचार पत्र, राजनैतिक दल, स्वेच्छिक संगठन और विस्तार एजेन्सियां हैं।

हरियाणा के दूर-दराज के क्षेत्रों में भी सड़क रेल तथा डाक-घर सेवाएं उपलब्ध हैं। कृषि कार्य में लोग सिंचाई के लिए नलकूपों तथा नहरों का प्रयोग करते हैं। जैविक खाद, रासायनिक खाद, कृमिनाशी एवं अपतृणनाशी दवाइयों का खुला उपयोग किया जाता है वे आर्थिक दृष्टि से सम्पन्न हैं तथा साहूकारों तथा दूकानदारों पर आश्रित नहीं हैं।

राजपूतों का रुख आधुनिक शिक्षा के प्रति सकारात्मक है, फिर भी इस समुदाय के थोड़े लोग ही उच्चतर शिक्षा का लाभ उठाते हैं। लड़के कृषि कार्य में सहायता के लिए अपनी पढ़ाई छोड़ देते हैं। लड़कियां गृहस्थी कार्य में हाथ बंटाने के लिए स्कूल जाना त्याग देती हैं। इसके अतिरिक्त लड़कियों के माता-पिता अपनी लड़कियों को उच्चतर शिक्षा दिलाने में इस आशंका से डरे रहते हैं कि उसके लिए वर खोजना कठिन कार्य हो जाएगा। वे आधुनिक चिकित्सा प्रणाली में विश्वास रखते हैं और इन सुविधाओं का पूर्ण उपयोग करते हैं। वे परिवार नियोजन के प्रति अनुकूल रवैया अपनाते हैं तथा एक या दो बच्चों के परिवार में विश्वास करते हैं। पुरुष एवं स्त्री दोनों परिवार नियोजन के आधुनिक तरीकों का इस्तेमाल करते हैं तथा आवश्यक होने पर बंध्याकरण का भी सहारा लेते हैं। सड़क, बिजली, संचार तथा मास मीडिया के पर्याप्त सुविधाएं उपलब्ध हैं। वे सिंचाई कार्य के लिए नहरों का सहारा लेते हैं। वे अपने खेतों में आधुनिक मशीनों का उपयोग करने के साथ-साथ ऑर्गेनिक खाद तथा रासायनिक खाद का इस्तेमाल करते हैं।

सँपेरा आदि पिछड़े वर्ग के लोग बच्चों को शिक्षा के पक्षधर हैं, लेकिन घोर दरिद्रता के कारण उन्हें स्कूल भेजने में असमर्थ रहते हैं। सँपेरा समुदाय में निरक्षरता भयंकर रूप में विद्यमान है। यह समुदाय देशी दवाओं का उपयोग करता है। गंभीर बीमारियों के लिए सरकारी अस्पतालों की शरण लेते हैं। वे परिवार नियोजन के पक्ष में नहीं हैं। पेय जल के लिए उनकी कालोनियों में हैण्डपम्प लगवाए गए हैं। भोजन बनाने के लिए वे लकड़ी और गोबर के उपलों पर निर्भर रहते हैं।

बैरागी समुदाय का विकास कार्यक्रमों के प्रति सकारात्मक रवैया है तथा उसका प्रभाव भी इस समुदाय पर साफ देखा जा सकता है। इस समुदाय के लड़के तथा लड़कियां स्कूल जाते हैं। लड़के हाईस्कूल तक पढ़ते हैं तथा कुछ लड़के आगे की पढ़ाई जारी रखते हैं। तथापि, लड़कियों को प्राइमरी स्कूल तक पढ़ाया जाता है तथा बहुत कम लड़कियों को सैकेण्ड्री स्कूल भेजा जाता है। वे कॉलेज तो बिल्कुल नहीं भेजी जाती हैं, फिर भी इसमें कोई संदेह नहीं कि बैरागी समुदाय अपने बच्चों को शिक्षा दिलाने का पक्षधर है। हरियाणा में कॉलेज शिक्षा जनपद मुख्यालयों में उपलब्ध हैं। जहां तक स्वास्थ्य एवं चिकित्सा सुविधाओं का प्रश्न है, आधुनिक तथा देशी दोनों प्रकार की सुविधाओं में विश्वास और उनका उपयोग किया जाता है। परिवार नियोजन के प्रति उनका रवैया बहुत अनुकूल है तथा यह समुदाय परिवार नियोजन के लाभों से अवगत है। युगल दम्पत्ति एक से तीन बच्चों तक के इच्छुक होते हैं। बैरागी समुदाय बांध्याकरण सहित परिवार नियोजन की समस्त आधुनिक सुविधाओं का उपयोग करता है।

बैरागी लोग रेडियो सुनना पसंद करते हैं। कुछ बैरागी परिवारों में टेलीविजन सेट भी हैं। वे सिनेमा देखने के लिए पास के उप-नगरों में जाते हैं तथा सूचना एवं जानकारी प्राप्त करने के माध्यम विस्तार एजेन्सियां, राजनैतिक दल तथा स्वैच्छिक संगठन हैं। सड़क, रेल तथा डाक-घर और बिजली की सुविधाएं उपलब्ध हैं। वर्षा जल तथा नदियों के अलावा नलकूपों के रूप में सिंचाई की आधुनिक सुविधाएं मौजूद हैं। यह समुदाय अपनी कृषि उपज बढ़ाने के लिए आर्गेनिक तथा रासायनिक दोनों प्रकार की खाद का इस्तेमाल करता है। ट्रेक्टर तथा थ्रेसर जैसी आधुनिक कृषि मशीनों का उपयोग किया जाता है। चिकित्सक दल तथा समाज कल्याण कर्मचारी जांच और आवश्यक सहायता के लिए नियमित रूप से गांवों का दौरा करते हैं। बैरागी समुदाय के गांवों में बैंकिंग सुविधाएं उपलब्ध हैं तथा वे बचत सुविधा का पूरा लाभ उठाते देखे जा सकते हैं। राष्ट्रीयकृत और अनुसूचित बैंकों के माध्यम से ऋण व्यवस्था भी की जाती है।

बनिया समुदाय लड़का और लड़की दोनों को समान रूप से शिक्षा प्रदान करने का पक्षधर है। अनेक लड़के तथा लड़कियां डाक्टरेट स्तर तथा इससे भी आगे तक पढ़ाई कर चुके हैं। बनिया समुदाय के बच्चे पढ़ाई में अरुचि, सामाजिक कारणों अथवा दरिद्रता के कारण पढ़ाई छोड़ते हैं। वे आधुनिक चिकित्सा प्रणाली में विश्वास करते हैं तथा देशी दवाइयों एवं उपचार को भी अस्वीकार नहीं करते हैं। वे परिवार नियोजन के पक्षधर है तथा दो या तीन बच्चों के परिवार को प्राथमिकता देते हैं। इस समुदाय के पुरुष तथा महिलाएं दोनों बंध्याकरण सुविधा का लाभ

उठाते हैं। वे लोग गर्भ निरोध के वास्ते गोलियों, कण्डोम इत्यादि उपायों को अपनाते हैं। कुछ लोग अपना व्यवसाय प्रारंभ करने के लिए बैंक अथा स्थानीय साहूकार से ऋण लेते हैं। वे रेडियो सुनते हैं, टेलीविजन देखते हैं, समाचार पत्र पढ़ते हैं, पत्रिकाएं पढ़ते हैं तथा राजनैतिक दलों एवं स्वैच्छिक संगठनों से सूचना व जानकारी प्राप्त कर वैश्वीकरण की ओर बढ़ते दिखाई देते हैं।

बाल्मीकि समुदाय बच्चों की शिक्षा के प्रति अनुकूल रुख अपना रहा है। लड़के दसवीं अथवा बारहवीं कक्षा तक पढ़ रहे हैं। वे गरीबी के कारण आगे की पढ़ाई करने में असमर्थ हैं। लड़कियां सातवीं अथवा आठवीं कक्षा तक पढ़कर गरीबी के कारण पढ़ाई छोड़ देती हैं। कुछ ही बाल्मीकि बच्चे उच्च शिक्षा की तरफ बढ़ पाते हैं। वे आधुनिक चिकित्सा पद्धति को स्वीकार करते हैं। वे परिवार नियोजन के पक्ष में हैं तथा परिवार नियोजन के आधुनिक तरीकों को इस्तेमाल में लाते हैं। साधारणतः महिलाएं बंध्याकरण करवाती हैं। वे परिवार में दो या तीन बच्चों को ठीक समझते हैं बाल्मीकि कालोनियों में पेय जल सुविधा उपलब्ध हैं। वे पेय जल के लिए टोंटी-जल, हैण्ड पम्प तथा कुओं का सहारा लेते हैं।

वे एकीकृत ग्रामीण विकास कार्यक्रम तथा जनपद ग्रामीण विकास एजेन्सी के कार्यक्रमों के अन्तर्गत रोजगार प्राप्त करते हैं तथा सूअर पालन, भैंस पालन, कुक्कुट पालन, भैंसा-गाड़ी तथा तांगा इत्यादि के लिए ऋण प्राप्त करते हैं। रोजगार गारंटी योजना के अंतर्गत दसवीं कक्षा उत्तीर्ण लोगों को ऑटो रिक्शा खरीदने अथवा किराना-दुकान खोलने के लिए ऋण प्रदान किया जाता है। सिनेमा, रेडियो तथा टेलीविजन सुविधाएं उपलब्ध हैं। सड़क, जल तथा बिजली सुविधाएं भी मौजूद हैं। वे भोजन बनाने के लिए जलावन लकड़ी, गोबर के उपले, मिट्टी का तेल और रसोई गैस का उपयोग करते हैं।

स्पष्ट है कि समय के साथ हरियाणा तथा हरियाणा की जनता समृद्धि की ओर अग्रसर है। पुरानी सोच व धारणाओं से धीरे-धीरे मुक्ति मिल रही है तथा पुरानी रुढ़िवादिता की जंजीरों को तोड़ कर पूर्ण विश्व की सोच को अपनाया जा रहा है। यह कह पाना मुश्किल है कि हरियाणा में विचाराधारा पूरी तरह बदल चुकी है, और किसी भी क्षेत्र की विचारधारा को पूरी तरह बदल जाना संभव भी नहीं है, परन्तु काफी हद तक इसका बदल जाना एक अच्छा संकेत है। हरियाणा में सामाजिक कुरीतियों का कम होना स्पष्ट दृष्टिगत होता है, परन्तु कला व संगीत के क्षेत्र में विशेष उल्लेखनीय प्रगति नहीं हुई है।

संतुष्टि की बात यह है कि बाकी क्षेत्रों में हरियाणा हर दिन निरन्तर तरक्की कर रहा है।

अनुक्रमणिका

इ

उ

ए

क

ख

ग

भ

ल

व

श, ष, स